国家“985”创新基地项目“新闻传播与媒介化社会”研究成果

中国媒体发展研究报告

2009年·广告卷

本集刊为CSSCI收录刊源

武汉大学媒体发展研究中心
武汉大学新闻与传播学院 主办
武汉大学“新闻传播与媒介化社会”创新基地

WUHAN UNIVERSITY PRESS
武汉大学出版社

目　录

中国广告30年：盘点与研究述评

广告理论与广告史研究

广告实务追踪

广告市场与广告产业

新媒体与广告传播

广告教育与人才培养

Contents

Volume One: 30 Years of Advertising in China: An Inventory and Research Review

Volume Two: Research of Advertising Theories VS Advertising History

Volume Three: An Inventory of Advertising Practice

Volume Four: Advertising Market & Advertising Industry

Volume Five: New Media and Advertising Communication

Volume Six: Advertising Education & Talent Cultivation

中国广告30年:盘点与研究述评

广告理论研究述评

张金海　徐卫华

【摘　要】广告理论研究主要在广告基础理论与广告理论前沿两个方面展开，前者集中探讨了广告概念、广告起源与发展、广告功能与作用等基本问题，后者则在整合营销传播、广告未来发展、广告与消费文化、广告社会价值、广告公信力、广告素养与广告素养教育等方面深度拓展。30年来，广告理论研究取得了一定的成绩，但却仍显得相对薄弱，阻碍了广告学的理论价值与学术地位的提升。

【关键词】广告理论研究　广告基础理论　广告理论前沿

改革开放30年来，随着中国广告业的快速发展，广告学研究整体上呈现出繁荣景象，相关研究成果不仅在数量上呈现出迅速增长的态势，而且在质量上表现为学术影响的不断提升。根据中国期刊全文数据库的检索结果，以“广告”为题的论文，1980年仅有24篇，到2007年达到4 140篇；其中，核心期刊收录的以“广告”为题名的论文，从1980年的18篇，增长到2007年的646篇。根据CSSCI（中文社会科学引文索引）的检索结果，以“广告”为题的被引文献，1998年为104篇、115次，2007年则达到598篇、695次（见表1）。

表1　**广告学研究呈现出繁荣景象：以“广告”为题名的检索结果**　（单位：篇或次）

年度	全部期刊收录论文	核心期刊收录论文	CSSCI被引文献篇数	CSSCI被引文献次数
1980	24	18	—	—
1981	28	18	—	—
1982	38	28	—	—
1983	39	29	—	—
1984	49	41	—	—
1985	115	78	—	—
1986	89	53	—	—
1987	99	57	—	—
1988	114	61	—	—
1989	111	55	—	—
1990	134	69	—	—
1991	172	98	—	—
1992	207	90	—	—
1993	275	129	—	—
1994	844	255	—	—
1995	944	281	—	—

续表

年度	全部期刊收录论文	核心期刊收录论文	CSSCI 被引文献篇数	CSSCI 被引文献次数
1996	1 259	160	—	—
1997	1 335	184	—	—
1998	1 329	190	104	115
1999	1 290	172	119	129
2000	1 484	333	142	157
2001	1 520	254	159	169
2002	1 809	328	172	199
2003	2 138	320	254	282
2004	2 331	415	284	348
2005	2 991	506	351	416
2006	3 804	552	488	579
2007	4 140	646	598	695

众所周知，广告学研究在广告理论、广告史、广告实务三个层面展开，其中广告理论研究是广告学研究中最基本也是最重要的部分，不仅直接影响了广告史、广告实务研究的深入，而且决定了广告学研究的理论价值与学术地位。然而，广告学研究整体的繁荣景象，却无法掩盖广告理论研究的尴尬。根据中国期刊全文数据库的检索结果，2007 年核心期刊收录的以“广告”为题名的 607 篇学术论文①中，568 篇属于广告实务研究，23 篇属于广告史研究，仅有 16 篇属于广告理论研究。②“作为广告学人，我们不得不惭愧地说，即使在这些最基本最基础的研究方面，我们的研究依然显得如此的薄弱。”③ 广告理论研究已然成为广告学研究的“软肋”，严重制约了广告学的学理发展与学科建设。

因此，笔者认为，有必要将广告理论研究单列出来，对其基本理论研究与理论前沿研究进行梳理，清理广告学理论研究的“家底”，并洞察广告学理论研究的发展趋势，以推动广告理论研究的深入与拓展。

一、广告基础理论研究

所谓广告基础理论，是指对于广告学基本问题进行的理论探究与思考。在此，笔者从三个基本问题入手，“管窥”广告基础理论研究的概貌，并呈现广告基础理论研究的未来生长点。

1. 什么是广告?

最简单的问题往往是最本质、最深刻的问题。什么是广告？这是广告学理论必须追问的首要问题，也是广告学理论大厦构成的“基石”。关于广告定义的考问，不仅关涉广告研究

---

① 根据中国期刊全文数据库的检索结果，2007 年核心期刊收录的以“广告”为题名的文章共 646 篇，但其中有 39 篇文章为广告目次、广告索引、新闻等，不属于广告学研究范畴，因此不计为学术论文。

② 笔者认为，广告理论研究与广告实务研究中运用了理论范式是两个不同概念，前者力图解决的是理论问题，而后者虽有理论的引入，但却始终围绕实务问题展开，力图解决的是实践问题。

③ 张金海 .20 世纪广告传播理论研究 [M]. 武汉：武汉大学出版社，2002：2.

的对象、范畴等一系列根本性的问题，而且关涉广告学基础理论与学科体系的建构。

正如中国台湾广告学者樊志育所说，“广告一语，尽人皆知，如果明确地下个定义，则因人而异。”① 学者们给广告下的定义可谓不计其数。但“各种广告定义均是特定历史时期的产物，至少可以为我们提供关于广告的历时性认识和认识的历时性。进而言之，不同的广告定义，往往都有其独特的视点，都能为我们提供独特的思考”。② 因此，广告定义在一定程度上具有知识考古学的价值，它折射出了不同历史时期学者们对广告本质属性的理解。

其一，广告是新闻。1890 年以前，西方社会对广告公认的一般定义是：广告是有关商品或服务的新闻（news about product or service）。在此阶段，广告只是被当作一种起告知作用、与新闻报道相类似的传播手段。

其二，广告是推销（销售）。1894 年美国现代广告之父 Albert Lasher 提出，广告是“印刷形态的推销术”（Salesmanship in print）。现代意义的广告，正是在推销的启蒙下诞生的，从此广告开始肩负起销售的使命，使“广告就是销售”的理念薪火相传，成为广告存在与发展的基石；同时，广告开始步入专业化发展阶段，广告不再只是报纸的附属物，而是广告专业运作的成果。广告逐渐转型成为具有一套特定方法与技巧的专业或职业。

其三，广告是传播。20 世纪 40 年代随着传播学在西方的兴起，广告成为传播学的重要研究对象，到了 70 年代西方广告学界开始建立对广告的传播学认识，形成了在我国广泛接受并使用的广告定义：“广告是由可识别的出资人通过各种媒介进行的有关产品（商品、服务或观点）的、有偿的、有组织的、综合的、劝服性的非人员的信息传播活动。”也就是说，广告不仅仅是受者通过广告作品接触广告信息的过程，还应该包括传者进行的广告调查、广告策划、广告制作、广告媒体发布，以及受者选择、接收、处理广告信息的过程。

其四，广告是营销传播，20 世纪 90 年代舒尔茨提出整合营销传播理论之后，营销传播（marketing communication）概念逐渐被广泛接受，并影响了国内广告学界。潘向光（1996）提出，广告是营销传播，即广告是以信息传播的方式来达到市场营销目的的活动。因此，广告既是市场营销的手段，又是信息传播活动。营销是广告的目的，而传播则是广告的手段。广告是营销与传播的综合体，两者互为依赖，不可或缺。张金海亦认为，“广告既是营销，又是传播，既不是单纯的营销，又不是单纯的传播，广告为营销服务，是一种重要的营销工具和手段，其终极目标指向就在于有效实现商品的销售。但是，广告是通过商品信息的有效传播来服务于营销，来实现商品的有效销售的。因此，完整的表述应该是，广告是一种营销传播。”

事实上，对于广告本质属性的理解所经历的变迁过程，在一定程度上也展示了广告内涵与外延的变化。因此，有学者提出“广告是一个动态的发展过程”，“现代广告，应该是包括整体广告运动在内的扩大了的广告概念”，“是一种营销传播”。③ 基于此，在网络化生存背景下，未来广告将被重新定义。也就是说，“广告定义具有的流变性”特征，“广告现象经历了从静态到动态的变化，并始终处于丰富内涵和拓展外延之中”。④

不过，也有学者对此提出了自己的疑惑：“广告是市场经济的产物，随着市场环境的变化而发展，广告得以产生，广告也应该顺应社会环境的变化而变化其内涵与外延。”但“中国的广告理论研究者不禁困惑：随着现实环境的变化，广告的内涵与外延就这样无限制地扩展下去吗？”⑤

---

① 樊志育．广告学原理［M］．上海：上海人民出版社，1994：1.

② 张金海，姚曦．广告学教程［M］．上海：上海人民出版社，2003：6.

③ 张金海，姚曦．广告学教程［M］．上海：上海人民出版社，2003：3-4.

④ 徐卫华．新广告学［M］．长沙：湖南师范大学出版社，2007：5.

⑤ 胡晓云．现代中国广告学理论研究历程及现状［J］．现代广告学刊，2005（11）：4-12.

2. 广告的起源与发展

广告的起源与发展是广告史研究的基本问题，也是广告理论不可回避的问题。一般认为，"广告是商品经济的产物，它是伴随着社会经济的发展而发展的"。"广告起源最直接最重要的动因就是人们在商品交易和其他商业活动中产生了更广泛地告知信息的需求。由于商品交换活动在原始社会中已经产生，我们可以推测，在古代文明最为发达的地区，一定存在着某种初始的广告或者类似广告的活动。这一推测已经得到丰富的史料的证实。"①

这种判断大体上是正确的，但问题在于究竟是什么造成了"人们在商品交易和其他商业活动中产生了更广泛地告知信息的需求"？事实上，告知信息的主观需求本身源于商品交易的空间分离。随着商品经济的发展，买卖双方逐渐脱离了同一空间的限制，从而催生了买卖双方通过广告等形式，告知或了解商品信息的需求。因此，从本质上说，商品交易空间范围的拓展，构成了广告发展的强大驱动力。

当然，在数字技术的背景下，这种理解亦必然遭遇挑战。其中，新媒体造就了有别于真实空间的"虚拟空间"，这种"虚拟空间"究竟对广告的发展可能造成什么影响，必将成为广告理论研究的新课题。简单地说，"虚拟空间"是扩大了买卖双方的距离，加剧了告知或了解商品信息的需求，从而促进了广告这种传播形式的发展，还是缩小了买卖双方的距离，减少了告知或了解商品信息的需求，从而改变甚至消解了广告存在与发展的基础？这些问题都是值得深入评估与探讨的。

3. 广告的功能与作用

关于广告功能与作用问题的考察，实际上是对广告何以能立足于世的生存价值的追问。但是，长期以来，相关研究非常浅表化，停留于对广告的功能与作用，如广告的市场功能、社会功能、文化功能等的简单罗列之上。但是，事实上，功能是一个结构系统，广告功能也当然是具备内在结构的系统范畴。也就是说，广告必然具有不同功能，但不同功能之间呈现出了一定的结构关系。

其一，广告的本体（本质）功能。有学者提出了"本体功能"概念，并认为"市场功能是广告的首要功能，或说是本体功能"②，"除了……本体功能外，绝大多数均是广告活动后所带来的'副产品'，把'副产品'不适当地提高和强化并与主体功能并列，必然会给人们认识广告功能带来误导，并有可能导致广告活动偏离本体。"③ 尽管对于广告功能的系统结构表述不尽相同，如有学者认为广告功能可以区分为本质功能与延伸功能，其本质功能就是商品营销功能，其他功能均是对这种功能的延伸。因此，"广告的文化传播功能，只是其基本商业信息（营销）传播功能的一种张力、一种扩展、一种深入，任何时候都不能成为广告的基本的主要的功能。"④

其二，广告功能存在着先天的缺陷。作为一种商品或服务信息的传播方式，广告是一种非完全信息传播。出于市场利益的考虑，以及广告形式和媒体使用的限制，企业主观和客观上均倾向于传播对企业有利的商品信息，而对商品本身存在的问题避而不谈，加剧了企业与消费者在商品信息方面的"信息落差"，极易对消费者的利益造成损害。因此，诡异的是，广告在某种程度上消解着信息不对称，却又在某种程度上强化着信息不对称。这无疑造成了

① 丁俊杰．现代广告通论［M］．北京：中国物价出版社，1997：9.

② 转引自潘向光．现代广告学［M］．杭州：杭州大学出版社，1996：13.

③ 转引自潘向光．现代广告学［M］．杭州：杭州大学出版社，1996：12.

④ 张金海，姚曦等．广告社会价值评判要看本质［J］．现代广告，2005（12）：37-38.

广告功能的先天缺陷。①

其三，广告功能是一个动态发展的过程。广告功能的动态发展过程，本质上是广告社会化发展过程，包括广告对社会的介入，以及社会对广告的利用。事实上，作为广告本质功能的营销（市场）功能，也始终处于动态发展过程。有学者深入地考察了广告本质功能的变迁，发现广告“为实现目标而顺应环境变迁所做的一系列功能演变的清晰脉络：从告知到劝服，到诱导，再到沟通”。② 自从广告张大了其诱导功能开始，广告便步入误区，表现出诸多负外部性问题。而“广告的本质功能观由劝服和诱导演变为沟通，一定程度上是对原来的告知功能观的更高层次的回归。”同时，“在社会功能上，广告也做出了一定调整，承担起更多的社会责任。”③ 总之，广告功能的发展与演变，是在广告社会化过程中发生的，其本质是一种广告与社会关系的产物。

二、广告理论研究前沿

广告理论研究前沿，是指广告理论研究领域的新热点、新进展、新方向以及新趋势。在此，笔者概括出6个课题，展示近年来广告理论研究前沿。

1. 整合营销传播研究

“整合营销传播”（IMC）一词最早出现于20世纪80年代中期，“众多公司意识到了战略性整合促销工具的必要性”，“开始尝试利用IMC，即协调各种有利于沟通消费者的促销要素和营销行为”。随即，IMC的概念得到了美国4A组织的认同，并于1988年与西北大学麦迪尔新闻学院联合实施IMC研究项目，以推动IMC在4A成员单位的应用。90年代初西北大学和科罗拉多大学相继开设IMC硕士学位课程，同时出现了以Don Schultz和Tom Duncan为代表的IMC研究学者。到90年代中期，IMC已经成为美国营销、广告、公关领域的主流话题。④ 自1993年以来，至少已有100多篇学术文章探讨了IMC的本质、定义、建构以及应用。⑤

与此同时，IMC理论迅速地传入中国，并形成了巨大的反响。最早系统介绍IMC的著作，是1997年北京三木广告公司编著的《整合营销传播》；次年，作为IMC理论的代表作，Don Schultz、Stanley Tannenbaum和Robert F. Lauterborn合著的《整合营销传播：谋霸21世纪市场竞争优势》（*Integrated Marketing Communications: Pulling it Together & Making it Work*）被译成中文，由内蒙古人民出版社出版。此后，IMC理论研究呈现出燎原之势。根据黄迎新博士对国内以“整合营销传播（或IMC）”为题的文献所做的统计，有著作30余种，论文344余篇，另有硕士学位论文34篇，博士学位论文5篇。⑥

尽管如此，IMC理论研究仍然存在诸多问题，并由此而引发种种质疑：

其一，IMC缺乏清晰的理论界定，缺乏核心的理论命题。作为一个较为成熟的理论，核心概念IMC的内涵与外延的界定，当然是IMC理论必须解决的基本问题。但遗憾的是，时至今日，不仅没有一个IMC的定义被广泛接受，而且连权威的IMC学者本身也在不断修订自己给IMC所下的定义。正如William Swain所说：“我们喜欢它（IMC），我们正在做它，

① 张金海，姚曦等．广告社会价值评判要看本质［J］．现代广告，2005（12）：37-38.

② 张金海．20世纪广告传播理论研究［M］．武汉：武汉大学出版社，2002：96.

③ 张金海．20世纪广告传播理论研究［M］．武汉：武汉大学出版社，2002：102.

④ 黄迎新．整合营销传播理论批评与建构［D］．武汉：武汉大学，2008：2.

⑤ 程红．广告学［G］//鲁曙名，洪浚浩．西方人文社科前沿述评·传播学．北京：中国人民大学出版社，2007：337.

⑥ 黄迎新．整合营销传播理论批评与建构［D］．武汉：武汉大学，2008：2.

但我们还不知道它是什么”。正是“基于IMC作为一个理论存在阴影，像定义缺失、正规的理论架构缺失”，因此有学者对IMC并不将其当作是真正意义的理论，而看作是“纯粹的辞藻”，并断定“IMC是一种管理时尚”。①

其二，IMC既缺乏新颖性，也缺乏可操作性。事实上，IMC本身就不是一个新概念，而是“源于20世纪60年代甚至40年代出现的营销组合理念”。② 因此，有学者把IMC视为“新瓶装旧酒”，认为“IMC的大批文献是营销研究的类似物，其错误地取代了营销，并且是对已存在概念的再次发明和再次命名。”更重要的是，作为一个力图改造实践的理论，IMC却在实践中常常遭遇诸如“抗拒变革”，存在组织架构、能力和控制、营销规划系统等障碍，以及组织内部“个人及部门之间的自我意识与权力之争”等问题，因此有学者提出IMC“难以实践操作”，“只是一个理想”而已。③

其三，IMC目标与手段的背离。虽然IMC理论至今尚未形成完整的体系，但作为IMC的理论目标，控制信息传播以保持传播的一致性，在学界和业界却得到了较为广泛的认同。然而，这个目标只考虑到信息的传者，却没有考虑到信息的受者。企业在整合信息时，可能只选择符合自身利益的信息，再通过各种传播工具发布出去，只要保持“一种声音”即可。这无疑将加剧传受双方的信息不对称，给消费者造成更大的伤害。因此，尽管IMC理论反复强调“以消费者为中心”，但IMC理论事实上却呈现出“以企业利益为上”，使IMC理论陷入了目标与手段背离的矛盾之中。④

理论研究虽然不能完全漠视国内外“热点”，但一味地追逐“热点”，甚至无条件地将“热点”研究成果奉为“圣经”显然也是不可取的，冷静的反思与理性的批评从来都是理论研究不可或缺的基本原则。因此，对于IMC理论研究，笔者主张，在消化吸收西方IMC理论研究成果的同时，还必须反思IMC理论研究存在的不足，批评IMC理论研究的缺陷，才能真正创新性地推动IMC理论研究。

2. 广告的未来发展研究

“我们将化为泡沫！”新理论与新技术不断地在瓦解原本属于广告的“领地”，改写着广告运作流程与模式，改变着广告市场格局与利润来源。因此，有人惊慌失措，发出了颇有世纪末情绪的惊呼。尤其是以《公关第一、广告第二》的出版为标志，悲观论调开始在广告学界与业界蔓延。事实上，笔者无意于对此书的观点进行深入的学术讨论。在笔者看来，此书只不过是一本“畅销读物”，其“语不惊人死不休”的基本特点，已然决定了它绝非严肃的学术著作。但是，它却让我们深感紧迫地追问与此相关的真问题：在IMC与数字传播技术的双重背景下，广告会消亡吗？对此，有学者尝试着做出自己的解答：

首先，在IMC背景下，广告不仅不会消亡，而且广告将继续引领营销传播，实现对IMC的整合。IMC背景下广告的未来发展，可能有两种选择或者说是两种结果：要么让广告消亡在IMC系统之中，要么让广告成为工具实现对IMC的整合。事实上，营销传播的每一个领域都是高度专业化的，都具有无可替代的传播优势，不存在相互替代的可能，只能优势互补。在IMC的背景下，广告将拓展自己的业务范围，实现组织结构、人才结构、产业链与产业形态的重构，从而继续引领营销传播，实现对IMC的整合。在中国语境下，此目标的实现具有一定的特殊性。有学者指出，在IMC的深刻影响下，“中国广告产业是在第一次

---

① 转引自黄迎新．整合营销传播理论批评与建构［D］．武汉：武汉大学，2008：12.

② 程红．广告学［G］//鲁曙名，洪浚浩．西方人文社科前沿述评·传播学．北京：中国人民大学出版社，2007：337.

③ 转引自黄迎新．整合营销传播理论批评与建构［D］．武汉：武汉大学，2008：13.

④ 转引自黄迎新．整合营销传播理论批评与建构［D］．武汉：武汉大学，2008：38.

产业升级还不是很充分的情况下，面临第二次产业升级的迫切需要”，“广告公司在从传统领域向整合营销传播代理领域拓展的过程中没有实现相应的组织变革和相关人才的储备与培养”，形成了广告公司服务的泛专业化现象，造成了广告公司核心竞争力的消解。① 因此，实现广告引领营销传播并实现对 IMC 的整合，中国本土广告公司必须克服泛专业化现象，加速专业化与专门化进程，重建广告公司的核心竞争力。

其次，数字传播背景下，广告不会消亡，但其生存形态必将发生重大变化。如前所述，广告是一个动态的发展过程。不同媒介形态与传播形态产生不同的广告形态。数字与网络传播将造成社会媒介形态与传播形态的重大变迁，因此可以肯定地说，在数字与网络传播背景下，广告不会消亡，但广告的生存形态必然发生重大改变。“网络与数字媒介是一种全新的互动媒介，表现出信息海量化和交流双向性等特点，使得网络媒介和数字媒介成为广告的信息交流平台，企业利用它全方位地展示商品，消费者在其中可以自由获取商品信息，交流消费体验。”② 也就是说，“凡在网上发布的有关生产与消费、供应与需求的所有商务信息，都属于网络广告的范畴”。③ 海量的信息储存与海量的信息传输，将必然以数据库形态存在。“网络信息的数据库生存及其信息传输中的独有链接方式，其有关商品信息将可以无限丰富而详尽，而不必像纸质媒介平面广告受版面的限制，像广播电视媒介广告受时间的限制。”④

当然，这种解答让广告学人倍感振奋的同时，也留下了许多值得进一步深入研究的问题。例如，广告究竟如何继续引领营销传播，并实现对 IMC 的整合？数字与网络传播背景下，广告的生存形态与传播形态究竟如何？

3. 广告与消费文化研究

近年来，消费文化研究逐渐成为理论界的热点之一，并深刻地影响了广告理论研究，使广告与消费文化研究成为广告理论研究的前沿课题。

通常意义上，所谓消费文化是指在一定的历史阶段中，人类物质与文化生产、消费活动中表现出来的消费理念、消费方式和消费行为的综合。不同的阶段，消费文化有不同的内涵。狭义的消费文化则特指在消费社会中的消费价值观念与文化形态，消费不仅是一种经济行为，更是一种社会形态和文化形态，消费注重的是商品的符号价值，商品消费与文化消费融为一体，以往限于富裕阶层的文化-审美消费行为，此时已普及、扩大成为广泛的消费需求和消费现实。⑤

20 世纪 50 年代以后，资本主义社会开始进入消费社会。“消费，而不是工作，成为生活的世界旋转的轴心。”⑥ 社会的经济发展动力从生产转向消费，因此如何激发人们的消费“欲求”，成为消费社会的核心命题。在这种背景下，资本主义原始积累时期所推行的“禁欲主义”和“节俭”、“朴实”等美德成为消费的枷锁，也成为生产力进一步发展的桎梏，这就需要一种新的文化形态来与之相适应，形成了“强调享乐主义、追求及时享乐、培养外露的生活方式和发展自恋的个性”的消费文化，它“通过广告和其他方式的商品展示”，“对货品的原始意义和使用概念进行改变，并附新的形象和符号”，“唤起人们内心里的各种

---

① 廖秉宜．自主与创新：中国广告产业发展研究［D］．武汉：武汉大学，2008：123.

② 张金海，姚曦等．广告社会价值评判要看本质［J］．现代广告，2005（12）：37-38.

③ 张金海．20 世纪广告传播理论研究［M］．武汉：武汉大学出版社，2002：177.

④ 张金海．20 世纪广告传播理论研究［M］．武汉：武汉大学出版社，2002：179.

⑤ 杨魁，董雅丽．消费文化——从现代到后现代［M］．北京：中国社会科学出版社，2003：229.

⑥［美］丹尼尔·贝尔．资本主义的文化矛盾［M］．中国台北：桂冠图书股份有限公司，1989：18. 转引自姜继红，郑红娥．消费社会研究述评．学术研究，2005（11）：26-30.

深层欲望”，“把范围广泛的商品和货物让大众去不断的追求和消费”。①

一直以来，消费文化研究存在着两个不同的传统，并由此而形成了两种相反的态度：一种是消费文化的拥护派，以自由主义理论为代表，注重消费的积极价值，认为消费主体体现了启蒙主义倡导的理性、自由与进步理想，消费权力集中地表现了人性的解放与个人自由②；另一种是消费文化的批判派，以马克思主义理论为代表，对消费文化展开了深入的批判，强调作为商品的物对人的异化作用，认为“消费社会”虽然是“丰裕社会”，即“不再像过去那样受到人的包围，而是受到物的包围”，但却是一种深层次的异化，使人丧失了批判与反抗的能力③。这两种传统（尤其是后者）发展出了纷繁复杂的学术流派和学术观点，成为国内消费文化研究的重要理论资源。

由于特殊的历史原因，在我国广告与消费文化研究者中，“新自由主义和马克思主义广告批判”“颇具市场”，占据了“广告文化研究的大‘半壁江山’”。④ 郑也夫、高小康、唐德胜、陶东风等一批知名学者对广告文化的批评，呈现出了惊人的一致性，即采取了一致的反对态度，并流露出深深的焦虑。⑤ 但与此同时，学界还存在着另一种声音。文化学者吴炫认为，“对中国而言，首先也许不是去忧虑大众文化和意识形态的结盟，而是考虑到大众文化对人们心理的解放，对‘神’的忘却，对政治中心的解构、嘲弄与疏离，对世俗人生的关注以及对自己感性存在的确认，甚至唤醒自身对‘享乐’的体验。”⑥ 广告批判学者花家明也认为，“就当前的实际来看，中国的资本化运作还不充分，商业文化的语境刚刚开始，对广告等大众文化现象展开全面批判的时候还没有到来。另外，在进行批评的时候不能忽视广告文化的民主功能，广告在推动物质消费的过程中，必然和传统农业文明的禁欲主义和极权观念相冲突，广告文化中隐含着反极权、反权威的民主化倾向。”⑦ 广告文化学者张殿元力图调和两种观点，认为“不应把广告文化的消费主义价值观的伦理学评价和经济学评价置于相互对立的立场上，二者完全可以在两个文明共同繁荣的基础上有机地统一起来，消费不应该一味地受到批判，但消费需要加以引导和规范。”⑧

因此，应该清醒地认识到，广告消费文化研究所运用的理论基本是来自于西方的“舶来品”。在西方特定的社会背景下，消费文化研究主要采取了批判性取向，因此批判性取向在中国的承续不可避免。但值得思考的是，中国社会经济转型，从外贸出口转到外贸与内需双驱动的增长模式，在金融危机的背景下，这种转型更加迫切，以降低中国经济的运行风险。这种模式已上升到国家战略，拉动消费已经成为核心使命。中国是不是进入了批判消费文化的阶段，这个很难判断。但是，在中国特色背景下，吸收西方消费文化理论应该坚持什么取向，这恰恰需要研究者的理性反思。

4. 广告的社会价值研究

回顾30年中国广告业的发展之路，不难发现一个有趣的现象：人们一边在尽情地享受

---

① 杨伯溆，李凌凌．资本主义消费文化的演变、媒体的作用和全球化［J］．新闻与传播研究，2001（1）：36-43.

② 彭小华．贬低还是讨好？——消费文化背景下广告性别再现的解读［D］．成都：四川大学，2005：32.

③ 郑红娥．消费社会理论反思与中国消费社会的建构［J］．天津社会科学，2006（5）：59-62.

④ 彭小华．贬低还是讨好？——消费文化背景下广告性别再现的解读［D］．成都：四川大学，2005：39.

⑤ 刘上江．后现代的焦虑——试论批评家眼中的广告［J］．现代广告，2002（5）：62-64.

⑥ 吴炫等．大众文化与大众文化批评［J］．上海文学，1998（1）.

⑦ 花家明．消费文化与当代中国广告批评［J］．贵州社会科学，2007（3）：46-49.

⑧ 张殿元．广告文化消费至上观的价值批判［G］//上海市社会科学界第四届学术年会（2006年度）青年文集，2006：209-218.

广告带来的巨大价值，一边在不停地埋怨、数落乃至诅咒广告。“太多的人愿意在商业价值的层面上肯定广告的作用和功能，却少有人在社会价值的层面上正面评价广告。事实上，广告面临的道德指控数不胜数，诸如道德沦丧、人心险恶、尔虞我诈……似乎都是广告惹的祸!”① 因此，广告社会价值的判断与研究，是中国广告业不得不思考的重大问题，它直接关涉广告及广告业存在的意义。②

2005 年《现代广告》杂志社组织一些专家对中国广告社会价值问题进行批判，集中代表了当今中国学界对广告社会价值的认识和理解。巫继学认为，广告是市场衍生的工具，它事实上是链接生产者与消费者关系的“中介”与桥梁，它传递的信息是企业与其生产的商品的信息，其功能从来也没有超出销售。③ 王菲、倪宁认为，广告的社会贡献瑕不掩瑜，广告对于社会发展的正面作用，随着市场竞争的深度发展和广告活动的日趋成熟它愈发强大，因此不能因为广告的负面作用而否定其重要的社会价值。④ 程士安指出，认识现代广告与消费文化之关联，才可能客观地评价现代广告存在的社会价值，以及它的积极与消极意义，才可能避免脱离市场学的规律而陷入纯粹的社会与文化的批判。⑤ 金定海则提出，广告的社会价值大致包括三个方面，即建构和重构社会的消费意识形态，建构和重构生活的知识话语，建构和重构社会的想象法则。⑥

张金海则系统地阐述了广告社会价值整体判断的基本取向：其一，广告并不承担过多的社会文化责任。广告的经济价值是广告最本质最重大的社会价值。尽管处于社会文化大背景下，广告背负一定的文化责任，但在全面解读广告的社会价值时，不应该苛求广告超越自身角色，承担过多的社会文化责任，甚至将广告完全视为一种文化现象，加以分析和批判，这显然是广告“不可承受之重”。其二，广告自觉不自觉地介入社会文化的建构。随着现代社会的进步和广告业自身的发展，广告传播的影响已远远超出了经济和商业的范畴，自觉或不自觉地介入社会文化的建构，在客观上导致了时尚的流行、观念的推行或者社会行为的改变。其三，广告对文化的利用在于文化的市场利销性。“文化利销”概念的提出及其实践的风行，原因在于文化的市场利销性。文化，作为一个特定社会的共享资源，因其具有价值观念、符号体系和生态系统的共享特征，而保持对身处其中的社会个体强大的感染力和作用力。唯其如此，广告才热衷于利用文化因子。其四，广告文化功能的衍生与张大，有利于社会文化的建设。通过自觉或不自觉地介入文化，直接或间接利用文化，广告正在逐渐张大其文化功能，作为以社会经济价值为本质取向的广告，其文化功能的衍生与张大，对于社会文化的建设有积极意义。广告既可以传承优秀的传统文化，同时又可以展现新时期的社会风貌。⑦

事实上，西方广告业也曾经历过质疑与挑战。在美国工业化初期，“出于资本积累初级阶段的需要，以刺激人们欲望从而拉动消费为目的的广告业在当时也因不合时宜而被嗤之以鼻，主流社会对这一行业充满了敌意。无论经营广告业的人有多么高的收入，在那个时期都

---

① 金定海．价值理性的偏失［J］．现代广告，2005（12）：32-33.

② 张金海，程明．广告社会价值的争议及其重新解读［G］//罗以澄，张金海，单波．中国媒体发展研究报告（2005 年卷）．武汉：武汉大学出版社，2006：395-404.

③ 巫继学．广告：市场衍生工具［J］．现代广告，2005（12）：22-23.

④ 王菲，倪宁．广告的社会贡献：瑕不掩瑜［J］．现代广告，2005（12）：26-27.

⑤ 程士安．现代广告与中国新消费文化［J］．现代广告，2005（12）：30-31.

⑥ 金定海．价值理性的偏失［J］．现代广告，2005（12）：32-33.

⑦ 张金海，姚曦等．广告社会价值评判要看本质［J］．现代广告，2005（12）：37-38.

很难受到尊敬”。① 但是，进入20世纪——这个人称“广告代理店和娱乐公园的世纪”② 之后，广告尽管依然遭遇批判，却总体而言获得了社会的广泛认可。美国评论家波特的评价具有一定的代表性：“广告对社会的影响，目前已发展到可以与拥有悠久传统的教会和学校相匹敌，广告支撑了各种媒体的发展，在大众兴趣的形式上也起到了很大的作用，可以说，广告已成为当代重要的社会组成部分。”③

以此可见，“所谓‘理由’和‘价值’，无非是一种主观的约定或观念中的存在”，“广告社会价值的理论思考更多的是依赖于概念的推演和基于主体认知的剖析，很难找到统一、确定的价值尺度”。④ 也就是说，对广告文化价值的评价与判断，在一定程度上折射出社会主流的价值标准。因此，广告文化价值的确认，不仅需要广告学者对于质疑与挑战的回应，以及对广告存在价值与社会尊严的追问，更需要社会对于作为市场营销工具的广告的宽容，以及在消费领域的思想解放。

5. 广告公信力研究

简单地说，广告公信力是指公众对广告的信任度。近年来，虽然消费者仍然将广告作为消费决策的重要参考，但却对广告的不信任态度正在蔓延。正如美国学者 Mittal 所指出的，“如果广告的健康被定义为被半数公众接受，我们的研究则表明目前的形式是广告已经处于危机状态，这是无论如何都不容许忽略的。”⑤ 而在中国，广告“信任危机”的形势更加严峻，计划经济观念对广告的偏见尚未完全褪去，市场经济体制出现的诸多问题则加深了人们对广告的不信任。

21世纪初，在如火如荼的媒介公信力研究的影响下，“广告公信力”作为一个原创概念被中国学者提出，成为广告理论研究的前沿课题之一。最早涉足广告公信力研究的应属华中科技大学的舒咏平。在其2004年发表的《广告传播公信力的缺失与导入》一文中，舒咏平阐述了广告公信力缺失的事实，分析了广告公信力缺失的原因，并首次提出了广告传播应导入“公信力”的吁求。⑥ 此后，舒咏平对广告公信力问题开展了系列实证研究，展示了广告公信力的现状，并对广告公信力缺失做了初步的探讨。⑦ 2007年高运锋提交的博士论文《广告公信力的缺失与建构》，从信息经济学的研究视角，以广告是一种信息不对称的解决机制为逻辑起点，通过考察广告功能的变迁对广告公信力开展横断面与历时态相结合的立体关照，剖析了广告公信力缺失原因及其构建之道。高运锋认为，广告非完全信息传播的工具性缺陷、广告工具使用误区即诱导功能的张大以及广告偏见是广告公信力缺失存在的三个深层原因；广告告知功能的理性回归以及广告素养教育，是广告公信力建构的方向。⑧

事实上，广告公信力缺失的原因是一个非常复杂的问题，它不仅涉及广告本体的缺陷等

① Jackson Lears. Fables of Abundance: A Cultural History of Advertising in America [M]. Basic Books, 1994: 78. 转引自杨伯溆，李凌凌．资本主义消费文化的演变、媒体的作用和全球化［J］．新闻与传播研究，2001（1）：36-43.

② ［日］堤清二．消费社会批判［M］．北京：经济科学出版社，1998：17. 转引自张卫良．20世纪西方社会关于“消费社会”的讨论［J］．国外社会科学，2004（5）：34-40.

③ 转引自贺雪飞．论全球性消费时代的跨文化广告与消费文化［J］．浙江社会科学，2008（7）：115-120.

④ 金定海．价值理性的偏失［J］．现代广告，2005（12）：32-33.

⑤ 转引自高运锋．广告公信力的缺失与建构［D］．武汉：武汉大学，2007：4.

⑥ 舒咏平．广告传播公信力的缺失与导入［J］．新闻大学，2004（3）：25-27.

⑦ 舒咏平．我国城市广告社会效果及公信力状况——东部与中部四城市的调查比较［J］．广告大观．理论版，2007（2）；舒咏平．关于广告公信力的媒体调查报告［J］．中国广告，2007（5）．

⑧ 高运锋．广告公信力的缺失与建构［D］．武汉：武汉大学，2007.

微观因素，而且涉及广告生存的社会环境与制度语境。因此，广告公信力研究至今仍是一个值得开拓的领地。

6. 广告素养与广告素养教育研究

近年来，国内学术界等开始关注一个新的理论和实践命题：广告素养与广告素养教育。这一概念和实践行动源自西方，从属于媒介素养研究及媒介素养运动，在世界上很多国家和地区已经得到学术界的关注和各种社会力量的推广。

根据1992年全美媒介素养精英会议的定义，所谓媒介素养，是指一种获取、分析、评价和传播各种形式信息的能力。① 2000年，媒介素养进一步朝“释放”和“赋权”的方向发展，更关注于参与式的社区行动。媒介素养教育也由“对抗媒介”的目的逐渐发展出“与媒介共生”的理念，并由分析、批判的教学法转而更为关注参与式的教学法，即通过亲身参与媒介制作来认识传媒、表达意见，甚至塑造传媒文化、影响媒介产业。②

至于广告素养，一种具有代表性的定义是仅指“对广告背后的说服意图的更好理解”，它暗含的假设是成年人与孩子们一样都需要被“事先警告”，以促进其对说服性传播的认知防御。③ 这一定义成为20世纪最常见的广告素养教育实践内容。80年代后，由于受到文化研究和批判理论的影响，广告素养教育的内涵也由单一的说服意图辨识，扩展至更多的涉及理解、分析和评价的议题。因此，一些学者提出了广告素养的新定义，将广告素养界定为“分析、评价和生产各种形式及各种媒介上的说服性信息的能力”。④ 此外，在多媒体与网络技术迅速发展的背景下，有人提出广告素养教育不仅要求人们会拆解广告，学习的要旨在于建构。

广告素养教育的推广，在机制上基本依托于更大范围的媒介素养教育，学校、家长、教会、社团、政府、媒介、企业界等各种力量都纳入到媒介素养教育的大体系。不同国家和地区，其媒介素养和广告素养教育所倚重的推动力量并不相同。而且，不同性质的团体和机构，在推进广告素养运动的过程中，其广告素养的定义、目标和内容也不尽相同。因此，不同机构或组织（尤其是产业界）赞助或开展的广告素养教育，其目标正遭受到质疑，正如Considine所指出的，媒介素养教育已经成为各种利益集团用来粉饰自身的工具。⑤

我国内地广告素养研究始于20世纪末，但系统的广告素养研究却是近几年的事情。中国期刊全文数据库的检索结果显示，南平最早撰文专题性地讨论广告素养教育，提出“正

---

① William, G. Christ, W. James Potter. Media Literacy, Media Education, and the Academy [J]. Journal of Communication, 1998, 48 (1): 5-15. 转引自周丽玲，周路，周宇博. 广告素养理论研究及其社会行动的进展 [M] //罗以澄，张金海，单波. 中国媒体发展研究报告（2005年卷）. 武汉：武汉大学出版社，2008：453-462.

② 周丽玲，周路，周宇博. 广告素养理论研究及其社会行动的进展 [M] //罗以澄，张金海，单波. 中国媒体发展研究报告（2005年卷）. 武汉：武汉大学出版社，2008：453-462.

③ Austin, E. W., Johnson, K. K.. Effects of General and Alcohol-specific Media Literacy Training on Children's Decision Making about Alcohol [J]. Journal of Health Communication. 1997, 2 (1): 17-42. 转引自周丽玲，周路，周宇博. 广告素养理论研究及其社会行动的进展 [M] //罗以澄，张金海，单波. 中国媒体发展研究报告（2005年卷）. 武汉：武汉大学出版社，2008：453-462.

④ Yong, B.. Does Food Advertising Influence Children's Food Choices? A Critical Review of Some of the Recent Literature [J]. International Journal of Advertising, 2003 (22): 441-459. 转引自周丽玲，周路，周宇博. 广告素养理论研究及其社会行动的进展 [M] //罗以澄，张金海，单波. 中国媒体发展研究报告（2005年卷）. 武汉：武汉大学出版社，2008：453-462.

⑤ 转引自周丽玲，周路，周宇博. 广告素养理论研究及其社会行动的进展 [M] //罗以澄，张金海，单波. 中国媒体发展研究报告（2005年卷）. 武汉：武汉大学出版社，2008：453-462.

视一个被长期忽略的事实：我们缺乏广告素养的教育”，并认为“广告素养教育要实现的，是培养公众的广告素养”，“学会批判地看待、了解广告背后的运作方式和真实意图、懂得怎样对广告方面的问题提出改进的建言和采取维权的行动，善于借助广告助益自己和社会”①。此后，陆续发表的为数不多的相关论文，主要集中在广告素养的概念界定与发展，并主要采取了定量研究方法。②

正如英国媒介素养研究者 Buckingham 所说，“不同国度应拥有不同的符合其国度政治、经济、文化制度的媒介素养力量和教育模式。”③ 在加拿大，“广告素养教育不只着眼于批评，而且着力于建设，提醒负面影响，但更强调正面意义”。④ 在人们对广告尚存在误解、偏见甚至是歧视的中国，广告素养及广告素养教育研究是不是应该思考自己特殊的使命呢？

三、结语

长期以来，广告学研究身陷“术不精、学不深”的尴尬之中，而事实性地表现在理论与实践的双重“缺席”：一方面，广告学研究强调其应用性学科特征，高度关注于现实的变化与需要，力图解释广告实践的新现象与新问题，导致广告理论研究的贫乏与羸弱，其研究成果由于学术含量低，而无法获得学术界的认同；另一方面，广告学研究长期被商业取向所牵引，过分强调为广告主服务，过分关注广告效果的达成，导致了广告学研究在某种程度上的“短视”，却又因为研究与实践的隔膜，使广告学研究缺乏对实务的了解与洞察，而无法获得业界的尊重。

正如金定海教授所言：“在理论界和批评界，广告的话语是缺席的。在主流理论刊物和批评栏目中，广告就是连作为研究对象和理论文本的机会都少得可怜，即便偶尔出现也是作为被嘲弄和被批判的角色而存在。在历届的国家社会科学课题指南中，除了广告法，其他的广告研究课题几乎空缺。广告话语往往被看成是技术话语和经验话语，所以缺乏真正的理论和批评的话语权。这种状况同时也就决定了广告教育在高校中学科地位的低下，形成高校广告理论研究的先天不足、后天歧视的困境。”⑤

对于广告研究者而言，“术不精”也许并不是我们的过错，但“学不深”却是我们无法释怀的。

【参考文献】

[1] 张金海.20世纪广告传播理论研究［M］．武汉：武汉大学出版社，2002.

[2] 樊志育．广告学原理［M］．上海：上海人民出版社，1994.

[3] 张金海，姚曦．广告学教程［M］．上海：上海人民出版社，2003.

[4] 徐卫华．新广告学［M］．长沙：湖南师范大学出版社，2007.

[5] 丁俊杰．现代广告通论［M］．北京：中国物价出版社，1997.

[6] 潘向光．现代广告学［M］．杭州：杭州大学出版社，1996.

① 南平．广告素养教育：让公众参与监督和发展［J］．中国工商管理研究，2005（8）：69-71.

② 其中，有代表性的论文包括：张金海，周丽玲．广告素养的概念框架与影响因素［J］．新闻与传播研究，2008（4）；厉国刚．大学生广告素养的调查与思考［J］．广告大观．理论版，2008（5）；卫修锋．论如何提高儿童的广告素养［J］．广告大观．理论版，2006（4）．

③ 陆晔．媒介素养教育中的社会控制机制——香港媒介素养教育的目标和特征［J］．新闻大学，2006（1）．

④ 南平．广告素养教育：让公众参与监督和发展［J］．中国工商管理研究，2005（8）：69-71.

⑤ 金定海．价值理性的偏失［J］．现代广告，2005（12）：32-33.

[7] 杨魁，董雅丽．消费文化——从现代到后现代［M］．北京：中国社会科学出版社，2003.
[8]［美］丹尼尔·贝尔．资本主义的文化矛盾［M］．中国台北：桂冠图书股份有限公司，1989.
[9] 彭小华．贬低还是讨好？——消费文化背景下广告性别再现的解读［D］．成都：四川大学，2005.
[10] 张金海，姚曦等．广告社会价值评判要看本质［J］．现代广告，2005（12）.
[11] 黄迎新．整合营销传播理论批评与建构［D］．武汉：武汉大学，2008.
[12] 姜继红，郑红娥．消费社会研究述评［J］．学术研究，2005（11）.
[13] 杨伯溆，李凌凌．资本主义消费文化的演变、媒体的作用和全球化［J］．新闻与传播研究，2001（1）.
[14] 郑红娥．消费社会理论反思与中国消费社会的建构［J］．天津社会科学，2006（5）.
[15] 胡晓云．现代中国广告学理论研究历程及现状［J］．现代广告学刊，2005（11）.

【作者简介】

张金海，武汉大学媒体发展研究中心主任，武汉大学新闻与传播学院教授、博士生导师，研究领域为广告学、媒介产业与媒介经济。

徐卫华，湖南师范大学新闻与传播学院讲师，广告学博士，主要从事广告学、媒介发展研究。

改革开放三十年来广告史研究轨迹与学术地位

陈培爱　杨海军

【摘　要】历史广告学主要探讨、研究、总结人类广告活动产生、发展、演变的历史进程及发展趋势、发展规律等诸多现象和问题，这是广告史研究的基本视野。从广告史研究的轨迹与学术地位看，通史研究、断代史研究、专题史研究、广告个体研究、教材编撰与修订等各有千秋，其蔚为大观的学术成果搭建了广告史研究的学术平台，丰富了广告学学科体系的内容；其科学研究方法的运用、研究体例的创新、研究思路的变革也为广告史研究学术视野的不断开拓，学术内涵的进一步提升奠定了坚实的基础。

【关键词】改革开放三十年　广告史研究　学术视野　学科平台

一、广告史研究的源起及其学科地位

我国广告学的研究与教学，可以追溯到“五四”时期。

1918 年，我国最早成立的北京大学“新闻学研究会”，把广告作为新闻学研究的一部分。

1918 年 10 月 4 日，北京大学新闻学研究会的成立，是中国将新闻学作为一门学科进行研究的开端。该研究会以“研究新闻学理，增长新闻经验，以谋新闻事业之发展”为宗旨，由北京大学校长蔡元培兼任会长，北京大学文科教授徐宝璜任副会长，徐宝璜和《京报》社长邵飘萍是专任导师。

1919 年 12 月，由北京大学出版部以新闻学研究会名义出版了徐宝璜的《新闻学》。这是我国的第一本新闻理论著作。这本著作共 14 章，其中第 10 章专门论述“新闻纸之广告”。① 由此看来，在我国新闻学界，把广告作为新闻学研究的一部分的观念由来已久。

1927 年出版的戈公振的专著《中国报学史》，首先确立报刊史的研究是一门学问。他从不同的角度论述了广告并提供了丰富的史料，比徐宝璜又进了一步。戈氏利用丰富的广告史料，比较系统地论述了关于广告学的理论和观点，并着重论述广告的政治思想和文化价值。例如，关于广告的功能，作者认为，广告具有推销商品、宣传文化、指导人生和教育群众的功能。

“广告为商业发展之史乘，亦即文化进步之记录。”

“（广告）不仅为工商界推销商品之一种手段，实负有宣传文化与教育群众之使命。”

“人类生活，因科学之发明日趋于繁荣美满，而广告即有促进人生与指导人生之功能。”

作者还强烈抨击了“不道德和不忠实之广告”，认为这“不但为我国实业界之大忧，亦广告界之大耻。”②

1920 年至 1925 年，上海圣约翰大学、厦门大学、燕京大学等大专院校的报学系（新闻

① 陈培爱．中外广告史新编［M］．北京：高等教育出版社，2009：54.

② 戈公振．中国报学史［M］．北京：生活·读书·新知三联书店，1955：220.

科）相继建立，“广告学”课程正式登上大学的讲堂。

“广告史”的研究滥觞于清末。“当时著名的白话文提倡者、白话报刊活动家江苏无锡人裘可桴写了一篇《广告文考》，可以认为这是我国最早研究广告史的专篇论文。”①“五四”前后，著名的新闻学家徐宝璜、新闻史学家戈公振，已经在他们的著作中开始研究广告学及广告史。但直到1948年，我国才出现了第一本广告史研究专著，即如来生的《中国广告事业史》（上海新文化社，1948年出版）。尽管该书十分简略，但其开拓之功不可埋没。20世纪80年代以来，我国台湾及内地也相继出版了几本有影响的中国广告史专著，如樊志育的《中外广告史》、陈培爱的《中外广告史》等。这些专著都对中国广告史作了初步探讨，为后来的研究奠定了基础。

我国的广告学研究自20世纪20年代以来，出现两次高潮：一是从“五四”时期到中华人民共和国成立前，从入门的《广告须知》、《广告ABC》到层次较高的《广告学》，著述多达数十部；二是20世纪80年代以后，广告学论著更是灿若群星，每年都有不少新作问世。但中国内地的广告史书仅见1948年如来生的《中国广告事业史》，以及近年的《中国古代广告概述》和《中国电视广告十年》等片断、类别史的研究。

广告史的研究为广告理论的研究奠定了坚实的基础，是为总结广告发展规律与提升广告理论服务的。

广告史研究还为现阶段广告事业发展提供了成功与失败的借鉴。

二、近10年来广告史研究的现状

广告学作为一门新兴的学科，在中国内地也只是这20多年才发展起来的，而对广告史的研究与教学，更是遇到很大的困难。1996年，在“龙媒选书”策划人徐智明先生的促动下，厦门大学陈培爱教授最终完成了中华人民共和国成立后第一本较系统的广告史书——《中外广告史》②，并于1997年1月由中国物价出版社出版。从此以后，我国近年来出版了多种广告史著作。这无论在广告史料的补充或编写理念的多元上，都大大丰富并促进了这个稚嫩学科的发展。

改革开放后我国的广告史研究已有10多年的历史。对于广告史的研究，近年来已引发了研究的热潮，但我们必须不断提高其研究质量。目前有志于研究广告史的学者已经增多，但高水平的研究著作及翔实的史料还有待进一步加强。笔者目前见到的主要的广告史著作有：

1991年3月，海潮摄影出版社出版了田彧的《中国古代广告概述》；

1997年1月，中国物价出版社出版了陈培爱的《中外广告史》；

2000年1月，余虹、邓正强的《中国当代广告史》在湖南科技出版社出版；

2000年7月，暨南大学出版社出版了刘家林的《新编中国广告通史》；

2002年11月，武汉大学出版社出版了张金海的《20世纪广告传播理论研究》；

2003年8月，寇非的《广告·中国（1979—2003）》在中国工商出版社出版；

2004年5月，由学林出版社出版的黄志伟、黄莹合编的《为世纪代言——中国近代广告》一书，把旧上海最有代表性的广告作品作了选编与评点。“在新陈代谢的历史进程中，广告也更呈现出它那异彩纷呈的特征。”③

在以上著作中，具有较大实用价值也不乏理论深度的著作，当推陈培爱的《中外广告

---

① 刘家林．新编中国广告通史［M］．广州：暨南大学出版社，2000：2．

② 曾宪明．可喜的“第一本”［J］．新闻大学，1998（春季号）．

③ 黄志伟，黄莹．为世纪代言——中国近代广告［M］．上海：学林出版社，2004：前言．

史》，“作为中华人民共和国成立后第一本较系统的广告史书”，涉及面广，时间跨度大，阐述了中外广告事业的历史发展，作为奠基之作，对中国广告史学科的建设，功不可没。余虹、邓正强的《中国当代广告史》和寇非的《广告·中国（1979—2003）》也值得重视。这两部著作都侧重当代广告活动的描述，研究对象明确，各有千秋。《中国当代广告史》偏重于对当代中国广告思想的演变、广告观念的创新基础上广告实践案例的研究；“想尝试着将《中国当代广告史》写成一部有血有肉的‘小历史’。”① 而《广告·中国（1979—2003)》，则侧重于对当代中国广告实践过程中出现的大量典型案例进行辩证分析，“采集其中的重大事件、焦点人物、热点问题、奇特现象加以评述，以揭示广告发展的真谛。”②

另外，张金海的《20世纪广告传播理论研究》是关于广告理论学术演变的著作，属于学术史的范畴。该书从历史的视角，对20世纪广告传播理论做出较系统的历史性分析，探寻其“历史的东西”，进而从20世纪广告传播理论自身内在的发展，及其与社会经济环境、传播环境的相关互动，深入寻觅其“内在与逻辑”的规律。此书可称为“广告理论的历史回顾”。③ 刘家林的《新编中外广告通史》则以史料丰富见长。

2005年以后，广告史著作更是春潮涌动。

2005年3月，林升栋的《中国近现代经典广告创意评析——申报七十七年》由东南大学出版社出版，使广告史料研究的园地里多了一朵奇葩。“它以每10年为一个跨度，共分8个时期，每个时期都挖掘出某些有价值的历史资料。”④ 这些历史阶段的有代表性的广告活动实例和广告作品的剖析，为当前广告事业的发展提供了很好的借鉴。

2005年8月，孙顺华等的《中外广告史》出版（山东大学出版社）；

2005年10月，赵琛的《中国广告史》出版（高等教育出版社）；

2005年11月，杨海军主编的《中国古代商业广告史》、《中国近现代商业广告史》、《中国当代商业广告史》、《世界商业广告史》等由河南大学出版社陆续出版；

2006年1月，姚曦的《简明世界广告史》出版（高等教育出版社）；

2006年6月，杨海军的《中外广告史》出版（武汉大学出版社）；

2007年8月，陈树林主编的《中国广告历史文化》出版，他们历时数年，搜集到许多珍贵的古代广告文化实物，梳理出我国古代广告文化发展的脉络，填补了某些广告历史的空白。他认为：“广告文化的发展与商品经济的发展密不可分。”⑤

2008年2月，林升梁的《美国广告史》的出版，不仅拓展了广告史研究的视野，而且在体例上有所创新，给国内广告界带来了新的启迪与借鉴（中国经济出版社）。“我们不仅要研究中国广告史，也要研究和借鉴世界广告发展史。”⑥ 这些都为当前广告事业的发展提供了很好的借鉴。

2009年8月，高等教育出版社出版了陈培爱教授的《中外广告史新编》（以下简称《新编》）。这部《新编》延续了1997年出版的《中外广告史》的体例，在资料上有了更多的补充与突破，使广告史的研究进入了体例更为成熟、资料更为翔实、观点更为务实的时代。

在《新编》中，着重从社会演变发展与广告的关系出发，把广告的发展与人的活动、传播媒介的发展、营销手段的推陈出新做了相关研究。本书在基本保留10年前架构的基础

---

① 余虹，邓正强．中国当代广告史［M］．长沙：湖南科学技术出版社，2000：5．

② 寇非著．广告·中国（1979—2003）［M］．北京：中国工商出版社，2003：序．

③ 张金海．20世纪广告传播理论研究［M］．武汉：武汉大学出版社，2002：2．

④ 林升栋著．中国近现代经典广告创意评析——申报七十七年［M］．南京：东南大学出版社，2005：序一．

⑤ 陈树林．中国广告历史文化［M］．天津：天津社会科学出版社，2007：7．

⑥ 林升梁．美国广告史［M］．北京：中国经济出版社，2008：序．

上，重在新资料的挖掘与补充。特别是抗战时期许多鲜为人知的报刊广告史料的展现，填补了这一阶段的空白。此外，在中国古代广告、当代广告、港台广告、日本广告等部分，都有许多珍贵的史料补充。

人类的广告发展史，就是一面社会文明进步的镜子。从中国或世界广告发展的轨迹中，可以挖掘出许多有价值的历史资料，探索一些有意义的问题，总结出许多宝贵的经验。各个历史阶段有代表性的广告活动实例和广告作品的剖析，都可以直接为现实服务。

三、关于广告史的研究方法问题

众多广告史著作的涌现，使我们看到了不同风格的研究架构。今后相信还有更多的广告史研究著作出现。我们认为，只有强调唯物史观的最基本点与广告历史及现状相结合，才能在广告史著作中写出新意。

将唯物史观应用于广告史的研究，需要结合广告史的实践加以探索。关于广告史的研究方法与原则，可归纳为历史主义的原则、实事求是的原则和整体研究的原则等。

任何史学都涉及丰富的内涵，只有掌握科学的研究方法，才可以变枯燥为生动，变静态为动态，获得良好的研究效果。

根据广告史研究的经验，有以下几种研究方法可供参考：

1. 史论结合

广告理论的发展应该立足于对广告发展历史与现状的科学总结。只有深刻地把握广告史发展的科学性，才能精辟地进行理论总结，并使教学活动更为扎实有效。广告史的科学性应包括：合理的历史分期，合理的著述方法，合理的材料取舍，合理的认识评价，合理的归纳总结等诸多方面。在写作主线上是以史实为主，还是以史评为主等，这些都决定着理论总结的价值。如《新编》一书是以不同国家、地区的社会经济发展为主线，以不同历史阶段的传播手段变化为依托，在史论的结合上丰富了研究的内容。

2. 静态与动态结合

广告学是一门应用性很强的学科，我们掌握“史”的知识并不是目的。其目的是掌握运用客观规律解决实际问题。要反对死记硬背一大堆僵化的知识，而提倡利用史类知识有效地启发人们的思维，培养广告人的整体素质。研究中应注意史料与理论的结合，史实案例与借鉴发扬的结合，历史规律与解决现实问题的结合。这样，可以把一潭死水变为一潭活水，就能调动学生积极思维的能力。

3. 重点与一般结合

对史学的学习与把握，最感厌烦的是史料太多，对有否必要记住那么多知识表示怀疑，这就需要在编写中给予必要的调整。在研究中，应该重点研究著作中的框架、思路；研究不同历史阶段广告传播的特点与变化；研究不同阶段广告发展的新见解。而对非重要的内容，对一些琐碎、细微的知识点，对当前启示意义不大的问题给以简略概述。

4. 传统学术型与应用型结合

广告史研究可以推行以案例研究为中心的研究方法，力求在保留传统的理论研究的基础上，把理论深度有机地融入史学的案例中。在每个阶段的研究中，最好能以一两个典型案例带出。近年来广告学理论著述越来越多，这些理论按道理应来源于对古今中外广告现象的分析和思考，然而，我们对广告史的关注又何其少。当然，传统学术型与应用型的结合并不矛盾，其目的还是落实在应用上，增强研究的价值。

四、关于广告史的编撰问题

10 年来众多广告史著作的问世，涉及不同风格的广告史的编撰问题。关于广告史编撰中的史料依据问题、编撰形式和结构上的体裁体例问题、表达方式问题、叙述与议论的关系问题，要在研究中力求予以科学的处理。

史料是广告史编撰的主要依据。迄今为止，为广告史研究所能利用的史料有四大类：实物、行为、文献和口碑。实物史料指那些可以反映和传递历史信息的物体；行为史料指今人行为中保留的历史积淀；文献史料指人们对历史的文字记录；口碑和口述史料，指的是人们口头讲述的对历史的回忆。史料与研究者的史观有辩证的关系，不同史观的人对同一史料会有不同的理解。

以《新编》为例，书中不能不讲广告史编撰的构架，即体裁和体例问题。本人于 1997 年 1 月由中国物价出版社出版的《中外广告史》一书中，全书的架构为后人理出了一条广告历史发展的清晰脉络。从广告发展最初的口头广告、实物广告到文字广告，以至发展到今天的电子传媒广告，所有形态的广告都融入广泛意义的信息之中。在“中国广告史”的研究中，其内容展示了从原始社会到鸦片战争、鸦片战争到中华人民共和国成立前和中华人民共和国成立以来的广告历史进程，反映了中国广告业发生、发展、变化的基本脉络。这个框架有益于他人今后进一步研究探讨，本人一直认为这是一个值得延续的科学的研究架构。

总结近年来广告史的写作方法，大体上沿用按时间顺序的写作。广告史的写法大概有三种：第一种是主要按照时间顺序以记事为主的写法，如本人的《中外广告史》；第二种是在社会大背景中考察并总结理论发展历程的写法，以张金海的《20 世纪广告传播理论研究》为代表；第三种就是“以人为本”的写法，如林升梁的《美国广告史》就是其中之一。应当说，这三种写法各有特色，各有优势，可以互为补充，使广告史的研究更为充实，更有立体感。目前还没有看到有人把这三种写法融为一体，这样不仅作者自己搞不明白，更会让读者一头雾水。

五、关于广告史研究的创新

经过 10 年的发展，广告史的研究史料不断丰富，研究队伍不断庞大，各种类型的著作越来越多。我们希望在延续过去优良传统的基础上，今后在研究内容与方法上能有所突破。因此，广告史研究不仅要探讨方法论的问题，而且要在更广阔的社会背景与学科建设中，发挥广告史知识上下纵横、左右勾连的重要作用。

1. 融入社会、经济、文化的背景

一部人类社会广告发展的历史，实际上就是一部人类社会经济与科技发展的缩影。从历史的角度看，任何科学技术的发展，都极大地改变了人们的生产方式、生活方式以及思维方式，也丰富了人们的传播方式，拓展了人们的社会生活空间。在研究中一般先找出不同历史阶段社会经济发展的特点，分析其原因，再梳理传播手段的变化、创意策略的发展及营销思想的演进。在这个基础上，全面看待人类传播的历史。当然对今天最有意义的不是复述早期幼稚的传播故事，而是追踪中国广告文化形成之谜，从传播这个视角来了解华夏文明自成体系的编织过程，从原始的人际传播到间接的工具传播、超个人的组织传播、简单的大众传

播、现代化的网络传播，“‘中国人’便在由传播织成的网络中滚动发展起来”。①

这样，就可以较全面了解不同时期广告发展的内涵。而合理地研究和传授这些知识，将使广告学科整体素质上得到提高。

2. 从优秀的传统文化中创新

中华民族的传统文化是中华民族对于人类的伟大贡献。如果把广告作为一门艺术，其发展是植根于中华民族传统文化的深厚土壤。独具特色的语言文字，浩如烟海的文化典籍，嘉惠世界的科技工艺，精彩纷呈的文学艺术，充满智慧的哲学宗教，完备深刻的道德伦理，共同构成了中国传统文化的基本内容。广告史是一门综合性的学科，它结合了人类文化史、传播史、文学、哲学、宗教、美术、经济等方面包含的各种知识和所反映的各种思想，在一定程度上为学科间的综合交叉创造了有利条件。

以《新编》为例，其中“中国广告史”部分，分述了从原始社会到鸦片战争、鸦片战争到中华人民共和国成立前和中华人民共和国成立以来的中国广告历史的进程。在这一历史脉络中，串起了一颗颗中华民族的灿烂文化。

在广告史研究中，要摆正继承与创新的关系，而掌握这方面的研究方法十分重要，主要有：

（1）历史梳理与逻辑分析相结合。我们既要对它的来龙去脉有一个明晰的了解，又要避免被无穷无尽的枝节材料所淹没，唯有将历史的方法与逻辑的方法有机地结合起来。

（2）史料学习与社会考察相结合。研究中把握中国文化的精髓，无疑是非常重要的。但这只是问题的一方面。另一方面，中国文化的众多要素，是以非文本的形式，存留于社会生活之中，例如与广告有关的起居习俗、宗教礼仪、道德规范等。这就要求我们将研究视野扩大到文本之外的社会生活的宽阔领域，将史料学习与社会考察结合起来，相互比照，相互印证，相互补充，从而对于生生不息的中国文化，有一个动态的、全面的背景了解，使广告史的研究具有深厚的基础。

（3）合理继承与开拓创新相结合。新的时代，新的变化，对于中国广告史的研究，提出了新的课题，新的要求。为了完成这一历史使命，我们唯有以历史唯物主义的科学观点和方法，合理地继承前人已经取得的成就，同时根据时代的要求，不断开拓创新，才能在广告史研究领域有所发现，有所发明，有所创造，有所前进，在研究中一定会带给广告人更多的乐趣和想象空间。

3. 推动广告学科建设

广告史的研究首先创造性地推动了广告自身学科的发展，唤起了更多人的研究热情。许多著作在研究中采用历史唯物主义观点，客观地展现了我国古代、近代、现代、当代广告发展的轨迹，使广告学科在理论、业务研究上注入史的内涵，显得更加完整与全面。一个不容置疑的事实是，它可以帮助人们提高对民族广告的自信心，增强其人文素质。

其次，使广告学科加强了与相关学科的联系，拓展了广告学科发展的深度。如在传播史研究中，不仅包括中外传播史、中外新闻史、中外广电史的研究，也包括广告史、编辑出版史、公关传播史的研究，还包括传播专项史的研究（如台湾新闻事业史、地方新闻事业史、近代传播史等）。把广告史列人传播史的研究范畴，在一个侧面使广告学科的发展更为稳固。2004 年 4 月，厦门大学在历史学科“专门史”属下批准了“传播史”的博士生招生方向，就是把广告史、台湾新闻事业史、华夏传播研究及地方新闻事业史做了组合，形成了一

① 周月亮．中国古代文化传播史［M］．北京：北京广播学院出版社，2000：45.

个非常有特色、有潜力的学科点，从而在横向上拓展了学科的地位。

此外，在广告史的研究过程中，我们力求较全面剖析历史上广告运作的经验，进而揭示广告业发展的特点、规律及其优良传统，这是当前我国广告从业人员和广告学科建设所迫切需要的。在研究中还会不断地受到新问题的挑战，加深对老问题的质疑与探讨的深度，并为科研提供了源源不断的研究课题，从而不断促进广告史研究的发展和广告学科的提升。

综观10年来广告史研究的历程，应该说起步虽慢，发展迅速，成果丰硕，前景看好。广告发展史是一笔丰厚的文化遗产。通过研究广告史，穷源溯流，就能从中撷取宝贵的经验，汲取丰富的营养，以启迪我们的智慧和灵机，激发创造活力，促进当代广告事业的繁荣和发展，并作为后人继往开来、发扬光大的借镜。

【参考文献】

[1] 陈培爱. 中外广告史新编 [M]. 北京：高等教育出版社，2009.
[2] 戈公振. 中国报学史 [M]. 北京：生活·读书·新知三联书店，1955.
[3] 刘家林. 新编中国广告通史 [M]. 广州：暨南大学出版社，2000.
[4] 黄志伟，黄莹. 为世纪代言——中国近代广告 [M]. 上海：学林出版社，2004.
[5] 余虹，邓正强. 中国当代广告史 [M]. 长沙：湖南科学技术出版社，2000.
[6] 寇非著. 广告·中国（1979—2003）[M]. 北京：中国工商出版社，2003.
[7] 张金海. 20世纪广告传播理论研究 [M]. 武汉：武汉大学出版社，2002.
[8] 林升栋著. 中国近现代经典广告创意评析——申报七十七年 [M]. 南京：东南大学出版社，2005.
[9] 陈树林. 中国广告历史文化 [M]. 天津：天津社会科学出版社，2007.
[10] 林升梁. 美国广告史 [M]. 北京：中国经济出版社，2008.
[11] 周月亮. 中国古代文化传播史 [M]. 北京：北京广播学院出版社，2000.

【作者简介】

陈培爱，中国广告协会学术委员会主任，厦门大学教授，博士生导师。

杨海军，河南大学新闻传播学院副院长，教授。

我国新媒体发展与广告传播研究综述

黄升民　周　艳　杨雪睿　王　薇　陈　怡

【摘　要】随着我国新媒体的蓬勃发展，媒体形态、媒体产业运营模式、受众媒体接触行为与方式以及广告传播模式都在发生变化，对新媒体的相关研究也在有序推进，本文就是对当前我国新媒体发展与广告传播研究的综合性论述。

首先，本文从媒体形态发展变化、内容产业、业务和服务、全媒体趋势等角度论述了新媒体市场的发展状况，并总结了当前新媒体的几个研究领域的发展状况，包括概念界定、产业经营、政策管制、传播模式、社会影响力等。

其次，本文也分析了受众在新媒体环境下的媒体接触行为变化情况，在肯定了受众媒体接触行为变化的基础上，分析了互联网、手机等新媒体的受众接触行为具体变化情况，并从受众行为变化的研究、受众接受与使用研究、受众接触新媒体的广告效果研究等角度归纳总结了当前该领域的研究进展。

再次，本文还分析了新媒体环境下，广告主营销传播活动的变化特征以及广告公司的发展状况，从广告传播的角度分析了新媒体的影响，同时也对新媒体环境下的广告传播研究进展情况作了总结归纳。

【关键词】新媒体　受众媒体接触　广告传播　新媒体理论研究

一、新媒体市场发展与研究状况

当前，我国的新媒体已经呈现蓬勃发展之势，无论是媒体形态、用户规模还是内容、业务、服务等环节，都已经有了一定程度的成效。与此同时，伴随着新媒体业界的发展，研究领域日益分化成熟，相关研究成果也取得一定发展。

（一）新媒体发展的特征

1. 类型极大丰富，发展迅速

新媒体的蓬勃发展最直观的感受就在于新媒体的类型极大丰富，并且迅速推进，无论是广电行业还是通信行业的新媒体，都在快速发展之中。

广电行业的新媒体已经全面启动，有线、地面无线和卫星都已经全面铺开，有线数字电视经过多年发展，全国200多个城市进行了有线电视数字化整体转换，用户数突破了5 000万户，达到全部有线用户的1/3；地面无线数字电视也以免费公益服务的形式，在国家财政25亿元资金支持下，实施了覆盖100个城市的工程；直播星“中星九号”自2008年6月发射成功之后，截至2009年第一季度，国家财政投入13亿元，完成了366万套用户家庭终端设备的招标，为广大边远地区提供48套免费的电视节目。

除了固定接收之外，在移动接收方面，广电部门大力推广中国移动多媒体广播（CMMB）。2009年年内CMMB将完成337个城市的信号覆盖，目前已经覆盖188个城市，已经有200多种终端问世，除了提供6～8套免费的电视频道之外，还开拓了信息服务、股市等增值业务。从运营上来看，国家级的运营机构中广卫星移动广播有限公司（8月更名为“中广传播”）已经于2005年成立并正式投入运营，并且与全国地方广电进行广泛合作，截至2009年8月，已经与26个省级运营主体签署了框架协议，其中有9个省的公司已经拿到了营业执照开始试运营。2009年8月，CMMB还正式推出了业务品牌“睛彩”，CMMB以强烈攻势向移动市场发起了冲击。

在通信行业，IPTV和3G是新媒体领域最大的亮点。IPTV的用户数突破了300万户，在上海还出现了IPTV用户数略高于有线数字电视用户数的现象。在3G方面，中移动、中电信、中联通都推出了自己的3G业务品牌，并投入巨资进行网络铺设、市场运营，虽然用户数还比较少，但是发展势头比较强劲。

2. 内容的投入和重视程度加大

新媒体的激增解决了传统媒体发布渠道有限的难题，同时进一步凸显了内容匮乏的问题，内容的重要性对新媒体的发展至关重要。因此各方力量都加大了对内容层面的投入和重视。

广电总局在2009年8月初发布文件，推动高清电视的发展，要求各地加快高清、标清同播的步伐，有线网络和无线网络都要增加对高清电视落地的支持，同时表示已经有中央电视台一套节目、北京卫视、上海东方卫视等7个频道在9月28日要正式开始高清、标清同播，使得我国的高清频道增加到了11个。同时，台内数字化也在加快进行，媒体资产管理系统的建设也在逐渐走向深入，从简单的内容存储向全方位的采编播及内容管理系统迈进。这些内容将会成为新媒体中获得盈利的重要内容来源。

在互联网内容上，尤其是视音频内容，也受到了更高程度的重视。一方面，是像中央电视台这样的大型传统媒体加入到网络电视的行列中来，“国家网络电视台”的提出和建设可以作为国家和传统媒体加大对互联网信息控制和强化正面宣传的一个标版；另一方面，是直接强化了对互联网内容的监管，这里又包括强化版权意识、出台法令法规直接禁止不符合规范的企业进入互联网内容提供商的行列等具体做法。

即使是以广告媒体起家的各种户外媒体，也加大了在内容方面的投放力度。除了播出广告之外，也在其中加入一些节目内容、紧急广播等，一些企业也在把自身的定位从一个广告代理公司向全媒体运营商转变，如经营机场媒体的航美传媒、经营公交地铁媒体的华视传媒、世通华纳等，而政府也加大了对户外媒体的管控力度，在北京、上海、杭州等地所提出的城市电视的概念中，都会要求各种户外视频媒体拿出一定的时间段来进行宣传报道、政府信息公告、紧急广播等，各地广电部门往往会成为这些业务的具体执行者，比如在杭州就是由杭州华数集团负责运营其城市电视。

3. 业务和服务的竞争加剧

新媒体在促进渠道极大丰富的同时，也带来了各种各样的新业务，创新各种服务方式，原本泾渭分明的行业壁垒已经模糊，不同行业之间在新媒体业务和服务领域的竞争日渐加剧。

从广播电视和通信行业的竞争来看，新媒体的发展使得两大行业之间的直接竞争不断增多。第一，针对家庭市场，两大行业分别发展了有线数字电视和IPTV，它们都在为城市家庭用户提供个性化的电视收视方式；第二，针对个人市场，两大行业分别提出了CMMB和3G，虽然CMMB和3G的业务重点并不一致，前者以看广播电视为主，后者以无线宽带业务为主，但是看准的都是个人手持终端市场；第三，从整个行业未来发展战略角度出发，广电部门于2008年正式提出了建设下一代广播电视网（NGB），而通信行业则是从1997年就提出来建设下一代互联网（NGN），双方都在积极进行产业升级。无论是NGB、NGN还是

NGI，在下一代网络中，不同行业的竞合关系势必更加深入和激烈。

在互联网方面，各类专业类垂直网站呈现细分竞争的局面。在网络视频、电子商务、SNS等类型中，均出现了由几家大型网站激烈竞争的市场格局，如网络视频领域里的土豆、优酷、酷6等；在电子商务领域的阿里巴巴、淘宝、卓越、当当等；在SNS领域里的开心网、校内网等。同时门户网站也在专业细分市场上加大投入力度，互联网进入精细化竞争的时代。

4. 向全媒体发展

新媒体不断渗透，与传统媒体之间的界限也开始变得模糊，对于一个媒体机构来说，由单一的某种新媒体形态向多种新媒体形态并存发展，同时打通各种媒体形态，把传统媒体和新媒体放在一个统一的思路下去操作，已经成为我国媒体发展的一个趋势。

以南方广播影视传媒集团为例，目前其所涉及的新媒体包括有线数字电视、地铁电视、手机电视、公交移动电视、电信增值业务、互动内容、网络电视等多个领域，同时集团还专门成立了“新媒体中心”，一方面负责管理所有的新媒体项目，另一方面也要把集团现有的内容资源以及更多的内容合作伙伴引入新媒体中，通过媒体资产管理系统盘活内容资源，这样一来，传统媒体和新媒体就处在整个集团的统一架构之下，而不再是分别运作、互不相干的两大体系。与之类似，中央电视台、中央人民广播电台、中国国际广播电台、新华社、上海文广新闻传媒集团等国内大型媒体机构都已经设立专门的新媒体运营机构，经营范围涵盖网络电视、车载移动电视、手机电视、数字电视等多个领域，对于各大媒体集团来说，全媒体是当前的发展趋势。

通信行业同样也在向全媒体方向发展，三大运营商都把自己的定位调整为综合信息提供商，其业务范围都包括多种新媒体形式，如短信、彩信、手机报、手机电视、IPTV等，随着3G时代的到来，通信运营商所能提供的媒体类型还将进一步拓展。对于各运营商来说，这些新媒体类型也都同样在一个统一的架构之下运作。

（二）新媒体领域的研究状况

在新媒体产业蓬勃发展的同时，新媒体领域的学术研究也在不断跟进，2006—2008年发布在各类期刊上涉及新媒体内容的文章多达300多篇，显示出新媒体已经成为传播领域的一个重要研究课题。总体来看，我国学术界对新媒体的研究主要体现在以下几个层面：

1. 对新媒体的界定

对新媒体的界定是新媒体研究的第一步，针对新媒体的概念、内涵、外延、特征等问题，很多学者对此提出了自己的看法。

清华大学熊澄宇指出，对新媒体的理解要重视两个概念：一个是以前没有出现过的媒体；一个是受数字信息技术影响而产生变化的媒体形态。信息、数字、交互、宽频、移动、人性等是当今新媒体的重要特征。①

中国人民大学匡文波认为，新媒体是利用数字技术、网络技术，通过互联网、宽带局域网、无线通信网、卫星等渠道，以及电脑、手机、数字电视机等终端，向用户提供信息和娱乐服务的传播形态。②

陆小华认为，新媒体的核心运作模式是分享平台，仅仅依靠自我力量采集制作传播内容已经不能适应今天多样化的需求，通过一定的机制和物质载体，整合各类内容资源，聚合具

① 熊澄宇．新媒体与创新思维［M］．北京：清华大学出版社，2001.

② 匡文波．2006新媒体发展回顾［J］．中国记者，2007（1）.

有共同指向的需求，才能适应新媒体的竞争。①

中国传媒大学教授宫承波认为，新媒体在内涵上就是指“依托数字技术、互联网络技术、移动通信技术等新技术向受众提供信息服务的新兴媒体”，在具体的外延种类上则包括了“网络电视（Web TV）、网上即时通信群组、对话链（Chatwords）、虚拟社区、博客（blog）、播客、搜索引擎、简易聚合（RSS）、电子邮箱、门户网站、手机短信、手机彩信、手机游戏、手机电视、手机广播、手机报纸、数字电视、IPTV、移动电视、楼宇视屏（各种大屏幕）等。②

2. 对新媒体产业经营的研究

产业研究是我国新媒体研究中的一个重要部分，这部分研究关注于产业结构、运营模式，在追踪产业界最新进展的基础上，提出相应的理论。

中国传媒大学黄升民自2000年开始，在实践研究的基础上，先后推出《数字电视产业经营与商业模式》、《数字化背景下的中国媒介产业经营》、《中国数字电视市场报告》（2003、2005、2007）、《中国数字新媒体发展战略研究》、《家庭信息平台》、《中国新媒体发展战略研究》等著作以及相关的论文、研究报告。

该系列研究立足于中国广电和通信媒体基本现状，以产业化过程中的实践研究为基本视角，通过大量的实证材料和经营案例，分析数字技术的发展与产业结构的关系，特别是对于数字传播技术对于媒体产业盈利模式，产业分工和运营角色的研究，并对于新技术环境下中国媒体产业的核心问题进行了系统深入的论证分析，提出了“内容、网络、用户是新媒体的三大核心要素”、“家庭信息平台”、“个人信息平台”等理论，其研究跨越广电和通信领域的多种媒体形态。

3. 对新媒体政策管制的研究

对新媒体的政策管制在国外的研究中是一个非常常见的话题，但在我国现有的研究中还比较少见。中国传媒大学周艳通过分析大量政策文件原文，对中国的数字电视产业政策的形成进行了研究，她认为，数字电视产业政策的形成与市场发展之间是一个相互促进、相互推动的过程。③

黄炜在其博士论文《构建中国广播电视新媒体政策体系研究》（2007）中，重点以数字电视及手机电视、IP电视政策的实践为例证，运用政策分析的方法，对广播电视新媒体政策制定过程、执行过程和评估、修订进行考察，通过对广播电视新媒体及其现有政策进行梳理和分析，明确提出广播电视新媒体产业政策的目标，即增长、效率、公平。

4. 对新媒体传播模式的研究

从新媒体对传播模式的影响、新传播模式建构等角度，学术界也进行了深入的研究。

北京大学陆地分析了新媒体的强制性传播特点，他认为很多新媒体都有强制性传播的特点，他把新媒体的强制性传播分为三类：组织型强制性传播，个人型强制性传播，国家型强制性传播。④

中国人民大学匡文波在互联网传播模式方面进行了大量的研究，他认为，互联网传播具有传播与更新速度快、信息量大、内容丰富、全球性和跨文化性、检索便捷、多媒体、超文

---

① 陆小华．新媒体管理——信息化生存时代的思维方式［M］．北京：清华大学出版社，2008.

② 宫承波主编．新媒体概论［M］．北京：中国广播电视出版社，2007.

③ 周艳．中国数字电视产业政策的形成研究［M］．北京：中国传媒大学出版社，2007.

④ 陆地，高菲．新媒体强制性传播的类型和特点［J］．声屏世界，2009（1）.

本、互动性等显著特点，他还对互联网传播进行了分类。①

5. 对新媒体的社会影响力的研究

新媒体产生发展的同时，除了改变媒体和传播模式之外，还将会对社会发展产生深远影响。清华大学熊澄宇在其《信息社会4.0：中国社会建构新对策》一书中，从新公民社会、新经济时代、新文化建构、新媒体形态、学习型社会、新安全问题、填补鸿沟等7个方面，对信息技术、网络技术对社会发展所产生的深层影响进行了科学的分析和研究。他认为，在当前这个信息社会4.0阶段，信息作为生产资料和商品在经济生活中处于重要地位，将成为效率最高的生产力，而技术则退一步成为获取、加工和传播信息应用的工具。②

二、新媒体背景下受众媒体接触情况变化与研究状况

（一）新媒体环境下受众媒体接触情况发生变化

目前的媒体环境日益复杂，可供选择的广告投放媒体纷繁多样，一方面表现在新媒体、新的媒体形态不断出现：网络和手机快速普及；网络传播向高速化和大容量化发展，使得通过网络收看高画质的视频内容成为可能；甚至随着博客，SNS在网络用户中的普及，网络媒体对受众的传播功能发生了改变，受众从单纯的信息接受者的身份变成兼具信息的接受者和传播者双重身份；受众这种传受身份的转化在手机媒体应用当中得到了进一步强化；广播电视领域数字技术的发展带来声音、图像、视频内容质量提升的同时，满足了受众在户外场所和移动状态下对广播电视的收视需求。另一方面表现在传统媒体的求新、求变，通过与新媒体的融合衍生出新的媒体形式和内容：传统媒体的网站、手机报，等等。③

中国传媒大学广告学院IMI（创研）市场信息研究所2009年出版的《2009—2010 IMI城市居民消费行为与媒体接触研究报告》对受众各类媒体接触情况，以及网络媒体和手机媒体的应用情况都进行了深入了解，具体结果如下：

1. 受众各类媒体接触情况

图1和图2分别列出了城市受众传统媒体、网络媒体、户外媒体的接触率。可以看出，网络媒体接触率已经直逼电视媒体，成为受众最主要的信息来源之一。其他三种传统媒体接触率的排序依次为报纸、杂志、广播。户外媒体中，公交车载电视接触率最高，其次是电梯间内广告板，再次是地铁车载电视。楼宇液晶电视、卖场/超市/便利店液晶电视和户外大屏幕液晶电视的接触率差别不大。出租车车载电视的接触率最低。

2. 受众网络媒体应用情况

网络媒体的作用不仅是受众重要的信息获取途径，也是受众与他人交流的重要平台。受众使用过即时通信工具（如QQ、MSN）的比例在表1涉及的各种网络应用中最高，在80%以上，注册过SNS社区的比例在70%左右。网络媒体的信息传递方式结合了多种传统媒体的优势，图像、声音、文字的整合运用更能得到受众的青睐，这从受众看过网络视频的比例北京为80.9%、上海为74.1%中可见一斑。另外，玩网络游戏、网络购物、写博客也在受

---

① 匡文波．网络传播理论与技术［M］．北京：中国人民大学出版社，2007.

② 熊澄宇．信息社会4.0：中国社会建构新对策［M］．长沙：湖南人民出版社，2003.

③ 黄升民，丁俊杰，黄京华．2009—2010 IMI城市居民消费行为与媒体接触研究报告［M］．北京：中国广播电视出版社，2009：1.

众日常生活中占据一席之地。

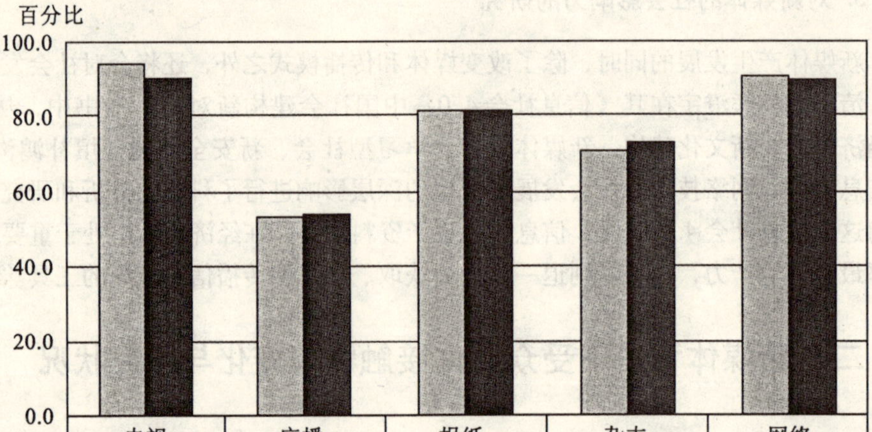

	电视	广播	报纸	杂志	网络
北京(n=490)	94.1	53.1	81.4	70.6	90.6
上海(n=440)	90.2	53.4	81.4	72.7	89.5

图1　城市受众传统媒体和网络媒体接触率①

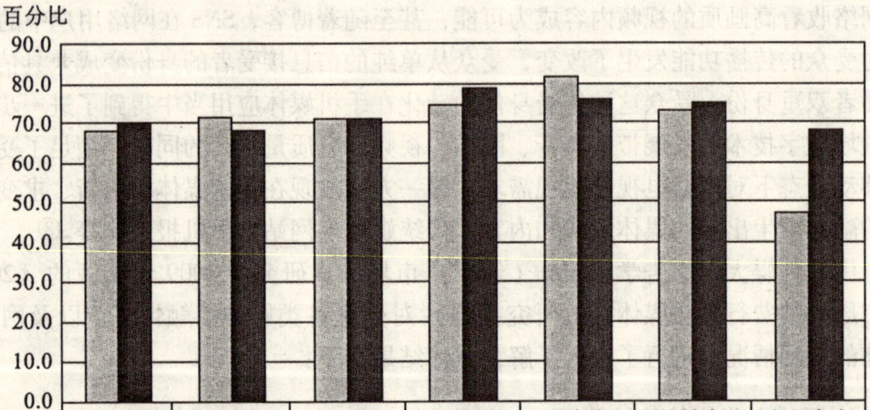

	楼宇液晶电视	卖场/超市/便利店液晶电视	户外大屏幕液晶电视	电梯间广告板	公交车载电视	地铁车载电视	出租车车载电视
北京(n=490)	68.2	71.6	71.2	74.3	81.2	73.1	47.1
上海(n=440)	70.0	68.0	71.1	78.6	75.9	75.0	68.2

图2　城市受众户外媒体接触率②

表1　　城市受众网络媒体应用情况③

城市	拥有博客	没有博客
北京（n=433）	33.5	66.5
上海（n=387）	26.9	73.1

① 黄升民，丁俊杰，黄京华. 2009—2010 IMI 城市居民消费行为与媒体接触研究报告［M］. 北京：中国广播电视出版社，2009：170，201.

② 黄升民，丁俊杰，黄京华. 2009—2010 IMI 城市居民消费行为与媒体接触研究报告［M］. 北京：中国广播电视出版社，2009：254.

③ 黄升民，丁俊杰，黄京华. 2009—2010 IMI 城市居民消费行为与媒体接触研究报告［M］. 北京：中国广播电视出版社，2009：210，217，225，231，243，337.

续表

城市	看过网络视频	没有看过网络视频
北京（n=439）	80.9	19.1
上海（n=390）	74.1	25.9
城市	上过网络论坛	从来不上网络论坛
北京（n=444）	53.2	46.8
上海（n=394）	56.3	43.7
城市	使用即时通信工具	不使用即时通信工具
北京（n=444）	81.5	18.5
上海（n=394）	84.8	15.2
城市	注册过 SNS 社区	没注册过 SNS 社区
北京（n=387）	68.5	31.5
上海（n=357）	73.4	26.6
城市	玩过网络游戏	没玩过网络游戏
北京（n=444）	41.0	59.0
上海（n=394）	38.6	61.4
城市	有网络购物的经历	无网络购物的经历
北京（n=490）	53.7	46.3
上海（n=440）	61.8	38.2

3. 受众手机媒体应用情况

伴随着通信技术的不断发展，技术革新的力量已经赋予了手机超越通话交流功能之外的其他拓展功能。手机不仅仅限定于解决个体与个体之间信息传达问题的即时通信工具，它已经逐步衍生为继平面媒体、广播媒体、电视媒体、互联网媒体之后的又一个大众媒体。手机媒体将其他大众媒体的功能进行融合，为大众提供随时随地上网、阅读手机报、收发邮件、订购商品、进行游戏娱乐等服务，同时也成为商家向消费者传达信息、投放广告的潜力媒体。

在 2009—2010 年 IMI 城市居民消费行为与媒体接触调查中，拥有手机的居民中 80% 以上都接收过手机广告，北京居民接收过手机广告的比例为 86.2%，上海为 80.0%。在手机媒体应用方面，北京拥有手机的 487 人中看过手机电视的有 13 人；上海拥有手机的 426 人中看过手机电视的有 19 人。而在手机上网方面，拥有手机的居民中 40% 左右的人都有利用手机上网的经历。①

总体来看，技术革新带来媒体形态的变化，进而影响受众的媒体接触及应用。尽管传统媒体中电视媒体的优势地位依然明显，但网络媒体的全方位渗透凸显出信息时代受众在传播中的主动性和能动性，并且使传受身份的性质发生根本性变化。受众无时无刻不受到来自各类新媒体的诱惑，信息接收途径丰富多样、信息内容纷繁复杂，受众的口味与心思越来越难以捉摸，这些都是新媒体在进一步发展中必须面对的挑战，而把握受众则是迎接挑战的

① 黄升民，丁俊杰，黄京华. 2009—2010 IMI 城市居民消费行为与媒体接触研究报告［M］. 北京：中国广播电视出版社，2009：300，306，320.

根本。

（二）新媒体背景下受众接触行为研究状况

近一两年，在新媒体飞速发展的背景下，学术界关于受众新媒体接触的研究主要集中于以下三方面：

1. 受众行为变化的研究

新媒体带来的社会信息传播方式的变化，引发了受众信息处理、心理、行为以及生活形态的变化。崔保国、张晓群（2008）分析认为，新媒体迅速成长的动因主要有三：（1）新媒体的迅速普及是新媒体行业迅速成长的基础；（2）新媒体价格下降使其对传统媒体的替代明显增强；（3）受众偏好的变化拉动了新媒体消费量的增加。①

陈龙在其《浅析3G新媒体对受众的影响》一文中，分别阐述了新媒体所导致的受众角色的新变化，受众信息接受方式、生活方式以及价值观等方面的变化②；同样，郭杨在《新媒体时代消费者研究及未来发展趋势》中也描绘了数字化媒介生态中的新型消费者，他们是动态而复杂的一群人，他们有丰富的信息来源，不再满足于基本需求的实现，而是追求新颖与独特的个性体现，是独立思维者和新信息的生产者。③

王捍忠（2008）认为，新媒体具有不同于传统媒体的新特征，主要表现在数字化、大容量和易检性以及高交互性；而对于其使用用户而言，其需求也有自己的特点，主要体现为使用主体的主动性，具体表现为使用媒介的目的性、解读文本的多样性和参与传播的能动性。④

中国传媒大学广告学院IMI（创研）市场信息研究所2007年出版的《2007IMI城市受众移动生活形态与新媒体接触研究报告》指出，移动性增加是城市居民生活形态的新变化。城市居民移动生活形态为一些新媒体的产生和发展提供了肥沃土壤和广阔的生存空间，为受众接触新媒体提供了在时间和空间上的可能性。此外，受众现有媒体接触习惯对新媒体接触也产生了重要影响。⑤

2. 受众接触与使用研究

随着新媒体种类的丰富以及应用范围的扩展，受众逐渐被新媒体所包围，受众接触或使用新媒体的行为成为国内学者关注的重点。例如，陈刚等（2008）在《电子杂志受众研究》中，分别研究了电子杂志受众的行为（包括电子杂志受众阅读习惯、忠诚度、消费习惯三个方面）与电子杂志受众的心理（包括电子杂志受众阅读动机、受众对电子杂志的认知态度两个方面）。⑥ 陆地、刘菲菲（2009）则在一项针对手机电视用户所做的研究中，通过调查手机电视用户的手机电视使用情况（包括使用时间、频率、环境三个方面）与手机用户对手机电视内容的偏好情况（包括节目类型偏好、节目时长选择、节目私密内容选择、广告内容选择和互动五个方面），探讨手机电视用户的行为特征，得出受手机电视“补充性媒

---

① 崔保国，张晓群．新媒体对中国传媒产业的影响分析［J］．现代传播，2008（1）.

② 陈龙．浅析3G新媒体对受众的影响［J］．决策探索，2009（6）：45-46.

③ 郭杨．新媒体时代消费者研究及未来发展趋势［J］．广告大观．理论版，2007（2）：36-41.

④ 王捍忠．新媒体时代用户使用心理与需求分析［G］//第六届亚太地区媒体与科技和社会发展研讨会论文集，2008：163-166.

⑤ 黄升民，丁俊杰，黄京华．2007 IMI城市受众移动生活形态与新媒体接触研究报告［M］．北京：中国广播电视出版社，2007：11.

⑥ 陈刚，陈经超，宋文婕，周钊．电子杂志受众研究［J］．广告大观．理论版，2008（2）：22-31.

介”特征影响，手机电视用户的使用行为具有很强的“随意性”的结论。①

国内学者在研究新媒体受众行为的同时，开始关注受众面对新媒体“强制性传播”的态度。例如陆地、刘洋在2008年进行的一项针对新媒体的“强制性传播”研究中，分别针对手机、互联网、楼宇液晶电视、车载电视四种媒体形式的受众进行了调查，结果表明受众对于强制性传播表现出复杂的态度，一方面，支持性的态度和行为处于较低水平；另一方面，反对性的态度和行为也不是很高。受众对强制性传播的接受度，取决于所传播的内容。强制性传播媒介应该改进传播内容和形式，尊重受众权利，增强社会责任感和公益意识。②

中国传媒大学广告学院IMI（创研）市场信息研究所2007年出版的《2007IMI城市受众移动生活形态与新媒体接触研究报告》对城市受众车载电视、手机电视和数字广播接触情况进行了详细描述。2009年出版的《2009—2010IMI城市居民消费行为与媒体接触研究报告》对受众传统媒体、网络媒体、户外新媒体、手机媒体的接触和应用情况进行了全面剖析。

3. 受众接触新媒体的广告效果研究

新媒体在一定程度上改变了受众传统的广告接触形态，为广告发布开辟了新空间，提供了新平台。中国传媒大学广告学院IMI（创研）市场信息研究所2008年出版的《2008IMI城市居民消费行为与广告接触研究报告》通过随机抽取被访者填答以一个星期为周期的日记卡的调查方式，将各类具有不同属性、不同特征的广告置身于一个平台进行受众接触的测定，并提出广告接触指数。研究结果如下：（1）受众对各类广告媒体的接触程度可分为不同的层级，依次是：电视广告为第一级；报纸广告、户外液晶电视广告③、网络广告为第二级；广播广告、杂志广告、公交车身广告、路牌广告为第三级；直邮广告、电梯间内广告板、手机短信广告、霓虹灯广告等其他广告媒体为第四级。（2）户外液晶电视广告、网络广告、公交车身广告、路牌广告等广告类型对受众形成了全天候的时间覆盖。广告的全天候投放是让受众“随时”接触到广告最直接的方法。但它不意味着在单一媒体，比如在电视上不分黄金时间与垃圾时间狂轰滥炸式的投放。广告的立体化投放强调的是受众对广告“随地”的接触。（3）广告接触指数是对广告接触程度的综合测量指标，综合了广告接触率对广告接触人数的测量和广告接触时间对广告接触时间长度的测量，更为全面地反映了受众广告接触率与时间量两方面的信息。受众广告接触指数排在前五位的依次是：电视广告(29.5)、报纸广告（9.5)、户外液晶电视广告（8.3)、网络广告（7.6)、广播广告(3.9)。表明了以电视广告、报纸广告等为代表的广告媒体的强势地位。④

三、新媒体环境下广告主与广告公司变化与研究状况

（一）新媒体环境下广告主营销传播活动特征

2008年是中国悲喜交加的一年，年度内一连串的大事件也构成了中国广告市场震荡前行的动因。借助北京奥运、汶川地震等事件的契机，互联网、数字户外、手机等数字新媒体

---

① 陆地，刘菲菲．从“手机电视”回归“手机视频”——手机电视的用户偏好和发展前景［J］．视听界，2009（4）：46-52.

② 陆地，刘洋．面对新媒体的“暴力传播”，受众排斥还是接受？［J］．视听界，2008（5）：46-50.

③ 户外液晶电视广告包括超市液晶电视广告、楼宇液晶电视广告、户外电子发光屏幕广告和车载电视广告。

④ 黄升民，丁俊杰，黄京华．2008IMI城市居民消费行为与广告接触研究报告［M］．北京：中国广播电视出版社，2008：10-12.

无论在技术和网络规模质量方面，还是在传播运用方面都实现了大升级，这为广告主的营销传播和媒体投放调整提供了基础，同时也带来了挑战。

1. 新媒体在广告主媒体广告费用分配中所占比例逐年上升

一直以来，广告主的新媒体运作之路可谓是不破不立，从“观望”到“试水”，再到常规性投放，反映出广告主对新媒体的重视程度与日俱增。中国传媒大学广告主研究所的调查数据显示，超过一半的广告主同意“新媒体广告是企业销售的重要推动力量”这一说法，而2007年这一比例仅为31.3%。另外，从连续两年被访广告主媒体投放费用来看，新媒体的投放费用在上升，甚至在2008年超过了报纸和传统户外，位居第二。值得一提的是，广告主投放电视广告的费用从35.4%降到28.7%，跌幅6.7%，而投放新媒体广告的费用上升了6.8%。广告主将一部分投放电视的费用转移到投放新媒体上。从新媒体在所有媒体类型中所占费用越来越多的现象看来，新媒体在企业营销传播中的地位不断上升（见图3)。

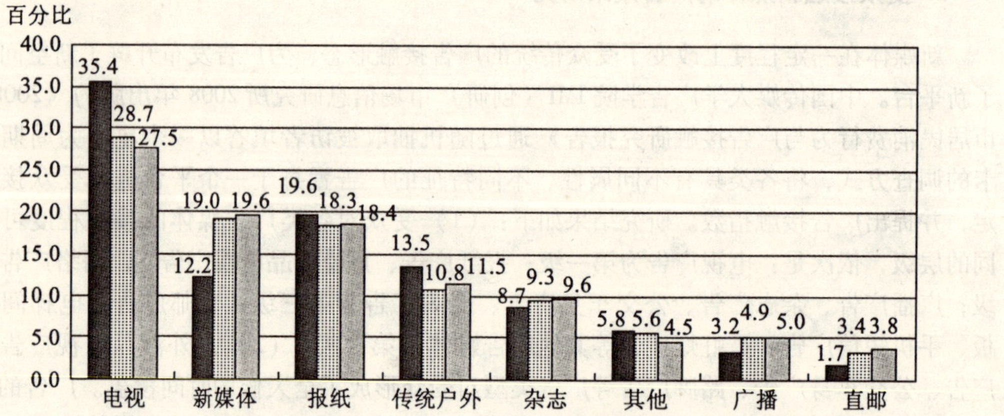

图3 2007—2009年（预期）被访企业的媒体广告投放费用在不同媒体间的分配比例

(2007年n=110 2008年n=100 2009年n=91)

（数据来源：中国传媒大学广告主研究所）

2. 广告主认可新媒体精准性优势，肯定其在企业营销传播中的地位

在中国传媒大学广告主研究所“2008年广告主新媒体运作研究”中的数据显示，超过八成的广告主同意“新媒体在企业营销传播中的地位在上升”这一说法。广告主已经逐渐认识到，在传统媒体之外，近来迅速崛起的各种新媒体势力就是整个媒介市场中那条长长的“尾巴”。这些力量一旦被利用或结合起来，同样可以占据市场重要位置，展现出巨大的潜在能量。广告主对新媒体营销的需求越来越迫切，究其原因有二：

其一，在消费群体日益细分的环境下，广告主期待新媒体的精准性能带来传统媒体不可比拟的传播效果。大多数的广告主都认可“对于日益细分的消费者，小众型媒体传播效果更好。”

其二，传统媒体的价格上涨，但广告效果却下降，且传统媒体的单向广告形式逐渐无法满足广告主的需求，广告主不得不积极寻求生动、互动的媒体平台去抓住潜在的购买人群。因此，越来越多的广告主向新媒体示好。

2008年度以奥运会为代表的大事件造成了传统媒体的价格虚高，给价格相对低廉的新媒体带来了机会。主要有两个方面的原因：第一，投放新媒体，规避正面竞争成为部分广告主选择的应对策略；第二，利用互动性、伴随性更强的新媒体展开影响力广泛的事件传播成为新的营销传播趋势。

在企业纷纷探索创新的数字新媒体传播方式的过程中，数字新媒体双刃剑的负面风险也体现了出来。在乳业危机事件中，互联网、手机等新媒体为广告主的公众言论控制带来空前的挑战，企业品牌传播的效果遭遇不可控风险。企业在危机管理中，也开始尝试利用包括各种新媒体形式在内的媒体组合，宣传企业为修复危机而做出的努力，对舆论展开积极正面的引导。

（二）新媒体环境下广告公司的发展特征

作为广告主营销传播智囊支持机构的广告传播公司也在实践中与广告主共同摸索和成长，广告公司市场出现四大调整特征：

1. 跨国或本土大型综合代理广告公司在调整内部职能机构以迎合数字营销时代

继奥美互动、日本电通互动媒体传播局成立后，跨国广告传播集团中国市场上的数字传播职能调整步伐进一步加快，Maxus（迈势）亚太区 2009 年 8 月宣布任命 Nico Abbruzzese 为亚太区数字业务负责人，这是一新设立的职位。同月，上海与全球最大的广告传播公司之一 Publicis Groupe（阳狮集团）新整合的媒体及数字营销机构阳狮锐奇（VivaKi）宣布，任命李亦非为其大中华区主席。李亦非将携 Digitas（狄杰斯），Starcom MediaVest Group（星传媒体），ZenithOptimedia（实力传播）的管理层，共同发展公司在大中华区的业务。北京地下铁道通成广告公司专门设立电子媒体部门。

2. 广告公司涉足数字新媒体市场及其综合代理公司

电通投资成立的北京电翼广告公司主要专注于移动互联网资源整合及移动广告的销售、发布及制作。传统的媒体代理广告公司依托强大的资金和客户实力，也开始探索丰硕的数字新媒体市场，作为先行者，上海文广集团的数字媒体资源开发和运作事业发展迅速，北京未来广告公司也将开发数字移动新媒体资源列入自己 2009 年的发展战略规划。广告公司积极拓展数字新媒体市场主要有两大动力，一方面数字新媒体资源本身具有吸引资本进入的价值，另一方面数字新媒体是未来媒体传播的软黄金，也是众多传统媒体代理公司突破发展瓶颈的契机。

3. 专业的新媒体广告代理公司在市场需求和资本召唤下快速成长

好耶、华扬联众作为入行较早的互联网代理公司俨然成为互联网广告代理和检测的行业领导者。资本支撑下快速膨胀的数字户外媒体公司，也加快了数字资源开发、收购和整合的脚步。新媒体代理公司的快速繁荣对数字媒体的经营、广告主数字营销传播活动发展都起到了较大的推动作用。2008 年年底的金融危机，对数字户外媒体的发展带来阵阵寒流，行业必然面临新的洗牌和盘整。

4. 广告公司推动数字营销传播实践

在新媒体环境下，广告公司不得不加强消费者和广告市场研究，发挥智囊作用，协调广告主和媒体方的关系，推动数字营销传播发展。传立的数字化转型、电通提出 cross media 概念与 AISAS 策略模型、奥美在北京开设数码实验室，先进的广告公司已经开始在数字营销方面开展深入的研究。数字时代，对于广告市场充满了未知、挑战和希望，对广告公司而言，也是其重新确立自身在广告市场生态环境中角色和位置的机遇。

（三）广告主新媒体营销传播活动研究状况

2008 年度广告主数字新媒体运作的活跃表现引发了学界和业界研究机构及专家学者的

关注。整体来看，本土传播公司的一些一线人士在艾瑞网和一些新媒体经营论坛上纷纷发表一些言论，《成功营销》、《新营销》、《中国广告》、《现代广告》也有过一些专题的探讨，以上这些多聚焦在某一行业或单一且有对某种新媒体类型或形态的运用方面，而且多是对实际案例操作的经验分享。

北京大学陈刚教授提出企业网站已经成为企业品牌在互联网上传播的新原点。2009 年中文域名的使用更将把企业网站推到互联网营销传播的最前沿，在新的营销传播中，网站不仅是塑造和传达品牌形象，而且是整个营销传播的基础，是企业品牌的原点。

2009 年年初中国奥美互动推出了《奥美的数字营销观点》简体中文版，这是世界领先的国际传播公司对于数字新媒体环境下的营销传播近几年不断探索和实践的总结性成果，该书基于国外数字营销的一些经验主要讲了三个部分的内容：第一，数字化将改变目前的媒体格局和营销方针；第二，数字营销的发展现状与趋势；第三，奥美是怎么做数字营销的。对于广告主的数字营销提出了一个“统合”理念，统合是基于统一的传播主题和话题，而不再是将各种媒体进行简单的拼接组合。

基于持续四年的广告主新媒体营销传播活动研究和对 2008 年度的重点分析，中国传媒大学广告主研究所总结提炼出广告主新媒体营销传播观念的转变，经历了“补位——提升”阶段之后，2008 年末出现“归位和新融合”态势。

所谓归位和新整合的出现是指在年度经济环境变化和消费者广告接触行为变化双重因素作用下，导致广告主营销传播理念出现了两个调整，第一，将广告、终端推广、公关三者相互契合，在大传播的理念之下依据不同目的使用不同传播方式；第二，广告功能随着经济环境变化逐步从促销广告（销售第一）向沟通广告（品牌建构）到关系广告（长久关系建构）过渡。进一步，广告主在媒体策略方面跳出媒体新旧属性的局限，以营销传播活动目的及媒体自身特征整合媒介策略。新媒体精准性、互动性、灵活性等特征满足了广告主营销传播过程中不断出现的新需求，以最活跃、最前沿的技术，为整合运动注入了新鲜的血液，推动了新融合运动的实现。尤其是进入 2009 年，在全球金融危机阴霾下，广告主的营销传播更为谨慎，对营销传播投入产出比更为看重，数字新媒体传播的精准性、互动性、即时性等特征更是得到了深入的发掘和运用。

【参考文献】

[1] 黄升民，周艳，宋红梅．数字电视产业经营与商业模式［M］．北京：物价出版社，2002.

[2] 周艳．中国数字电视产业政策的形成研究［M］．北京：中国传媒大学出版社，2007.

[3] 黄升民，王薇．家庭信息平台：有线数字电视运营新突破［M］．北京：中国传媒大学出版社，2008.

[4] 熊澄宇．新媒体与创新思维［M］．北京：清华大学出版社，2001.

[5] 陆小华．新媒体管理——信息化生存时代的思维方式［M］．北京：清华大学出版社，2008.

[6] 宫承波．新媒体概论［M］．北京：中国广播电视出版社，2007.

[7] 匡文波．网络传播理论与技术［M］．北京：中国人民大学出版社，2007.

[8] 熊澄宇．信息社会 4.0：中国社会建构新对策［M］．长沙：湖南人民出版社，2003.

[9] 黄升民，丁俊杰，黄京华．2009—2010IMI 城市居民消费行为与媒体接触研究报告［M］．北京：中国广播电视出版社，2009.

[10] 黄升民，丁俊杰，黄京华．2007IMI 城市受众移动生活形态与新媒体接触研究报告［M］．北京：中国广播电视出版社，2007.

[11] ［美］达西·格巴哥．数字电视内容与经济分析［M］．北京：人民邮电出版社，2006.

[12] [美]保罗·莱文森．手机:挡不住的呼唤[M]．北京:中国人民大学出版社,2004.
[13] [美] 丹·斯坦博克．移动革命 [M]．北京：电子工业出版社，2006.
[14] 陆地，高菲．新媒体强制性传播的类型和特点 [J]．声屏世界，2009 (1).

【作者简介】

黄升民，中国传媒大学广告学院院长，教授，博士生导师，主要研究领域为广告理论与广告史、媒介产业经营、数字新媒体等。

周艳，中国传媒大学广告学院副教授，硕士生导师，主要研究领域为广告媒介实务、媒介产业经营、数字新媒体等。

杨雪睿，中国传媒大学广告学院讲师，主要研究领域为消费行为与生活形态研究，受众媒体接触情况研究等。

王薇，中国传媒大学新媒体研究院助理研究员，博士，主要研究领域为数字新媒体产业经营。

陈怡，中国传媒大学广告学院博士生，主要研究领域为广告传播、广告主与广告公司研究。

中国广告创意研究综述

金定海　吴冰冰

【摘　要】本文以2005—2009年广告创意研究论文为样本，梳理并概括了中国广告创意的一般研究和趋势研究。前者包括基于创意概念的本体研究、分类研究、比较研究、批评研究和教学研究；后者则重点论述了近五年来广告创意研究的热点问题，包括“中国元素”创意、创意产业兴起、新媒体“互动”创意等。在肯定现有研究成果的同时也指出了一些研究的空白和误区，为中国广告创意研究的发展提供了翔实的蓝本。

【关键词】广告创意　研究

“创意”一词的价值被中国广告界普遍意识到，始于1991年。跨国广告公司的进入，带来了他们的制度表述和工作语汇，由是，“创意”一词慢慢传播开来。

此后，“创意”成了一个被人追捧的概念。无论是论坛、培训，还是著书、出版，凡是与创意沾边的，大多会有超值的效应。“创意”的内涵已经超出其原本的广告分工意义，成为广告业的“主导性概念”。

广告学界和业界对于创意的研究，在中国已非一朝一夕。无论是理论研究，或操作实践总结，从最早的概念舶来，到如今的广泛命名。“创意”的内涵不断深化，“创意”的外延被大大拓展，诸如“创意经济”、“创意产业”的概念纷纷产生，表明了更多的产业领域已经在运用“创意”作为自己产业或产品的价值化路径，符合中国产业转型的需要。

本文将从中国广告创意的一般研究和趋势研究两方面，对近五年来中国广告创意的理论研究和操作实践进行现象归纳和学理总结。

一、研究总述

本文以“广告”和“创意”为关键词，精确搜索中国期刊网和中国优秀博硕士学位论文全文数据库的标题，在2005年至2009年的时间范畴内，总共搜索到相关文章329篇。

从文章的选题和内容来分类，可以将现阶段中国广告创意的研究分为“一般研究”和“趋势研究”两类，“一般研究”所占比重较大，“趋势研究”则是其中较为集中研究的热点问题（见图1）。

中国广告创意的一般研究由本体研究、分类研究、比较研究、批评研究和教学研究5个板块组成。其中，又以“本体研究”数量为最，且内容最芜杂（见图2）。

趋势研究中，较为集中论述了“广告创意与中国元素”、“广告创意与创意产业”以及“广告创意与新媒体”等三个方面（见图3）。

近五年来中国广告创意的研究主要以定性研究为主，高校专家学者占到了总体的56%，广告和媒体从业者的研究文章占到26%，这样的研究格局间接影响了研究的实效性（见图4）。

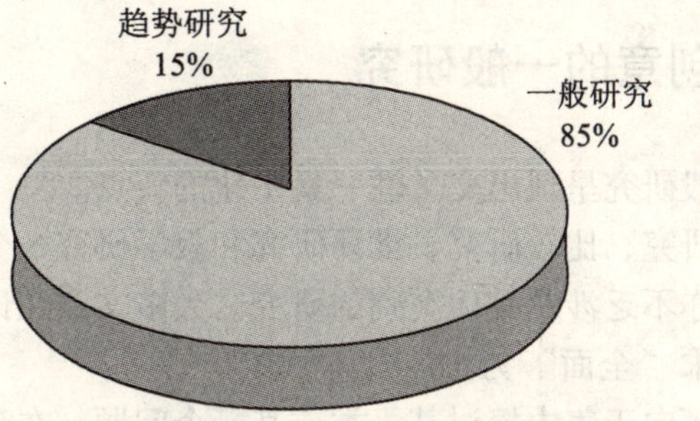

图 1　2005—2009 年中国广告创意研究分布

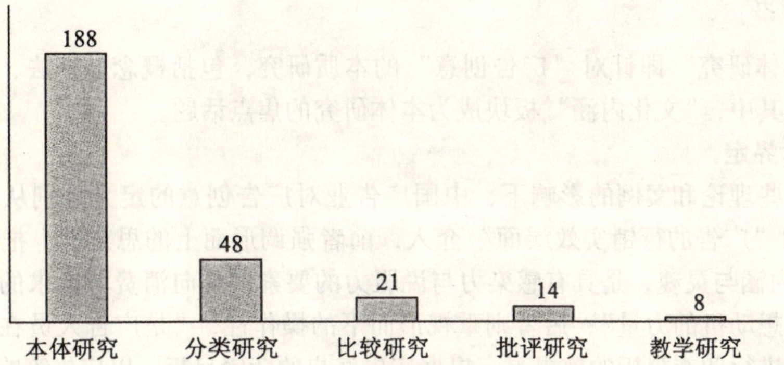

图 2　一般研究分类数值图

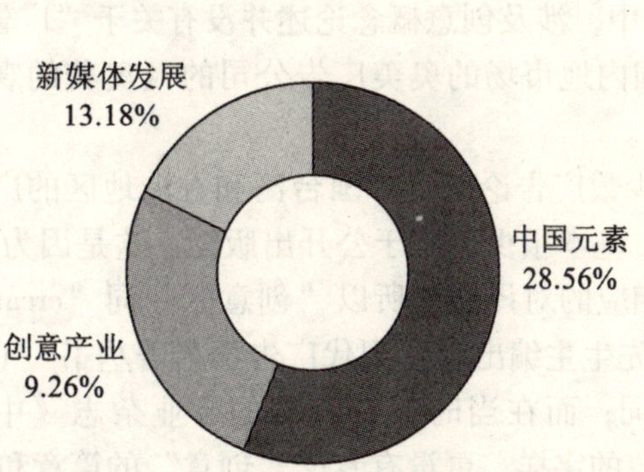

图 3　趋势研究分类数值图

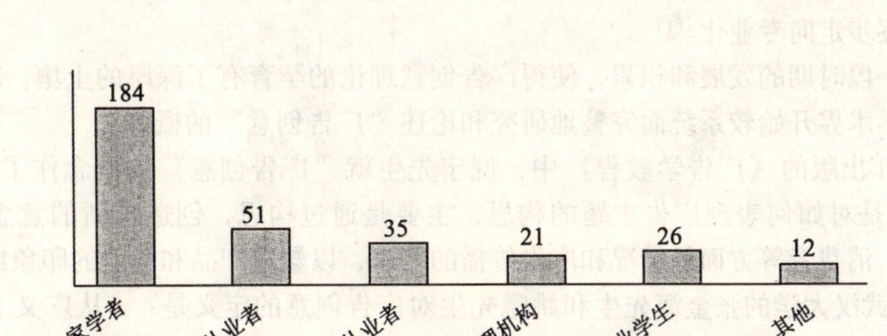

图 4　研究人员分布图

二、中国广告创意的一般研究

中国广告创意的一般研究呈现出交叉性、集中化的特点。

在本体研究、分类研究、比较研究、批评研究和教学研究5个板块中，本体研究的数量占到了绝对多数，其中亦不乏涉及其他类别的研究。大多文章在论述的过程中虽有重点，但整体结构安排，仍以追求“全面”为主。

在论题的选择上，倾向于集中探讨某一类或某一个问题，在深入研究的同时，也出现某些研究板块的空缺，如“效果研究”等。

1. 本体研究

所谓“本体研究”即针对“广告创意”的本质研究，包括概念、方法、文化、历史等方面的研究。其中，“文化内涵”板块成为本体研究的焦点话题。

（1）概念界定

在国外一些理论和案例的影响下，中国广告业对广告创意的定义分别从“创意的思维方式层面”和“广告的行销实效层面”介入，前者强调形而上的思辨性，把广告创意看作“广告的思想内涵与灵魂，是具有感染力与说服力的要素，是向消费者诉求的主要动力，是改变消费者思想动机的力量”；后者则重视形而下的操作性，“是广告人员在对市场、产品和目标消费者进行调查分析的前提下，根据广告客户的营销目标，以广告策略为基础，对抽象的产品诉求概念予以具象而艺术的表现的创造性的思维活动”。

中国的广告创意研究明显存在“实践先于理论”的现象，在最早影响中国广告业的“现代广告学名著丛书”中，涉及创意概念论述并没有关于“广告创意”这一概念的专门定义。反倒是较早进入中国内地市场的奥美广告公司的《奥美的观点》中，从案例操作层面感性定义了“广告创意”。

1991年以前，除了少数广告论坛上中国台湾和香港地区的广告业界人士最先使用“创意”一词开题演讲之外，基本很少见之于公开出版物。这是因为当时中国广告界无此术语，也因为中国的语汇中无相应的对译词，所以“创意”一词“creation”多被译为“创作”或“创造”。1991年唐忠朴先生主编出版“现代广告学名著丛书”（俗称“灰皮书”），其中同样鲜少出现“创意”一词；而在当时较有影响的专业杂志《中国广告》和《国际广告》中，也很难找到“创意”的字样，更没有专论“创意”的篇章和栏目。

进入20世纪90年代后，我国广告业进入了一个新的发展时期：广告营业额大幅度增加；广告创意水平、服务水平有明显提高，广告制作开始向采用国际先进的技术装备转移；广告创意逐步走向专业化。①

经过一段时期的发展和积累，使得广告创意理论的孕育有了深厚的土壤。2000年以后，中国广告学术界开始较系统而完整地研究和论述“广告创意”的概念。

2001年出版的《广告学教程》中，倪宁先生就“广告创意”的概念作了专门的论述：“广告创意是对如何表现广告主题的构思，主要是通过构思，创造出新的意念。它根据市场、商品、消费者等方面的情况和广告传播的要求，以塑造产品和企业的印象或形象为主要特征。”② 武汉大学的张金海先生和姚曦先生对广告创意的定义是：“从广义上说，广告创意是对广告战略、策略和广告运作每个环节的创造性构思，严格地说，广告创意是表现广告

---

① 马蕊．中国广告研究三十年［J］．中国广告，2009（1）：98.

② 倪宁．广告学教程［M］．北京：中国人民大学出版社，2001：136.

主题的、能有效与受众沟通的艺术构思。”① 在最早进入中国的国外经典教材中，诸如威廉·阿伦斯的《当代广告学》、大卫·阿克等合著的《广告管理》等著作中，对广告创意也没有定义性的表述。

纵观这些定义，它们都从不同的侧重点论述了广告创意的概念。作为广告理论中不可或缺的一个板块，2005 年至今涉及“广告创意”研究的，中国学者撰写的著作有近 80 本（不包括案例的汇编和整理），其中教材 13 本。在这些书籍中，对广告创意有着更深层次更细致地研究和分析，比如 2004 年，北京大学出版社出版的王健所著的《广告创意教程》，在创新思想指导下对广告创意的全过程进行梳理和解析，深入探讨了新经济时代广告创意的文化意义、广告创意与民族文化的血缘联系、广告创意在不同文化语境下的表现形式。同年何洁先生的《平面广告设计：从概念到表现的程序和方法》由中南大学出版社出版，作者的研究更多从创意表现的层面，通过理论与实例的紧密结合，详细讲解了广告创意的程序以及表达的方式和方法。2005 年，由叶凤琴、陈观诚主编，高等教育出版社出版的《广告创意》，第一次从教育部职业教育与成人教育角度编写了创意专业教程。2006 年，由蒋旭峰和杜骏飞合编，中国人民大学出版社出版的《广告策划与创意》，在信息经济和知识经济的背景下，详尽分析了广告策划与创意的关系。2008 年高等教育出版社出版的金定海、郑欢所著的《广告创意学》，从构建新的创意教学体系入手进行本体论和表现论的分析，深入浅出，对“广告创意”进行了系统而全面的研究，并提出了创意资源和创意思想应该接通神话、寓言与器物文明等文化智慧并加以创造性转化的命题。浙江大学出版社出版的丁建辉先生所著的《创意产业与广告创意》，又从创意产业的角度对广告创意进行阐释，独辟蹊径，开阔眼界。2009 年，中国传媒大学出版社出版的，程宇宁所著的《广告创意：从抽象到具象的形象思维》，内容沿两条线索展开，一条是执行广告创意流程的先后顺序，另一条是广告创意所要涉及的相关学科知识。另外，也对广告创意的表现要素：语言符号和非语言符号的创作理论与构成要素予以详细而深入地探讨。

在样本论文中，较为系统化地论述“广告创意”概念的文章不多，大多是从概念中的某一个点扩散开去研究。大致呈现以下特点：

第一，重视传播环境变化，综合研究特征凸显。关于广告创意概念的研究论文中，多数文章关键词集中于内涵、原则、产生过程等方面，庾为的《广告创意的内涵与原则探析》一文中，分别从三个方面透析了广告创意内涵：广告创意要为产品营造独特的营销意念、广告创意既要创“益”更要创“异”。广告创意是对旧元素的新组合，并把创意的原则概括为：独创性、简洁性、思想性、促销性和定位性五类。② 刘珂在《浅析广告创意》中谈道，“在广告创意思维的过程中，直觉、灵感、想象与联想是最重要的思维因素，它们通常在创意中起到突破性或主导性的作用”。③ 面对瞬息万变的媒介传播环境和消费者，有不少学者开始意识到广告创意的变化，一些原先理论中所未涉及的问题开始凸显，例如情感因素、消费者因素等。在陈冰莹和陈培爱的《当前广告创意散论》中，作者从广告书籍阅读趋向、广告历史的回顾、台湾地区 Y 世代、把握广告策略与方向感等方面切入，悉数受众从对广告创意的绝对重视，转向对整体广告策略与运作方式重视的变化。④ 而李达峰在论文《广告创意及发展趋势浅谈》中，更是把创意原则重新定义为：科学与艺术融合的原则、创意人员与消费者保持互动的原则、独特性原则、市场实效性原则等。⑤

① 张金海，姚曦．广告学教程［M］．上海：上海人民大学出版社，2003：165.

② 庾为．广告创意的内涵与原则探析［J］．商场现代化，2007（7）：217.

③ 刘珂．浅析广告创意［J］．品牌形象，2006（9）：77.

④ 陈冰莹，陈培爱．当前广告创意散论［J］．今传媒，2006（4）：42.

⑤ 李达峰．广告创意及发展趋势浅谈［J］．艺术与设计，2007（6）：111.

第二，诠释经典理论，阐述现实操作。从最初的生搬硬套到如今的理论解释，近五年来的广告创意理论介绍已经进入了一个相对成熟的时期。对于理论的阐述不再是单纯的借用，而是结合中国广告创意的现实案例来阐述理论内涵，并尝试从全新角度给予新探讨。例如刘竞和王晓川在《广告定位理论在广告创意中的运用》一文中从多方面对广告定位内涵、广告定位的基准、广告定位的转换、广告定位的影响因素以及广告定位在广告创意中的应用进行了分析探讨，在案例运用中大量引述我国的品牌现状来介绍理论的内涵和意义。① 再如陈谦的《韦伯·扬的广告创意观及实践意义》，在原有理论解读的基础上，强调突出了大师理论的实践意义，认为“这些观念不但对广告创意，甚至对通俗文艺、商业电影的创作，也有着积极的指导意义”。②

第三，广告创意法律保护研究抬头，以描述性研究为主。已经有一些学者意识到了关于“广告创意”的保护问题，并有意识从国外经验的介绍入手，对现阶段我国广告创意的法律保护现状进行了描述和建议。可以肯定的是，创意保护的重要性已为学界所重视，但“广告创意”本身并不属于传统的知识产权所保护的客体范围，这也就意味着传统的知识产权法律制度并不适用于此。现有的论文研究大多明确指出这一现象，也不乏学者严谨定义了中国“广告创意”的保护方法。在眭鸿明和刘珏撰写的《广告创意法律保护方法浅议》中，作者把创意的法律保护划分为“创意的先保护阶段”和“创意的依附保护阶段”两个层面，前者是对“创意本身的保护层面”，后者即“通过对创意作品或产品等成果的保护来实现对创意的间接保护”，并分别就各个阶段的保护方式做了一定的探讨。③

（2）方法梳理

在众多对于广告创意方法的论文中，我们大致可以把其研究的核心问题分为六大类：创意与受众心理研究、创意思维模式研究、创意的符号与象征研究、创意视觉传达研究、创意与策略的关系研究以及微观方法研究。其中，创意与受众心理研究数量最多，其次是创意思维模式研究；微观方法研究的数量同样不少，但研究切入点的分布却相对分散。

①创意与受众心理研究：重视情感因素，聚焦消费心理。越来越多的人认识到在这个相对富裕的社会里，消费者消费的目的不再仅是满足基本的生理需求，更多的是一种感觉的消费；“情感”、“人性”、“人情味”渐渐取代了“说教”、“理性”等表现方式，大量出现在现代广告中。由此，越来越多的学者在研究广告创意的方法时，重视对于情感因素的分析。从感性元素的探讨到情感因素的梳理，无论是概念的界定还是实际案例的剖析，系统地就“情感”对中国广告创意的影响进行了学理阐述。在于艳的《论广告创意的“人情味”》中，提出“现代社会，广告创意充分利用人们的心理需求，越来越多地注入人性化的情感诉求，体现出浓郁的‘人情味’以达到销售的目的，显得尤为重要。……只有人情味鲜活生动、贴近生活，才能吸引受众进入角色。”④ 常惠娟、赵希武在《论广告创意的情感表达》一文中指出，广告创意情感表达的原则包括：现实基础的原则、谐趣幽默的原则、理性浪漫的原则、艺术表现的原则，从策略到执行各方面总结了情感的综合运用方式。⑤ 也有不少学者关注到了情感因素应用过程中需要注意的问题，如李滨、应姣芸合作的《广告创意中的情感诉求初探》一文中谈到这些问题包括：要突出“真”，传达要“尚质”；要把握

---

① 刘竞，王晓川．广告定位理论在广告创意中的运用［J］．西南民族大学学报：人文社会科学版，2005（12）：241.

② 陈谦．韦伯·扬的广告创意观及实践意义［J］．当代传播，2009（1）：75.

③ 眭鸿明，刘珏．广告创意法律保护方法浅议［J］．中国广告，2008（4）：31.

④ 于艳．论广告创意的“人情味”［J］．装饰，2005（5）：20.

⑤ 常惠娟，赵希武．论广告创意的情感表达［J］．美与时代，2007（10）：83.

感情的限度，避免不道德的内容；要尽量本土化，避免文化的冲突。①

同时，还有大量受众心理研究的文章聚焦消费问题，除了宏观探讨“创意”对促进“消费者购买”的影响的文章外，也有不少结合具体心理学理论进行深入，如劝服理论在广告创意中的运用、从众心理理论下提高广告创意效果的路径、自我认同理论在广告创意中的运用等。戴韵的《论广告创意中的欲望形态》一文把欲望作为提供广告人宽广创意空间的工具，对创意与受众心理研究进行了哲学层面的思考。②

②创意思维模式研究：倾向差异研究，探讨创新模式。广告创意的本质属性是思维，在关于“广告创意”的大量经典定义中，把它作为一种创造性的思维活动过程的解释一直是研究主流。在样本的论文中，从思维模式的角度研究“广告创意”的数量同样不在少数。这些文章大致有三种研究倾向：其一，对现有创意思维模式的综述。例如张立杰、王越飞的《浅议广告创意的思维方法》，系统地介绍了几种常用的创意思维模式③；刘世忠的《广告创意的思路》则在思维模式的大框架下，总结了一些具体方法：与时尚流行联姻、与当前的事件热点联系等④。其二，重点论述较具特点的思维模式，如逆向思维、个性化思维、差异性思维等，其中较为典型的是方申国、黄薇的《论广告创意中的逻辑思维和形象思维》，深入浅出地从逻辑思维与形象思维在广告创意中的运用情况出发，揭示了两种思维方式在广告创意中的作用及其相互之间的特殊关系，并提出广告创意思维要对“科学理性”与“艺术想象”兼容并蓄。⑤ 其三，创造性地提出新的思维模式。如胡骅在《广告创意的循环思维过程》中提出创意的“循环思维”，强调广告创意的思维过程实际上是以广告主题、广告目的和目标消费群体这三个广告的三要素为前提所进行的创造性的循环思维活动，是通过集合、联想、逆向、逻辑和辨证等多种思维方式循环思考的过程。⑥ 崔书颖在其硕士毕业论文中提出了广告创意的“球形思维模式”：由两点、三线、四言构成，两点即创意原点和创意节点；三线是广告主题、创意元素、修辞手法；四言则是言为心生、言之有理、言之有物、言在意外⑦。

③创意的符号与象征研究：哲学与美学并行，思考创意范式。这类研究论文的数量并不多，但却把对广告创意的研究提升到了一个哲学的范畴。从工具的角度把创意元素中的一些常用手法抽象化，形成新的学科思考点。高慧芳的《符号学视野下的广告创意》较为宏观地立足于广告符号学理论基础，对广告创意本体、过程及方法进行分析，从而揭示广告创意的符号学特征。⑧ 韩永青、成毅涛的《从喜剧泛化到娱乐喧嚣——论广告创意范式娱乐化的流变与动因》，在印刷时代对喜剧元素的开发，电视时代对戏剧性情节的发掘，到网络时代的互动娱乐狂欢背景下，指出了研究广告创意范式娱乐化的流变和动因，对广告创意研究具有相当的启发意义。⑨ 张艳洁的《现代广告创意的游戏化倾向》一文，以现代社会物质文明的飞速进程为背景，以当代人们的意识形态变化为依据，揭示了现代广告创意的游戏化倾

---

① 李滨，应姣芸．广告创意中的情感诉求初探［J］．学术交流，2009（6）：207.

② 戴韵．论广告创意中的欲望形态［J］．新视觉艺术，2009（1）：151.

③ 张立杰，王越飞．浅议广告创意的思维方法［J］．中国教师，2007（11）：42.

④ 刘世忠．广告创意的思路［J］．西南农业大学学报：社会科学版，2008（4）：31.

⑤ 方申国，黄薇．论广告创意中的逻辑思维和形象思维［J］．浙江工业大学学报：社会科学版，2006（6）：116.

⑥ 胡骅．广告创意的循环思维过程［J］．科技资讯，2008（19）：214.

⑦ 崔书颖．球形思维模式——解构广告创意［D］．中国优秀硕士学位论文全文数据库，2007.

⑧ 高慧芳．符号学视野下的广告创意［J］．山东教育学院学报，2008（4）：110.

⑨ 韩永青，成毅涛．从喜剧泛化到娱乐喧嚣——论广告创意范式娱乐化的流变与动因［J］．新闻界，2008（4）：137.

向。① 吴红、万木春的《透过神话叙事看广告的创意原理》，则通过论证神话叙事与当代广告叙事在本质属性、符号特征与思维方式三个方面的相似性，揭示了在品牌营销时代广告实现品牌终极目标的创意原理。②

④创意视觉传达研究：注重系统建构，解析视觉符号。把创意概念作为视觉表现的方式来理解，这方面的论文研究相对较少，或者说更多这方面的研究集中在美术设计领域。为数不多的样本也较多倾向于宏观论述时代背景下的视觉语言变化，及其更加依赖于创意表现手法的倾向。黄丹的《读图时代的广告创意策略》便在文章中明确指出"由于读图时代人们越来越依赖图像获取信息，……广告需要更新传统创意思维模式，以'化繁复为简约'和'情境设计'的应对策略来获得好的广告效果。"③ 向静在《视觉文化下的广告创意表现形式及特征探析》一文中则从更微观的层面论述了"广告作为一种文化形态，在视觉文化形态下其传播特征主要表现为以图形符号为媒介的视觉传播"，并对广告文化传播的视觉表现和视觉性的图形表现进行了方法讨论。④

⑤创意与策略的关系研究：概念日渐交融，业界先于学界。随着我国广告业的日趋成熟，越来越多的人把创意纳入策略层面进行思考。这一概念的提出始于广告业界的实践探索，早在2000年左右，广东平成广告有限公司的董事长吴晓波先生就已经较为系统地论述了"策略性创意"，指出概念的产生主要是针对1995年之前广告业那种单纯强调创意而缺乏系统的战略指导这一背景。进而在此基础上又提出了"整合性创意"的概念：创意性地对媒介资源、消费者资源、客户资源等很多东西进行一个系统整合。在论文样本中，大多数学者已不自觉地把策略和创意的概念捆绑在一起，并从实践操作的层面对两者的交融进行了学理总结。黄知常、杨义所著的《品牌形象塑造中的广告创意策略》中明确了广告创意对品牌形象的塑造起着至关重要的作用，它不单纯是表现层面的工具，更是决策过程中的"秘密武器"。⑤

⑥微观方法研究：案例研究为主，操作理论占优。这类论文研究大多从微观方法论的角度切入，结合现实案例阐述相关创意的操作方法。有从语言角度入手的，如周燕玲的《略论广告创意的几种表现手法》综述了广告语言创意表现各种技巧和手法。⑥ 有从叙事角度切入的，如张艳的《广告创意中的"多米诺"》一文中充分结合案例论证了"多米诺效应"在广告创意创作中之所以被广泛采用并屡屡成功，主要依赖于其鲜明的视觉导向、多维的叙事视角。⑦ 其他诸如广告创意的性感元素、真实原则、旧元素新组合等问题也成为较为集中的话题，如沈虹的《也谈广告的真实——广告创意演绎真实的三个境界》分别从产品特性、另类真实和消费者感受层面，配合案例举证，罗列了现实操作中"真实"传递。⑧

微观方法的研究中，还有一类文章令人关注，大多为研究生的毕业论文。以某一广告奖或广告大赛的得奖作品为样本，直接分析其背后的广告创意，如左琳的《华文平面广告创意形式和创意内容研究》便是基于《龙吟榜》上榜平面作品的分析。这类论文大多纵横交错地分析广告文本的各个方面，借助现存理论深入浅出地释义现状。⑨

① 张艳洁．现代广告创意的游戏化倾向［J］．包装工程，2007（9）：158.

② 吴红，万木春．透过神话叙事看广告的创意原理［J］．当代传播，2008（5）：83.

③ 黄丹．读图时代的广告创意策略［J］．科技经济市场，2006（3）：60.

④ 向静．视觉文化下的广告创意表现形式及特征探析［J］．东南传播，2009（6）：126.

⑤ 黄知常，杨义．品牌形象塑造中的广告创意策略［J］．中国集体经济，2007（2）：85.

⑥ 周燕玲．略论广告创意的几种表现手法［J］．湖南涉外经济学院学报，2008（3）：65.

⑦ 张艳．广告创意中的"多米诺"［J］．商业文化，2006（7）：49.

⑧ 沈虹．也谈广告的真实——广告创意演绎真实的三个境界［J］．广告大观．综合版，2006（5）：124.

⑨ 左琳．华文平面广告创意形式和创意内容研究［D］．中国优秀硕士学位论文全文数据库，2007.

（3）文化阐述

广告创意的文化研究，主要以定性研究为主。其中最主要的部分是综合性地论述创意与文化的关系，包括宏观理念上的创意及其背后的文化支持和微观操作上文化作为创意表现的手法等问题，集中凸显了中国广告学术界对于“传统文化”和“跨文化”研究的关注。总体而言，广告创意的文化研究主要呈现以下特点：

第一，宏观研究体系化，突出人文关怀因素。影响广告创意的因素是多方面的，文化是一个多元立体的概念体系，其对广告创意的影响极其重要。由于文化认同、文化差异、区域亚文化的不同存在，影响着广告创意的定位与诉求。丁颖在《广告创意的文化之维》中提出“广告是一种文化现象，广告创意必须在广告环境所处的某一文化语境的背景下进行，必须根植于民族文化的土壤，因此，深入研究广告创意的文化视界，认识广告创意中的民俗与流行、传统与现代的运用及影响日益成为广告创意的必需。”① 李军林的《人文关怀在商业广告创意中的运用》中定义了广告中的人文关怀，即“广告中的人文关怀，说到底，就是要以受众为对象，尊重人，尊重观众，尊重自身”；同时提出给商业广告创意中添加人文关怀的因子需要注意的一些问题。②

第二，微观研究技术化，彰显商业附加价值。文化是与消费者沟通的一种软工具，撇开其深厚的观念体系，单纯把它作为能够使商业品牌增添附加值的一位因子，也不失为智慧之举。章永林、张蕾在《论广告创意中的文化策略》中指出“任何一则成功的广告创意中都蕴含着与其所要推销的商品相适应的某种文化诉求”，并认为广告创意中的文化策略主要基于“企业形象、消费群体的感性心理以及商品品牌的文化附加值”三个方面。③ 王萍萍、周轲的《后现代文化体系下的广告创意》中谈到了西方后现代艺术的表现手法和叙事方式对于当代中国广告创意手法的影响，无厘头的搞怪和整蛊，荒诞的情节和人物，冷眼看世界的黑色幽默，时间和空间的错乱等手法大量出现在我们的广告作品中。④

第三，传承传统文化，重视跨文化研究。在“中国元素”的概念未被正式提出之前，广告学术界就早已关注到了中国传统文化对于创意的影响。蔡伟、施俊在《中国传统文化在现代广告创意中的运用》中，就现代广告设计与传统文化的关系进行了深入探讨，认为只有准确的抓住广告设计元素，形成“有中国特色”的创意设计风格。具备“中国特色”的创意设计元素，才能获得民族认同感，才能被国人广泛接受。⑤《中华民族传统文化在现代广告创意中的应用》一文的作者赵茹则更多地从民族民俗的角度切入，提出“我们应该善于从源远流长、积淀深厚的民族文化中寻求前进的力量，寻找中华民族传统文化与广告创意的最佳契合点。”⑥

经济全球化促使广告的跨文化传播。走进来的洋品牌和走出去的本土品牌均面临着实际的考验，样本论文就“如何规避文化差异和文化冲突造成的广告传播障碍与风险”等问题展开研究。这类研究存在理论先于案例的现象，大多研究的案例运用比较老旧，集中在几个较著名的案例分析上。黄佶的《关于跨文化广告创意的思考》一文中从反面案例论述的角度指出了在跨文化广告创意中“应该尊重当地的文化习俗和宗教信仰”、“在把品牌名称和广告语翻译成当地语言时，应避免其延伸含义和隐含含义中存在歧义或贬义等”问题。⑦

---

① 丁颖．广告创意的文化之维［J］．河南社会科学，2008（5）：102.
② 李军林．人文关怀在商业广告创意中的运用［J］．传媒观察，2007（11）：28.
③ 章永林，张蕾．论广告创意中的文化策略［J］．通化师范学院，2005（5）：121.
④ 王萍萍，周轲．后现代文化体系下的广告创意［J］．商业文化，2008（3）：51.
⑤ 蔡伟，施俊．中国传统文化在现代广告创意中的运用［J］．商场现代化，2008（32）：197.
⑥ 赵茹．中华民族传统文化在现代广告创意中的应用［J］．新西部，2008（20）：218.
⑦ 黄佶．关于跨文化广告创意的思考［J］．中国广告，2006（6）：84.

《多元文化视野中的现代广告创意》一文中崔艳丽论述了广告创意中的文化差异及其原因，并从传统文化、西方文化、日韩文化等多方面比较研究了广告创意的传播空间，提出了广告创意必须走国际化与本土化相结合的发展道路。①

（4）历史研究

关于广告创意历史研究的论文近年来成果较为稀少，但质量相对较高。其中较具影响的文章是赵赜的《中国广告创意30年探要》，重点梳理了中国改革开放30年来，中国广告创意从向外来广告公司学习到逐步建立品牌意识，再到整合营销传播理念的形成，形成了质的飞跃，总结了我国广告创意以人为本，注重人情、人生与人文关怀，注重国际化与中国风格，中国气派统一的特点，指出了现存广告创意的一些问题。② 汪欣的《大创意环境中广告创意表现的演进》更加着重论述时代环境的变化对广告创意的影响，从尊重和使用创意的时代特征出发，从广告与文化、科技、消费者行为以及艺术的关系，探讨现代广告创意表现演进的渊源和特点。③

2. 分类研究

中国广告创意的分类研究大致以“媒介”和“内容”作为两大划分标准，两类研究数量不分伯仲，数量相当。比较而言，前者的研究更倾向于技术的思考，后者则更重于文化内涵挖掘。

（1）媒介分类

按照媒介来分类，此类研究文章可分为电视、报纸杂志、广播、网络及户外等，其中网络及户外的研究本文将在趋势研究中单独论述。

前三类作为媒介分类的对象，电视研究备受关注，几乎占去了研究总量的2/3，且角度多元视野广泛。从宏观上论述近年来中国电视广告创意发展的论文包括：张宁在《中国电视广告创意发展解析》中从中国电视广告的起步阶段入手，阐述了电视广告在中国的发展历程；并用理论联系实际案例的方式，着重分析了不同历史时期中国电视广告创意的特点与效果。④ 邵林杰的《大陆影视广告创意的制约因素及发展思路》从传统文化角度出发探讨当代内地影视广告创意的制约因素，对内地影视广告创意的制作心态进行深层梳理，以找出创意发展的核心动力；并针对制约环节提出了内地影视广告创意的发展路径。⑤ 苏永华的《同质化时代的电视广告创意》⑥ 和罗书娥的硕士毕业论文《数字时代电视广告创意的创新思考》⑦ 均指出了现代电视广告发展过程中的障碍，前者提出的同质化和后者论述的数字技术革新，并做了深入的分析。另一类论文则倾向于就电视广告创意发展过程中，一些较为突出的方法问题做学理分析，如蔡之国的《电视广告创意的具象化呈现》一文把电视广告创意基于企业产品、营销市场、目标消费者、品牌形象的基础，通过视觉、听觉等多种感觉符号的思维方式，用影视语言结构和新颖独特的表现形式“翻译”创意概念的过程一一列举。⑧ 程成、翟宏远的《“隐喻”“转喻”在电视广告创意中的应用》探索了在广告创意中

---

① 崔艳丽．多元文化视野中的现代广告创意［J］．前沿，2007（2）：226.

② 赵赜．中国广告创意30年探要［J］．国际新闻界，2009（5）：14.

③ 汪欣．大创意环境中广告创意表现的演进［J］．科技管理研究，2009（1）：3.

④ 张宁．中国电视广告创意发展解析［J］．内蒙古师范大学学报：哲学社会科学版，2009（3）：137.

⑤ 邵林杰．大陆影视广告创意的制约因素及发展思路［J］．消费导刊，2009（1）：197.

⑥ 苏永华．同质化时代的电视广告创意［J］．南京广播电视大学学报，2005（1）：37.

⑦ 罗书娥．数字时代电视广告创意的创新思考［D］．中国优秀硕士学位论文全文数据库，2007.

⑧ 蔡之国．电视广告创意的具象化呈现［J］．南通大学学报：社会科学版，2006（3）：136.

运用隐喻转喻的方法，从而为广告制作提供理论上的支撑。① 《娱乐型电视广告的创意模式》的作者陆劲、周妍分别从产品和服务、品牌和企业及消费者的角度总结了在娱乐化营销背景下，电视广告的娱乐化创意模式。② 还有一个突出的研究现象是电影艺术与广告创意的互动形式，即植入式广告在影视作品中的运用问题。聂艳梅的《电影植入式广告的创意形式和创意方法研讨——中美6部电影植入式广告比较研究》一文，案例分析结合理论提升，用比较的视野研究了电影植入式广告的表现类型和创意形式，弥补了中国影视广告植入式研究的细分空缺。③ 马中红的《影视与广告创意的"互文性"》则不仅谈到了广告对影视作品的植入，还提出了广告中同样大量出现"戏拟影视剧的场景和画面"，论证了影视作品和广告的相互影响关系。④

报纸杂志等平面媒介的研究文章相对较少，且与创意视觉传达研究相互重合。陈光胜的《平面广告创意研究》从文案、图形以及编排等方面综合论述了一则优秀的平面广告应该做到"诉求单一，表达凝练，能吸引受众注意力，产生动力、冲击力，并与产品和谐"。⑤ 《报纸传媒的广告创意与表现》一文的作者余婕则从广告创意、设计一般性原则的基础上，结合报纸媒体的特点就报纸广告的创意、版面与设计等方面进行了深入的分析、研究和论述。⑥

广播广告创意的文章作者大多是广播行业的从业者，故此类论文样本较多地从实际操作的角度论述了现阶段中国广播广告创意的现状和问题。如陈涛的《广播广告的创意》⑦、应响洲、魏玮、徐凤梅的《广播广告的创意与经营》⑧ 以及史鸿涛、张敏的《让声音插上想象的翅膀——浅析广播广告的创意》⑨ 等文均结合案例进行分析论述了广播媒介不同于其他媒介的创意特质，以及其从策划、制作到播出等多环节的创意思路。

（2）内容分类

广告创意内容分类的研究与现有广告投放的量和质成正比，在大量论文中，较集中研究的问题有五类：汽车、房产、公益、企业以及儿童，其中前三类的研究样本从量上占到一定优势。

①汽车广告创意研究重案例实效。李媛媛的《从大众汽车广告透视广告创意中情感诉求的运用》⑩ 和程宇宁的《从宝马汽车电影广告看广告创意的嬗变》⑪ 分别就大众和宝马品牌汽车广告创意的特点和亮点进行剖析，从而阐述了汽车广告的发展现状，明确了创意在其中的重要作用。

②房产广告创意研究重文化策略。李桃境的硕士毕业论文《当代中国房地产广告的创意策略研究》概括地梳理了现阶段我国房地产广告从楼盘项目案名、广告语及标志创意、

① 程成，翟宏远．"隐喻""转喻"在电视广告创意中的应用［J］．通化师范学院学报，2005（5）：126.

② 陆劲，周妍．娱乐型电视广告的创意模式［J］．新闻前哨，2007（6）：82.

③ 聂艳梅．电影植入式广告的创意形式和创意方法研讨——中美6部电影植入式广告比较研究［J］．广告大观．理论版，2008（6）：35.

④ 马中红．影视与广告创意的"互文性"［J］．中国广告，2006（1）：44.

⑤ 陈光胜．平面广告创意研究［J］．营销企划，2006（2）：58.

⑥ 余婕．报纸传媒的广告创意与表现［J］．社科纵横，2008（1）：60.

⑦ 陈涛．广播广告的创意［J］．记者摇篮，2007（5）：36.

⑧ 应响洲，魏玮，徐凤梅．广播广告的创意与经营［J］．新闻前哨，2008（1）：92.

⑨ 史鸿涛，张敏．让声音插上想象的翅膀——浅析广播广告的创意［J］．中国广播，2007（1）：39.

⑩ 李媛媛．从大众汽车广告透视广告创意中情感诉求的运用［J］．湖北教育学院学报，2007（11）：40.

⑪ 程宇宁．从宝马汽车电影广告看广告创意的嬗变［J］．广告大观．理论版，2009（2）：21.

销售推广、规划设计、物业管理、文化活动等方面进行的创意探索，结合大量的案例分析，指出了我国房产广告创意贫瘠的问题并给出了相应的解决措施。① 陈立萍的《从“家”的文化意味谈中国式理想住宅的广告创意》一文通过梳理中国式理想住宅和“家”的关系，探究中国人“家”的文化意味，提出以“礼乐文化”为中国式理想住宅的广告创意之源，从而在方法论上为业界提供可行的创意之道。②

③公益广告创意研究重责任表现。肖红的论文《社会责任——公益广告创意设计的核心》明确指出了公益广告具有极强的社会效益性、主题的现实性和表现的号召性等特点。它是以形象营造的情感来传播社会公益思想观念的信息活动，其创意设计的核心就是社会责任，从而促进全民素质的提高与和谐社会的构建。③《当代平面公益广告的创意特点》一文的作者王德胜在讨论平面公益广告表现方法的同时，也指出了其传递的不仅仅是漂亮的画面，更是爱和责任的主题，创意要把思想性和艺术性完美结合起来。④

3. 比较研究

中外广告创意的比较研究历来是广告创意研究的热点。近五年来的研究大多立足于美国、日本、泰国以及中国台湾地区的样本，也有不少综合比较差异的论述。

（1）国家或区域案例研究

对于美国广告创意的研究重在策略及经典大师理论的阐释，日本则更多心理学倾向及消费者行为学的研究论述，这两个板块也是历来广告创意研究的重中之重。对于泰国广告创意的研究则体现出一种技术化倾向，在整个亚太地区，泰国是业内人士公认的一个具有很高广告创意水平的国家，此类大多研究会探究其背后的成因。如刘振的《试析泰国高水平广告创意的成因》便立足于中国与泰国之间广告创意发展的差异，从文化、经济、行业环境等较为宏观的方面入手，对泰国高水平广告创意的成因进行了探讨，为泰国高水平的广告创意表现找寻了一个较为系统的理论支撑。⑤ 对于中国台湾地区广告创意的研究，黄雯嘉的《2005 台湾知名报刊广告创意述评》一文撇开了得奖作品的光环，查阅 2005 年度中国台湾地区《动脑》、《AD》、《中国时报》、《自由时报》以及《联合报》等报刊，就其中较受欢迎的商业广告进行述评，比较客观真实地描述了台湾平面广告创意的现状。⑥

（2）综合对比研究

把中西两种截然不同的视野交织于一篇论文研究中，悉数差异中的经验之道，使之成为进一步发展本土创意的养分。胡晨辉的《中西广告创意比较》从广告创意的策略、整体风格、定位以及价值取向等角度将中西广告创意进行比较，在比较中寻找差异，并取其精华去其糟粕地加以吸收。⑦《中西方文化差异对广告创意的影响》的作者常春梅则把中西广告创意的差异原因总结为：文化价值观不同和逻辑思维方式不同，并指出把握中西方文化的差异并加以利用是广告成功的本质和关键。⑧

4. 批评研究

广告创意批评作为广告批评的重要组成部分，在中国广告学术界有良好的研究传统，它

① 李桃境．当代中国房地产广告的创意策略研究［D］．中国优秀硕士学位论文全文数据库，2008.
② 陈立萍．从“家”的文化意味谈中国式理想住宅的广告创意［J］．装饰，2009（2）：138.
③ 肖红．社会责任——公益广告创意设计的核心［J］．美与时代．上半月，2009（6）：8.
④ 王德胜．当代平面公益广告的创意特点［J］．东方记者，2009（5）：79.
⑤ 刘振．试析泰国高水平广告创意的成因［J］．广告大观．理论版，2006（4）：84.
⑥ 黄雯嘉．2005 台湾知名报刊广告创意述评［D］．中国优秀硕士学位论文全文数据库，2006.
⑦ 胡晨辉．中西广告创意比较［J］．湖北经济学院学报：人文社会科学版，2006（2）：137.
⑧ 常春梅．中西方文化差异对广告创意的影响［J］．科技创新导报，2009（11）：254.

为广告批评理论体系的构建提供材料。研究和分析广告创意批评对我国广告界的良性发展起到了推动作用。郝秋月的《中国广告创意批评之现状分析》完整而详实地通过对2000年以来我国广告创意批评现状的梳理，归纳批评的内容、批评的方法，以及批评者的素质和特点，发现并总结出广告创意批评存在的问题。文中作者指出目前的广告创意批评内容具体集中在定位、诉求、表现、信息传播、社会责任、文化冲突等几个方面。①

从本文的研究样本来看，论点比较集中在消费主义批判和性别歧视批判，同时也有不少文章在批判的基础上尝试建立创意的评估体系。

第一，批判“拜物主义”，创意力求双赢。罗慧的《消费主义的终极疯狂——论现代广告创意中的“拜物情结”》中，对近年来广告创意界盛行的一种以夸张、幽默及荒诞手法表现消费者“拜物情结”的创意潮流进行了剖析，总结其创意主旨就是最大限度地展现消费者对商品的极端迷恋与热爱。② 丁颖在《消费社会中广告创意的自我救赎》一文中指出对待被消费社会所异化的广告“欲望号街车”，我们不仅仅是抱着批判的态度，更重要的是，利用广告创意达到有利于社会的目的而又同时推动产品销售和品牌成长的双赢。③

第二，异化女性形象，创意表现极端。女性形象一直是广告和有关视觉媒体的中心特征。祖利然和贾丽娟的论文《女性广告创意的误区》中明确指出我国广告中的女性形象始终在传统和时尚中徘徊，在矛盾中挣扎，传统的女性形象显得俗套乏味，新女性则过于注重自我，误区种种。④《广告创意中性别元素运用之人权思考》一文的作者刘婷则更明确地从人权的角度剖析广告创意中性别元素的运用，评价广告创意中关于男性和女性文化观念的异化表现，不同程度上误导了受众对女性的形象和社会地位的理解。⑤

5. 教学研究

在“广告创意”理论被学界和业界不断定义更新的同时，中国广告创意教育同样在进行着不断地理论思考和教学实践。中国广告教育发展至今，已基本完成粗放式的增长发展，在广告行业面临新的竞争压力而迫切渴望优秀广告人才的今天，广告创意教育必须站在战略的高度，从广告创意教育的理念和整体课程体系的重构中，从广告创意教育与市场相关要素的关系中，建构广告创意教育的内涵和外延，才能实现广告教育服务市场、服务社会的终极目的。

样本论文的研究大致可分为理论研究和方法研究两类：

一是理论研究：理念深化，贴近市场。

在创意教学理论的研究中，大多学者思考从提升学科内涵的角度规划广告创意教育的发展，同时也兼顾其与市场相适应的特点。金定海、郑欢在《关于广告创意教育的深度思考》一文中指出，广告创意教育应该是一种想象力的激发教育，它应该以兴趣为导向，以体验为途径，建立创意者与广告产品之间的心理感应；广告创意教育也是一个寻求思辨快感的过程教育，学习者通过寻找问题、确认问题、分析问题和解决问题，完成一个完整的创意思维循环，在分析问题和选择最佳解决问题方案中，获得创意经验的积累和收获创意的快感；广告创意教育还是一种技能教育，如果广告创意不能为动态的产业发展服务，创意将毫无意义；如果广告创意不能为动态的人服务，创意也将毫无意义。⑥ 熊伟的论文《高校广告创意教学

---

① 郝秋月．中国广告创意批评之现状分析［J］．广告大观．理论版，2009（1）：79.

② 罗慧．消费主义的终极疯狂——论现代广告创意中的“拜物情结”［J］．装饰，2005（1）：43.

③ 丁颖．消费社会中广告创意的自我救赎［J］．湖北经济学院学报：人文社会科学版，2008（5）：102.

④ 祖利然，贾丽娟．女性广告创意的误区［J］．商场现代化，2005（9）：78.

⑤ 刘婷．广告创意中性别元素运用之人权思考［J］．新闻世界，2008（5）：78.

⑥ 金定海，郑欢．关于广告创意教育的深度思考［J］．中国广告，2006（10）：96.

对策思考》同样论述了在面对日益激烈的广告竞争市场当中，广告创意的好坏决定广告效果的质量。面对新时期的挑战和需要，如何培养学生的创造性思维能力，实施广告创意教育，有利于培养符合当今广告传媒市场的需求。①

二是方法研究：案例教学结合思维训练。

案例教学法和思维训练的方法应该是现在广告创意教学中广泛应用的手法，学界对于它们的研究自然不在少数。相喜伟、肖天的论文《案例教学法在广告创意课程中的应用》论述了案例教学法与广告创意的综合性、实践性和应用性相联系，为了进一步提高在广告创意课程中应用案例教学法的主动性、有效性，深入研究了案例及案例教学法的含义，分析了案例教学法的优势，阐述了案例教学法的组织过程。② 论文《浅析广告创意教学过程中的思维训练方法》中，高慧芳立足广告创意思维的具体特征，创造性地提出思维导图训练法、联想训练法、符号训练法三种在教学过程中切实可行的训练方法。③

三、中国广告创意的趋势研究

1. “中国元素”创意发端

在没有出现“中国元素”这一明确定义前，中国广告创意界早已开始探讨和研究这一现象。因为“中国元素”的基因早就存在于中国大地，千年古国的文化传统让每个生长在这片土地上的人们，与生俱来一种“集体无意识”——对于传统精神的一种默默而深刻地继承、融合、发展，它影响着我们的行为取向、价值观念乃至意识形态。

直到2006年第一届中国元素国际创意大赛的举办，学界和业界才有意识、有目的地整理这一概念。

中国元素国际创意大赛是由中国广告协会主办，中国元素国际创意大赛组委会直接领导及组织的一项全新的国际创意赛事，旨在继承、发扬中国本土文化元素的生命力与创造力，推动中国广告业及广告创意形成中国自己独特的广告创意文化；在世界范围内发起与倡导中国元素的推广应用，表彰全球广告创意人所取得的成绩。

中国元素可以被理解为：一切与中国所关联的物质的组合，它既是一个独立存在的个体，又可以与其他物质相组合。它的应用具有灵活性、重构性和全息性，所以，便于设计、创意和品牌的化用和传播。它是中国文化的最基本的构成单位。元素是指一种初始而未经尘世沾染的物质；它可以是细节、符号、颜色、形象、名称、仪式，等等。中国元素由此可被理解为：中国文化最原始且最具可塑性的构成因素。

对于中国广告界而言，能够做出中国自己风格的作品，运用中国历史文化、中国精神的元素才是好的作品，能够吸引受众的作用。而这其中如何将中国元素与广告很好地融合起来，是一直所探讨和探索的问题，也是中国广告能否成功的问题。在理论上，从2005年开始，学界和业界专家们开始从不同的角度关注中国元素与中国广告。从实践中提炼出思想，分析中国广告如何体现中国元素。

第一，发端于民族文化、传统文化、本土文化研究。邓杰、蔡之国合作的《广告创意与民族文化》一文指出：优秀的广告创意必须植根于民族文化的沃土之中；运用最生动的民族语言透过人类共同的心理表层，将根深蒂固的深埋在人的潜意识背后的“民族记忆”

---

① 熊伟．高校广告创意教学对策思考［J］．企业研究，2005（4）：60.

② 相喜伟，肖天．案例教学法在广告创意课程中的应用［J］．河北大学成人教育学院学报，2008（9）：62.

③ 高慧芳．浅析广告创意教学过程中的思维训练方法［J］．科技信息，2008（22）：522.

和“种族记忆”表达出来，进而达到令人心领神会的效果。只有建立在尊重民族文化心态基础之上的广告创意，才能实现广告传播效益的最大化。① 谭石维在《广告创意中的本土文化》中也明确了不同文化的创意人拥有不同的思考逻辑和自己习惯的语言表达方式，这种语言就是我们的本土文化，它是我们重新找回自己创意语言的重要依据。②

第二，丰富于汉字研究、象征符号研究、活动研究。2008 年的北京奥运会把“中国元素”研究推向了一个小高潮。大量研究文章针对具体载体来讨论“中国元素”在设计上的表达，如田蕴等人的《基于中国文化元素的奥运招贴设计》中将美学对中国传统文化的概括“以形写意”、“形神兼备”融入设计中，解析具体招贴含义。③ 金定海曾在《汉字的广告智慧发生学思考》一文中提出“华文广告其主要的呈现形式是汉字，汉字作为维系中国人精神文化心理的‘文法’规则，构成了中国人传播交流的文化基因”，并指出如今社会偏向于对汉字的工具性使用，而忽视了其“历史意识和文化性质，隐匿了它特有的价值观和方法论”。④ 此外，还有不少研究文章，以比赛得奖作品或知名品牌赞助活动中所运用的“中国元素”作为研究对象，把“中国元素”的表现、形式、手段等一一呈现。

第三，升华于内涵研究、商业研究、品牌化研究。“中国元素”不再是一种形式层面的工具，而是为中国形象的深度传播提供了一个将经济、文化和创意结合成一个和谐的有机体的整合理念。中国元素概念创始人之一的高峻在《中国元素的精神》中指出：中国元素是中国竞争力中的软实力。现代社会已经进入了读图时代，未来中国元素的范畴将不单单是中国的历史元素，它包括现在也包括未来。中国元素是可以反映中国人的价值观的，中国喜闻乐见同时又被全世界人所喜欢和认同的所有东西。⑤ 何德珍的《从中国元素看中国式广告的崛起及发展策略》一文从中国元素的角度探讨中国式广告的发展道路，认为中国元素是中国广告崛起于世界的根基，并在此基础上提出了中国式广告的发展策略。⑥

2. 从“创意”到“创意产业”

创意由行业到产业的发展，预示着一种价值观念和存在方式的融合。

从行业来看，广告创意不同于一般的个人化创作，可以排除众数，一任个性纵横恣肆。广告创意是有所承担的。广告创意产生的前提是广告主的委托，追求的是市场效应和客户的认同，两者缺一不可。因此，从创意本身看，它更多了一些内涵与形式上的制约，它必须在产品、广告主、竞争者、消费者四角关系中找到平衡的支持点，否则，它便无从体现价值，也不可能被执行出来。有太多的“未见光”的精彩创意，沉没于四角关系的失衡，找不到策略或传播支持点，最终难逃被否定的命运。

从产业来看，创意产业包含广告行业且高于其对于“创意”本身的理解和应用。如果说在广告行业，创意产生的前提是“广告主的委托，追求的是市场效应和客户的认同”，那么对于创意产业来说，创意成为“市场发展的委托，追求的是社会观念和文化价值的认同”，但有一点是相通的，即“为了达成某一种附加值”。广告创意最早给创意产业带来的启发就是把“创意”注入产业发展。

从产业创意到创意产业的改变，意味着新的产业类别诞生、新的产业组合模式发生以及新的产业运营方式产生，它更多了些市场规律和政策的制约。在“依靠科技进步和创新实

---

① 邓杰，蔡之国．广告创意与民族文化［J］．南通大学学报：社会科学版，2008（9）：132.

② 谭石维．广告创意中的本土文化［J］．企业研究，2008（3）：132.

③ 田蕴，刘健，李萍．基于中国文化元素的奥运招贴设计［J］．包装工程，2007（3）：171.

④ 金定海．汉字的广告智慧发生学思考［J］．国际广告，2005（4）：118.

⑤ 高峻．中国元素的精神［J］．成功营销，2005（2）：106.

⑥ 何德珍．从中国元素看中国式广告的崛起及发展策略［J］．学术论坛，2007（3）：113.

现经济跨越式发展”的战略背景下，创意产业所担负的内涵已经超越了文化产业的范畴：“通过打造中国的创意产业，以整个产业来集聚和整合中国现有的处于分散状态的科技、人才、品牌、管理、设计、自主知识产权等价值链高端要素资源，以中国自己的创意产业来引导整体经济实现两个转变和跨越式发展，力争在较短时间内扭转目前中国在国际分工体系中的不利地位。”①

张金海、廖秉宜在《由创意“广告”走向创意“产业”》一文中指出“创意产业的发展规模和程度已经成为衡量一个国家或城市综合竞争力水平的重要标志。……包括中国在内的很多国家都将发展创意产业提升到21世纪国家发展战略的高度加以重视。广告产业作为创意产业的主导产业之一，其发展规模和程度对于推动创意产业和其他关联产业的整体发展至关重要。”② 金定海在《广告，作为国家战略》一文中指出，广告业是产业中的产业，广告作为国家战略，不仅是因为广告的经济功能对于国家来说是重要的，广告还具有文化功能和社会生活的再组织功能。③ 汪欣的《创意产业与广告创意升级》从创意产业与广告业的关系和特点出发，从广告与品牌、文化、科技、消费者行为以及艺术的关系，探讨了现代广告创意升级的渊源和特点。④

从反面批判创意产业发展现状的论文研究同样存在。现在的中国创意产业明显存在理论研究落后于实践、知识产权保护力度不够、本土特色文化不足、可持续发展人才缺乏等问题，究其本因，实质上最严重的问题莫过于对概念的内涵、外延、特点及其在经济发展中的作用等方面，认识较为模糊。邵隆图和张宇凡合作的《中国创意产业，迷失在哪里?》一文中批判了现阶段创意产业发展的一些误区：大量的创意产业园区形式大于内容；缺乏从硬实力到软实力的过渡等。⑤ 程宇宁的文章《广告创意的价值转换与体现——广告行业在创意产业发展背景下的反思》中在创意产业发展的背景下，重新审视创意在我国广告行业内的角色转换的内在原因，以及广告行业语创意产业其他门类在创意的价值转换方式上的差异，并就广告行业在今后的发展过程中应如何体现创意的价值提出了独到的见解：要求广告行业和广告学界在强调创意的同时，深入分析和研究广告创意的本质特征并建构相关理论及其操作模式，以使广告行业在创意经济的舞台上努力发挥处于自身所扮演的角色相称的作用。⑥

3. 新媒体的“互动”创意

一部广告发展史实际上就是媒介发展史，每一次媒体技术的革命都意味着广告的革命。

新的媒介观念和技术，对如今的广告创意提出了更高的要求。如果说曾几何时，创意是广告运作环节中最终的执行板块，那么，现在它扮演的则是一个全程把关人的角色。创意不再是静态的概念和巧妙的执行，它是帮助企业或品牌提升发展空间的利器。

广告创意对于经验的倚重，这一点确乎超越其他的创作领域。这是因为广告创意除了追求创作上不同凡响的表现力，还必须能够实现商业上的利益回报。所以，广告创意特别需要相关的产业知识、市场经验、社会阅历、文化视野以及创作天赋的配合。但是回过头来我们应该警惕唯经验的创意倾向。消费需求和传播形态变化让人目不暇接，单纯的经验已经远远

---

① 阮建源．中国创意产业发展态势分析［EB/OL］．http：//www.chinavalue.net/Blog/BlogThread.aspx？EntryID=90660.

② 张金海，廖秉宜．由创意“广告”走向创意“产业”［J］．广告人，2007（2）：85.

③ 金定海．广告，作为国家战略［J］．广告大观．综合版，2007（6）：5.

④ 汪欣．创意产业与广告创意升级［J］．统计与决策，2008（15）：184.

⑤ 邵隆图，张宇凡．中国创意产业，迷失在哪里？［J］．中国广告，2009（1）：91.

⑥ 程宇宁．广告创意的价值转换与体现——广告行业在创意产业发展背景下的反思［J］．中国广告，2008（2）：50.

不能应对新的广告现象。因此，创意经济的时代里，广告创意更看重自身的更新和优化，更强调一种有深度的思想和跨文化的素质，而不是简单的“技术+经验”。

广告创意必将走向“技术化的艺术”与“艺术化的技术”相融合的新平台。

越来越多的新媒体平台帮助创意走出了原有的发展瓶颈，随着互联网、手机、户外视频等一系列新兴媒体的成熟，大量实践案例执行促进了理论研究的发展。样本论文中，最集中探讨的是“互联网媒体”的广告创意，其次是户外媒体、手机媒体等。

《我国网络广告创意的现状及对策分析》一文中作者付效梅宏观地总结了我国网络广告创意的现状，尤其指出了创意不足、规范较弱等不足之处，并提出了七种解决方案。① 薛媛的《以“互动”为核心取向的网络广告创意策略分析》明确把互动性作为网络媒体区别于传统媒体的显著特点之一，认为基于网络媒体的网络广告在创意过程中应该以如何引起受众“互动”作为创意思维的基点和取向；具体论述了网络广告的互动性体现为引起受众主动参与广告活动、主动讨论广告信息内容和主动体验广告虚拟商品等方面。以“互动”为核心取向的创意策略包括易参与性的网络广告形式创意、话题性的内容创意以及娱乐性的情感体验创意等。② 于潇的《Web 2.0 时代下网络广告创意策略》同样对此有所论述：作者结合案例指出 Web 2.0 时代的广告创意策略主要从整合、创意的执行性、与受众的沟通方式、品牌传播的回报和创造有吸引力的内容五个方面切入。③ 沈虹、万丽慧、郭嘉的《互联网广告创意传播研究——从互联网广告创意人和网络使用者双重角度看互联网广告创意传播的现状》通过对专业的互联网广告创意人员和网络使用者的深度访谈，运用对比的方法，研究了在大众传播媒体时代品牌塑造中“百变不变”的广告创意理念在互联网营销传播环境下的状态，探讨了互联网广告创意对网络使用者的影响，以及网络使用者容易接受的广告创意形式和表现。④

户外媒体广告创意的集中研究文章大多以案例解读为主，缺少理论的总结表述。值得注意的是，在传播媒体理论方面的拓展上，“环境媒体论”、“广告载具论”和“媒体增值论”成为这期间对于户外媒体的理论探讨。李明合在《三大媒介创新理念激活户外创意》详细阐释了三大理论，提出这三种媒介理念都是在广告表现水平必须适应时代要求的前提下被逐渐提炼出来的。这些理念要求广大户外广告人有必要把创意管理提高到公司和行业发展的战略高度加以对待，以此来提升整个户外广告的行业水准。⑤ 其中，舒咏平在《广告投放新思维：载具导向》中明确定义了“广告载具”（Ad Vehicle）的概念：所谓广告载具即具体刊载广告作品的传播工具，往往是单一媒体中特定的空间与时段，也可能是在具体环境中新开发出来的广告传播工具。⑥

中国广告创意研究正在步入一个新的历史时期，其研究的学术形态出现了三个明显的变化：一是中国广告创意研究已经不再满足于广告创意的经验描述和艺术性鉴赏，而是更为深入地追求中国广告创意的文化理论和表现形式；二是中国广告创意研究不再停留于西方广告创意理论的译介和套用，而是更加注重中国广告创意对于提升品牌、推动消费、建构产业等方面的理论总结；三是注重中国广告创意研究文献的积累和整理，注重形成中国广告创意理论体系以及研究方法和途径。在这五年的研究回顾中，我们可以清晰地看到这些变化的历史可能性！

---

① 付效梅．我国网络广告创意的现状及对策分析［J］．科技信息，2009（7）：47.

② 薛媛．以“互动”为核心取向的网络广告创意策略分析［J］．广告大观．理论版，2007（5）：70.

③ 于潇．Web 2.0 时代下网络广告创意策略［J］．管理与财富，2007（5）：26.

④ 沈虹，万丽慧，郭嘉．互联网广告创意传播研究——从互联网广告创意人和网络使用者双重角度看互联网广告创意传播的现状［J］．广告大观．理论版，2009（1）：48.

⑤ 李明合．三大媒介创新理念激活户外创意［EB/OL］．http：//study. qmvip. com/246/136077. html.

⑥ 舒咏平．广告投放新思维：载具导向［J］．现代广告，2006（6）：118.

【参考文献】

[1] 倪宁. 广告学教程 [M]. 北京: 中国人民大学出版社, 2001.
[2] 张金海, 姚曦. 广告学教程 [M]. 上海: 上海人民大学出版社, 2003.
[3] [美] 威廉·阿伦斯. 当代广告学 [M]. 丁俊杰, 程坪, 钟静, 康瑾, 译. 北京: 人民邮电出版社, 2006.
[4] 王健. 广告创意教程 [M]. 北京: 北京大学出版社, 2004.
[5] 何洁. 平面广告设计: 从概念到表现的程序和方法 [M]. 长沙: 中南大学出版社, 2004.
[6] 叶凤琴, 陈观诚. 广告创意 [M]. 北京: 高等教育出版社, 2005.
[7] 蒋旭峰, 杜骏飞. 广告策划与创意 [M]. 北京: 中国人民大学出版社, 2006.
[8] 金定海, 郑欢. 广告创意学 [M]. 北京: 高等教育出版社, 2008.
[9] 丁建辉. 创意产业与广告创意 [M]. 杭州: 浙江大学出版社, 2008.
[10] 程宇宁. 广告创意: 从抽象到具象的形象思维 [M]. 北京: 中国传媒大学出版社, 2009.
[11] 陈谦. 韦伯·扬的广告创意观及实践意义 [J]. 当代传播, 2009 (1).
[12] 眭鸿明, 刘珏. 广告创意法律保护方法浅议 [J]. 中国广告, 2008 (4).
[13] 于艳. 论广告创意的"人情味" [J]. 装饰, 2005 (5).
[14] 常惠娟, 赵希武. 论广告创意的情感表达 [J]. 美与时代, 2007 (10).
[15] 李滨, 应姣芸. 广告创意中的情感诉求初探 [J]. 学术交流, 2009 (6).
[16] 戴韵. 论广告创意中的欲望形态 [J]. 新视觉艺术, 2009 (1).
[17] 张立杰, 王越飞. 浅议广告创意的思维方法 [J]. 中国教师, 2007 (11).
[18] 刘世忠. 广告创意的思路 [J]. 西南农业大学学报: 社会科学版, 2008 (4).
[19] 方中国, 黄薇. 论广告创意中的逻辑思维和形象思维 [J]. 浙江工业大学学报: 社会科学版, 2006 (6).
[20] 胡骅. 广告创意的循环思维过程 [J]. 科技资讯, 2008 (19).
[21] 高慧芳. 符号学视野下的广告创意 [J]. 山东教育学院学报, 2008 (4).
[22] 韩永青, 成毅涛. 从喜剧泛化到娱乐喧嚣——论广告创意范式娱乐化的流变与动因 [J]. 新闻界, 2008 (4).
[23] 张艳洁. 现代广告创意的游戏化倾向 [J]. 包装工程, 2007 (9).
[24] 吴红, 万木春. 透过神话叙事看广告的创意原理 [J]. 当代传播, 2008 (5).
[25] 黄丹. 读图时代的广告创意策略 [J]. 科技经济市场, 2006 (3).
[26] 丁颖. 广告创意的文化之维 [J]. 河南社会科学, 2008 (5).
[27] 李军林. 人文关怀在商业广告创意中的运用 [J]. 传媒观察, 2007 (11).
[28] 王萍萍, 周轲. 后现代文化体系下的广告创意 [J]. 商业文化, 2008 (3).
[29] 黄佶. 关于跨文化广告创意的思考 [J]. 中国广告, 2006 (6).
[30] 崔艳丽. 多元文化视野中的现代广告创意 [J]. 前沿, 2007 (2).
[31] 赵赜. 中国广告创意30年探要 [J]. 国际新闻界, 2009 (5).
[32] 张金海, 廖秉宜. 由创意"广告"走向创意"产业" [J]. 广告人, 2007 (2).
[33] 舒咏平. 广告投放新思维: 载具导向 [J]. 现代广告, 2006 (6).

【作者简介】

金定海, 上海师范大学人文与传播学院副院长, 教授, 博士生导师。
吴冰冰, 上海师范大学人文与传播学院讲师。

中国广告产业研究述评

崔　磊　舒咏平

【摘　要】近几年来，深受急剧变革的传媒产业环境影响，广告产业逐渐成为学者们研究的热点，集中表现在以下五个方面：产业生存困境现状；产业内部运作问题及监管难题；产业结构升级及集群化发展模式；产业内涵、形态及定位；产业政策。

【关键词】广告产业　研究　述评

2008年，中国广告营业额1 899.56亿元，增长9.11%；比前五年的17.2%、12%、11.1%、10.68%，呈逐步放缓趋势，表明我国广告产业进入理性的发展阶段。与此相对应，学界关于广告产业的研究成果颇丰，近几年各类涉及广告产业研究的文章有150余篇。笔者以中国期刊网收录的新闻传播类期刊和《现代广告》、《中国广告》、《国际广告》、《广告大观》、《广告研究》、《广告人》等相关期刊以及会议论文、学位论文、相关著作为研究对象，通过以广告产业、广告行业、广告业三大关键词的方式进行搜索分类，对相关学术研究作了简单的述评，希望从中把握中国广告产业研究的现状，以期更好地推动广告产业的健康发展。

以下就对广告产业研究的主要学术观点做一些梳理介绍。

就近几年各大期刊所发表的广告产业研究论文来看，近150余篇论文涉及主题达10个之多，但其中研究的重点表现在以下几个方面：

一、中国广告产业在困境中生存现状的研究

作为传媒产业链中较为“敏感”的产业，中国广告产业长期以来的生存环境复杂，丁俊杰指出，整体环境的复杂包括市场经济、企业、消费者、媒体等与广告业发展有直接而密切联系的环境一直在快速变化，并呈现出越来越复杂而多元的态势①；与此同时，广告产业现状令人担忧，丁俊杰指出广告业整体环境的快速变化及日渐多元，由此可以引发主流舆论环境的尴尬，研究教育的滞后与脱节，行业监管的复杂和艰难，传统媒介及广告从体制到思想都遭遇五大困境。

2008年下半年至今，蔓行于全球的金融危机导致广告产业的外部环境更加扑朔迷离，丁俊杰再次指出，虽然此次危机不会影响未来中国广告产业的稳定走势，但2009年的中国广告产业必然要面对微观环境变化而导致的三个方面的压力：广告主面对“中国制造”体系遭遇冲击和广告投放呈现整体稳定、部分增长的态势的压力；媒体经营格局凸显“马太效应”及新媒体产业增速放缓的压力；资金导向型广告公司遭遇收入缩水的压力②。

追溯历史，自中国加入WTO之后，外资广告集团强势发展对中国本土广告产业的发展

① 丁俊杰，黄河．观察与思考：中国广告观——中国广告产业定位与发展趋势之探讨［J］．现代传播，2008（4）．

② 丁俊杰，王昕．2009年中国广告业的空间与理性［J］．新闻与写作，2009（1）．

带来了很大挑战。随着中国广告市场的完全开放，中国广告市场的高速发展与巨大增长潜力吸引了全球广告集团的注意①。姚曦等发表论文指出中国广告产业的殖民化倾向日益严重，20世纪90年代以来，外资广告公司纷纷进驻中国，为了获取广告市场上的最大利润，外资广告公司采用媒介整合、集中购买的战略，凭借资金实力和人员本土化策略，同时，跨国广告公司国际化的操作模式、先进的管理方式和经营理念、雄厚的资本实力也给中国广告业带来强劲的震荡。在外资化、国际化浪潮的强势冲击下，本土广告公司的生存空间被挤压，将在外资的高度控制下丧失话语权。

跨国广告集团在华强力扩张态势愈演愈烈，海外大资本运作不仅危及中国媒体的生存和发展，致使民族品牌很难在短时期内形成，使中国经济的发展和稳定受到威胁，而且弱化了中国传统文化的传播，将给社会带来潜在的不安定因素。② 有学者认为入世标志着我国进入全球经济一体化轨道，指出入世对我国广告业的生态环境、广告业主体和广告业管理等带来挑战。

闫文以《跨国并购对我国广告产业竞争力的影响研究》为题完成了硕士论文，较为系统地阐述了广告产业严峻的环境：面对跨国并购的风潮，外资公司在国内的扩张，刺激了规模经济的形成，也给我国广告企业带来严酷的竞争环境。

广告产业的生存困境还体现在宏观领域的影响③，乔均从理性思考的角度，分析了工业结构性调整对广告行业产生影响，包括国有企业产权结构改革的力度调整；企业规模性扩张在加快；行业垄断竞争加剧等变化。

早些年的媒体集团化也对广告产业产生着影响，葛岩、李新立以广告经营额与GDP、社会消费品零售总额增长率间的正相关性作基线，通过考察1998年到2001年间两组曲线的逆向运动的成因，认为报纸、电视媒体集团化改变了广告市场结构，使媒体广告经营者在交易中获利，减缓了行业的整体增长的速度，而2000年政府颁布的涉及广告管理的法规加剧了广告行业的困境。

另外广告专业教育也是困扰广告产业发展的原因之一，有学者指出人才的竞争是广告业竞争的关键，而中国广告业急需大量高层次的广告专业人才，因此呼唤专业广告教育。

二、中国广告产业内部运作存在的问题及其监管难题的研究

虽然中国广告产业面临的困境重重，但广告产业自身运作也存在诸多问题④。有学者认为，中国广告业必须首先检讨自己，因为许多障碍是广告人自己制造的，因而，“要检视广告业自身的问题，广告业要摆脱危机，更高发展，全靠广告人自己的作为和不作为，同时又列举了中国广告业的几个致命问题。

时学志也指出中国广告业健康持续发展需要注意的重点之一就是彻底整治广告产业内的虚假广告。

谈到产业内部问题，多数学者都认为我国广告产业内部问题重重，概言之产业运作和体

① 姚曦，皮理礼. 中国广告产业的殖民化倾向与广告公司的自主发展［J］. 广告大观. 理论版，2008（3）.

② 黄迎新. 经济全球化背景下的我国广告业发展对策［J］. 中南民族大学学报：人文社会科学版，2007（5）；闫文. 跨国并购对我国广告产业竞争力的影响研究［D］. 苏州：苏州大学，2008.

③ 葛岩，李新立. 1998年到2001年究竟发生了什么？——媒体集团化对于广告产业影响的宏观研究［J］. 新闻大学，2007（1）；杨柳怡. 奋进的中国广告产业呼唤专业的广告教育［J］. 广告人，2005（8）.

④ 倪嵎. 广告业，你必须首先检讨自己［J］. 中国广告，2007（10）.

制束缚问题尤为突出①。张金海等通过深入分析，从理论高度概括低集中度与泛专业化是制约中国广告产业发展的两大核心问题。他以产业组织理论的 SCP 范式与创新理论研究范式为理论基础，根据中国广告协会历年发布的统计数据计算出 1994—2007 年中国广告产业的绝对市场集中度情况，据得出数据显示，我国广告产业目前属于一种原子型的市场结构，这类市场的特点是市场上广告公司极其多，不存在集中现象。相比较广告产业发达国家还有很大差距，如 2002 年美国广告行业前四大广告集团的市场占有率就已高达 69.4%，属于高度集中的寡占型市场结构；与此同时，专业广告公司也高度分散和高度弱小。另一方面，泛专业化极大地影响了中国广告产业的核心竞争力，他指出，广告公司在从传统领域向整合营销传播代理领域拓展的过程中由于没有实现相应的组织变革和相关人才的储备与培养，也造成广告公司服务的泛专业化问题，广告公司的核心竞争力在逐步消解。按照迈克尔·波特的观点，企业核心竞争优势具有无可替代性。因此，广告产业的内部问题根深蒂固，同时面临高度分散与高度弱小的产业现状。

循此思路，有学者从经济学视角也同样指出我国广告产业具有集中度不高的竞争型市场结构，进入壁垒低，竞争主要依靠价格竞争，行业利润偏低，收益分配不合理，产品差别化程度不高等现状。而陈培爱则列举数据认为我国 14.3 万家广告经营单位每一家的经营额是很可怜的，说明中国的广告市场是大而散的，它们不但小，而且相对粗放；同时又导致广告公司恶性竞争的现象出现。也有学者总结出相似原因，例如吴予敏认为中国广告产业症结在于：中国广告公司的零散化运作；中国广告服务重技术轻科学，重艺术轻市场，重传播频率数量轻传播效能；中国广告公司的服务与广告客户的市场营销战略脱节等。又有学者剖析我国广告行业结构单一、本土广告公司整合能力不足、本土广告公司的市场调查和整体策划水平上的缺乏、广告公司人才构成的不合理是制约广告行业发展的重要原因②。

中国广告产业的上述问题，更有学者追本溯源，从体制原因进行剖析，我国目前尚未真正推行的广告代理等制度因此成为学者们重点批判的对象③。

张金海等在分析广告代理制的概念内涵、发展演变以及在当前表现形式的基础上，指出我国广告专业代理的产业危机主要表现在以下两个方面：首先广告专业代理主体的本土广告公司过于脆弱，难以肩负广告业持续发展的重任；其次是营销环境的变化加剧广告专业代理的生存危机，这又包括两方面，一是广告主大幅度削减广告费；二是广告产业链上游和下游利润空间被压缩。

因此有学者建议除了全面推行广告代理制，还应该实施广告发布前审查制，以及修改相关的广告法规体系等制度的不完善方面，正视广告产业问题的根源。

关于体制的问题重重，有学者也撰文指出低准入制度也影响我国广告产业的健康发展。

---

① 张金海，廖秉宜．中国广告产业发展的危机及产业创新的对策 [J]．新闻与传播评论，2009 (1)；张金海，廖秉宜．用创意创新广告产业 [J]．广告大观．综合版，2007 (3)．

② 骆金燕，黄李娜．SCP 视角下中国广告产业浅析 [J]．经济论坛，2008 (3)；陈培爱．中国广告业：在发展中摆脱困境 [J]．广告大观，2007 (6)；吴予敏．广告发展两面观：国际化与本土化——兼论中国广告在全球经济时代的发展症结 [J]．国际新闻界，2000 (1)；柳帆．广告行业的现状分析与未来展望 [J]．科技信息，2007 (17)．

③ 张金海，廖秉宜．广告代理制的历史检视与重新解读 [J]．广告大观，2007 (2)；张金海，黄迎新．广告代理的危机和广告产业的升级与转型 [J]．广告大观，2007 (6)；张宝艳．对我国广告业的现实问题和对策探讨 [J]．学术交流，1997 (3)；曾兰平．低准入制度对我国广告产业发展的不利影响 [J]．网络财富，2008 (7)；刘传红．广告产业过度进入的原因和对策 [J]．商场现代化，2006 (11)；刘传红．广告产业过度进入问题探析 [J]．商业研究，2006 (10)；曾兰平．高度市场化——我国广告产业制度安排的一个重要基点 [J]．青年记者，2007 (6)；陈刚．结构性焦虑与转型期焦虑的交织——对广告公司现状的一种解读 [J]．广告大观，2007 (6)．

曾兰平指出低准入制度存在以下问题：在资金方面的准入门槛过低，导致本土广告公司高度分散、高度弱小的现状；与“三密集”产业不相符合的知识、人才低准入标准，影响广告产业的健康发展；低准入制度也严重阻碍广告产业升级。

也有学者从企业经营管理角度研究广告产业问题，重点从市场集中度、公司规模、盈利能力、从业人员素质等方面同样认为我国广告产业存在明显过度进入现象。

同样，曾兰平还提到广告产业高度市场化制度在新时期导致了市场失控，形成了广告产业的低水平竞争。

陈刚则提出了中国广告产业结构性焦虑与转型期焦虑这一概念来分析产业的体制问题。他认为，结构性焦虑归根结底还是由于中国广告产业的结构问题所导致的内部不平衡和紊乱。转型期焦虑是由于中国市场竞争的升级，以及新媒体环境的巨大变迁，企业对广告传播的需求正在发生新的变化，中国的广告产业正在进行转型。

相对于广告产业内部的上述问题，与广告行业密切相关的监管问题则是困扰广告学界和业界人士的难题之一，成为学者们研究的热点，不少学者都立足于如何监管进行了初步探讨。有学者①从产业生态环境角度阐述目前我国广告产业管理体制的弊端，具体概括为：具体的可执行性法律细则缺乏，大多为原则性条款，法律体系亟待完善修订；“令难行禁不止”——行政管理的执行力缺失，处理效率有待提升；“政出多头，多面监管”——谁的管理谁做主；陷入沉默的螺旋漩涡——民间声音难以“抵达圣听”，社会监管收效甚微；先天残疾与因果循环怪圈——完善的广告行业自律体制尚未完全建立。此前也有学者认为，中国广告监管一直在“计划”与“市场”的两难困境中挣扎，尤其是医药广告的监管成为一个“公众议题”。

张金海分析应该合理建构我国广告监管体制，“政府主导型”广告监管体制是基于我国现实的必然选择，还要正视我国广告法规体系与执法体系中存在的主要问题。学者周茂君提出，对现行的广告管理体制进行改革，使之符合市场经济 WTO 规则的要求，是我国广告管理体制改革的当务之急。黄升民、陈素白指出对中国广告业进行监管的具体措施，包括立法规范，重新审视原有广告审查制度，广协和消协需权责明确，重视新媒体给广告监管带来的新问题。曾兰平也指出尽管政府主导型的广告监管体制在实际运行中存在着某些问题，但其的确是我国现实状况的必然选择，关键是要明确政府在其中扮演的角色以及承担的责任。

值得一提的是，不少学者对国外以及港澳台地区的广告管理体制进行了研究，提出了有益的经验。有学者通过分析美国“四位一体”的广告监管制度，即：美国联邦政府对广告的监管；美国各级州政府及地方政府对广告的监管；美国的非政府或民间广告监管体制；媒体机构对广告的监管。指出美国的非政府机构在广告监督中所发挥的作用不容忽视，并且其突出的特点是具有完善的组织体系及较高的权威性。同样，日本的以自律为主的广告监管模式也值得参考，有学者指出该模式在日本使得广告监管不仅有法律制度方面的规制，也有政省令和官厅的解释、运用基准及以此为基础的行政指导。更主要的是以广告主为核心制定的行业自律规则（《公正竞争规约》）。同时，各种媒体企业也通过运用独自的广告发布基准及放送基准对广告进行审查。另外，中国港、澳、台三地区的广告监管基本形成了以行业自律

① 刘晓丹．论我国广告监管体制革新［J］．现代商贸工业，2009（15）；杨海军．中国广告监管的“拐点”［J］．现代广告，2006 年学刊；张金海．论我国广告监管体制的合理性建构［J］．现代广告，2006 年学刊总（123）；周茂君．对我国广告管理体制改革的思考［J］．现代广告，2006 年学刊；黄升民，陈素白．对中国广告监管核心问题的思考［J］．现代广告，2006 年学刊总（123）；曾兰平．论我国政府主导型广告监管体制［J］．现代广告，2006 年学刊总（123）．

为主，当地政府管理为辅的良性广告管理体制，值得内地借鉴①。

近些年，随着网络媒体的快速发展，网络广告监管的问题颇受关注。有学者②指出网络广告中网络“疥疮”现象，垃圾邮件广告，违禁、虚假广告频繁出现等问题是多方面的原因造成的，既与目前没有专门正规的网络监管机构，缺乏一套规范的法规有关，也有相关监管部门缺乏高效的支撑技术和过硬的监管团队的原因。重点指出成立一个专门正规的网络监管机构的重要性和迫切性，同时还应有一套专门的网络广告监管法律法规和全面规范的网络监测体系，提高监管部门的技术水平，加强网络广告监管机关自身的建设等。上海市工商管理局吕蓉认为应从收费标准、效果测定，网民用户的认可度等方面对网络进行监管，同时她认为要借鉴国际经验。

也有一些学者提出了解决办法。有学者在分析广告监管的“官方话语”和“学者话语”的基础上，指出我国目前“链式管理”不能依赖任何一方，提出了“第四方监督制度”的设想，主要在三方面进行监管：负责广告发布的事前审查；承担广告发布中的监测；对违法广告处罚执行的监督；同时要辅以重要制度的重建。杨同庆指出网络广告应实行核准注册准入制度，建立公平、开放、平等的市场竞争秩序，明确网络广告中的违法行为与法律责任，促进网络广告健康发展。

三、中国广告产业结构升级以及集群化发展模式的研究

目前，中国广告产业正处在转型期，产业升级如何调整？未来发展的模式究竟该怎样？不少学者以此为根据关注中国广告产业趋势的研究。本文认为依托武汉大学媒体发展研究中心，以张金海教授为代表的武汉大学广告学者在此领域进行了较为深入和系统的研究，成果颇多③。

张金海等指出，广告产业必须升级与转型，在他们看来，“广告产业应当归属于信息服务产业，有助于我们实现广告的产业升级。只有实现产业转型才能化解我国现实的产业危机。具体有三方面的举措，一是观念转型，从产业专业化转型到产业战略化转型；二是组织转型：从单纯的甲方乙方到战略合作伙伴；三是业务转型：从专业代理业务到信息服务业务。”

关于广告产业的发展模式和路径，张金海教授在分析国内外不同的模式基础上进行了较深入的思考，他指出全球主要有三种不同的典型的广告产业发展模式：一是以美国为代表的西方发达国家的广告产业发展模式；二是以日本、韩国为代表的广告产业发展模式；三是以

---

① 徐小娟．论美国广告监管体制给我国带来的启示［J］．商场现代化，2006（12）：中旬刊，总（488）；范志国．日本广告监管给我们的启示［J］．广告人，2008（1）；邓荣芳，刘海波．港、澳、台地区的广告监管［J］．中国广告，2006（12）．

② 黄攀．我国网络广告监管中存在的问题及应对策略［J］．西南农业大学学报：社会科学版，2008（12）；吕蓉．刍议我国网络广告的发展与监督［J］．中国广告，2006（10）；马中红．在中国，谁能管广告？——构建具有中国特色的广告监管体系断想［J］．中国广告，2006（12）；杨同庆．论网络广告发展与监管研究［EB/OL］．中国网络法律网，2008．

③ 张金海，黄迎新．广告代理的危机和广告产业的升级与转型［J］．广告大观，2007（6）；张金海，廖秉宜．中国广告产业集群化发展的战略选择与制度审视［J］．广告大观．理论版，2009（1）；张金海，刘芳．广告产业发展模式的创新和发展路径的选择［J］．广告大观．综合版，2008（3）；张金海．区域广告业的未来发展［J］．广告大观．综合版，2008（12）；张金海．我国广告业评估体系的合理化建构［J］．中国广告，2006（4）；廖秉宜．中国广告产业的战略转型与产业核心竞争力的提升［J］．广告大观．理论版，2009（2）；廖秉宜．解读2007年中国广告业现状及变局［J］．广告大观．理论版，2007（4）；武汉大学媒体发展研究中心．中国广告产业将走向何方——中国广告产业现状与发展模式研究报告［J］．现代广告，2006（7）．

我国港台地区为代表的广告产业发展模式。而我国广告产业可采取两种途径：第一，本土广告公司通过资本运作，迅速实现规模扩张；第二，媒介集团和企业集团成立集团所属的广告公司；具体操作路径可选择走专门化——专业化——集群化——规模化的发展道路。张教授同时指出，在专业化基础上建立产业集群是较恰当的战略选择。

他还主张在区域性龙头或骨干广告公司的牵引下，实现产业集群化发展，并在集群化发展之中寻求规模化发展。同时张金海还指出应该合理建构广告业评估体系，产业评估必须建立在多指标评估的基础上，广告公司评估要有助于其专业服务水平的提升。

武汉大学另一学者廖秉宜通过分析认为目前我国广告产业必须转型为以广告产业为主导整合营销传播的相关领域。他还从广告产业调整的具体方式入手，提出“中国广告产业正经历着从集约型向内涵式增长的转移，将媒介集团和企业集团资本导入广告产业，应组建大型的、以资本为纽带的整合营销广告集团”。

武汉大学同样有较为系统的研究成果，由武汉大学媒体发展研究中心与现代广告杂志社联合撰写的一份研究报告指出了中国广告业的发展方向和前景：其中可取的发展方向为借助优秀国有企业和民族企业的优势资源，充分借鉴韩国模式的经验，用中国企业的发展带动中国广告业发展，再用强势广告业加快推进中国品牌的国际化进程。同时应注重发挥媒体集团的资源优势，借鉴日本的电通模式，组建大型本土广告集团，形成广告媒体资源的规模经济，确保中国媒体走上健康、快速、持续的发展道路。进而总结出中国广告产业的前景：立足现实，放眼未来，中国广告产业有机会迅速发展壮大，中国本土广告公司有能力通过资本运营、资源优化成长为世界性的广告传播集团。

中国传媒大学广告学者关于产业发展模式也有一些成果。如，黄升民等学者则指出中国的广告业存在五个内在发展驱动力：①需求的分化重聚；②传播平台化；③媒介的新旧融合；④经营的中外汇流；⑤营销的多元统辖。由此得出结论：大国经济为中国广告业的发展提供了坚强的后盾，大国崛起使得中国的广告业具有强烈的扩张性，而大国意识则加强了中国广告在产、学、研各层面的自豪感和自信心。丁俊杰也指出只有创新才是出路，并提出几个具体方式和建议回归广告本体，寻求新的传播模式、回归广告本体，信息产业新兴服务业将替代工业产业成为经济主流支柱产业、技术路线依托新媒介，看清发展现状找到应对策略。同时他认为，经济环境、媒介格局与消费特征分别在不同层面左右着中国广告业的增长潜力与前进方向。并进一步指出：广告业将在精神层面、业务价值、合作结构等层面进行相关调整，整合化、规模化将成为广告业抵御金融风险的有效模式。他还认为新型产业集群的兴起，也为广告业提供了新的发展空间。①

陈培爱也有类似的观点，他认为本土广告业集团化成为我国广告业未来发展的必由之路。② 同时数字化时代的到来也影响到广告业的未来发展模式。在谈到“数字化”对广告

---

① 黄升民．从分聚之间看广告业发展的内驱力［J］．广告大观，2007（7）；黄升民．分与聚：一个潮流的五大关键［J］．广告大观，2007（6）；黄升民，黄河，陈素白．分聚之间的危情与转机——略论新世纪以来中国广告产业的内在驱力［J］．国际广告，2007（9）；丁俊杰．2008 年，中国广告业的动力与动向［J］．山西大学学报：哲学社会科学版，2008（3）；丁俊杰，王昕．2009 年中国广告业的空间与理性［J］．新闻与写作，2009（1）；丁俊杰，王听，何京，刘新．中国广告业的路径判断与选择［J］．现代传播，2008（4）．

② 茅佳妮．集团化将缔造本土广告业的辉煌——访厦门大学人文学院副院长陈培爱教授［J］．中国广告，2007（6）；程士安．国际视野下的中国广告业发展之路［J］．广告大观，2007（6）；张敏．经营理念转型和广告产业创新［J］．中国广告，2007（2）；陈刚．广告需求的变化与广告服务的转型［J］．广告大观，2007（7）；陈刚．结构性的焦虑和转型期焦虑的交织——对当代广告公司现状的一种解读［J］．广告大观，2007（6）；郑欢，金定海，顾璧君．跨界内容新市场，带动广告产业升级——日本电通经营策略转型的研究［J］．现代广告，2009（B04）．

产业的影响时，程士安提出：广告产业链的延伸使得传统意义上的“广告”概念正在扩展与泛化。在新媒体环境下互动营销已成为企业在市场运作中非常重要的组成部分。我们还需借鉴国外经验。张敏认为，本土广告业当前的任务与出路，是推进产业创新。创新的关键，在于实现经营理念转型，即从销售代言向整合营销传播的历史转型。陈刚具体指出了中国广告业的两个转型：市场升级的转型和全球化广告服务模式的转型，同时适应创新服务模式。郑欢、金定海、顾璧君通过研究日本电通公司在产业升级过程中的实践发现，中国本土广告产业可以借鉴电通集团在内容产业上的运作模式，在将产业链向内容等领域的延伸中实现产业的战略性升级。

关于集群化发展模式研究方面，学者们认识到，广告产业是一个内部分工细致并与相关媒体、设计、设备等服务和配套产业共同构成复杂多样的弹性生产体系。从宏观尺度看，国际上已经形成纽约、伦敦和东京三大广告业中心，这些国际都市的中心积聚着巨型跨国广告集团，并有高额的广告出口业务（例如，1998 年英国广告业的出口创汇达 8.15 亿英镑，并表现出世界级广告中心从美国纽约麦迪逊大道向英国伦敦苏荷区“广告村”（ad village）的转向，即所谓广告业的“第一次浪潮”向“第二次浪潮”的演变）。有学者发文指出，中国广告业在上海、北京、广州三大城市的集中，体现了在全球化过程中形成的“区域性服务业市场”①。

国内一些学者因此提出了我国广告产业集群化的发展模式：李蕾蕾、张晓东、胡灵玲运用 GIS 空间分析工具，识别了广告业在城市空间的分布和集群形态。结合对广告公司的深入访谈，提出广告业集群的形成和关联机制具有广告主主导型、媒体依赖型、产业关联型、成本导向型、环境氛围导向型和社会关系型六种模式。邓敏着重从广告代理公司、广告主与媒体的三者关系中寻找我国广告产业集群现存问题，并提出广告产业价值链的水平合作与垂直整合将成为解决我国广告产业现存问题的关键所在。也有学者认为，我国广告业未来的发展趋势为广告与营销传播一体化和广告公司走集团化与专业化之路。黄振家认为在新营销环境、新科技与新媒体的冲击下，广告产业正处于关键的转折点，广告产业的竞合关系与产业价值链，正在解构与重组当中。因此广告产业必须在消费者、商业模式、商业设计与基础结构上寻求创新，才能够在巨变的未来竞争中生存与发展。有学者认为，我国广告产业要通过构建合理的准入制度，通过资本运作进行并购联合，提高专业化水平，加强广告公司品牌建设等手段来发展我国广告产业。

而业界也对广告产业集群化发展有所共识，天津有限广告公司创意总监刘晓岗认为广告业应树立全球化的整体广告观，南京市广告公司创意总监王国建认为组建广告集团是必然趋势。

四、中国广告产业内涵，产业形态及产业定位的研究

关于产业内涵的研究，有学者②从产业组织的角度将广告产业界定为从事广告产品生产

---

① 柏兰芝，陈诗宁．从跨国广告业看全球化和全球城市——以中国广告业为例［J］．地理研究，2004（5）；李蕾蕾，张晓东，胡灵玲．城市广告业集群分布模式——以深圳为例［J］．地理学报，2005（2）；邓敏．我国广告产业集群现状分析［J］．当代传播，2008（1）；张莉．中国广告业现状与发展趋势分析［J］．现代视听，2008（11）；黄振家．广告产业的未来［J］．广告大观．理论版，2008（8）；骆金燕，黄李娜．SCP 视角下中国广告产业浅析［J］．经济论坛，2008（3）；二十一世纪中国广告业前瞻——中国广告界五位创意总监一席谈［J］．瞭望新闻周刊，2001（2）．

② 卢山冰．中国广告产业发展研究［D］．西北大学，2005；刘传红．广告产业研究的几个基本问题［J］．武汉大学学报：人文科学版，2007（2）；刘传红．广告产业的内涵及研究意义［J］．商业研究，2008（4）．

或提供广告服务的企业集合。具体而言，就是从事调研、策划、创意、制作、媒体购买、发布等广告活动的企业的集合。同时他认为，广告产业从本质功能来说是市场推动型的生产者服务业，从广告产品形态和性质来说属于创意性文化产业。卢山冰在其博士论文《中国广告产业发展研究》中指出广告产业具有两种属性，广告产业的二元性和网络性。前者因为首先广告产业附属于其他产业；其次广告产业价值具有明显的间接性；再次广告产业是一个对媒体产业十分依赖的产业部门，受媒体发展和国家政策影响很大。因此产业的二元属性十分明显。后者关于广告产业的网络性，他重点从广告网络的沉淀性、广告网络的服务性、广告网络的可替代性以及广告网络的非均衡性四个方面来阐述。

广告产业形态是近年来的一个新的研究方向①，程明、姜帆分析广告产业形态将由提供单一广告代理服务的广告产业走向提供广告、公关、促销、营销咨询等多元化服务的“大广告产业”，因此要求广告产业形态必须进行重构：通过高度专业化打造核心竞争力；广告公司价值链的上游和下游扩张，完成产业价值链的重构；广告公司的组织结构向团队式或网络式模型调整。寇紫遐针对当下中国广告产业面临的新环境，着重从广告传播形态角度，提出“以产业融合为手段，以隐性的娱乐化传播作为主导传播形态，以传统广告传播形态作为有效补充”的多层级、生态型的广告产业传播形态。杨杰、陈相雨指出由于广告传播呈规模化、系统化方向发展的趋势，构建广告产业生态系统尤为重要，即以广告主、广告公司、广告媒介为有机主体，通过广告信息传播活动，与个人、社会群体以及其他系统产生冲突、融合等各种关系的系统。有学者认为我国广告产业的三种运作模式，即：广告主运作模式、传媒（新闻传媒）掌控模式、广告公司掌控模式及特点。

关于广告产业的定位，国内外都存在着争议，一般来说有以下四种主张：一般服务业、传播产业、创意产业、信息产业。例如美国把广告业当作传播产业的一支，而英国、澳大利亚、我国香港等地，把它归属于创意产业。

张金海认为，在我国广告产业是通过信息生产、信息传播和信息服务实现赢利的产业，故应当归属于信息服务产业。黄升民建议从消除对中国广告业的行业歧视、出台广告行业管理与规划政策、应对未来中国广告业的变化三个方面对中国广告行业重新定位。陈刚指出中国广告产业应从四个维度重新定位，具体以广告活动为主到为企业提供整合营销传播服务、以大众媒体为主到依托新媒体平台、从欧美模式为主到创新中国模式、以商业传播为主到文化产业的支柱。而另外有两位学者从人才角度出发对广告产业进行定位，罗子明认为我国广告产业属于现代服务业，是文化产业的支撑，广告产业需要复合型人才。杨海军认为我国广告产业具有“高知识、高技术、高人才”的产业属性，并由此引起广告人经济价值、政治价值和文化价值标准的重构②。

① 程明，姜帆．整合营销传播背景下广告产业形态的重构［J］．武汉大学学报：人文科学版，2009（4）；寇紫遐．新环境视角下我国广告产业传播形态探析［J］．新闻界，2009（1）；杨杰，陈相雨．论广告产业生态系统理论的构建［J］．南京林业大学学报：人文社会科学版，2008（1）；王丹霞．浅析我国广告产业的运作模式及特点［J］．现代商业，2008（11）．

② 张金海，黄迎新．广告代理的危机和广告产业的升级与转型［J］．广告大观，2007（6）；黄升民．中国广告行业重新定位的几个问题［J］．广告大观．综合版，2006（12）；陈刚．中国广告产业重新定位的四个维度［J］．广告大观．综合版，2006（12）；罗子明．我国广告产业定位与复合型广告人才需求［J］．北京工商大学学报：社会科学版，2008（6）；杨海军．广告产业定位与广告人价值标准的重构［J］．广告大观．综合版，2007（4）．

五、中国广告产业政策的基本检视研究

关于产业政策的研究也是近年来学者们涉足的领域之一①。卢山冰在博士论文中详细分析了国外广告产业发展政策背景的基础上，指出了我国广告产业的政策发展趋势。关于国外产业发展政策，他引用经济学中的市场失灵原理指出广告产业存在着“政府失灵”的现象，即：其一，由于信息机制的限制而使经济体制缺乏灵活性；其二，由于否定特殊的物质利益和自主性而使经济体制丧失激励机制；政府失灵极易导致官僚主义的浪费和低效率。由于广告市场也存在着失灵问题，西方国家主要从两个方面来解决，从而形成了以欧洲国家为代表和以美国为代表的路径选择：选择一，维护公众获取正当信息的权利和保护广告市场；选择二，维持正常市场秩序，反对广告市场垄断和反对广告行业不正当竞争。同样，他指出国外广告产业政策兼顾效率、公平和外部效果的原则。他还介绍了国外政府主要通过管制手段来介人广告市场，政府对广告市场的管制形式主要有三种，一是技术性的法规；二是对市场结构的控制；三是行业规范和反垄断法。他进一步指出了我国广告产业政策的发展趋势，中国广告产业的政策体系主要由核心法律《中华人民共和国广告法》和《中华人民共和国反不正当竞争法》等法律和系列部门规章组成。此外，他指出，中国广告产业政策的一个显著特点就是针对广告分行业监管体系，这些分行业基本上涵盖了广告企业可能服务的重要行业领域。他分析指出，就中国现行的广告政策来看，应该重点实现三个转变：一是从审批为中心转向监管为中心，确立规范的广告市场竞争行为；二是从管理为中心转向政策服务为中心，为广告企业创造出良好的发展环境；三是从行政管理为主导转向行政和司法管理并重，从而完善广告监管体系。为了确保三个转变的实现，他认为应采取如下政策安排：①改变政策观念，转变广告监督管理体制和方式，变革管理规则，建立规范化市场秩序，完善广告产业政策。②进一步修改和完善广告市场准入标准和程序，并按有关原则清理广告监督法律、法规及规章，建立并完善行业自律制度。③加强广告行业调查和研究工作，完善广告监管执法手段，做好广告管理执法人员素质提升工作。最后他还指出了我国广告市场完全开放后广告政策的两难处境。

张金海教授指出广告产业的发展更是国家产业政策供给和产业发展战略作为的结果，而目前的政府行为中征收的文化事业建设费，加重了广告公司的利润危机，本身妨碍中国广告产业的发展。

徐卫华认为我国广告产业政策定位于“弥补市场失灵的缺陷”，表现出总体抑制性特征。随着我国启动新一轮的产业政策调整，我国广告产业政策将呈现以产业发展和产业升级为核心的调整方向。同时他认为政府传媒政策的紧缩和停滞，抑制了媒介产业的能量释放，间接地影响了我国广告业的发展。因此政府产业政策的扶持和指导可以创造广告业发展的外部环境，以此应对广告业的衰退危机。

六、其他关于广告产业研究

关于广告产业的研究还有以下几个主题：

关于地方广告产业发展研究，研究重点在我国广告产业发展的两个极端，即发达地区和

---

① 卢山冰．中国广告产业发展研究［D］．西北大学，2005；张金海，钱广贵．行政作为，利润危机与本土广告产业发展［J］．广告大观，2008（10）；徐卫华．我国广告产业政策刍议［J］．湖北广播电视大学学报，2008（6）；徐卫华．我国广告产业政策检视（1978—2007）［J］．湖南大众传媒职业技术学院学报，2008（3）；徐卫华．试论我国广告产业的衰退原因及对策［J］．中南民族大学学报：人文社会科学版，2008（2）．

欠发达地区的广告产业①。刘建一通过从北京市广告业发展态势和广告产业选址理论两方面分析 CBD 广告产业发展的因素，提出培育广告产业集聚区品牌、规划广告业重点发展的区域及建设广告传媒培养基地等对策建议。郑欢、金定海对“十一五”期间上海广告经营额进行指数分析，并指出上海广告业未来应将户外广告、网络广告、手机广告、IPTV 广告作为重点发展领域。李新立指出在快速增长的深圳广告营业额的背后是媒体高度垄断，这不利于深圳广告产业发展水平的提升。根本的解决之道是进行产业组织的改革与创新，同时政府适当的干预和有目的的组织设计是必要的，以促使深圳广告产业形成合理化的有效竞争态势。他还对深圳市广告产业竞争力进行了相应的分析。韩耀、姚杰在分析了江苏广告业的现状之后，指出江苏广告业需调整广告产业结构，改善广告经营环境，提升广告业的整体水平，以巩固江苏广告业在全国的地位。

许正林在充分分析中国中西部广告产业优势和劣势的基础上，指出西部广告业应利用区域经济优势、树立广告“专业意识”、提升中西部的广告公信力等十项发展对策。进入后2008 经济时代，中国广告注意力应转移到中西部地区广告市场。张贤平根据对中南少数民族地区广告业的市场总体规模、广告表现水平以及人才需求状况三方面的调查数据和信息，分析了该区域广告业的问题及成因，提出了广告市场未来发展的策略。卢山冰等通过对陕西广告业的跟踪调查，在对陕西广告业存在的问题和对策研究中，提出突破广告产业发展的瓶颈，推动陕西广告业快速发展的模式构想。同时他也分析了西部广告业落后的原因。曲晨晨通过实地调查、实证分析和理论论证，对青海广告业的形成发展过程及其特点进行了考察，对其发展现状和制约因素进行了分析，并提出了相关的对策建议。此外，汪前军总结出目前我国中南少数民族地区广告行业的基本特征，并提出发展我国少数民族地区广告行业的相关建议和对策。

其他关于广告产业的研究②：

丁俊杰通过对《人民日报》近三十年所刊载的关于“广告”的 1 060 篇报道文章进行梳理分析，认为这一主流媒体对“广告”存在着“非常强烈的批判倾向”。因此他指出中国广告业其实是生存在一个非常不利的舆论环境之中，而这一现状，则在很大程度上为我国的广告创作、广告经营、广告监管、广告行业发展以及广告教育和研究带来重重困境。他希望借此引起学界和业界对“广告”的舆论环境进行深入的思考和广泛的探讨，呼吁还广告一个公正、客观的生存空间。

张祖健认为，公益广告生产应该有产业本性，为改变我国公益广告运行状况，促进我国

① 刘建一．北京 CBD 及周边地区发展广告产业分析研究［J］．首都经济贸易大学学报，2006（2）；郑欢，金定海．上海广告业发展趋势解析［J］．中国广告，2008（6）；李新立．深圳广告产业结构研究：问题与对策［J］．深圳大学学报：人文社会科学版，2004（4）；李新立，葛岩，何建平．深圳市广告产业竞争力分析［J］．科技创业月刊，2004（3）；韩耀，姚杰．江苏广告业的发展与对策研究［J］．北京工商大学学报，2001（5）；许正林．后 2008 时代中西部广告产业可持续发展对策分析［J］．广告大观，2008（6）；张贤平．论中南民族地区广告产业的战略发展之路［J］．中南民族大学学报：人文社会科学版，2007（5）；卢山冰，黄孟芳．陕西广告产业发展模式选择研究［J］．新闻知识，2004（12）；卢山冰．西部地区广告产业落后的原因分析［J］．新闻知识，2004（4）；卢山冰，黄孟芳．西部地区广告产业中的九多九少现象［J］．新闻知识，2004（10）；王亮．陕西广告产业发展研究——基于 SCP 范式的实证分析［D］．西北大学，2008；曲晨晨．关于加快青海广告业发展的思考［J］．青海社会科学，2009（5）；汪前军．论我国少数民族地区广告行业特征及广告主广告投放心态［J］．广告大观，2008（8）．

② 丁俊杰，黄河．为广告重新正名——从主流媒体的广告观开始［J］．国际新闻界，2007（9）；张祖健．公益广告生产应该有产业本性［J］．现代广告，2005（7）；陈艳彩，刘友芝，钱金．民营与境外资本进入中国广告业的量化分析［J］．湖南工业大学学报：社会科学版，2008（5）；王禹媚．我国广告业上市公司的发展分析［J］．广告大观．理论版，2009（3）；郜明．从广告业的发展态势看加强广告经营研究的必要［J］．中国广告，2007（1）．

社会公益教化活动上规格发展，作者建议：应该建立国家级社会公益广告运筹机构、建立全国性的公益广告学术机构、建立国家级公益广告作品库。

有学者也指出中国广告业呈现出了国有、集体、民营、外资等多种经济形式的相互竞争和共同发展的态势，民营及外资的广告经营机构的发展速度最快，广告营业额已占据中国整个广告市场份额的1/3以上，不同经济成分的整体经营效率从高到低排列依次是外资、国有、集体、个体私营广告机构。

而部明认为改革开放以来广告业发生的变化表现在：广告经营额的大幅增长；广告经营公司和从业人员的数量扩大；广告表现形式的丰富多变；广告运作理念在广告实践中的深化；广告公司组织形态的变化；广告市场主导角色的转换；以及相关法规和竞争环境的变化。

有学者通过对近十年我国广告业上市公司的发展概况进行梳理，试图为广告企业更好地了解上市的途径和作用。

中国广告产业三十余年来一直在摸索中发展，概览近年来的广告产业研究，我们发现一是正视了产业生存困境的现状；二是不回避产业内部问题以及监管的难题；三是对产业结构升级尤其是集群化发展模式出现了集中深入的探讨；四是对产业内涵、形态、定位以及政策都做了具体分析。但我们也应看到，中国广告产业形势令人担忧，具体实施难度颇大；规范的质化研究尤为稀缺；产业发展模式的具体实施途径未有丰富的展开，因此广告产业缺乏可借鉴的成功模式。

【参考文献】

[1] 丁俊杰，黄河．观察与思考：中国广告观——中国广告产业定位与发展趋势之探讨[J]．现代传播，2008（4）．

[2] 丁俊杰，王昕．2009年中国广告业的空间与理性[J]．新闻与写作，2009（1）．

[3] 姚曦，皮理礼．中国广告产业的殖民化倾向与广告公司的自主发展[J]．广告大观．理论版，2008（3）．

[4] 黄迎新．经济全球化背景下的我国广告业发展对策[J]．中南民族大学学报：人文社会科学版，2007（5）．

[5] 闫文．跨国并购对我国广告产业竞争力的影响研究[D]．苏州：苏州大学，2008．

[6] 葛岩，李新立．1998年到2001年究竟发生了什么？——媒体集团化对于广告产业影响的宏观研究[J]．新闻大学，2007（1）．

[7] 杨柳怡．奋进的中国广告产业呼唤专业的广告教育[J]．广告人，2005（8）．

[8] 倪嵎．广告业，你必须首先检讨自己[J]．中国广告，2007（10）．

[9] 张金海，廖秉宜．用创意创新广告产业[J]．广告大观．综合版，2007（3）．

[10] 骆金燕，黄李娜．SCP视角下中国广告产业浅析[J]．经济论坛，2008（3）．

[11] 陈培爱．中国广告业：在发展中摆脱困境[J]．广告大观，2007（6）．

[12] 吴予敏．广告发展两面观：国际化与本土化——兼论中国广告在全球经济时代的发展症结[J]．国际新闻界，2000（1）．

[13] 柳帆．广告行业的现状分析与未来展望[J]．科技信息，2007（17）．

[14] 张金海，廖秉宜．广告代理制的历史检视与重新解读[J]．广告大观，2007（2）．

[15] 张金海，黄迎新．广告代理的危机和广告产业的升级与转型[J]．广告大观，2007（6）．

【作者简介】

崔磊，华中科技大学新闻与信息传播学院广告与品牌传播方向博士生，湖北师范学院讲师。

舒咏平，华中科技大学新闻与信息传播学院副院长，教授，博士生导师。

广告理论与广告史研究

20 世纪世界广告理论中的“人”、“术”、“物”

刘悦坦

【摘　要】20 世纪世界广告理论是一个相对独立的整体概念，这为我们对广告史进行“断代”研究提供了必要条件和充分可能。广告理论中最基本的三个要素是人、术、物。从人的角度讲，20 世纪世界广告理论的发展经历了“生产者本位”、“广告人本位”、“消费者本位”和“利益关系人本位”四个阶段；从术的角度讲，20 世纪世界广告理论的发展经历了“推销术”、“形象术”、“眼球术”的三个阶段；从物的角度讲，20 世纪世界广告理论可以为“推销产品”和“塑造品牌”两大阶段。从“四分法”、“三分法”和“二分法”的角度，本文对 20 世纪世界广告理论的发展进程进行多维度、多层面的探查，提供更加丰富的研究视角和分期方法，并对 21 世纪广告理论的转型做出了展望。

【关键词】广告理论　广告史　20 世纪　分期研究

引言：20 世纪世界广告理论是一个相对独立的整体概念

20 世纪世界广告理论是一个相对独立的整体性概念。这为我们对中外广告史进行“断代”研究提供了必要的条件和充分的可能。

20 世纪之前的广告，基本上谈不上理论，大多是直白浅陋的吆喝、叫卖或者简单通俗的实物展示、文字告白。20 世纪之前的“广告人”基本是由生产者或销售者来兼任的，这就造成了当时“生产、销售、推广”三位一体的商业模式。由于广告现象本身长期的“非独立性”，造成了广告研究的严重滞后。广告是一种古老的社会现象，但是直到 20 世纪，广告却从来没有成为一个独立的社会行业。

关于 20 世纪世界广告理论的分期，学界曾有不同的划分视角，美国学者朱丽安·西沃卡在《肥皂剧、性和香烟》一书中创立了“流派分期”的划分方式，把 20 世纪世界广告理论分为“情感氛围派”、“硬性推销派”等不同流派①。后来，武汉大学张金海教授在其专著《20 世纪广告传播理论研究》中，按照“模式研究”的方式把 20 世纪世界广告理论划分为“产品推销期的广告理论模式”、“转型期的广告理论模式”以及“营销与传播整合期的现代广告理论模式”三种模式。②

应该说，不同的切入视角都有各自不同的逻辑和历史依据，但是从任何单一视角看到的只能是研究对象的单一方面。由于 20 世纪世界广告理论的层级性和跨越性，单线索的时间跨度切分并不科学，容易将某些广告理论与广告流派“腰斩”。对于 20 世纪世界广告理论这一整体研究对象，只能尊重广告理论发展的自身规律与特点，采取多层面、多视角、多维度的弹性划分，才能真正看清研究对象的整体与内涵。

---

① ［美］朱丽安·西沃卡．肥皂剧、性和香烟［M］．周向民，田力男，译．北京：光明日报出版社，1999．

② 张金海．20 世纪广告传播理论［M］．武汉：武汉大学出版社，2002．

从广义上说，任何试图阐释和再现人类体验的努力都可以导致理论的产生。或者说，理论就是人们在思考事件究竟如何发生的过程中所产生的种种想法。进入20世纪以来，在历代“广告人”的实践总结中，广告理论在实战经验的基础上开始出现并发展起来。

从总体上看，20世纪最有代表性的广告理论大致有以下几种（见表1）：

表1　　**20世纪代表性的广告理论**

理论名称	时间	提出者
“印在纸上的推销术”	20世纪初	约翰·肯尼迪
“预先占用权”理论	20世纪20年代	霍普金斯
USP理论	20世纪40年代	罗瑟·瑞夫斯
广告创意理论	20世纪50年代	威廉·伯恩巴克等
品牌形象理论	20世纪50年代	大卫·奥格威
定位理论	20世纪70年代	艾·里斯、杰克·特劳特
整合营销传播理论	20世纪90年代	唐·舒尔茨等

从广告理论自身的发展来看，20世纪广告理论的发展是一个从简单到复杂的建构过程。到20世纪90年代，这个世纪的广告理论终于迎来了一个伟大的高峰，这就是“整合营销传播”。“整合营销传播”汇集了广告传播、关系营销、眼球经济、人员推销、终端促销等市场营销中的全部可能因素，以最复杂的方式把所有可以运用的力量、资源和渠道都整合起来，把人类广告理论推向了空前绝后的制高点。“整合营销传播”理论的提出，成为广告理论本身不可能再逾越的高峰。进入21世纪以来，世界广告理论的发展未能再突破“整合营销传播”的高度和深度，开始汇入到营销管理理论的大潮之中。

因此，20世纪世界广告理论基本上是一个相对完整的独立概念，这就使我们可以从宏观高度上整体把握这个世纪广告理论的发展历程，并根据实际情况从不同角度切入研究对象，从而进行多维透视，以便对研究对象有一个更深入的了解。

在研究方法上，本文按照要素分析的方式，提炼20世纪世界广告理论中的关键要素，然后再以各个要素为线索，重新进行时间维度上的流派分析。

广告理论中的基本要素可以分为人、术、物三类，这也是20世纪世界广告理论发展的三条主线。也就是说，广告理论涉及的全部内容不外乎：“主体是什么人”、“使用了什么策略”、“针对什么对象”。20世纪世界广告理论也就是围绕着上述三条主线展开的。按照人、术、物这三条主线，我们对20世纪世界广告理论的划分，也就相应地提出了“四分法”、“三分法”和“二分法”三种不同的研究视角。

一、“四分法”：20世纪广告理论中的“人”

“人”是广告理论中的主观因素。从“人”的角度讲，按照不同的主体本位，20世纪世界广告理论经历了四次大的转型——“生产者本位”、“广告人本位”、“消费者本位”和“利益关系人本位”。它们背后对应的广告理论也就分别是“产品推销理论”、“广告创意理论”、“定位理论”和“整合营销传播理论”。

1. “生产者本位”的广告理论

从人的角度讲，20世纪初的广告理论关注的主体是“生产者”。如何根据生产者的特点把其产品推销出去，是当时广告理论的核心。这就是20世纪世界广告理论的发展第一次转型——从直白浅陋的吆喝叫卖向寻找产品特点的推销技巧转移。

这一转型的时间跨度很大，从20世纪20年代直到50年代。这一阶段的主要代表性理论是20世纪20年代约翰·肯尼迪提出的“广告是印在纸上的推销术”① 理论、霍普金斯提出的“预先占用权”② 理论、20世纪40年代罗瑟·瑞夫斯提出的“USP理论”③、50年代李奥·贝纳提出的“产品与生俱来的戏剧性”④ 理论等。甚至直到今天，寻找产品特点仍是广告诉求的一个重要方面。例如“乐百氏纯净水27层净化”、“农夫山泉有点甜”等。

作为20世纪广告理论发展的“第一波”，“生产者本位”的广告理论意义不在于提出了什么是先进的策略，而在于它使广告脱离了原始的“告白”阶段，这使得广告这一股涓涓细流开始偏离原始质朴的“传播”河道，朝着“营销”的方向奔流。

2. “广告人本位”的广告理论

20世纪50年代，随着广告业本身的发展，广告人的独立意识和创造精神大大增强，他们不再仅仅满足于附着在“生产者”的角度为产品寻找“特点”，而是发挥个人的主观能动性为广告寻找“卖点”——世界广告史上爆发了一次影响深远的广告“创意革命”，20世纪世界广告理论的发展也相应出现了第二次转型——广告人本位。

这是一次真正关乎广告本体的革命，但是历来的广告史研究者却对此视而不见。常见的广告史论述对广告理论的发展几乎都是从“推销产品”直接跳到了“关注消费者”，而二者之间的“跳板”，广告的真正制造者——广告人却被广告研究者所忽略。这就造成了广告理论和广告史研究中长期被忽略掉的一环。

出现这种“断裂”的原因是广告学向来没有自己的理论话语权，学者们对广告学的研究基本是依照市场学等其他相关学科的模式进行的。就市场学而言，从“卖方市场”跳到“买方市场”，中间可以没有过渡，但是广告学的研究不能按照市场学研究那样“照猫画虎”，就广告领域而言，从关注卖方的产品到关注买方的消费者之间，还有一个广告创意的过渡时代。

“创意时代”可谓是广告史上最热闹的“战国”时代。群雄并起，乱世争锋。迄今为止世界广告史上最震撼人心的广告创意和策划大多出自这个时期。广告界不仅出现了大卫·奥格威、威廉·伯恩巴克和李奥·贝纳“创意三大旗手”，还出现了乔治·格里宾、乔治·路易斯等一大批创意和策划奇才。他们为我们留下了“劳斯莱斯轿车”、“海塞威衬衫”、“大众金龟汽车”、“埃飞斯出租汽车”、“万宝路”、“箭牌衬衫”等一大批广告史上永垂不朽的经典案例。

3. “消费者本位”的广告理论

20世纪70年代之后，随着“定位理论”的提出，以创意作为广告追求目标的热潮逐渐衰退。20世纪世界广告理论出现了第三次转型——消费者本位。

1972年，艾·里斯、杰克·特劳特在洞察了“麦迪逊大道”上的广告趋势之后，大胆

---

① Coulsen John S.. An Investigation of Mood Commercials [M] //Patricia Cafferata, Alice M. Tybout, ed.. Cognitive and Affective Responses to Advertising. Lexington, MA: Lexington Books, 1989.

② Hopkins Claude C.. My Life in Advertising & Scientific Advertising: Two Works by Claude C. Hopkins [M]. USA, NTC Press: Lincolnwood, 1990.

③ Reeves Rosser. Reality in Advertising [M]. New York: Alfred A. Knopf, 1961.

④ Leo Burnett Co. 100 Leo's [M]. Chicago, IL: NTC Business Books, 1995.

地指出："创意的时代已经一去不复返了，现在麦迪逊大道上所玩的新把戏是定位。"①

"定位理论"的划时代贡献有两点：第一，"定位"把"广告"变成"窄告"，颠覆了以前"广而告之"的传统信息传播模式。第二，"定位"是一种真正关于广告心理的理论，它把广告关注的中心由"生产者"、"广告人"转移到了"消费者"身上。

定位理论强调品牌要在消费者头脑中占据一个有利的位置，让人在品牌和印象之间产生联想，例如，一提到沃尔沃，人们首先想到的就是"安全"。

由于"定位"对消费者心理的杰出研究，2001年，在美国营销协会举办的对20世纪营销理论的评比中，"定位理论"一举超过了瑞夫斯的"USP理论"、大卫·奥格威的"品牌形象理论"以及麦克尔·波特的"竞争价值链"理论甚至舒尔茨等人构架的"整合营销传播理论"，最终被确定为"有史以来对美国营销影响最大的观念"。②

4. "利益关系人本位"的广告理论

从人的角度讲，20世纪广告理论的第四次转型浪潮是20世纪90年代"整合营销传播"观念的提出，这使20世纪世界广告理论进入到一个"利益关系人本位"阶段。

与以前的三次广告理论中"人"的因素的"新旧"更替不同的是，"利益关系人"并没有置换"消费者"。"利益关系人"是一个非常具有包容性概念，它不仅包括"消费者"，也包括"广告人"、"生产者"甚至竞争对手等，换句话说，"利益关系人"包括了与营销活动有利害关系的所有人。

"整合营销传播"通过具体到个人的"一对一营销"和包罗万象的"利益关系人"概念，这就像数码相机以其绝对精确的"数字"技术和高达数百万的"像素"容量彻底化解了传统相机——广告——追求的无论是"宽告"还是"窄告"的"模拟"状态。但是这并不意味着宣告广告使命的结束，它终结的只是唯广告马首是瞻的"广告神话"。这就启示我们：在"整合营销传播"大潮中，任何单一因素都很难独自在汹涌澎湃的波涛中成为神话传说中"手把红旗旗不湿"的"弄潮儿"。单就广告而言，这"一根筷子"很容易"轻轻被折断"，它必须与公共关系、销售渠道、终端促销等众多因素绑在一起，才能"众人划桨开动大帆船"。这就是被称为"永远"的"整合营销传播"。

"整合营销传播"把20世纪所有能用的营销与传播理论都整合起来，它空前复杂、空前深奥、空前著名，也空前难以把握，就像爱因斯坦的"相对论"一样，谁都知道，但又谁都难以解释。

"整合营销传播"空前绝后的"不可逾越性"，使它在成为20世纪世界广告营销理论的最高峰的同时，也势必成为拦在21世纪广告与营销理论面前的"柏林墙"——我们无法翻越，只能绕道走或者拆除它——20世纪广告理论发展到"整合营销传播"阶段，已经走到了它的尽头。

二、"三分法"：20世纪广告理论中的"术"

"术"是指广告理论所要求的具体运作方式。广告理论中"术"的因素主要体现在不同阶段广告理论的不同策略手段上，这导致了20世纪广告理论围绕着"术"的不同发生了三次大的转型——"推销术"、"形象术"、"眼球术"。

从广告对受众发生作用的过程来讲，一则广告要经过受众的"接触——把握——购买"这样一个顺序才能最终发挥效果。首先，广告人要想办法让受众接触到广告，没有对广告的

① Al Rie, Jack Trout. Positioning Age [J]. Advertising Age.

② 里斯，特劳特. 定位 [M]. 王恩勉，于少蔚，译. 北京：中国财政经济出版社，2002.

接触，就没有随后的一切。其次，受众接触到广告，并不等于广告的作用就已经实现，我们每天都会接触到大量广告，但是真正能记住的并没有几个，这就涉及广告中的另一个重要问题：如何让受众把握住广告，以便使广告在受众心中留下印象。最后，受众能够记住、把握住广告，并不等于受众就会购买广告中的产品，广告还必须想办法让受众产生对广告的反馈行为——购买。

通过对以上“接触——把握——购买”过程的分析，我们可以看出，广告是一种横跨传播学、心理学和营销学三门学科的跨专业学科。概括地说，尽管广告涉及三门学科，但是这三门学科在广告研究中已经凝缩为三个“点”：“接触点”（传播学）研究——研究如何让人看到广告；“把握点”（心理学）研究——研究如何让人看到广告后记住广告；“购买点”（营销学）研究——研究如何让人在记住广告后产生购买行为。从“术”的角度讲，20世纪世界广告理论就是围绕这“三点”展开的，但是，方向却是逆向的。

20世纪的广告理论与广告实践之间的关系，在很大程度上不是理论先行，然后用以指导实践，而是实践先行，然后总结出理论。广告本身强烈的实践性带来了广告明确的目的性，正是按照每一阶段广告目的和操作手法的不同，本文才从“术”的角度把20世纪世界广告理论划分为三个阶段。

1. “推销术”阶段的广告理论

第一个阶段是产品“推销术”阶段，在20世纪20～40年代，从时间上讲与上文所说的“生产者本位”阶段的时间大致接近，但不重合。因为20世纪50年代，李奥·贝纳提出的“与生俱来的戏剧性”理论尽管也是建立在寻找产品特征的基础上，但是已经不属于“推销术”，故可以排除在外。这一阶段的代表性理论有“印在纸上的推销术”、“预先占用权”、“USP理论”等。

需要指出的是：长期以来广告学界惯于用“USP理论”来概括寻找产品特征的广告理论，其实，如果真正从学理角度讲，“预先占用权”比“USP理论”更胜一筹。如果说“USP理论”仅仅找到了产品特点，那么“预先占用权”在产品没有“特点”的情况下“创造”出了广告“卖点”，这就更能体现出广告攻心的特点。

无论是“产品特点”还是“广告卖点”，产品推销时期的广告理论对于广告成为一个独立的行业作出了巨大贡献。因为在此之前，广告都是由报纸编辑来“兼职”制作和发布的。随着“推销术”策略的出现，广告开始逐渐成为一种以改变受众观念为目的的说服技术，这就使报纸编辑不能再胜任“兼职”制作广告的工作，广告必须由熟悉销售的专业人员来制作和发布，这就要求社会上要有这么一类人来专门从事广告工作，因此，广告作为一个独立的行业从新闻中分离出来就是必然的了。

另一方面，除了职业上的“分家”，广告和新闻在传播学上也划出了界限。由于广告对推销功能的强调，广告传播不再仅仅等同于告知产品信息的“有偿新闻”。新闻传播，从记者的“采访权”到媒体的“发布权”都是建立在大众“知情权”的基础上，正是因为大众有“知情”的权力，才赋予新闻存在的必要，同时也要求新闻必须真实、客观。广告则不然，广告的付费性质，使广告主从媒体购买的不仅是版面和时间，更是对广告内容的言说权，这就使广告传播在很大程度上恰恰要利用信息不对称，削弱大众的“知情权”，广告总是只表现对自己有利的一面，不利的一面则尽量掩藏，以便达到销售的目的。从这一点上说，尽管新闻和广告都是一种大众传播方式，但是对大众“知情权”的赋予和剥夺，成为新闻传播和广告传播的一个重要区别所在。

“产品推销阶段”的广告理论应该算是广告史上最早出现的成型广告理论，它把广告从简单的“告白”提升为一种“策略性销售技巧”，此时，作为推销术的广告，考虑的是推销的效果——购买，而不是如何把信息传播出去。“产品推销阶段”的广告理论从一开始就把广告定位于“营销手段”，而忽略了广告的“传播本质”，这就使“产品推销阶段”广告效果的发挥必须建立在一个“假设”的基础上：那就是“假设”受众已经看到或记住了广告。因此，从根本上来说，这个阶段的广告理论主要是一种围绕单件作品（Advertisement）的广告效果理论，而不是关于广告运动（Advertising）的整体策划理论。

2.“形象术”阶段的广告理论

按照“术”的角度分，第二个阶段为品牌“形象术”阶段，时间大约在20世纪50～80年代，主要代表理论有“品牌形象理论”、“定位理论”等。

从“术”的角度讲，品牌“形象术”阶段涵盖了上文“广告人本位”与“消费者本位”两大浪潮。这一阶段的广告的主要目的是塑造品牌形象。因为无论是创意还是定位，其直接目的都不在于让受众立即购买，而在于让他们记住品牌。这一阶段的广告理论已经意识到广告是对品牌形象的长期投资，这就超越了把广告的功能仅仅看作是一种简单的产品推销的观点。

品牌理论的意义在于扭转了广告诉求的方向，使广告诉求的重点由“产品”转移到“消费者”身上。品牌这一概念的出现显示了广告推销功能的缩减，广告已经不能再把厂家生产的任何产品都推销出去，消费者有权力在同类产品中认“牌”购买，而广告的主要功能也随之由“推销产品”转变为“塑造品牌”。如果说产品“推销术”时期的广告理论是作用于受众的“手”——让他们掏钱购买，那么，品牌“形象术”时期的广告理论就是作用于受众的“心”——让他们牢牢地把握住品牌，把原本“一次性”购买的消费者变成长期的品牌忠诚者。

20世纪70年代，里斯和特劳特提出的定位理论把“把握品牌”的理念推向极致，定位理论最突出的主张就是要求让你的品牌在消费者头脑中占据一个有利的位置，因为“一旦给人留下了第一印象，就绝不会有机会改变它”。

20世纪世界广告理论的重点由“产品推销”向“品牌塑造”的转移，显示了随着时间的发展，广告效果的实现不再是直接反馈的应激模式，而是缓慢渗透的心理效应，广告不再是购买的“反馈点”，而是记忆的“把握点”。

3.“眼球术”阶段的广告理论

从“术”的角度讲，20世纪广告理论的第三个阶段为“眼球术”阶段，时间大约为20世纪90年代以后，代表性理论为整合营销传播理论。整合营销传播理论有两大特点：第一，从人的角度讲，整合营销传播理论是一种关于“利益关系人”的理论；第二，从术的角度讲，整合营销传播理论是一种关于“眼球术”的理论。

广告理论发展到整合营销传播理论阶段，广告的促销作用和塑造品牌的作用都已经十分有限，因为信息不再是稀缺资源，注意力反倒成了稀缺资源。广告的首要功能不再是促进销售或塑造品牌，而是回到了最初的“广而告之”层面——努力让受众接触到产品信息。

“眼球经济”模式下的广告理论是一种真正的“广”告理论，因为广告本来就是要追求最大的传播效应，让最大多数的“眼球”看到。在整合营销传播阶段，“接触”成了广告的直接目的——有眼球，就有可能。

“眼球经济”的意义在于它使广告理论终于回到了最原始的“广而告之”传播功能上。“推销术”阶段的广告理论是为了让消费者产生反馈行为——直接购买，“形象术”阶段的广告理论是为了让受众把握品牌，“眼球术”阶段的广告理论是为了让受众接触到广告。

通过上述分析可见，与广告发生作用的“接触——把握——购买”的正向过程不同，从“术”的角度讲，20世纪世界广告理论的发展恰恰构成一个“购买——把握——接触”的逆向过程。

20世纪世界广告理论发展的逆向性特征是一个很值得玩味的现象。20世纪世界广告理论，从最初的直奔主题，到后来的返璞归真，按照“逆时针”的方向转了一圈，最终回到起点。这种逆向性的产生一方面与人们对广告的认识程度有关，另一方面也显示了本应指导广告实践的广告理论却总是盲目地跟着广告实践跑。

20世纪世界广告理论发展的逆向性特征造成了20世纪世界广告理论在很大程度上只是对广告实践的经验总结而不是前瞻指导。这些经验总结只能是各种“推销术”、“攻心术”、“眼球术”，而不会是真正的学理，这就是我们常说的广告有“术”无“学”的情况。

由“术”上升到“学”自然有着现实和逻辑层面上的困难，但是这并不意味着广告研究者就没有任何理论贡献可言。我们的研究方向不在于把“术”提升到“学”，而在于把理论从“经验总结”改变为“前瞻指导”。就整个20世纪而言，直到90年代之前的广告理论大多是从广告实践中总结出来的，例如：约翰·肯尼迪、霍普金斯、罗瑟·瑞夫斯、李奥·贝纳、大卫·奥格威等都是直接从事广告创作活动的“野战派”广告大师，直到20世纪末，随着“整合营销传播”理论提出，菲利普·科特勒、唐·舒尔茨等“学院派”广告大师才真正把广告理论提升到指导广告实践的高度，这就为我们这些同样身处“学院”的广告研究者标明了研究的方向。“广告学”中的“学”，是一种对理论的“后续性研究”，它要求后人不断对前人进行超越，提出更先进的广告理论用以指导广告实践，这也就是21世纪对我们提出的广告理论研究的迫切课题，我们不能再满足于20世纪对广告实践经验的总结，因为“学院派”的意义和价值就在于对实践的超越。

三、“二分法”：20世纪世界广告理论中的“物”

“物”是广告理论的客体对象。从“物”的角度讲，20世纪世界广告理论关注的客体对象经历了一个由“产品”（印在纸上的推销术、预先占用权理论、USP理论）到“品牌”（品牌形象理论、定位理论、整合营销传播理论）的转型过程。

20世纪上半叶，营销界还基本没有“品牌”的概念，广告的主要目的是推销产品。20世纪50年代，随着产品同质化倾向日趋严重，在大卫·奥格威等人的倡导下，广告理论开始向塑造品牌转型。

品牌这一概念开始成为20世纪后半期世界广告史上提及率最高的一个“关键词”。品牌（brand）最初含义是“烙在牛屁股上的烙印”，目的是为了便于农场主和买者识别不同农场饲养的牛。这本是产品方面的区别，但是由于某些带有特定“烙印”的牛大受欢迎，品牌就渐渐成了一种产品上附加的可供信赖或者崇拜的“心理价值”，在广告的推动下，这种“烙在牛屁股上的烙印”也就变成了一种“烙在消费者大脑上的烙印”，成为一种“心理附加值”。

从“物”的角度讲，“产品”和“品牌”的区别，使20世纪世界广告理论从客体对象的角度被划分为两个的阶段，这就是本文所说的“二分法”。

结语：21世纪世界广告理论转型

通过上文分析可知，对于20世纪世界广告理论的研究，可以有不同的切入视角，本文分别从“人”、“术”、“物”的角度把20世纪世界广告理论这一整体做了“四分”、“三分”和“二分”的研究。

进入21世纪以来，世界广告理论发生了重大转型，“蓝海战略”、“水平营销”、“长尾理论”等营销管理思想就像马力强劲的推土机，铲平了我们原本熟悉的圆形的地球，让我们在麦哲伦的惊人发现之后看到了地球的另一种面貌——“世界是平的”。在这种“平面”

的世界中，单纯的广告理论本身很难再有新的突破，21世纪，广告理论融进了营销传播理论的洪流当中。

由于我们尚处于21世纪开端，不可能对整个新世纪的广告营销理论进行历时化的分析，仅就目前已经出现的理论而言，我们可以看到20世纪的广告理论与21世纪的营销传播理论存在着巨大反差：

（1）20世纪的广告理论基本是“实战派”的广告大师在实践中总结出来的（瑞夫斯的“USP理论”、奥格威的“品牌形象理论”、里斯和特劳特的“定位理论”等）；21世纪的广告营销理论的基本是“学院派”的理论专家在书斋总结中出来的（钱·金的“蓝海战略”、科特勒的“水平营销”、安德森的“长尾理论”等）。

（2）20世纪世界广告理论的发展路线是从“简单”到“复杂”（从“USP理论”、“定位理论”到“整合营销传播”）；21世纪世界广告理论的发展路线是从“复杂”到“简单”（从“整合营销传播”到“蓝海战略”、“长尾理论”）。

（3）20世纪广告营销理论的传播模式是“广告”到“窄告”，靠的是大众媒体；21世纪的广告理论的传播模式是从“窄告”到“广告”，除了大众媒体，更依靠人际传播（包括网络的人际传播：Web1.0到Web2.0）。

（4）20世纪的广告营销理论强调“竞争”，以便打败对手（预先占用权、定位理论）；21世纪的广告营销理论“非竞争”，以便开拓新市场（蓝海战略、水平营销）。

（5）20世纪的广告营销理论讲究“目标”，以便节省广告费（定位理论）；21世纪的广告营销理论讲究“非目标”，以便扩大消费者群（蓝海战略、水平营销、长尾理论）。

（6）20世纪的广告营销理论看重“品牌”，以品牌的心理附加值赚取更多利润（品牌形象理论、定位理论）；21世纪的广告营销理论回到“产品”，以实用、方面、便宜的产品降低消费者的购买成本（蓝海战略、水平营销）。

（7）20世纪的广告营销理论是“建构”的（目标受众、产品定位、整合营销），21世纪的广告营销理论是“解构”的（“非目标”、“非定位”、“非整合”）。

……

所有这一切的变化，如果对照我们上文的“人”、“术”、“物”的研究视角，我们不难发现，从20世纪到21世纪，广告理论发生了返璞归真的逆转，从各种复杂的技巧越来越退回到营销和传播的本质层面上（见表2）。

表2 **跨世纪广告理论“人”、“术”、“物”对比**

	20世纪	21世纪
四分法（“人”的角度）	↓ 生产者 广告人 消费者 利益关系人	↑ 生产者（蓝海战略） 利益关系人（整合营销传播）
三分法（“术”的角度）	↓ 推销术 形象术 眼球术	↑ 推销术（水平营销） 眼球术（整合营销传播）
二分法（“物”的角度）	↓ 产品 品牌	↑ 产品（长尾理论） 品牌（整合营销传播）

营销的本质是交换，传播的本质是沟通。在21世纪，作为营销工具与传播手段"混合物"的广告也必然洗尽铅华，回到其原本的层面上。

搜狐总裁张朝阳说："未来一切皆广告"，其实这句话的另一层含义是"未来一切无广告"。广告"登高一呼，应者云集"时代已经一去不复返——单一广告能起到的作用越来越小，只有把广告稀释成空气，让它无所不在地融入大众生活的每一个角落，让广告成为人们生活中既感觉不到又不可或缺的一部分，广告才算是在"未来一切皆广告"和"未来一切无广告"中辩证地统一起来。

这就是未来广告的发展走势——不是越来越"窄"，而是越来越"隐"。"隐告"巧妙地把广告融入节目、活动、产品等各个无所不在的地方，重新恢复了广告"广而告之"根本属性。"隐告"的好处在于它不让人讨厌，随风潜入夜，润物细无声，在"渗透"而不是"灌输"的状态下把所有的一切都变成广告。

行文至此，我们可以总结出跨世纪广告理论的两次最大转型——

20世纪的广告理论：由"广告"到"窄告"；

21世纪的广告理论：由"显告"到"隐告"。

【参考文献】

[1]［美］朱丽安·西沃卡. 肥皂剧、性和香烟［M］. 广州：光明日报出版社，1999.

[2] 张金海. 20世纪广告传播理论［M］. 武汉：武汉大学出版社，2002.

[3] 里斯，特劳特. 定位［M］. 北京：中国财政经济出版社，2002.

【作者简介】

刘悦坦，山东大学文学与新闻传播学院院长助理，副教授，硕士研究生导师。

论中国广告管理体制的演变

——以权力格局为中心的历史考察

徐卫华

【摘 要】以权力格局为中心，历史性地考察政府权力与广告行业（组织）之间的权力结构关系，发现中国广告管理体制的形成实际上经历了漫长的“国进民退”的演变过程，此过程的起点至少可以回溯到中华人民共和国成立之初，而改革开放之后只是对原有体制模式的恢复与确认，最终表现出政府权力一元化特征，并形成了“大国家—小社会”的广告管理体制框架。

【关键词】广告管理体制　权力格局　政府主导型

近些年来，学术界就中国广告管理体制的特征达成了普遍的共识，即中国广告管理体制显现出明显的“政府主导型广告管理体制”特征。但是，对于这种特征的演变与成因，却鲜有专题性的讨论。在此，笔者以权力格局为中心，历史性地考察中国广告管理体制的演变过程，并剖析政府主导型广告管理体制的成因。

一、社会权力、国家权力、权力格局

作为公共管理范畴，广告管理本质是公共权力的运作与行使过程。而政府主导型广告管理体制是指“政府管理为主、行业自律为辅”，换句话说，政府（部门）与广告行业（组织）同属于广告管理主体，两者之间必然存在着权力分配关系，并形成一定的权力结构关系。因此，笔者认为，必须引入社会权力（行业权力）和国家权力（政府权力）的概念，以及两者形成了权力格局概念。

1. 公共权力分化为国家权力与社会权力

所谓公共权力，是指基于某一特定的社会共同体成员的公共意志或某种形式的认可而形成的管理社会公共事务的一种公共权威力量。①

人类社会原初的公共权力与社会共同体是浑然一体的；在阶级社会中，公共权力则发生了所有权和行使权的分离，从而形成了公共权力的分化。这种分化往往基于公共权力的行使主体差异，而根据国家与社会相分离的理论，国家与社会往往被视为一般意义上的公共权力的两大主体，因而一般意义上的公共权力可以分为国家权力和社会权力两大类。②

2. 行业权力是特殊形式的社会权力

社会权力是产生和存在于社会生活中的并对人们的社会活动具有支配作用的影响力。③

---

① 吴荔．公共权力与政府权力辨析［J］．湖北行政学院学报，2006（6）：18-20.

② 安东．国家权力控制论［D］．武汉：武汉大学，2005：14-16.

③ 吴克昌．国家权力、社会权力及其关系的分析［J］．中南大学学报：社会科学版，2004（2）：161-165.

作为公共权力的一种形式，社会权力根植于社会自身，并表现出局部性、非暴力性等特点。作为社会成长的重要标志，社会组织（或团体）对其成员拥有的支配力和影响力就是典型的社会权力。

在此，笔者将重点讨论作为社会权力而存在的行业（组织）权力。所谓行业权力，即行业组织权力，是行业组织对其成员拥有的支配力和影响力，它包括制定自治规章权、许可批准权（现正处于由政府掌管向社会转移的改革中）、日常管理权、制裁权力（依据法律和自治规章追究被管理者责任）等。① 从形式上看，行业权力主要由国家权力确认、授予以及保护；但是，从根本上说，行业权力"属于社会权力"，是经过成员的同意并通过契约而形成的权力"。②

3. 政府权力与国家权力在一般意义上的等同

国家权力是国家作为一个整体名义所享有并行使的权力，是体现国家对社会进行控制和管理的公共权力。③ 恩格斯认为，"国家是社会在一定发展阶段上的产物"，并认为"从社会中产生但又自居于社会之上并且日益同社会脱离的力量，就是国家。"④

严格地说，政府与国家是两个不同的概念。但是，相对于社会来说，政府与国家常常可以被抽掉两者的区别，在一般意义上作为等同的概念。⑤ 因此，本文亦将政府权力与国家权力视为等同的概念，在广义意义上使用政府权力概念，即政府权力包括立法权、行政权和司法权。⑥

4. 权力格局特指政府权力与行业权力的结构关系

所谓权力格局是指权力在各个主体之间的分布状况，它决定了对象之内的各个主体的权力以及它们之间的相互关系。在最通俗的意义下，权力格局可以理解为主体之间的"力量对比关系"。⑦

本文所采用的权力格局概念，特指国家权力和社会权力在运用及范围上的对比关系，细言之就是政府权力对企业、公民个人和其他社会组织的干预状况及反向影响能力。⑧ 在此，权力格局作为一个分析概念，呈现的是国家权力与社会权力之间在理论上与实践上的结构关系。

基于此，广告管理体制的权力格局，就是广告管理体制框架内国家权力与社会权力之间的结构关系，即政府权力与行业（组织）权力之间的结构关系。

二、中国广告管理体制的初成

一般认为，中国广告业目前单一的行政管理体制，基本上是 20 世纪 90 年代确定下来

---

① 王云骏．论行业协会权力的获取和权利的保障［J］．江海学刊，2005（5）：100-104.

② 邓可祝．论行业组织的权力及其规制［J］．天津市政法管理干部学院学报，2005（3）：53-57.

③ 安东．国家权力控制论［D］．武汉：武汉大学，2005：14-16.

④ 马克思恩格斯选集［M］．第 4 卷．北京：人民出版社，1972：166.

⑤ 罗英．试析市场经济下政府权力的性质及运用［G］．全国高等财经院校《资本论》研究会 2005 年学术年会论文汇编，2005.

⑥ 吴荔．公共权力与政府权力辨析［J］．湖北行政学院学报，2006（6）：18-20.

⑦ 康晓光．权力的转移——转型时期中国权力格局的变迁［M］．杭州：浙江人民出版社，1999：52.

⑧ 孙开红．论当代中国政府权力社会化［J］．山东省青年管理干部学院学报，2005（1）：7-10.

的。① 显然，这种判断是基本正确的，但是在政府权力与行业（组织）权力的结构关系框架下考察，中国广告管理体制的形成实际上经历了漫长的过程，此过程的起点至少可以回溯到中华人民共和国成立之初，而此过程的本质则是“国进社退”的双向过程。

1. 政府初步建立对广告业的直接管理

中华人民共和国成立之前，“中华民国政府”亦对广告实施管理。“随着广告在经济生活中的地位日渐重要，国民党政府也开始着手对广告实施管理。在当时的民法、刑法、交通法和出版法中均有涉及广告的条款，并开始对广告征税。”② 北平市政府先后颁布了《北平市政府管理广告规则》③、《修正北平市政府管理广告规则》④，以及《北平市政府管理广告商规则》⑤。当然，“中华民国政府”并未建立起完善的广告管理体制，因此“旧中国的广告管理是相当落后的”，整体上呈现出“随意性与不规范性”⑥。

中华人民共和国成立初期，我国以大城市为中心，初步建立起政府对广告行业和广告活动的直接控制与管理。

一是通过制定法规、建立机构，政府直接开展广告管理。其一，中华人民共和国成立后，天津、上海、广州、西安和重庆等一些大城市的人民政府对广告行业进行了整顿，并先后颁布了一批广告管理的办法与规定。例如，1949 年天津市发布了《广告管理规则》、《医药广告管理办法》；同年，上海市发布了《广告管理规则》；1950 年、1951 年西安市先后发布了《广告管理暂行办法》和《关于印刷厂商管理暂行办法》。1951 年广州市发布了《广告管理暂行办法》。同年底，重庆市颁布了《重庆市广告管理暂行办法》。之后，各大城市又先后对广告管理法规作了必要的修订、补充与完善。其二，各大城市先后建立了广告管理机构。各大城市广告管理归口不同，因此其广告管理机构也不尽相同。如上海、北京、广州三市的广告管理由工商局负责，天津市、西安市由公用局负责，而重庆市则由文化局负责，并于 1951 年成立了广告管理所专门负责管理广告。

二是通过公有制的确立，政府直接控制了广告行业。中华人民共和国成立以后，面对千疮百孔、满目疮痍的新中国经济，党和国家采取了“建立和发展社会主义国有经济并使之在整个国民经济中居于领导地位”⑦ 的基本经济政策，通过没收官僚资本，收购、征购、征用以及没收外资企业，将其转变成为新民主主义国家的公营经济，从而使社会主义性质的国有经济控制了全国的经济命脉。虽然，广告业并非关系到国家经济命脉的行业，但广告业中公有制的建立与发展仍呈现出不可阻挡之势。

（1）广告业的整顿与改组。中华人民共和国成立初期的广告业，大多由规模较小的广告社组成。它们不仅业务水平不高、地点分散不便管理，而且所有权掌握在私人手中，因此迫切需要对广告行业进行整顿。人民政府根据对私营工商业实行“利用、限制和改造”的总方针，解散了一些经营不善、作风不正、业务水平低下、濒临倒闭的广告社；同时将中华人民共和国成立前遗留下来的大量分散的私营广告社，合并成一些较具规模的广告企业。比如天津市在 1951 年把全市的广告业合并为广告总店，下设 5 个门市部。⑧

---

① 黄艳秋，杨栋杰．中国当代商业广告史［M］．开封：河南大学出版社，2006：29，36，93.

② 周茂君．广告管理学［M］．第 2 版．武汉：武汉大学出版社，2002：23.

③ 北平市政府管理广告规则［S］．北京市档案馆，J001-004-00310，1947-01-01-1947-12-31.

④ 北平市政府制定修正北平市管理广告规则［S］．北京市档案馆，J001-002-00424，1947-01-01-1947-12-31.

⑤ 北平市政府公布管理广告商规则［S］．北京市档案馆，J001-002-00505，1947-1-1-1947-12-31.

⑥ 周茂君．广告管理学［M］．第 2 版．武汉：武汉大学出版社，2002：24.

⑦ 王桧林．中国现代史［M］．北京：高等教育出版社，2003：8.

⑧ 黄升民，丁俊杰，刘英华．中国广告图史［M］．广州：南方日报出版社，2006：235.

（2）广告业的社会主义改造。进入1953年，随着我国第一个五年计划的正式实施和国家大规模经济建设的开始，在工商行政管理部门的支持下，各大城市开始对私营广告公司或广告社进行改组，通过公私合营的方式，逐渐完成了对私营广告商的社会主义改造。例如，1956年1月20日，上海广告业实行全行业公私合营，将全市100户左右的私营广告商按照经营范围改组合并为5个公私合营的广告公司和1个公私合营的广告美术社。①

（3）新建国营广告公司。1962年6月，上海广告公司成立，统一办理全国各口岸进出口商品广告业务和各种广告制作业务，成为全国唯一的从事对外广告宣传的专业公司，业务上接受外贸部指导。② 同时国营的上海美术设计公司以及广州美术广告公司相继成立。③

到20世纪60年代初期，我国最终确立了公有制经济在广告业中的主导地位。至此，作为政府权力扩张的产物，“大国家”模式的广告管理体制基本成型。

2. 广告行业（组织）权力空间逐步被压缩

中华人民共和国成立前，社会组织就通过制订行业规章，参与了广告行业秩序的建立与维护。针对当时社会上出现的许多虚假骗人、有伤风化的广告，许多报馆开始着手制订一些自律性条文。1920年，全国报界联合会通过了《劝告禁载有恶影响于社会之广告案》，这成为我国最早在较大范围内提倡报纸广告自律的法规文件。更为重要的是，1927年由上海“维罗”、“耀南”等6家广告公司（社）成立了我国最早的广告同业组织——“中华广告公会”（后改名为“上海市广告业同业公会”），致力于争取广告行业的共同利益，协调广告公司（社）的相互关系，解决同业之间的矛盾与纠纷。可见，广告行业公会作为广告管理主体，直接参与了广告管理体制，对建立和维持广告行业秩序起到了重要的作用。

1949年前后广告行业公会的相关研究仍然付之阙如，广告史研究也只是提供了一些零星介绍。但幸运的是，自20世纪90年代兴起的商会及行业公会研究，形成了较为丰富的研究成果，并为本文的讨论提供了间接的论据。“南京国民政府不仅注重商会及同业公会的经济功能，更重视其潜在的政治动员能力。‘自国府奠都金陵后，首注意于商会问题之解决’，着手对商会与工商同业公会进行改组与整理，一度力图以商民协会代替商会以加强控制，而同业公会亦纳入商民协会之下。这一计划遭到工商界的强烈反对，新成立之商民协会与原有商会几同水火，各业团体均表示拥护商会。由于在实施过程中阻力重重，这一计划最终流产。”④ 可见，民国时期，政府与行业组织之间的关系虽日趋紧密，但政府并未完全控制行业组织，国家权力与社会权力之间保持着一定的张力，国家权力并未统合社会权力，社会权力保持着一定的自主、自治空间。“近代同业公会在政治、经济和社会等不同层面上都承担着极其复杂的制度角色。”⑤

中华人民共和国成立之后，行业组织所持有的自主、自治空间逐渐被压缩直至最终消亡，并突出地体现为行业组织功能的衰退直至最终消失。

在中华人民共和国成立初期，各大城市还相继成立了广告行业公会，协助政府对广告进行管理。广告同业公会的职责主要有二：一是组织广告从业人员学习、贯彻广告管理法规；

---

① 上海市地方志办公室．专业志·上海日用工业品商业志·第十二篇广告商业［EB/OL］．http：//www.shtong.gov.cn/node2/node2245/node66046/node66062/index.html.

② 上海市地方志办公室．专业志·上海日用工业品商业志·第十二篇广告商业［EB/OL］．http：//www.shtong.gov.cn/node2/node2245/node66046/node66062/index.html.

③ 周茂君．广告管理学［M］．第2版．武汉：武汉大学出版社，2002：26.

④ 朱英．中国见带同业公会与当代行业协会．北京：中国人民大学出版社，2004：128.

⑤ 魏文享．中间组织——近代工商同业公会研究（1918—1949）［M］．武汉：华中师范大学出版社，2007：377-378.

二是通过广告同业公会对广告的真实性进行事前审查。如上海工商局制订的《电台广播广告及报刊商业性广告管理办法》规定："广播广告内容，应由电台负责人签名盖章，送经广播电台商业同业公会初审，汇送工商局审核许可后，方可发布。"① 可见，此时的广告行业组织仍然作为广告管理主体参与广告管理体制之中，并拥有法律赋予的广告管理权。唯一不同的是，广告行业组织已经被定位为"协助政府对广告进行管理"，政府主导型广告管理体制的雏形开始显现，并成为延续至今的基本模式与框架。

其实，保留广告行业公会的管理功能只是政府根据当时条件而采取的"权宜之计"。"在中华人民共和国成立初期，私人资本主义在整个国民经济中仍占相当大的比重"，"社会主义公有制还未完全确立，政府对企业未达到直接控制与管理的层次，还需要有中介性的行业组织来进行上下通情。从当时私营经济在国家经济中的地位看，解散同业公会显然为时过早。"因此，新政府仍然注重发挥同业公会整合行业经济的独特功效的同时对其重新进行制度的安排，使之为社会主义经济建设服务。②

在国民经济恢复时期，政府开始对行业组织采取"替代"政策：一方面通过建立新的工商联体系，"组织替代"旧商会，统辖经改组后的各业同业公会；另一方面通过对私营经济进行社会主义改造，建立起计划型部门管理体系。政府权力渗透进入行业组织内部，取代了同业公会在行业规划、市场秩序方面的作用；同时，政府权力延伸至企业内部，而无需同业公会作为中介组织，从而从根本上取消了同业公会存在的价值，使同业公会最终走向解散或衰亡。"各地同业公会逐步退出历史舞台，到1958年前后，全国各地的同业公会基本上已撤销。"③

至此，"小社会"的广告管理体制初步显现：广告行业组织不断遭受国家权力的入侵与渗透，逐步压缩了广告行业（组织）的权力空间；随着广告行业组织最终消亡，广告行业（组织）权力最终缺席于广告管理体制，导致政府权力单一地建立并维持广告行业秩序，初步形成政府主导型广告管理体制。

三、中国广告管理体制的完成

在我国国民经济面临崩溃的边缘，党中央采取果断措施，结束"文革"的十年动乱，并提出以经济建设为中心，贯彻"对内搞活经济、对外实行开放"的政策。在此背景下，广告业得以恢复并迅速的发展起来。在国家主导社会改革的背景下，广告管理遵循了"大国家—小社会"的基本框架，政府主导型广告管理体制再次得以确认并获得发展。也就是说，改革开放之后的我国广告管理体制本质上是对中华人民共和国成立之初确立的权力格局的恢复与强化。

1. 政府权力主导地位的快速恢复

在1966—1976年"文化大革命"期间，广告业及广告管理遭受了巨大的冲击。此时期，"商品经济及商业制度从根本上被否定了，导致了作为商品宣传手段的广告也被彻底否定。广告从业机构被解散，媒体上的广告基本消失。"④ 同时，"广告管理工作停顿，工商行政管理部门和其他广告管理部门及机构也被撤销。许多广告设计人员被下放劳动或遭到批

① 周茂君．广告管理学［M］．第2版．武汉：武汉大学出版社，2002：25-26.
② 朱英．中国见带同业公会与当代行业协会［M］．北京：中国人民大学出版社，2004：164.
③ 朱英．中国见带同业公会与当代行业协会［M］．北京：中国人民大学出版社，2004：183.
④ 黄升民，丁俊杰，刘英华．中国广告图史［M］．广州：南方日报出版社，2006：267.

判，大批与广告制作有关的工厂转产，广告管理的档案和历史资料被销毁或散失。”①

1978 年 12 月党的十一届三中全会召开，中国迈开了经济改革的步伐。正是在改革开放的初期，政府权力的快速恢复不仅是我国广告业恢复性发展的基本条件，也是我国广告管理体制重新确立的标志。

其一，确立全国性广告管理机构。1980 年，国务院决定由国家工商行政管理总局负责全国的广告工作，随后又确立了国家工商行政管理总局和各地方工商行政管理局为全国和地方的广告管理机构。这标志着我国广告管理开始由分散的、各自为政的阶段进入到一个新的统一管理时期。

事实上，在中华人民共和国成立之后，人民政府机构的建立遵循了从下到上的过程，因此广告管理机构首先从地方政府部门开始设立。只是由于20 世纪 60 年代广告管理体制初建之后，“三年自然灾害”，物资匮乏，商品短缺，广告失去了存在的经济基础；接着“文革”爆发，广告被斥为“资本主义的产物”、“资本主义腐朽和浪费的表现”，广告失去了存在的观念基础。因此，在“广告从衰微到消亡的时代”，广告管理体制并未完成最终的建构。改革开放之后，全国性广告管理机构的建立，显然是对原有体制的延续、补充与完善，使全国性广告管理体制最终得以完成。

不过，以权力而言，地方性广告管理体制与全国性广告管理体制之间的根本区别，并不涉及权力的水平分配，而只涉及权力的垂直分配。也就是说，广告管理体制依然采取国家权力一元化权力格局，社会权力并未获得运作的空间。因此，笔者才认为，改革开放之后建立起来的广告管理体制，本质上只是对中华人民共和国成立初期建立的广告管理体制的恢复与强化，依旧采取了“大国家—小社会”的基本框架。

其二，制订全国性广告法律法规。1982 年 2 月国务院发布了我国历史上第一个统一的全国性、综合性的广告管理法规——《广告管理暂行条例》，明确规定了“广告的管理机关是工商行政管理机关和地方各级工商行政管理机关”。这意味着政府（具体而言是工商行政管理国家部门）获得了法律赋权，成为唯一从事广告管理的合法主体。据此，笔者认为，正是以《广告管理暂行条例》的颁布与实施为标志，我国政府主导型广告管理体制最终“功成圆满”，其后颁布的各种法律法规都只是对《广告管理暂行条例》的修补、细化或确认，而并未有任何实质性的改变或突破。

1995 年 2 月 1 日正式实施的《中华人民共和国广告法》第 34 条明确规定：“利用广播、电影、电视、报纸、期刊以及其他媒介发布药品、医疗器械、农药、兽药等商品的广告和法律、行政法规规定应当进行审查的其他广告，必须在发布前依照有关法律、行政法规由有关行政主管部门对广告内容进行审查；未经审查，不得发布。”这实际上改变了工商行政管理部门作为唯一广告管理机关的格局，由此而开启了所谓“九龙治水”的时代。但是，这种调整实质上只是国家权力的内部分权与制衡，并未能给社会权力预留运作空间，保留了“大国家—小社会”模式的广告管理体制的基本框架。

2. 广告行业组织相继成立但名不副实

十一届三中全会之后，在政府主导改革的背景下，政府垄断了几乎所有的社会资源，政府众望所归地肩负起广告管理的重任，不仅要为广告“正名”，使广告业获得恢复与发展，而且要直接支持并推动广告行业组织的建立。

在确定自己作为广告管理主体的法律地位之后，国家和地方工商行政管理局积极指导、帮助广告界建立广告行业组织。1981 年中国对外经济贸易广告协会（以下简称为“外广

① 陈培爱．中外广告史——站在当代视角的全面回顾［M］．第 2 版．北京：中国物价出版社，2001：79-81.

协”）成立，成为我国最早的全国性广告行业组织；1983年12月，中国广告协会（以下简称为“中广协”）在北京成立，此后各地方广告协会陆续成立，并成为中广协的分支机构。此后，在长达十多年的时间里，外广协和中广协成为我国唯一合法存在的两大广告行业组织，直到1996年广州地区综合性代理公司委员会（简称广州4A）成立，才打破了两大协会垄断的局面。但是，至于此两大协会在广告管理体制的功能与作用，尤其是在广告管理体制权力格局中的位置，却并不能只“看其名”，更重要的必须“观其行”、“察其实”。总的来看，外广协和中广协虽分属于对外经济贸易部和国家工商行政管理总局的领导和管理，但其性质与职能却基本相同，即其性质为“官办”机构，拾漏补缺地承担起“二政府”的功能，导致了我国广告行业组织名不副实。

其一，“名”为广告行业组织，“实”未体现民意。以中广协为例，它由政府部门自上而下组建，至今仍然宣称自己为“经民政部批准登记的具有社团法人资格的全国性广告行业组织，其办事机构是国家工商行政管理局的直属事业单位”。因此，中广协及各地广告协会，不可避免地成为政府部门的延伸，在各个层面上受到了政府部门的直接领导与控制。有趣的是，1982年2月21日成立的中国广告学会，纯系民间性行业组织。根据中国广告协会前副秘书长、全程参与了中国广告学会筹备的贾玉斌的回忆，“当年筹备者的初衷，是成立一个‘规范行业’的‘协会’，但当时的国家经贸委‘不知道广告协会成立后可以干什么’，就让他们先成立一个‘学会’，‘先研究研究’。”① “现在想起来很荒谬”，“学会成立不久后在太原开的一次研讨会上”，“有专家提出‘要研究社会主义广告与资本主义广告区别’。当时的观点就是资本主义国家的广告就是为了资产阶级服务的，它们都是欺骗消费者的虚假广告，而我们社会主义广告，是为了人民群众服务的，服务对象不一样”。可见，作为“官办民意”的中国广告学会，只限于开展广告学术研讨，而并未体现出“规范行业”的最初“民意”。不久，在中广协成立之后，中国广告学会作为中广协的学术委员会并入其中，成为中广协的分支机构。在中广协的“官办”性质的“笼罩”之下，中国广告学会原有的“民意”特征基本消失。

其二，“名”为广告管理组织，“实”无管理权力。各种官方文件公开宣称，我国采取政府主导型广告管理体制，即以政府行政管理为主、辅以广告行业自律和社会监督。也就是说，广告行业组织以广告管理组织的身份，参与了广告管理体制。但是，广告行业组织并没有广告管理权力，而成为广告管理体制中“虚置”的主体。一方面，以《广告管理暂行条例》为起点，《广告管理条例》、《广告管理条例实施细则》、《中华人民共和国广告法》等各种法律法规均未将广告行业组织确认为广告管理机构。作为“官办”机构，广告行业组织既未真正代表“民意”，又无政府的法律授权，自然无法真正参加广告管理体制，最多不过是广告管理体制的“装饰”或“点缀”而已。另一方面，广告行业组织强调其职能为“（中广协）在国家工商行政管理局的指导下，按照国家有关方针、政策和法规，对行业进行指导、协调、服务、监督”，其任务则将“宣传贯彻有关广告管理法规、政策，协助政府搞好行业管理”放在首位。可见，广告行业组织的功能定位于“二政府”，“拾漏补缺”协助政府开展行业管理，但却并没有真正意义上的广告管理权力。

在国家主导改革开放与经济建设的背景下，广告行政管理快速得以恢复和发展，而广告行业组织亦得到政府部门的支持与扶持，并受到政府部门的直接领导与控制，广告行业组织有名无实，导致了“大国家—小社会”模式的再次出现，并成为广告管理体制延续至今的基本框架。

---

① 1982年2月21日中国广告学会成立［EB/OL］.［2008-02-25］. http://news.rednet.cn/c/2008/02/25/1445908.htm.

可见，我国广告管理体制作为特定历史条件的产物，经历了“国进民退”的演变过程，表现出政府权力一元化权力格局，即以政府权力为中心，建立并维持广告行业与广告活动的正常秩序，形成了“大国家—小社会”的广告管理体制框架。

【参考文献】

[1] 张金海．广告学教程 [M]．上海：上海人民出版社，2003.
[2] 张金海．广告经营学 [M]．第2版．武汉：武汉大学出版社，2004.
[3] 徐卫华．新广告学 [M]．长沙：湖南师范大学出版社，2007.
[4] 胡晓云，张健康．现代广告学 [M]．杭州：浙江大学出版社，2007.
[5] 黄升民，丁俊杰，刘英华．中国广告图史 [M]．广州：南方日报出版社，2006.
[6] 陈培爱．中外广告史——站在当代视角的全面回顾 [M]．第2版．北京：中国物价出版社，2001.
[7] 杨海军．中外广告史 [M]．武汉：武汉大学出版社，2006.
[8] 周茂君．广告管理学 [M]．第2版．武汉大学出版社，2002.
[9] 朱英．中国见带同业公会与当代行业协会 [M]．北京：中国人民大学出版社，2004.
[10] 魏文享．中间组织——近代工商同业公会研究（1918—1949）[M]．武汉：华中师范大学出版社，2007.
[11] 康晓光．权力的转移——转型时期中国权力格局的变迁 [M]．杭州：浙江人民出版社，1999.
[12] 黄艳秋，杨栋杰．中国当代商业广告史 [M]．郑州：河南大学出版社，2006.
[13] 安东．国家权力控制论 [M]．武汉：武汉大学出版社，2005.
[14] 吴克昌．国家权力、社会权力及其关系的分析 [J]．中南大学学报：社会科学版，2004 (2).
[15] 王云骏．论行业协会权力的获取和权利的保障 [J]．江海学刊，2005 (5).
[16] 邓可祝．论行业组织的权力及其规制 [J]．天津市政法管理干部学院学报，2005 (3).
[17] 吴荔．公共权力与政府权力辨析 [J]．湖北行政学院学报，2006 (6).
[18] 孙开红．论当代中国政府权力社会化 [J]．山东省青年管理干部学院学报，2005 (1).

【作者简介】

徐卫华，湖南师范大学新闻与传播学院讲师，广告学博士，主要从事广告学、媒介发展研究。

唐·舒尔茨整合营销传播理论批评

黄迎新

【摘　要】唐·舒尔茨是整合营销传播（IMC）理论研究的领军人物，其IMC理论存在四大缺陷：①理论范畴宽泛无边；②理论目标方向错误；③理论架构无序散乱；④理论适用性不强。对唐·舒尔茨进行理论批评有助于促进IMC理论从前范式阶段向后范式阶段演进。

【关键词】唐·舒尔茨　整合营销传播理论　批评

“整合营销传播”（Integrated Marketing Communications，简称IMC）是营销学和广告学领域的一个前沿理论话题。自20世纪90年代中期起，IMC作为一种新的理论形态和业务形态在学术界和实务界广为流行。然而，令人遗憾的是，当今IMC理论还不成熟，还算不上是一种新的理论范式。

理论是“概括地反映现实的概念和原理的体系。它是系统化了的理性认识的结果”①。美国历史主义科学哲学家托马斯·库恩（Thomas S. Kuhn）把理论演进分成四个阶段：前范式阶段、常规科学阶段、危机阶段和新范式阶段，说明理论总是从不成熟到成熟、从前范式阶段到后范式阶段再被新范式取代②。因此，理论研究是理论工作者不断探索、不断累积、不断逼近真理的过程，不仅需要“大胆假设、小心求证”的理论建构精神，而且需要“勇于质疑、善于反思”的理论批评精神。

西方IMC研究学者众多，唐·舒尔茨（Don E. Schultz）是其中的“标杆”式人物。他是世界上最早投身于IMC研究的学者之一（1988年美国4A's与西北大学麦迪尔新闻学院联合实施一个旨在推广IMC的项目时，他即开始了IMC的研究），是世界上第一位讲授IMC的教师（1990年他在西北大学开设“IMC”硕士学位课），是世界上第一本IMC专著的作者（1992年他与田纳本·劳特朋合著《整合营销传播》）。唐·舒尔茨从事IMC理论研究长达20年，主要研究成果包括三本专著和数十篇论文。三本专著是：*Integrated Marketing Communications: Pulling It Together & Making It Work*（1992）③、*Communicating Globallg: An Integrated Marketing Approuch.*（2000）④和*IMC, The Next Generation: Five Steps for Delivering*

---

① 中国大百科全书编委会. 中国大百科全书·哲学Ⅰ［M］. 北京·上海：中国大百科全书出版社，1987：465.

② ［美］托马斯·库恩著. 科学革命的结构［M］. 金吾伦，胡新和，译. 北京：北京大学出版社，2003：158.

③ Schultz Don E., Stanley I., Tannenbaum, Lauterborn Robert F.. Integrated Marketing Communications: Pulling It Together & Making It Work［M］. Lincolnwood, IL: NTC Business Books, 1992. 国内有3个译本：整合营销传播：谋霸21世纪市场竞争优势［M］. 吴怡国，译. 呼和浩特：内蒙古人民出版社，1998；整合行销传播：21世纪企业决胜关键［M］. 吴怡国，译. 北京：中国物价出版社，2002；新整合营销［M］. 吴磊，等译. 北京：中国水利水电出版社，2004.

④ Schultz Don E., Kitchen Philip J.. Communicating Globally: An Integrated Marketing Approach［M］. McGraw-Hill. 中译本：［美］舒尔茨，［英］菲利普·J. 凯奇著. 全球整合营销传播［M］. 何西军，等译. 北京：中国财政经济出版社，2004.

Value and Measuring Financial Returns（2003）①。数十篇论文主要发表在《营销新闻》杂志（*Marketing News*）、《广告时代》杂志（*Advertising Age*）、《广告研究杂志》（*Journal of Advertising Research*）、《国际广告杂志》（*International Journal of Advertising*）上。他致力于IMC的研究和推广，使IMC在很短的时间在美国和世界上流行开来。因此，他有"整合营销传播之父"、"整合营销传播先驱"的名号。唐·舒尔茨思维活跃，不断推陈出新，极大丰富了IMC理论内涵。但也应当指出，他的IMC理论中存在很多问题，这些问题如果不加以澄清和解决，将极大地妨碍IMC理论的成熟，也极大地妨碍IMC实践的深入开展。基于此，本文以唐·舒尔茨作为个案，以理论批评视角来揭示IMC理论的深刻性和复杂性，从而推进IMC理论的深层次发展。

一、批评1：理论范畴宽泛无边

任何理论都有其特定的理论范畴。理论范畴是指理论适用的范围大小，它确定了该理论在整个科学系统中的位置，也规范了该理论的应用区域。

唐·舒尔茨多次提出IMC的定义，可以看出核心概念的外延在不断扩大。1989年他提出了第一个IMC定义："这是一个营销传播计划概念，要求充分认识用来制定综合计划时所使用的各种带来附加价值的传播手段——如普通广告、直接反应、销售促进和公共关系——并将其结合起来，提供具有良好清晰度、连贯性的信息，从而使传播影响力达到最大化。"②这个定义将IMC的外延定位在"营销传播"上。1993年唐·舒尔茨又提出一个IMC定义："整合营销传播是一个通过长期发展和应用对顾客和潜在顾客多种形式的说服性传播项目的过程。"③ 1997年他参与了APQC（美国生产力与质量中心）的"IMC最佳实践标准"研究项目，又提出了一个新的IMC定义："IMC是业务的战略过程，可以利用此过程设计、发展、执行以及评估品牌传播方案，此方案对于消费者、客户和其目标中的或有关的内部及外部观众来说，通常应该是可以协调权衡的，且具有说服力。"④ 后两个IMC定义已经把IMC的外延延伸到"品牌传播"和"整合传播"上。实际上，他经常将"整合传播"、"整合营销"与"整合营销传播"混用，认为这三个概念无须严格区分，他说："营销即传播，传播即营销，二者密不可分"，"我们也将营销转化为传播，将传播转化为营销（这二者之间的界限变得很模糊），我们与消费者间凿了一道绵绵不绝的沟通之河流"⑤。

这样，"整合营销传播"的外延不断张大，导致IMC理论范畴的模糊不清，正如Kliatchko（2002）指出的："在作为营销传播概念授予学位的十年后，IMC仍然有着不同的术语，像'新广告'、'交响乐'、'360度品牌化'、'总品牌化'、'全蛋'、'无缝传播'、'关

---

① Schultz Don E., Schultz Heidi. IMC, The Next Generation: Five Steps for Delivering Value and Measuring Financial Returns [M]. McGraw-Hill. 中译本：[美] 唐·舒尔茨，海蒂·舒尔茨著. 整合营销传播：创造企业价值的五大关键步骤 [M]. 何西军，等译. 北京：中国财政经济出版社，2005.

② Duncan T. R., Everrett S. E.. Client Perceptions of Integrated Communication [J]. Journal of Advertising Research, 1993, 32 (3): 30.

③ Schultz Don E.. Integrated Marketing Communications: Maybe Definition Is in the Point of View [J]. Marketing News, 1993, 27 (2): 17.

④ [美] 舒尔茨，[英] 菲利普·J. 凯奇著. 全球整合营销传播 [M]. 何西军，等译. 北京：中国财政经济出版社，2004: 65.

⑤ [美] 舒尔兹，田纳本，劳特朋著. 整合营销传播：谋霸21世纪市场竞争优势 [M]. 吴怡国，译. 呼和浩特：内蒙古人民出版社，1998: 69, 84.

系营销'、'一对一营销'、'整合营销'、'整合传播'。"① 但事实上，"整合营销传播"与"整合营销"、"整合传播"在外延上各不相同，不能相互取代。"整合营销传播"只能界定在营销传播领域，用汤姆·邓肯的话是"整合营销传播只是整合体系中冰山一角"②。IMC外延的无限张大，必然带来整个理论范畴的含混不清，Cornelissen 和 Lock（2000）对此批评说："这种模糊性导致解释的多样性和术语运用的宽泛性，也使研究者在不同时间选择最适合自己研究议题的概念。"③

二、批评 2：理论目标方向错误

IMC 起源于广告公司的业务扩张。20 世纪 80 年代初，扬·罗必凯广告公司提出"全蛋"（whole eggs）计划，奥美广告公司提出"交响乐"（Orchestration）口号，是广告公司希望将公关、促销、直效营销等纳入自己业务体系中。80 年代中后期"IMC"概念在广告公司率先出现，90 年代广泛被营销实务界接受。

营销实务界普遍认为 IMC 是"不同传播工具组合来传递同一种声音"，并认为"IMC 能增加传播的一致性"以及"减少媒介浪费"。④ 学术界也普遍将 IMC 界定为"一种形象、一种声音"，认为 IMC 的价值是避免营销信息的内耗、保证信息传播的一致性和有效性。唐·舒尔茨早期也是这样看待 IMC 的，他在《五年 IMC 回顾》（1995）一文中总结说："当我刚开始研究 IMC 时，我主要关注外部传播项目如何被组织和整合。换句话说，如何把广告、销售促进、直接营销和公共关系合并起来。一种形象，一种声音。"⑤

"一种声音"论是传统营销环境和传播环境下的产物，其核心思想是企业通过精心选择信息和包装信息，让不同的传播工具发出"一种声音"，达到信息传播的可控性。但是，由于 4P 被 4C 取代，营销环境发生了变化⑥；博客（blogs）、简易聚合（RSS）、播客（podcasts）、分享型网站（shared messaging sites）等消费者自生型媒体（CGM）的出现，导致传播方式从推（push）变为拉（pull）⑦。唐·舒尔茨因此将 IMC 的研究视角变为"由外而内"（out-inside），提出"将顾客视为资产，将传播视为投资"⑧。

应该说，唐·舒尔茨的这种转变是值得肯定的。但问题是，唐·舒尔茨的转变还不够彻底，在他的理论体系中企业依然是传播中心，顾客（消费者）是作为企业盈利目标对象参与到 IMC 中的，他明确提出："整合营销传播方法主要是以战略以及价值为驱动力的，其目的是回答管理高层与股东所提出的各种问题，即：我们应该在营销传播上花多少钱？我们可

① Kliatchko J. . Understanding Integrated Marketing Communications [M]. Pasig City, Philippines: Inkwell Publishing, 2002.

② [美] 汤姆·邓肯著. 品牌至尊：利用整合营销创造终极价值 [M]. 廖宜怡，译. 北京：中国财政经济出版社，2000：前言.

③ Cornelissen Joep P. , Lock Andrew R. . Theoretical Concept or Management Fashion? Examining the Significance of IMC [J]. Journal of Advertising Research, 2000 (40): 8.

④ Duncan T. R, Everrett S. E. . Client Perceptions of Integrated Communication [J]. Journal of Advertising Research, 1993, 32 (3): 30-39.

⑤ Schultz Don E. . Making Mid-decade Course Corrections [J]. Marketing News, 1995, 29 (4): 10.

⑥ [美] 舒尔兹，田纳本，劳特朋著. 整合营销传播：谋霸 21 世纪市场竞争优势 [M]. 吴怡国，译. 呼和浩特：内蒙古人民出版社，1998：21.

⑦ Schultz Don E. . IMC Is Do or Die In New Pull , Marketplace [J]. Marketing News, 2006, 40 (13): 7.

⑧ [美] 唐·舒尔茨，海蒂·舒尔茨著. 整合营销传播：创造企业价值的五大关键步骤 [M]. 何西军，等译. 北京：中国财政经济出版社，2005：80.

以从这些投资中得到多少回报？多长时间才能从回报中盈利？"① 因此，唐·舒尔茨理论目标直接服务于企业，客户投资回报率（ROCI）成为企业行动指南，IMC的实施并非为了满足消费者信息需求。这就导致IMC中消费者的缺位，企业依然强调对信息的选择和控制，而这必然导致信息传播的非完全性和不对称性，最终导致IMC沦为企业"忽悠"消费者的工具。

三、批评3：理论架构无序散乱

德国哲学家阿·科辛说："每一理论都有一定结构，由规律和其他一些相互处于某种关系的命题组成。对理论的逻辑结构的准确表述是发展理论的重要手段。"② 可见，一个好的理论是逻辑清楚、论证严密、结构完整的整体。但唐·舒尔茨的IMC理论，给人的感觉琐碎零散、杂乱无章，难怪有学者批评说："舒氏理论缺乏严谨性和连贯性，内在逻辑性不强，论述显得有些杂乱。"③

造成唐·舒尔茨IMC理论架构散乱的原因有三：第一，他的理论命题缺乏稳定性。他一会儿说"4C取代4P"，一会儿又说"5R代替4P"；一会儿提出"整合营销传播企划模式"，一会儿提出"全球整合营销传播模式"，一会儿又提出"价值型整合营销传播模式"。命题的嬗变无法构建稳定的理论架构。第二，他的理论缺乏主线。主线是理论的脊梁，能够将概念、命题等串联成一个整体。汤姆·邓肯用"品牌关系"为主线、施吉同"系统论"为主线，理论给人整体感。但唐·舒尔茨的IMC理论始终缺乏一个主线，故给人一盘散沙之感。第三，他的理论逻辑性不强。他总是在忙于提出新概念、新命题和新模式，但前后概念、命题和模式之间缺乏延续性和连贯性，也缺乏严密的论证。例如他曾提出"整合营销传播的八项指导原则"，即"①成为以客户为中心的组织；②采用由外而内的规则；③以整体客户体验为重点；④把顾客目标与公司目标结合起来；⑤设定客户行为目标；⑥把客户当成资产；⑦精简职能业务目标；⑧集中营销传播活动。"④ 但这八项指导原则提出的依据何在？这八项指导原则之间存在什么逻辑关联？这八项指导原则的主次关系如何？唐·舒尔茨概不论证，因此他的理论常常鱼目混珠而不是珠联璧合。

四、批评4：理论适用性不强

所谓理论适用性，是指理论与实践结合的紧密程度。马克思一贯强调理论的适用性，他说："思辨终止的地方，即在现实生活面前，正是描述人们的实践活动和实际发展过程的真正实证的科学开始的地方"⑤。可见，一个成熟的理论能够有效地指导实践活动，并解决实践中的重大问题。

但唐·舒尔茨的IMC理论适用性差强人意。主要表现在两个方面：第一，他的理论无法解决IMC实践的低层次问题。唐·舒尔茨（1997）认为，整合营销传播有从低到高的四

---

① ［美］唐·舒尔茨，海蒂·舒尔茨著．整合营销传播：创造企业价值的五大关键步骤［M］．何西军，等译．北京：中国财政经济出版社，2005：前言．

② ［德］阿·科辛编．马克思列宁主义哲学词典［M］．郭官义，等译．北京：东方出版社，1991：218．

③ 陈欢．重新审视整合营销传播［J］．中国广告，2002（1）：36．

④ ［美］唐·舒尔茨，海蒂·舒尔茨著．整合营销传播：创造企业价值的五大关键步骤［M］．何西军，等译．北京：中国财政经济出版社，2005：39-51．

⑤ 马克思，恩格斯．德意志意识形态［M］//马克思恩格斯全集．第3卷．北京：人民出版社，1960：30，56．

个层次：①策略传播的协调；②市场营销传播范围的重新定义；③信息技术的应用；④财务整合以及战略整合①。但根据唐·舒尔茨的调查（1997）：大多数客户要么处于第1层次要么处于第2层次，少数进入第3层次，很少客户进入第4层次②。对于如何解决IMC实践低层次徘徊，唐·舒尔茨的答案是用客户投资回报率（ROCI）来解决。但ROCI存在众多缺陷，如计算公式复杂、实施组织机构难以确定、评估指标不科学、测量技术不成熟等，ROCI没有成为解决问题的钥匙。第二，他的理论无法提供解决IMC实践障碍的答案。IMC实践有许多障碍难以突破，例如组织结构问题、效果测量问题、数据库建设问题、观念培养问题等。唐·舒尔茨不得不承认："当10多年前整合营销传播的概念形成之时，我们发现了阻碍其成功执行的四种阻力：抗拒变革；组织架构；能力和控制；营销规划系统。尽管此后有了一些进展，但这四种阻力还是不同程度地存在着。"③ 实践障碍之所以难以突破，固然与实践探索的艰难有关系，也与他理论不成熟有关系。也许当唐·舒尔茨的理论纠正了前面的那些错误后，实践障碍将迎刃而解。

唐·舒尔茨自己也承认"IMC还不是一种理论"，只能算"理论前范式阶段"④。理论的成熟需要学术争鸣和理论批评。但我国IMC研究"千人一面"，几乎所有学者把IMC作为一个成熟的理论加以引进，IMC的本体研究、系统研究和自主性研究极度缺乏，很多人"只是把整合营销传播作为一种可资利用的外在观念和诱人旗号"⑤，IMC在被"神化"的同时，也被抽象化和浅表化。通过上面分析可知，唐·舒尔茨的理论研究还存在许多缺陷，我们的理论批评只是为了向真理逼近，IMC向理论后范式阶段演进还有待更多的探索。

【参考文献】

[1] 张金海.20世纪广告传播理论研究［M］. 武汉：武汉大学出版社，2002.

[2]［美］唐·舒尔兹，田纳本·劳特朋. 整合营销传播：谋霸21世纪市场竞争优势［M］. 呼和浩特：内蒙古人民出版社，1998.

[3]［美］唐·舒尔茨，［英］菲利普·J. 凯奇著. 全球整合营销传播［M］. 北京：中国财政经济出版社，2004.

[4]［美］唐·舒尔茨，海蒂·舒尔茨. 整合营销传播：创造企业价值的五大关键步骤［M］. 北京：中国财政经济出版社，2005.

[5] Cornelissen Joep P.，Lock Andrew R.. Theoretical Concept or Management Fashion? Examining the Significance of IMC［J］. Journal of Advertising Research，2000（40）.

[6] Schultz Don E.. Integrated Marketing Communications：Maybe Definition Is in the Point of View［J］. Marketing News，1993（27）.

[7] Schultz Don E.. Making Mid-decade Course Corrections［J］. Marketing News，1995（29）.

[8] Schultz Don E.. Kitchen Philip J.. A Response to "Theoretical Concept or Management

① ［美］舒尔茨，［英］菲利普·J. 凯奇著. 全球整合营销传播［M］. 何西军，等译. 北京：中国财政经济出版社，2004：63.

② Kitchen P. J.，Schultz D. E.. Integrated Marketing Communications in US Advertising Agencies：An Exploratory Study［J］. Journal of Advertising Research，1997，37（5）：7-18.

③ ［美］唐·舒尔茨，海蒂·舒尔茨著. 整合营销传播：创造企业价值的五大关键步骤［M］. 何西军，等译. 北京：中国财政经济出版社，2005：284.

④ Schultz Don E.，Kitchen Philip J.. A Response to "Theoretical Concept or Management Fashion?"［J］. Journal of Advertising Research，2000，40（5）：18.

⑤ 张金海.20世纪广告传播理论研究［M］. 武汉：武汉大学出版社，2002：149.

Fashion?" [J]. Journal of Advertising Research, 2000 (40).

【作者简介】

黄迎新，中南民族大学文学与新闻传播学院副教授，广告学博士，主要从事广告学理论研究。

广告符号意义生成的系统建构

——基于广告符号意义生成的三个层面

姜　帆

【摘　要】广告符号意义生成包括三个层面的内容：第一，广告符号的能指和所指；第二，广告受众对广告符号的解读；第三，广告符号和环境的意义互动。根据广告符号意义生成的三个层次，可从以下三方面完成广告符号意义生成的系统建构：第一，利用能指和所指充分传达广告包含的特定意义；第二，广告符号与广告受众互动关系的建构；第三，广告传播环境的建构。

【关键词】广告符号　符号意义　系统建构

哲学家卡西尔说，“人是符号的动物”。人类创造符号，使用符号，研究符号，并透过符号认识世界和改造世界。我们的生活与各种符号密切相关，符号是一切内容的载体，是意义产生的源泉。在广告传播中也同样如此。如果从符号学视角出发，广告传播的本质就是要让广告中的各种符号产生预期的意义，达到促进商品销售的目的。符号的意义究竟是如何产生的？广告中的各种符号的意义生成会受到哪些因素的影响？怎样建构一个广告符号的意义生成系统，让广告中的符号产生预期的意义？本文将从符号学相关理论出发对这些问题进行探讨。

一、符号意义生成理论

有关符号意义生成的相关理论很多，如隐含义、迷思、隐喻和转喻、符号的惯用语化以及意识形态理论等，这些都代表着符号意义生成的各种不同方式：符号的隐含义是意义建构的主观层面，说明符号如何与使用者的感觉或情感，以及文化价值观产生互动；迷思是一种思考事物的方式，一种通过概念化事物来理解事物的方式；隐喻和转喻是符号产生指涉意义的基本方法。隐喻的作用是某一层面的事实特质转移至另一层面上，而转喻则是联结同一层面的意义；符号的惯用语化将符号的内涵意义加以固定。但归根结底，以上这些符号意义生成的理论源自现代符号学的两个创始人索绪尔和皮尔士开创的符号意义生成的两个层面：第一层面是能指和所指；第二层面是符号和受众。

第一层面：能指和所指。

现代符号学的创始人之一，瑞士的语言学家索绪尔在解释什么是符号的时候，给出了“能指”和“所指”两个概念。索绪尔认为：符号就是音响形象和概念的结合体。“所指和能指分别代表概念和音响形象。”① 他强调符号是一个具有能指和所指的双重性概念。罗兰·巴尔特用意指将能指和所指结合起来，他说：“符号是音响、视像等的一块（双面）切

---

① ［瑞士］费尔迪南·德·索绪尔著．普通语言学教程［M］．高名凯，译．北京：商务印书馆，1980：102.

片。意指则可以被理解为一个过程，它是将能指与所指结合成一体的行为，该行为的产物便是符号。"① 这意味着符号与该符号所指的事物之间是一种指称关系，而且一个符号表示某物可以不依赖于所给定的语境，与解释者也无关。比如说，树是一种以木质枝杆为主体的叶本植物。无论是何种语境，无论是何人做解释，"树"这个符号的意义就是如此，不会改变。索绪尔的贡献在于指出了符号是一种能指和所指的二元关系，意义就依附于这种二元关系之中，但缺陷在于这种二元关系仅适用于语言符号。然而，非语言符号的意义如何产生呢?

第二层面：符号和受众。

在解释非语言符号的意义生成方面，现代符号学的另一位创始人——美国的哲学家皮尔士功不可没。皮尔士认为，符号就是"在某些方面或某种能力上相对于某人而代表某物的东西"。② 他强调的是，符号只相对于某人而且只是在某些方面代表某物。他指出符号是一种三元关系，即符号、符号对象和解释项的关系。其中，解释项指的就是主体人对符号所作的感知、解释和认知，它也可以被理解为传播学中的受众。对这个三元关系的解释是：符号针对某个人而言在他的头脑里激起一个相应的符号对象，这个符号对象就是该符号的"意义"。符号代表其指称对象，但并不是在所有方面都代表那个对象，而是通过受众的某种观念完成的。比如，著名运动品牌阿迪达斯的三叶草图案商标是一个非语言符号，在消费者的头脑中它所指代的符号对象就是阿迪达斯的产品，以及"Impossible Is Nothing"的品牌意义。对于非语言符号或其他抽象的事物而言，符号的意义生成离不开受众的参与，通过受众观念的解读才能使其意义得以展示。

二、广告符号意义生成的三个层面

根据以上的符号意义生成理论，广告符号意义生成首先应当包括两个层面的内容：其一，广告符号的能指和所指；其二，广告受众对广告符号的解读。

1. 广告符号意义生成的第一个层面：广告符号的能指和所指

符号的意义生成通过能指与所指的结合而完成。但在大多数情况下，意义的表现过程向着更高一级迈进，从而组成更高一级的意指系统。在这一新的意指系统中，原来包括能指与所指的意指符号成为新的能指，而所指则是具有更深意义的内涵。这样，第一系统就构成外延层面，第二系统构成内涵层面。用巴尔特的说法，这就是符号的"换挡加速"。内涵代表外延的"换挡加速"，当那个从先前的能指和所指关系中产生的符号成为下一个关系的能指时，内涵便产生了。外延被描述为"第一层次的指示意义"，因为它描述了一个符号系统内能指（物质概念）和所指（思维概念）的关系。一个符号最明显、最直白的含义就是它的外延意义。内涵是"第二层次上的指示意义"，是指那些由所指示的物体能产生的含义，这层意义可以通过其他表层事物引发，使人联想到相关的意义。

广告经常使用符号的"换挡加速"来促成符号意义的生成。例如，汽车这个符号，其能指是"汽车"一词的形状笔画和拼音发音，其所指是指一种在道路上使用的四轮驱动的交通工具。然而，在与汽车相关的广告文本中，却产生了汽车符号的换挡加速。能指变成了"奔驰"、"沃尔沃"、"本田"、"别克"、"桑塔纳"等不同的汽车品牌名称，所指则变成这些品牌的核心价值描述，如"奔驰"是"来自德国的世界名车，是尊贵的象征"，"沃尔

① ［法］罗兰·巴尔特著．符号学原理［M］．李幼蒸，译．北京：三联书店，1999：39.
② 转引自［法］艾柯著．符号学原理［M］．卢德平，译．北京：中国人民大学出版社，1990：17.

沃”是“豪华与安全的表现”，“本田”是“代表中产阶级”，“别克”是“白领女性的身份”，而“桑塔纳”则是“公务车的象征”。通过符号的换挡加速，不同品牌被赋予独具差异性的品牌内涵，汽车不再是意义一致的四轮交通工具，而成为形象各异且便于记忆的品牌产品。

2. 广告符号意义生成的第二个层面：广告受众对广告符号的解读

以上广告符号意义生成的两个层面清晰说明了广告语言符号和广告非语言符号的意义生成过程。但是笔者仍在思考：受众对符号的解读是仅仅依靠其头脑中的观念就能完成，还是会受到其他因素的影响？符号的意义完全取决于受众的主观认知吗？符号要产生作用只能靠受众单方面的冥思苦想吗？

如果是这样，为何当李宁“一切皆有可能”的品牌口号被放在多张反映汶川地震幸存者被援救的感人照片之后出现时，就能比平时的广告在受众头脑中产生更深的认知和记忆？为何蒙牛“中国航天员专用产品”的宣传语紧跟在“神五”升空报道之后，就能让它在随后七个月一直稳坐中国液态奶销量头把交椅？显然，在这两个广告案例中，受众对广告符号的理解并不仅仅来源于头脑中既存的对李宁和蒙牛这两个品牌的认知，更重要的是受众还受到了广告中出现的背景环境的深刻影响，即汶川大地震的场面和“神五”升空的画面。毫无疑问，这样的环境能从心底里唤醒和激发国人某种特定的情绪，而这种情绪状态有助于增强他们对广告品牌的认知、记忆进而产生好感并最终购买。

由此可见，符号在不同的环境中会生成不同的意义。如果说广告受众决定着广告符号意义能否被解读，那么广告环境则决定着广告符号意义如何被解读。因此，笔者认为，广告符号意义生成理应包括第三个层面，即广告符号和环境的意义互动。

3. 广告符号意义生成的第三个层面：广告符号和环境的意义互动

在广告传播活动中，广告传播的环境影响着受众对广告符号的解读。此处的环境应包含两类：其一，广告的内在环境，即作品出现前后的媒介内容系统；其二，广告的外在环境，即广告媒介所处的外在传播系统。前者正如上文所提到的两个案例，李宁和蒙牛的电视广告作品都出现在与广告符号表达意义相符的媒介内容环境中，广告符号意义与这样的环境相依附，能够达到一种浑然天成的广告效果。李宁品牌符号的意义是“一切皆有可能”的永不服输、坚持到底的精神，电视台播放汶川地震中幸存者的画面，传递给受众的是一种崇高的人性光辉，坚强面对生命的人们能够将一切预想中的不可能变成可能。这样，广告作品的意义与媒介内容的意义完全吻合，并在潜移默化中传递给受众，被受众认可。因此，广告作品在传播时要选择合适的媒介内容系统，并融入媒介的内容系统中，才能顺利完成广告符号意义对内容环境的依附，生成预想中的广告意义并传达给目标受众。

广告的外在环境如何影响广告符号意义的生成呢？从传播学角度来说，外在环境是传播中噪声的主要来源。过多的噪声势必会影响受众对广告符号的识别和解读，影响符号意义在受众头脑中的生成，影响广告效果的实现。当前，处在信息时代大背景下，广告传播外在环境的现状不得不令人担忧。不同大小版面的报纸广告被分散地淹没在几十个版的信息海洋之中，不同时长的电视广告被生硬突兀地穿插到各个时段的电视节目之中，再加上传统媒体数量之庞大，广告传播在这样的传播系统中不得不经受纷繁复杂的噪音干扰，其传播效果可想而知。虽然广告主有充足的传统媒体选择空间，但是传统媒体的高噪音系统和大众化的受众群体往往又使他们无所适从，对广告究竟能产生多大的效果没有信心。

由此，满足广告主的消费群体精准定位需求的新媒体应运而生。江南春分众传媒的楼宇电视就是一个典型。它的分众模式创造了新的商业神话。然而，凭借独特的受众聚集功能，新媒体是否真的能够过滤其广告外在环境中的噪声，达到精准营销的效果呢？在目前席卷全球的金融风暴中，我国的新媒体行业也受到影响，融资潮开始遇冷。而分众传媒依靠稀缺资源的地盘之争创造利润的分众模式也已经开始出现泡沫。“新媒体们总会给广告主描绘一群潜在消费者的大概形象，但是这个模糊的形象中，诸如什么人、什么时间和购买什么产品，绝大多数的新媒体尚无法清晰界定。今天看来，新媒体的楼宇电视形式越来越像传统电视。当楼宇的人群开始变得多元，眼球关注点也变得更加复杂时，新媒体的广告却逐渐变得一元化。同时，广告投放价格还在不断上涨，效果却在逐渐减弱。”① 如此看来，新媒体广告的外在环境仍面临着诸多噪声干扰，受众在特殊时空环境中强制接收广告，必然会对广告符号的预期意义产生误读。

三、广告符号意义生成的系统建构

以上所述三个层面构成了广告符号意义生成的完整系统，缺一不可。因此，要实现广告符号意义的生成，达到预期的广告效果，就必须建构一个完整的广告符号意义生成系统。笔者提出，根据广告符号意义生成的三个层次，可从以下三个方面完成对广告符号意义生成系统的建构。

1. 利用能指和所指充分传达广告包含的特定意义

能指和所指的结合具有任意性。但对于广告符号系统来说，它是一个封闭的系统，能指与所指的通道具有固定性。由于广告媒体传播费用高，为了使最小成本达到最大的传播效果，广告必须具有较强的可控性，需要能指和所指具有较强的固定性，产生一一对应的关联。即使产生其他意义，这种意义也应是创作者能预先料想到的或是消费者对产品的正面联想。如在炎热夏日感到口渴时，人们会立刻联想到红白相间的“可口可乐”的清凉解暑。

如果能指与所指固定通道断裂，不能充分传达广告包含的特定意义，则广告符号意义的生成注定是不会成功的。以 2004 年 12 月耐克“恐惧斗室”广告事件为例，广告创作者的初衷是运用龙、中国飞天和中国武术等中国人所熟悉和喜爱的元素，借用美国篮球明星约翰逊主演的闯关游戏，加入互动形式来表达耐克品牌所倡导的直面恐惧、挑战自我和勇往直前的精神理念，借此达到与华人消费者沟通的目的。但广告播出后，由于广告中中国元素被贬用，被詹姆斯一一击败，最终激怒国人，被我国有关部门叫停。从广告选用的符号来看，创作者和受众对能指（包括龙、中国飞天和中国武术）的理解存在偏差。创作者没有考虑到中国消费者所处的文化环境和思维模式，导致能指与所指固定通道断裂，最终品牌包含的特定意义没有通过广告符号意义表达出来。这是在建构广告符号意义生成系统时必须要考虑的问题。

2. 广告符号与广告受众互动关系的建构

从传播学角度理解，广告符号意义的生成取决于广告编码者与解码者的互动。“意义的建构和解读被当作是接受过程的核心。”② 根据霍尔的编码/解码理论，受众的广告符号解读可分为三种基本形态：主导形态、协商形态和对抗形态。对于编码者来说，主导形态是最理想化的形态，即编码和解码双方在认知和理解方面达到高度统一，受众对符号的认知和解读完全契合广告符号预期的意义。

---

① 廖鸿翔．新媒体行业融资冷却　分众模式现泡沫［EB/OL］．［2008-11-12］．http://tech. sina. com. cn/i/2008-11-12/18132575111. shtml.

② 张微．广告解读的哲学探讨——广告意义构建的层次模型与“共同理解”［M］//新闻与传播评论．武汉：武汉大学出版社，2008.

要达到广告受众符号解读的主导形态，广告编码者在编码过程中要始终坚持以解码者为最终指向，以追求编码和解码间意义的一致性为最高理想，通过广告与受众之间的符号互动，使受众的认知和理解完全契合广告本身所要表达的符号意义。符号意义互动的前提，是互动的双方必须要有共通的意义空间。符号互动理论认为，共通的意义空间有两层含义："一是对传播过程中所使用的语言、文字等符号含义共通的理解；二是大体一致或接近的生活经验和文化背景。"① 由于社会生活的多样性，每个社会成员的意义空间是不可能完全相同的，但意义的交换和互动只能通过共通的部分来进行。因此，广告编码者必须通过寻找和建立与广告受众共通的意义空间，来争取达到广告符号与广告受众之间更多的意义互动，确保广告符号意义在经过受众解码过程之后得以实现。

3. 广告传播环境的建构

广告的内在环境建构，需要广告创作方和广告媒体的通力合作。创作方需要对广告媒介的内容系统有充分的了解，能够针对媒介热门事件作出快速反应，创作出适合在热门事件报道中插播的广告作品，进行事件营销。广告创作方和广告媒体应就广告的内容创作和播出时段进行反复沟通，以确保广告作品的符号意义能够紧密依附于播出前后的媒介内容系统，达到预期效果。

基于符号意义生成中的符号与环境互动理论，为了给广告传播创造更好的外在环境以有利于广告符号的意义依附，广告媒体的应对成为我们关注的焦点。笔者在此将主要探讨新媒体的传播环境建构。要让广告更好地融入媒介的传播系统，新媒体可从以下三个方面完成广告外在传播环境的建构。

其一，更加精准的分众式传播。

新媒体的出现正是对受众碎片化现象的回应。相比较于传统媒体，它的确细分了一部分人群，但是这种细分还远未达到广告主心目中的理想状态，即能够找到最直接的消费者。"更加精准"理应成为未来新媒体发展的必然趋势。目前已经有此类实践活动。"比如一些目录销售公司，通过顾客的重复购买行为，分解出对母婴用品、化妆品、家居以及小家电等有共同消费需求的消费者群体。"②

新媒体要实现更加精准的分众式传播，数字技术、网络技术、卫星通信技术等高科技的不断发展是重要前提。在新媒体上投放精准定位消费者群体的窄告，必须在深入研究消费者群体的消费习惯和偏好的基础上，利用集高科技于一体的新媒体将专门针对目标群体的信息进行精准的分众式传播。没有技术的支持，即便有非常精准的消费者行为洞察，有效信息也难以精准地到达。正如CCMedia的CEO詹忠坪所言："所有的比较精准的方式，牵扯到的技术含量比较高，必须把这些大量的信息很快的搜集出来，然后很快地把它做一些精准化，然后进行分析。"③ 以网络为例，作为数字技术新媒体的典型代表，其广告的匹配方式已大致经历随机匹配、人口统计匹配、内容文字匹配到行为匹配四个阶段。手机报、手机电视、网络视频、卫星电视等新媒体的精准定位技术也在不断提高。随着技术的不断进步，广告商应致力于开发更多投放更加精准的新媒介，将广告传播的外在环境干扰降低到最低。此外，除了具备精准的技术，应该注重媒体本身的品牌，打造每一种新媒体的独特价值，建立良好的信誉度和美誉度。

其二，数字技术的互动式传播。

① 郭庆光．传播学教程［M］．北京：中国人民大学出版社，1999：53.

② 杨杨．后分众时代新媒体更分众［EB/OL］．［2008-10-25］．http：//tech. sina. com. cn/i/2008-10-25/05532534377. shtml.

③ 刘琦琳．碎片化时代的精准营销［J］．互联网周刊，2008（11）.

和传统媒体相比较，互动传播被看做是数字新媒体的一个革命性的传播优势。“模拟技术的传播系统如同单行道，回程的车流需要走另外的通道；而数字技术的信息管网是个双向道，主动发送的信息和反馈的信息在这个通道内对向而行。”① 互动式传播有利于排除广告传播外在环境的噪声干扰，实现一对一的广告传播效果。例如，以百度为代表的搜索引擎广告和以淘宝为代表的网购类网站广告正是利用了新媒体的互动传播技术来提升广告的有效性。它们的商业模式都是先为消费者提供搜索、论坛、个人空间、购物等免费的交互式服务，消费者可以随时发表需求信息或评论信息，以此赚得极高人气、用户黏度与流量，然后再吸引广告主投放各种形式的广告。此类新媒体广告往往极具个性化和精准性，消费者还能和广告主直接进行互动交流，因此广告传播效果比较显著。

未来将是一个以网络营销为主的整合营销传播时代，广告的生存方式将随之发生变化。网络上大量的商务信息，包括卖方的销售信息和买房的需求信息，都是广告新的生存形态。网络环境下消费者会主动寻求广告信息，并希望通过链接能够最大限度上获取完整信息。网络广告主要采用交互式的超文本和多媒体格式文件作为广告载体，海量的数字信息存储技术为提供完整信息创造了条件。新媒体应充分利用自身载体优势创建完整的信息资源库，以满足消费者的信息需求。消费者越是能够便利地获取一切所需信息，信息就越能远离外在环境的干扰，在最大限度上为消费者服务，达到预期传播效果。

其三，生活圈媒体的融入式传播。

新媒体有一个共同特点，它们与老百姓的日常生活密切相关，在老百姓的日常生活中随处可见，因此其使用或被注意到的频率非常高，业界称之为“生活圈媒体”。分众传媒是中国生活圈媒体群的创建者。围绕着“生活圈”这一概念，越来越多的新媒体被开发出来，成为中国都市生活中具有商业影响力的传播和营销平台。在写字楼有中国商业楼宇联播网，在超市有中国卖场电视联播网，在商业中心区有户外大型 LED 彩屏网络，甚至在电梯中也有公寓电梯平面媒体网。

公交车车身可以做广告，出租车车后可以装电子广告显示屏，而龙骑天际国际传媒甚至第一个把自行车变成专业的广告媒体，首创自行车免费租赁项目，既方便人们的交通，又能有效进行广告活动。2008 年 6 月 1 日，我国全面实施“限塑令”，环保购物袋的市场需求激增，这又促成环保购物袋成为新的广告媒体。有人将自行车和环保袋视为融入式广告媒体，广告与生活已经融为一体。这样的融入式广告环境要比放置于消费者视野之外的外在生活圈媒体环境更加具有传播力和穿透力，有利于消费者对于广告符号的理解。它和植入式广告是有区别的。植入式广告是将产品或品牌放置在电影、电视剧或电视节目内容中，让观众留下印象以达到营销目的。它并没有与传播过程和载体融为一体，而像是借助一块宝地在栽培的附着植物。而融入式广告跳出了影视屏幕的限制，就活跃在消费者的现实生活中，它是更加生活化的广告，更易于亲近的广告。因此，笔者认为，生活圈媒体的概念进一步缩小了广告传播复杂的外在环境。只有开发更多有效的生活圈媒体，广告的精准化传播才更有可能早日变成现实。

广告符号意义的生成，依赖于能指与所指的二元关系，离不开受众的主动认知和解读，更取决于广告传播的媒介内容系统（内在环境）和广告媒介所处的外在传播系统（外在环境）。本文只是根据广告符号意义生成的三个层次，对广告符号意义生成系统的建构进行了定性分析，将有待于进行更加精确的定量研究和深入分析。例如，对于广告与媒介内容系统的关联性以及外在传播系统的噪声究竟在多大限度上影响广告符号意义的生成，如何确保广

---

① 于小川．技术逻辑与制度逻辑——数字技术与媒介产业发展［J］．武汉大学学报：人文科学版．2007，60（6）：871-874.

告环境能够最大限度上有助于广告符号意义的生成等问题，都需要通过进一步的研究加以解决。

【参考文献】

[1] [瑞士] 费尔迪南·德·索绪尔. 普通语言学教程 [M]. 北京：商务印书馆，1980.
[2] [法] 罗兰·巴尔特. 符号学原理 [M]. 北京：三联书店，1999.
[3] [法] 艾柯. 符号学原理 [M]. 北京：中国人民大学出版社，1990.
[4] 郭庆光. 传播学教程 [M]. 北京：中国人民大学出版社，1999.
[5] 李思屈. 广告符号学 [M]. 成都：四川大学出版社，2005.
[6] 张微. 广告解读的哲学探讨——广告意义构建的层次模型与"共同理解" [M] //新闻与播评论. 武汉：武汉大学出版社，2008.
[7] 刘琦琳. 碎片化时代的精准营销 [J]. 互联网周刊，2008 (11).
[8] 于小川. 技术逻辑与制度逻辑——数字技术与媒介产业发展 [J]. 武汉大学学报：人文科学版，2007 (60).
[9] 杨杨：后分众时代新媒体更分众 [EB/OL]. [2008-10-25]. http：//tech. sina. com. cn/i/2008-10-25/05532534377. shtml.

【作者简介】

姜帆，山东建筑大学艺术学院讲师。

广告信任度的测量、心理路径与个体影响因素*

高运锋

【摘　要】广告信任度是影响消费者信息搜寻与消费决策的关键质化指标。对641名、1 075名消费者的大样本有效问卷分析显示，可以用单项目指标与广告怀疑量表相结合的方式从正反两面测量消费者的广告信任度。广告信任度的心理形成路径包括认知信任与情感信任，年龄和经济收入是影响消费者广告信任度的两项人口统计变量。

【关键词】广告信任度　认知信任　情感信任

对于消费者而言，广告只有值得信任才能纳入消费决策的程序。但是通过广告而采取消费决策是伴随着风险产生的。在时间上，存在着使用前只知道广告产品信息而不知道是否与实际产品质量存在偏差，在市场空间上存在着广告主与消费者的离散，同时消费者还要面对由于信任广告而消费所造成的机会成本。对企业而言，广告是否赢得消费者信任还关系到产品信任度、品牌满意度和品牌忠诚度。而个体层面的广告信任心理则汇集成集体意识层次上的广告公信。

近年来，回应广告实践的需要，"广告信任度"问题近年来也进入到我国广告研究的视野。但总体上，学界对于广告信任度在很大程度上被作为一个模糊的日常概念来使用，有关本土化研究则以商业研究为主，多是泛泛的描述。为此，本研究将结合文献研究与笔者主持的两次大样本问卷调查，对广告信任度的测量、产生信任的心理路径及其影响因素加以总结，借以寻找消费者信任广告的原因，推进广告信任心理研究。

一、广告信任度的层次与测量

1. "广告信任度"的两个层次与两种内容

广告的信任度存在两个层次。消费者虽然在一般意义上可能对广告的信任度不高，但是可以对具有某些特征的广告（如信誉良好的企业广告）产生信任。

消费者信任广告信息的内容有直接广告产品信息（如功能、价格、规格等）和间接产品质量信息两种。根据信息经济学原理，广告传递的产品质量信息有直接信息和间接信号两种。前者是直接告诉消费者产品的属性功能特点，后者通过广告支出等作为质量信号的间接信息。但以往的研究，主要是在认知层面针对广告直接传递产品信息的可信度展开。

基于文献研究与问卷调查结果，本文第一认为"广告信任度"是一个复杂多维的心理认知结构，是多个让消费者产生信赖感的属性相结合的产物。第二，"广告信任度"是属于一种积极的主观判断和评价。在存在广告诉求与事实可能存在偏差风险的情况下，消费者依

* 浙江省教育厅科研项目成果，项目编号：Y200804662.

然相信广告主会以消费者长期利益考虑传播广告信息。第三，广告信任度的内涵理应包括广告直接传播的产品信息和间接传递产品质量信号两种。第四，心理学认为理性与情感都能够导致信任，两者之间是交互影响的。因此，对作为广告与事实符合程度的真实性只是一种理性信任的结果，不同于情感导致的信任。以往多数研究将广告信任度等同于理性计算分析方面的广告可信度。

2. 广告信任度的测量指标

那么，如何判定消费者的广告信任度呢？这就有必要通过量化指标的测评来完成。因此，广告信任度测量是一个定量分析的过程，即用数字去反映消费者对广告的信任度。

（1）广告单维信任度指标与广告怀疑量表（SKEP Scale）

可以用单一条目测量消费者对广告的总体信任度。

总体上，在了解产品信息时，您对广告的态度是：

①非常信任　②比较信任　③一般　④不太信任　⑤非常不信任

笔者通过该指标分别在2006年7月、2007年4月以问卷调查方式两次测量了武汉市区消费者的广告信任度①。频次分析显示，广告总体信任度得分均值（Mean）分别为2.76、2.80，标准差（Std. Deviation）为0.77，消费信息搜寻中不信任广告（包括“很不信任”、“不太信任”）的比例分别为30.4%、34.8%，信任广告（包括“比较相信”和“很相信”）的比例仅仅有12.2%、12.9%。这说明，在被调查的武汉消费者对广告以持怀疑态度为主，但不相信者多于相信者。以及格分3分为标准，可判定目前消费者广告总体信任水平不容乐观。

相比之下，对广告真实传递产品信息的评价通常更差。消费者广告信任度调查报告（武汉，2007）显示，条目“总体上，广告展现了产品的真实情况而没有夸大”的得分均值为2.51，标准差为0.90。认同比例为13.1%（包括“非常同意”、“比较同意”两项），而反对者（包括“不太同意”、“非常不同意）则高达55.8%。②

学界存在其他的测量指标吗？美国学者 Obermller 与 Spangenberg（1998）提出“广告怀疑量表”（SKEP Scale）。两位学者对“广告怀疑度”的定义是：怀疑广告诉求的一般倾向性，认为消费者个体对广告怀疑倾向是有差异的。该指标主要是评价一种总体性态度而非对特定的广告或广告诉求的反应③。量表有9条目，格式采用5分量表，分别是：①我们能够通过绝大多数广告获得事实；②广告的目的是把信息告知给消费者；③我相信广告是信息性的；④广告总体上是真实的；⑤广告是传递产品质量和功能信息的一种值得信赖的来源；⑥广告是巧妙的传递真实；⑦总体上，广告呈现了广告产品一种真实的图景；⑧我觉得在看到大多数广告后已经被准确告知了；⑨大多数广告提供给消费者基本的信息。

该量表适于测量中国消费者吗？笔者（2006）通过大样本调查对此进行了测试。在剔除该量表“修正后条目总体相关系数”最小的两条目后，Alpha 信度系数为0.78。“广告怀疑量表”（SKEP Scale）得分与广告单一指标分数显著相关（$r=0.56$，$p<0.01$），说明广告怀疑倾向越强，广告信任度就越低。这表明可以采用该量表来间接判断中国消费者的广告信

---

① 两次调查均由笔者主持，于2006年7月和2007年4月在武汉指定地点进行配额抽样，有效问卷分别为641份、1 075份，样本总体为武汉市中心7区常住人口，按武汉市统计局上年度的《武汉统计年鉴》与《武汉市1%人口抽样调查主要数据公报》提供的各区人口与年龄比例分配样本量，使得样本与对应总体的年龄结构相同。

② “广告信任度”与“广告怀疑度”两变量呈均值为0、标准差为1的标准正态分布，进行分析前均剔除了超过3个标准差的个案，以排除异常值的影响。

③ Obermiller，Spangenberg. Development of a Scale to Measure Consumer Skepticism toward Advertising [J]. Journal of Consumer Psychology，1998，Vol.7，No.2：171.

任度。

二、广告信任度形成的心理路径

心理学对信任区分为两类，认知信任和情感信任。前者是理性分析、解释与评价、决策的结果，后者是由于特定的情感偏好与强烈的情感联系产生信任。同时，认知信任是情感信任的基础，两者是一种交互影响的正相关关系。例如 Ganesan（1994）测量信任时用可信度和善意分别测量认知信任与情感信任。此外，McAllister（1995）将人际信任分为两种基本类型：建立在个体对其交往对象的可信性和可靠性上的认知性信任（Cognitive trust），建立在人际相互关心与照顾基础上的情感型信任（Emotiional trust）。杨中芳等（1999）认为，认知信任是通过经验而产生的保障性信任，而情感信任则接近非理性的信任①。广告影响消费者恰恰也是通过两种途径，情感诉求和理性诉求。因此，基于非可印证性的情感与基于理性计算的认知信任是形成信任广告的两类主要心理路径。虽然，两者相互影响，但在心理强度上存在着一定差异。以下，以此为标准在探询形成广告信任度的前因基础上鉴别情感信任（因子负载以斜体数字表示）与认知信任。

1. 广告主信任维度

采用主成分分析与最大方差旋转方法（下同）两步提取到 2 个公共因子（KMO = 0.67，Bartlett 适应度检验在 0.000 水平上显著，下同②），累计解释贡献率 63.38%③。这证明，企业不仅要有能力，而且还要表达善意，才能赢得消费者对其广告的信任。此前，零点研究集团（2004）调查也表明，广告主的信誉是消费者信任广告最关键的决定因素④（见图 1）。

表 1 **广告主信任维度因子负载**

评价维度	企业特征	Component	
		1	2
规模实力（α=0.64）	名气大的企业	.810	
	跨国公司	.757	
	规模大的企业	.658	
诚意善良（α=0.54）	老店老厂老字号		.817
	常做公益广告的企业		.785

数据来源：中国广告公信力调查报告（武汉，2006）

① 对认知信任和情感信任关系的心理学分析参见谢凤华．消费者信任实证研究［M］．北京：知识产权出版社，2007：31-32.

② 用于判别变量之间相互联系程度和因子分析适当性的一般标准是：KMO 值≥0.8 时表示非常好；KMO 值≥0.7 时表示中上水平；KMO 值≥0.6 时表示中等水平；KMO 值≥0.5 时表示不太好；KMO 值<0.5 时则表示不能接受。具体参见柯惠新，祝建华，孙江华．传播统计学［M］．北京：北京广播学院出版社，2003：258.

③ Alpha>0.7，表明数据可靠性较高；探索性研究中，Alpha 值可以小于 0.7，但应大于 0.5。具体参见卢泰宏等．中国消费者行为报告［M］．北京：中国社会科学出版社，2005：347.

④ 零点集团．中国城市消费者广告接受度调查报告［EB/OL］．［2008-08-11］．http://www.horizonkey.com/showjinlun.asp?art_id=93&cat_id=23/htms.

2. 广告产品信任维度

至少有三方面的原因可以导致对广告产品的信任。通过因子分析，提取到3个公共因子（KMO=0.68），累计解释贡献率64.46%，Alpha信度系数分别为0.67、0.74、0.50（见表2）。

表2　　产品信任维度因子负载

评价维度	产品特征	因子负载		
		1	2	3
外围线索（α=0.67）	价格高	.788		
	功能说明多	.729		
	包装精美	.788		
独立检验（α=0.74）	政府部门质检认可		.752	
	专业组织效果调查		.860	
	产品功能经过实验证明		.782	
使用体验（α=0.50）	产品使用者多			.774
	自己用过多年的牌子			.829

数据来源：中国广告公信力调查报告（武汉，2006）

3. 广告表现信任维度

因子分析提取到三个公共因子（KMO=0.82，累计贡献率67.58%）：创意水平、诉求合理和广告代言人可信。零点研究集团（2004）调查也表明，"广告本身的创意水平"是消费者信任广告关键因素。① 此外，王怀明等(2004)对名人广告源可信度进行了实验研究，发现专业性、吸引力、品德和名人与商品的一致性影响了名人广告源可信度②。其中，专业性、商品一致性是基于理性的信任，吸引力则与品德属于情感信任(见表3)。

表3　　广告表现信任维度因子负载

评价维度	广告表现特征	Component		
		1	2	3
创意精良(α=0.85)	娱乐有趣	.817		
	画面精美	.815		
	广告创意新颖	.802		
	广告音乐动听	.771		
诉求合理(α=0.70)	说法合理		.772	
	同类产品比较		.675	
	场景贴近生活实际		.608	
代言人可信	婴儿代言			.897
	老人代言			.894

数据来源:中国广告公信力调查报告(武汉,2006)

① 零点集团．中国城市消费者广告接受度调查报告[EB/OL]．[2008-08-11]．http://www.horizonkey.com/showjinlun.asp? art_id=93&cat_id=23/htms.

② 王怀明,马谋超．名人广告源可信度因子结构[J]．心理学报,2004(3):365-369.

4. 广告媒介信任维度

对媒介可信度评价维度进行因子分析，KMO＝0.85，累计解释贡献率49.78%，仅存在1个公共因子（Alpha＝0.83，这与本次调查中媒介条目过少有关）。频次分析显示，认为中央电视台等国家级媒介可信的达64.3%，远远高于不认可的8%（认为一般的占27.5%），说明国家级媒介在消费者心中信誉很高。而零点研究集团（2004）调查同样表明，消费者信任广告最关键的决定因素之一是“登载广告的媒体的可信度”，即广告媒介不可信赖，那么该媒介登载的广告也很难受到信任。①

三、广告信任度的个体影响因素

把企业可信度、产品可信度、广告表现与不相信广告的指标维度作为因变量，以人口统计变量（包括性别、年龄、职业、月收入）、人际信任变量、媒介接触变量为自变量，进行逐步回归分析（STEPWISE）②。结果如表4所示。

表4　**广告信任度影响因素回归方程系数**

	广告主信任指标		广告产品信任指标			广告表现信任指标		
	1	2	1	2	3	1	2	3
人口统计指标								
性别（男＝0）	-.169 *							
年龄			-.112 **	.095 *	-.076 *			
月收入		-.091 *						
人际信任变量								
CRED	.260 ***	.294 ***	.222 ***	.206 **	.196 **	.349 ***	.350 ***	.154 **
Adjusted R^2	.066	.066	.039	.028	.027	.062	.065	.025

注：* P<.05；** p<.01；*** p<.001

数据来源：中国广告公信力调查报告（武汉，2006）

由表4可见，在四类自变量中，人际信任变量对广告可信度诸因子均呈正相关关系，说明人际信任即人格上的信任倾向与评价广告可信各维度有积极影响。也就是说，信任倾向高的个体越容易信任广告。在广告主信任维度上，“男性（比女性）”、“职业（其他）”对因子1（“实力规模”）存在显著负相关关系。“月收入”对因子2（“诚信善意”）为负相关关系。相比男性，女性更认同企业的名气大、属于跨国公司以及企业规模大等是企业可信度的评价指标。

三类自变量中，“年龄”对因子2“用户多”呈负相关关系（p<.01），说明年龄越小的

① 零点集团．中国城市消费者广告接受度调查报告［EB/OL］．［2008-08-11］．http://www.horizonkey.com/showjinlun.asp? art_id＝93&cat_id＝23/htms.

② 调查以Yamagishi&Sato（1986）“人际信任量表”来考察人际信任与广告信任的关系。经检验，量表Alpha系数为0.81，属较高水平。量表见Yamagishi，T.，Sato，K..Motivational Bases of the Public Goods Problem［J］．Journal of Personality and Social Psychology，1986：50，67-73.

人越认为"用户多"是评价产品可信的重要标准。"年龄"与因子3为正相关关系，说明年龄越大的人越认为"第三方认可"是评价产品可信的重要标准，这可能与年龄增加后阅历丰富有关。

在《中国广告公信力调查报告（2007）》中，笔者进行了人口统计变量、媒介接触与广告信任度评价的逐步回归分析，分别以人口统计变量、媒介接触频度为自变量，依次进入回归方程，结果见表所示。由回归方程可知，仅仅"年龄"与"月收入"对单项广告信任度评价指标具有显著影响。具体情形是：年龄越大，对广告信任度的评价就越差（标准化Beta=-0.164）；"19～25岁"是广告信任度评价的转折时期，此后对广告的总体信任度持续下降。此外，月经济收入越高，则对广告信任度就越高（标准化Beta=0.13）。年龄对广告信任度的显著影响也得到了此前陈家华等（2002）的部分证实。该研究就中国内地儿童对电视广告的信任度进行了调查，发现随着年龄增长，相信电视广告的儿童的比例逐渐下降（见表5）①。

表5　　广告信任度的个体影响因素

预测变量	B	Std. Error	Beta	t	Sig.
年龄	-.057	.017	-.109	-3.441	.001
月收入	.076	.024	.103	3.153	.002

数据来源：中国广告公信力调查报告（武汉，2007）

四、讨论与展望

本调查揭示，情感信任是导致消费者对企业广告信任的重要路径。中国消费者对广告企业的信任度感知主要来自企业的规模实力与诚实善意两方面。因此，为获得消费者对企业广告的信赖，企业一方面需要提高自身经营业绩和知名度（本调查表明企业没有名气即品牌知晓度低也常常会导致企业的广告不被信任），另一方面要树立诚实善意的形象，积极承担社会责任并及时加以传播，才能获得消费者的心理认同。

虽然广告常常面临直接传递产品质量信息的信任困境，但是广告仍在发挥着某种告知基本产品生产、销售信息（即告诉消费者什么厂商生产或销售什么产品）以及间接传递产品质量信息的功用。消费者可以不相信或怀疑广告直接说的产品质量多好，但是至少能够借助外围线索找到信任产品质量的理由。因此，在信息不对称情况下，价格、功能说明与产品包装等成为消费者判断产品品质的外围线索。因此，广告应当尽可能呈现这些信息，减少消费者对产品风险的感知。

后续研究中，可以在进行典型调查和完善量表的基础上对其他地区进行测试，增加对广告媒介信任的测量与各维度之间关系的考察。同时，对品类广告公信力的差异与广告信任的结果，即广告信任度与广告态度、品牌态度、购买意向之间的关系，也是值得探讨的问题。

---

① 陈家华等．中国儿童喜欢和相信电视广告吗？[J]．新闻与传播研究，2002（4）：24-37.

【参考文献】

[1] 谢凤华．消费者信任实证研究［M］．北京：知识产权出版社，2007.
[2] 柯惠新，祝建华，孙江华．传播统计学［M］．北京：北京广播学院出版社，2003.

【作者简介】

高运锋，浙江工商大学广告学系讲师、博士，研究方向为广告传播理论。

后现代广告符号暴力之研究

宋奕勤

【摘　要】本文在研究了后现代广告符号暴力的种种表征后，探讨了广告符号产生暴力的根源，以此研究为弱化广告符号的暴力效应作出贡献。

【关键词】后现代广告　符号　暴力

广告作为21世纪重要的文化现象之一，总是以自己独特的方式表现和记载着时代的变迁。在这个高度符号化的社会，当代广告以丰富的视觉或听觉符号来标示商品或服务的意义，并不遗余力地“换挡加速”，积极挖掘符号组合后的多层次意指。这些符号往往以悦耳的声音、唯美的画面创造宜人的情调，从而构建一个虚幻的世界，以满足消费社会的需要。但对于后现代广告中运用的某些符号却带有某种的暴力特征，在无意或有意间对受众产生精神或肉体的伤害，成为当代传播不容忽视的一个问题。

一、关于广告符号的暴力

暴力“公开表现以实力对抗他人或自我，或者反对他人意愿的强制行动造成被伤害或杀害的痛苦①。”这是美国媒体暴力研究专家乔治·格伯纳（George Gerbner）的经典定义，他把暴力局限为非法的行为暴力。但在虚拟技术和全球化、网络化高度发达的今天，暴力的表达方式不再仅仅局限于行为暴力，也不再是非法的途径。暴力行为更多的演化为精神上的伤害，并且这种隐蔽的“软性”暴力常常以种种合法的方式予以表现，其危害往往被人忽略。

乔治·格伯纳曾提出著名的“培养理论”——电视歪曲真实的世界，改变了人们的观念。把这一理论引入广告符号学研究，可以得出：受众屈从于他们反复接触的广告符号所传播的歪曲真实的世界景象和价值观，形成了缓慢、累积的效果，即广告符号“培养”了人们的意识。这就是广告符号的暴力。广告利用各种各样的符号，并借助媒介的强大力量，向受众传播海量的商品或服务的信息，无论这些信息如何离奇古怪、另类刺激、色情恐怖，无论受众是否乐于接受。从社会学角度来讲，如果某些广告符号强制性地侵犯了人的感官权利，不论是有意还是无意，只要侵犯和伤害了受众的审美主张、消费观念、伦理道德和民族感情，引起了受众的普遍痛苦，就是一种强暴行为，应被视为广告符号的“暴力”。

例如2005年，“兔女郎”内衣广告在南京被查处。其性感的广告画面多发布在新街口附近的一些写字楼的电梯间里，更有甚者张贴到了河西某居民小区的电梯间里。由于广告充斥着浓重的色情成分而遭到居民的抵制。广告把内衣附着于三点尽露的“兔女郎”这一特殊符号上，无疑更容易让人感受到色情，而非销售情趣。特别是在电梯间这样一种狭小的空间里，无论男女老幼，广告低俗的符号意指造成的紧张、尴尬和难堪，显然是对受众的一种

---

① 沈新潮，周靖．电视暴力镜头传播效果分析［J］．青年记者，2009（11）．

精神迫害，也就是一种“暴力”。

二、在后现代背景下，广告符号暴力的种种表征

后现代广告是后现代主义思想指引下的产物，是消费文化盛行的后现代社会情境下的产物。① 人类进入21世纪后，后现代广告更加强调设计的意识形态，善于把商品特质、时代精神、文化观念等加以解构，从而改变了现代广告设计的风格。后现代广告往往以晦涩的表达、冷傲的形象、模糊的意旨、破裂的色彩与强烈的否定，重视解构而轻视建构；它往往以荒诞、戏谑、嘲讽、自虐的形式符号表现，却以漂亮的面目呈现，手法怪异、内容模糊、主题反叛；它在符号表现上突出仿真与超现实，在创意思路上高扬时尚、颠覆传统，在传播效果上更加注重感官的刺激和独特的印象留存。为追求商业利益的最大化，后现代广告无视广告符号暴力对受众行为与态度的负面影响，在生产技术、表达形式和传播方式上呈多样化的趋势。

1. 海量覆盖的广告符号带有明显的压迫性表征

进入21世纪，广告竞争更加激烈，广告符号国际化潮流构筑了当代广告视觉霸权的传播基石。富裕过度的符号和不堪重负的视觉负担，已成为这个时代的特征。据统计，生活在中心城市的当代中国人，每天面对的广告信息多达上千条。从早到晚，从室内到室外，大众每天都生活在广告符号的包围中而无从躲避。

海量广告符号的泛滥成灾，使人们的神经几乎已经到了崩溃的边缘。信息社会出现了一个悖论：一方面，消费文化中符号的生产和传播越来越丰富和广泛，人们面对的是远比历史上任何一个时期都复杂得多的、海量的广告符号；另一方面，尽管每天面对铺天盖地的广告符号，但受众对其的反应却趋于弱化，甚至熟视无睹。由此就造成了后现代广告为了激发受众的关注，不惜采用各种“暴力”手段，不顾公众的合法权益与社会的安定和谐，不顾受众生理和心理的健康，一味追求广告的冲击力和传播力，海量覆盖的广告符号带有明显的压迫性表征。

2. 具有明显暴力性的广告符号具有强制侵犯性表征

后现代广告中常常运用暴乱的神经，癫狂的灵魂，肢体的对抗，嗜血的刺激进行宣传，这些广告往往存在大量色情、暴力、恐怖的符号，对社会特别是未成年人产生不良影响。如苹果MP3性暴力系列化广告，画面中一对衣着暴露的年轻男女有着明显的性虐恋行为。再看 *Campaign Brief Asia* 杂志系列平面广告，巨大的灯泡砸在正在看该杂志的年轻人身上，鲜血四溅。由于灯泡这一符号通常被喻为“idea”，画面隐喻“你”正好被主意、点子砸中。这组系列广告想传达“如果你看了这本杂志，就会获得巨大的启发”这一主题，却通过一幅幅异常血腥和暴力的场景来表现，对受众的神经可以说是一大挑战。符号的构成和视觉刺激可谓登峰造极，堪称“恐怖广告”的典范。

不仅在商业广告中，这种暴力性符号在公益广告中也屡见不鲜。例如安大略省学院美术与设计系的一组平面广告，为了表现学院老师无私奉献的精神，三位被分别钉在手术盘中开膛、破肚、切颅的老师全都面带微笑，让人毛骨悚然。后现代广告常常有意利用这种极端的刺激性和暴力性符号来营造一种令人窒息和恐怖的效果，目的是引起受众的注目，但却侵犯

① MBA智库百科．后现代广告［EB/OL］．［2009-07-08］．http：//wiki.mbalib.com/wiki/%E5%90%8E%E7%8E%B0%E4%BB%A3%E5%B9%BF%E5%91%8A.

了受众的视觉权益。

3. 具有荒诞的、超现实的广告符号带有逼迫性表征

我们生活在后现代这样一个刺激过剩的消费时代，为了震撼受众的感官，后现代广告对符号的生产在技术上可谓是不断更新，在符号构成方式上也在不断升级，异物同构、异质同构错乱着人的感官，怪异、荒诞的超现实视觉符号层出不穷，正所谓“语不惊人死不休”。

如“SONY 巨型婴儿”篇平面广告，为了突出 SONY-PS2 游戏机一贯的诉求主张“不可思议的……”“PS2 的重生带给大众的体验，就是一种不同寻常的生活”，广告符号包括正在接生的产科医生和正在挣扎的产妇，两人的头部都在画外，而从产妇双腿间刚刚出生的婴儿尽然有一张成年男士扭曲变形的脸，确实“不可思议”。又如哥伦比亚动脉高血压协会的一组平面广告，为了表现“你不知道什么时候就会死去，高胆固醇将会伤害你的心脏，请在生前关爱你的家人”的主题，画面中最重要的视觉符号是与之相拥、相伴的亲人已经变成了恶心、恐怖的僵尸。诸如此类造型怪异、离奇荒诞的广告，在给受众的感官造成强烈冲击的同时也带了心理上的极大不适。广告符号一味追求感官的刺激，违背了公众的审美主张，已经演变成了一种视觉暴力。

4. 虚幻的广告符号带有隐性的强迫性表征

后现代广告成为商家造梦的机器，它把消费者的梦想包装好再卖还给消费者，麻醉受众神经，使受众逐渐失去了判断能力和批判精神，一味地盲从广告所制造的虚幻的时尚、不现实的梦想或不良的嗜好。白酒只是粮食被发酵后得到的液体，当轩尼诗、芝华士、人头马、茅台、五粮液的所指与成功男士的种种满足和得意的所指相绑定，也就意义生成了某种神话和梦想，而完全忽略了酒的危害。再如众所周知吸烟有害身体健康，但万宝路与阳刚、健壮的西部牛仔，圣罗兰（YSL）与性感、神秘、优雅的女性，“寿百年”的金色飞鹰与英国皇室旧日的荣耀与高贵……在消费社会里，人们不再把消费的商品视为“物”来消费，而是对广告符号意指的神话的消费，这导致了现代符号拜物教①的出现。这些多多少少能使人上瘾并产生不良依赖的商品，通过广告符号非常隐蔽地强迫着消费者在潜意识中产生屈从。

再如，在当今的消费主义浪潮中，物质的极度丰盛大大推动了炫耀性消费。现代人逐渐沦为路易威登、宝马汽车、劳力士手表、卡地亚珠宝等奢侈品品牌符号的拥趸者，炫富、炫贵、炫品位……在炫耀的同时，也是对别人的排挤和打压。在当代流行文化产业中，后现代广告成为一个制造娱乐的巨大的工厂，迷惑和麻醉大众，在不知不觉中强迫着大众屈从于广告符号的暴力。

5. 民族符号在广告中的误用和滥用侵犯了民族感情

在后现代主义“多元”特征的背景下，在经济全球化的今天，各国广告纷纷借助民族符号丰富商品内涵，树立品牌特色，以期拉近与当地受众的距离。但是后现代广告对民族符号的误用和滥用，常常伤害了所在国受众的民族感情，甚至引起受众的激愤。

2003 年刊登在《汽车之友》杂志第 12 期上的两则“霸道”和“陆地巡洋舰”的新车广告——“中国狮向‘霸道’敬礼”和“‘军用卡车’拖后腿”，因在其广告画面中不当使用“石狮”和“军用卡车”这两种中国特有的民族符号，而在社会上引起强烈不满，最终广告主和杂志社公开道歉，并撤销了该广告。2004 年 12 月，美国耐克公司播出的电视广告《恐惧斗室》被禁播，因其篮球鞋代言人 NBA 明星勒布朗·詹姆斯一一打败“打太极拳的

① 宋德孝．商品拜物教批判与符号拜物教批判：马克思与鲍德里亚［J］．唯实，2009（6）．

中国老人、敦煌壁画中的飞天以及中国龙”等中华民族符号，而招致国内外广泛批评被禁播。2007年的“国歌事件”，美国箭牌公司生产的“Orbit（傲白）”口香糖竟调侃中国国歌《义勇军进行曲》，没有顾及中国民众的爱国情怀，而在俄罗斯被禁播。民族符号是传统文化观念的物化形式和传播载体，具有特定的内涵和约定俗成的信息传播功能。谁无视这些，谁就会自食其果，尤其是在国际广告传播中。

三、广告符号产生暴力的根源

1. 从社会经济环境来看，暴力性广告符号的产生是一种浮躁和急功近利的行为

在现实社会中，人们对暴力事件比较关注。如美国“9·11”事件刚刚发生时，远在地球另一边的中国大众通过互联网、电视和广播等媒体就已知道，并争相告知。这也说明受众在看到暴力符号时会特别敏感，暴力符号受到的关注度也普遍较高。因此，相关利益者为追求低成本、快获利，将大量的暴力性符号展现在广告上，以期获得可能的、巨大的商业利益或社会效益，从而在整个市场上产生类似于经济学中的“劣币驱逐良币”的现象。①

2. 从广告环境来看，广告在全球化和产业化的浪潮中，出于经济或竞争的考虑，甘心充当暴力符号的传播载体

当代广告是流行文化传播的最直接和最有力的工具，是消费主义的重要载体。在后现代社会中，广告创造的海量符号已经越来越明显地对受众的思想意识产生重要影响。广告在商业利益刺激下所普及的流行文化中，往往推销一种低水平的满足。再加上暴力美学的流行，迎合了当代年轻人的神话幻想，使得广告符号的暴力现象尤为突出。此外，全球化浪潮催生下的跨文化传播，也使得广告符号的暴力现象愈演愈烈。

3. 从受众方面来看，受众的审美趣味和道德素养正在屈从于暴力符号

其实人都有征服欲，只要有征服欲就会有暴力倾向，这是人的原始本能所至。但随着人类的进步，文明程度有了本质的提高，法律、道德有效地限制了暴力的任意发生。但随着社会竞争的日趋激烈，人们的生活和工作压力不断加大，有时为了发泄压抑的情绪，人们往往乐意去观看带有暴力内容的节目，从而宣泄自己的情绪，缓解自己的压力。在当今的消费主义浪潮中，物质的极度丰盛大大推动了符号消费，个体的自主性思维能力趋于削弱。后现代广告符号正是利用这一点向受众宣扬骄傲、反叛、个性、自我、暴力……潜移默化中改变着人们的思想观念，受众的审美趣味和道德素养正在屈从于暴力符号。

总之，广告符号的暴力是在多方面共同作用的条件下产生的，而这几条原因又是相互影响和相互作用的。我们应该逐步弱化后现代广告符号的暴力效应，在广告创意上求新、求美、求趣，利用广告符号的艺术感染力来吸引人、打动人，提高受众自身的思考能力、辨别能力、控制能力，以抵制广告符号的消极影响，给人以满足感、安全感和幸福感。

【参考文献】

[1] 李思屈．广告符号学［M］．成都：四川大学出版社，2004.
[2] 苏特·杰哈利．广告符码［M］．北京：中国人民大学出版社，2004.
[3] 石义彬，张卓．媒介暴力研究多重视角［J］．中国传媒报告，2004（5）.

① 武小菲，马莉，白亚峰，冯泽中．媒介暴力产生的原因分析［J］．今传媒，2007（3）.

[4] 吕尚彬．后现代广告：人本观广告的新形态 [J]．新闻与传播评论，2002 (1)．
[5] 周宪．反抗人为的视觉暴力——关于一个视觉文化悖论的思考 [J]．文艺研究，2000 (5)．
[6] 武小菲，马莉，白亚峰，冯泽中．媒介暴力产生的原因分析 [J]．今传媒，2007 (3)．

【作者简介】

宋奕勤，武汉工程大学艺术设计学院副教授。

论广告发生的空间逻辑

柳庆勇　张金海

【摘　要】广告发生具有空间逻辑。只有当生产与消费处于远空间距离、消费者以间接经验方式认知商品时，才有广告发生。生产与消费的空间距离还推动广告发展，即随着人类活动空间范围不断扩大、社会分工程度不断提高，生产与消费的空间距离不断扩大，广告发展经历了自发阶段与自觉阶段。随着经济全球化继续推进、生产与消费的空间距离正进一步扩大，广告会走向更加高级自觉阶段。

【关键词】社会分工　空间　广告发生　广告发展

现代广告理论认为，广告是商品经济的产物，伴随商品交换而发生。那么，商品交换是否一定伴有广告发生呢？如社区小吃店没有做广告，居民常常去那吃饭。这意味着，商品交换不一定伴有广告发生。

空间，是运动的存在和表现形式，本文指商品生产与消费的空间距离。依据相对大小，可将生产与消费的空间距离分为：近空间距离与远空间距离。认识源于实践，消费前消费者必须获取商品信息、认知商品。我们认为，当生产与消费处于不同空间距离时，消费者认知商品的方式会有差异，从而影响广告发生及其实现方式，即广告发生具有空间逻辑。

一、空间影响广告发生

商品作为物质是第一性的，消费者对其形成的认识是第二性的。实践是认识的来源，但是相对于个体，并非所有认识都来自实践，即个体认识既有直接经验，又有间接经验。

通过实践获得直接经验，有客观条件限制。实践包括三要素：主体、手段和客体，仅有三要素只是具备实践的可能性。这种可能性要变为现实，还有其空间条件，即只有三者处于近空间距离时才能开展实践，此时实践主体获得直接经验，否则，无法开展实践，实践主体也不可能获得直接经验。当然因实践类型不同，其需要的近空间距离大小会有差异。一旦通过直接经验正确认知客体，间接经验则显得多余。

认识源于实践，消费前消费者必须获得商品信息、认知商品。生产与消费的空间距离不同，消费者获得商品信息的方式便不同，或直接经验、或间接经验，这会直接影响广告发生。

（一）近空间距离无须广告发生

近空间距离，指生产处于消费者在日常生活中可通过感官直接感知的空间范围内。

马斯洛需求层次理论认为，人的需要包括生理、安全、归属与爱、尊重和自我实现的需要。底层基本需要是生理和安全需要，因此人不仅寻求衣、食、性等满足生理需要，还积极寻求措施满足安全需要。认识产生于实践需要，人要寻求安全，必须了解其活动空间与环境。这是一种常见的实践认识活动，内容包括居住地、住宅、邻居以及周围交通状况等。

人主要通过眼睛和耳朵认知活动空间与环境。人眼和耳朵感知范围可达数十甚至数百米，并可通过自身移动扩大感知范围。安全始终是人的基本需要，因此人对活动空间与环境的感知活动是主动而持续的。当生产处于消费者生活环境时，自然会成为其认知对象，认知方式是直接经验。

既然消费者可通过直接经验认知商品，间接经验则显得多余，或者说即便生产者不做广告，在有消费需要时消费者也会购买、消费。因此，当生产与消费处于近空间距离时，商品交换不一定伴有广告发生，但并不排除生产者会通过广告传播商品信息、促成购买。

（二）远空间距离必有广告发生

远空间距离，指生产处于消费者在日常生活中可通过感官直接感知的空间范围以外。

人体感官感知空间范围有限，当生产与消费处于远空间距离时，消费者缺乏获得直接经验的手段与条件，无法在日常生活中通过直接经验认知商品。消费前消费者必须认知商品，既然不能借助直接经验认知商品，间接经验则显得必需，即广告发生。

个体活动空间范围、感官感知空间范围都有限，所以相对人类社会活动空间而言，个体熟悉的空间范围非常小。因此生产与消费极少处于近空间距离，而大多处于远空间距离。受逐利驱使，当生产与消费处于远空间距离时，生产者肯定会主动通过广告传播商品信息；当生产与消费处于近空间距离时，生产者也会主动通过广告传播商品信息。所以绝大多数情况下，商品交换伴有广告发生，这便是其空间逻辑通常被人忽略的原因。

二、空间扩大推动着广告发展

随着人类社会活动空间范围不断扩大，社会分工程度不断提高、细化，总体来说生产与消费的空间距离在不断扩大，这不仅影响到消费者认知商品的途径从直接经验发展到间接经验，而且影响到间接经验获得方式不断变化，即推动着广告发展。

（一）最初广告发生—广告起源

人类在旧石器时代初期，劳动工具相当落后，几乎完全为自然所左右。恩格斯认为，此时人类群居生活，这对猎获动物非常必要。在人类原始群里，男人与女人的活动几乎没有差别；没有指挥者，一切事情共同决定；大家共同劳动，平等分配，是真正的原始共产主义。

在旧石器时代中后期，劳动工具得到改善，生产力逐步提高，劳动产品相对富足。原始群体内部开始从性别上分化：男人主要狩猎，由于工具和技术改进，可以猎获大动物；女人主要采集。那时男人狩获具有偶然性，女人采集收获相对稳定，因此女人的主导地位开始确立，社会经济开始转型，“他们已经正在接近农业”①。年龄分化也已开始，劳动技术复杂化了，需要经验积累，老人制作工具、传授技术，年轻人从事户外劳动，因此年长者地位开始提高。

“依上述形态之性和年龄的分化，同时导出最初的交换形态的发生之集团间的分业产生了”②。每个原始群体都有独自活动空间范围，每个活动空间范围内自然资源禀赋存在差异。人类本能存在需求多样性，为了满足各自需要，在两相邻活动空间交界处发生了人类史上最初的劳动产品交换——易物交换，主要交换物是食物、劳动工具。“适合石器制作的石材、赭石和麻醉性植物，绝不是产于澳大利亚的一切地方，是由交换一手经一手而达到数千俄里

① ［美］波克洛夫斯基．世界原始社会史［M］．南京：江苏教育出版社，2006：53.

② ［美］波克洛夫斯基．世界原始社会史［M］．南京：江苏教育出版社，2006：56.

（verst）远的距离……在法兰西中部发现的琥珀，恐怕亦得认为是从海岸地区由交换得来的”①。伴随人类史上最初的产品交换，发生了人类史上最初的广告活动，广告形态是实物、叫卖。

（二）广告自发发展

广告自旧石器时代中后期起源，便进入自发发展阶段，一直持续到17世纪报纸广告出现以前。

随着人类社会发展，不断出现社会分工。第一次社会大分工后，人类社会出现畜牧业与农业分业状态。第二次社会大分工后，又出现了手工业。社会分工直接导致生产与消费分离，且两者间空间距离不断扩大。当生产与消费处于远空间距离时，消费者只能通过广告认知商品。为了促进产品销售，生产者（主要是手工业者）会主动实施广告。广告媒介主要是实物与人体媒介，广告形态主要是实物展示、叫卖和演示。

第三次社会大分工的结果是商业出现，于是商品种类、数量增加，出现专门市场，商人职业化。为更大规模销售商品、实现更多利润，商人会利用交通工具运输、销售商品，这意味着生产与消费的空间距离进一步扩大，同时商人也会主动实施广告。广告媒介和形态开始多样化：招牌、幌子、旗帜、实物、叫卖、墙体广告等。

（三）广告自觉发展

随着人类社会发展，生产与消费的空间距离继续扩大，这对广告要求越来越高，实施广告的难度越来越大。自发是自觉的萌芽，自觉是自发的高级发展。当生产者与商人实施的广告难以满足社会需要时，广告自发发展必然会走向自觉发展，并且还会走向更高级自觉发展。

1. 大众媒介广告出现

人类社会步入17世纪，社会分工程度进一步提高、细化，劳动生产效率，特别是手工生产效率逐步提高，商品产量提高，生产者和商人都有扩大销售空间范围和销售量的内在需求。生产者与商人的自发广告已难以胜任，所以为实现生产与消费更大空间距离，广告需要走向高级发展。

17世纪报纸出现。报纸传播空间范围大、受众多，所以很快便出现报纸广告。报纸广告作为大众媒介广告的开端，标志广告进入自觉发展。此期广告有两个主要特点：其一广告实施者是媒介组织，表现出明显自觉性。其二广告媒介是大众媒介，广告传播空间范围大、受众多。

2. 广告代理出现

大众媒介主要社会职能是政治宣传，此期广告实施主体仍具兼营性，只是由生产者与商人兼营发展为媒介组织兼营。

18世纪工业革命开始，机器大工业替代工场手工业、生产效率大幅提高，并有交通工具革命，这进一步扩大生产与消费的空间距离，对广告要求增加、难度提高。所以，媒介组织兼营的自觉广告需要走向更高自觉性。1869年在美国费城成立了广告史上第一家广告公司——艾耶父子（N. W. Ayer&Son）广告公司，这是具有现代意义的广告代理公司，标志着广告步入更高级自觉发展，标志着广告步入专业化发展轨道。20世纪发明广播电视，很快用于广告，广告运作专业水准更高、传播空间范围更大，有效满足了生产与消费的空间距离

---

① ［美］波克洛夫斯基. 世界原始社会史［M］. 南京：江苏教育出版社，2006：57.

继续扩大的要求。

3. 国际广告出现

“二战”后社会生产过程开始突破国界，世界各国经济交织、融合成统一整体，即经济全球化。其结果是生产与消费的空间距离突破到全球。然而此前，世界各国广告代理组织、媒介都限在本国度范围内，显然广告需要走向更高级自觉发展。

国际贸易出现之初，便伴随有国际广告发生，这标志着广告走向更高级自觉发展。国际广告的实施者是国际广告组织，广告媒介与形态具有明显国际性：网络广告、卫星广播电视广告等。国际广告将商品信息传播到全球各地的目标消费者，满足了生产与消费的空间距离扩大到全球范围的需求。

三、结语

生产与消费的空间距离，影响广告发生、并推动广告发展。

随着人类社会发展，人类活动空间范围不断扩大、社会分工程度不断提高，生产与消费的空间距离不断扩大、且是更大规模扩大，时至今日扩大趋势还在蔓延，广告不仅存在，而且会不断向更高级发展。因此，前些年出现的“公关崛起，广告消亡”之说将不攻自破。我们甚至认为，在整合营销传播背景下，未来广告发展，应该用广告来整合营销传播。

【参考文献】

[1] [美] 波克洛夫斯基. 世界原始社会史 [M]. 南京：江苏教育出版社，2006.
[2] 周杨明. 时空经济学论纲 [M]. 北京：人民出版社，2000.
[3] 张金海. 20世纪广告传播理论研究 [M]. 武汉：武汉大学出版社，2002.
[4] 恩格斯. 家庭、私有制和国家的起源 [M]. 北京：人民出版社，1955.
[5] [瑞士] 皮亚杰. 发生认识论 [M]. 北京：商务印书馆，1990.
[6] 陈培爱. 中外广告史 [M]. 北京：中国物价出版社，1997.
[7] 解战原. 当代社会分工论 [M]. 北京：中国政法大学出版社，1991.
[8] [美] 摩尔根. 古代社会 [M]. 北京：商务印书馆，1981.
[9] [法] 涂尔干. 社会分工论 [M]. 北京：生活·读书·新知三联书店，2000.
[10] 张乃和. 发生学方法与历史研究 [J]. 史学集刊，2007 (4).

【作者简介】

柳庆勇，武汉大学新闻与传播学院08级博士生，研究方向为广告传播。

张金海，武汉大学新闻与传播学院教授，博士生导师，研究方向为广告传播、媒介产业与经营。

广告传播对营销系统功能的超越
——广告主体价值的重新认知

余艳波

【摘 要】广告的概念定位是广告学界一直没有很好解决的一个核心问题。目前多数学者倾向认为“广告是一种营销传播”。本文认为这一定义过于狭窄，既无法描述广告在整合营销传播时代的特质，也不利于广告学科的建设和发展。本文通过对企业主体价值功能在现代社会改变与发展、广告在企业传播中的作用、广告价值的形成与发展、广告与营销的相互依存与相互促进等系统分析，提出广告的核心价值是“企业精神价值传播”。

【关键词】广告 主体价值

一、广告不仅是一种营销资源，更是一种企业资源

“广告是一种营销传播”①，营销大师菲利普·科特勒及国内外多数广告学者都赞同此说。

广告是营销体系的一个环节，是4P营销核心的第4 P——促销的一种特定形式。广告必须符合营销的总体特性与质的规定性。广告的源头是营销，广告的指归亦是营销。

如果仅仅如此理解广告，设置广告的功能与作用，广告就不是一门独立的科学，而是一种技术，营销的技术。

问题是：广告不仅仅只是一种操作技术，从它诞生之日起，它就有自己顽强的生命力，在营销的土壤上，开出了自己奇幻的花朵，建构了自给自足的独立话语空间，形成了自己的价值体系和文化意义。广告既表现出对营销的从属性，同时也表现出相对的自主性与创造性。广告传播对营销体系的超越，是营销活动催生的结果，也是广告活动发展的必然结果。

马克思说，从产品到商品是一次惊险的跳跃，因为它实现了产品的价值；而从商品到品牌则是又一次惊险的跳跃，因为它实现的是产品的附加价值。

营销理念的发展，是从以生产为中心、营销为中心，到满足消费需求为中心。

广告理念的发展，则是从以推销为中心、说服为中心，到以消费者精神服务为中心。

营销和广告都是一种服务：满足消费需求的服务。

营销服务——侧重物质的功能性满足；

广告服务——侧重情感的价格性满足；

20世纪营销学及相关学科的发展，重新定位了企业、营销、广告三者的价值：

企业的重新定位——企业不再是盈利机构，而是为社会提供某种价值满足的组织；

营销的重新定位——营销不再是以交换为中心的盈利行为，而是为个人或组织提供物质满足的行为；

广告的重新定位——不仅是一种推销手段，更是为个人或组织提供精神满足的行为。

---

① 张金海，姚曦．广告学教程［M］．上海：上海人民出版社，2003：6.

营销：通过物质的交流、交换，实现个人物质欲望的满足。

广告：通过信息传播的交流、互动，实现个人价值欲望的满足。

营销系统的建构，形成企业有形资产；

广告传播系统的建构，则形成企业的无形资产。

对于可口可乐、IBM、麦当劳、海尔、联想等著名品牌来说，企业无形资产已远远大于有形资产。

广告随着企业价值使命的改变而发生根本价值性变化：

广告不只提供营销信息——实现和完成营销信息传播功能；

广告同时还提供：

企业形象信息；

品牌形象信息；

潜在的未来消费欲望的塑造与引导；

企业与社会价值理念的整合与互动。

从产品到商品的惊险一跳，实现了产品的价值，促使了广告与营销的结盟，促使了广告的巨大发展：

从商品到品牌的又一次惊险跳跃，实现的是产品的附加价值，这一跳跃则催生了广告与营销的功能区隔，实现了广告对营销的超越。广告不再只是营销的一个环节，广告同时还具有创造附加价值的、营销无法涵盖的独立价值——企业形象价值。

●广告不仅是一种营销资源，而且是一种企业资源：品牌资源，形象价值资源，文化、心理价值资源，是企业核心竞争力的重要组成部分，是一种战略资源，而不是一种战术资源。

●甚至，广告不只是一种企业资源，同时也是一种社会资源，对社会文化、道德观念、行为方式产生巨大影响，改变且塑造着社会的未来。

广告的独特价值在于此。

广告作为成熟学科的独特意义亦在于此。

现代广告具有双重功能：营销功能与企业功能。

营销功能是广告的核心功能，以产品信息为中心；

企业功能是广告的外延功能，以形象价值为中心。

●营销——现实、现时需求的满足，
　广告——未来、可能需求的满足；

●营销——物质功能的满足，
　广告——精神价值的满足；

●营销——产品←→消费者　互动
　广告——产品←→社会环境←→消费者　互动

（社会环境包括：社会信息系统、价值系统、媒介资源、流行、时尚、文化、经济、政治、民俗等）

●营销——社会消费导向——→产品——→换——→物质功能满足
　广告——社会消费导向——→信息配置——→交流互动——→精神满足

广告运动在企业营销过程中发挥三种功能：

A. 前置功能——在营销活动启动前，提前告知、引导、诱发、推动、唤醒某种消费欲望，引起对某一产品的期待，创造营销环境。

B. 同置功能——在营销活动过程中，刺激消费行为，配合其他营销活动，创造消费。

C. 后置功能——在营销行为实现后，提供消费价值满足感，诱发新的消费。

广告的前置功能、后置功能都将超越营销的基本功能，创造附加价值。

广告的外延功能（企业功能）则不仅超越营销的基本功能，同时派生出新的价值服务功能，形成特定的品牌价值、企业形象价值，形成企业的无形资产。

从管理学角度说，广告服从于企业整体，而不只是营销。

从传播学角度说，广告服从于企业精神的传播，而不只是营销传播。

在本质上，广告是一种企业与消费者的精神互动。“广告的本质是产品精神”。①

二、广告主体价值的三次重大演变

20世纪广告学的整体发展历程，大约经历了三个阶段：

20世纪初至20世纪50年代，强调广告的推销功能，广告主要是传播使用价值，无论是以肯尼迪、霍普金斯、拉斯克尔为代表的硬性推销学派，以罗必凯、麦克马纳斯为代表的软性推销学派，还是罗瑟·瑞夫斯的USP理论，都更多地强调广告在营销中的推广作用。

20世纪60～70年代，被称为创意革命时代，在注重广告营销推广功能的同时，开始强调广告的精神价值功能，无论是奥格威的品牌理论，还是里斯的定位理论，无论是注重企业整体形象的CIS理论，还是伯恩巴克、李奥贝纳的广告理论，都在强调广告的营销推广功能，强调在传播营销信息的同时，更为注重传播企业、品牌、产品的精神价值。

20世纪80～90年代，被称为整合营销传播时代，舒尔茨提出整合营销传播理论，虽然是在1993年，但在整个80～90年代，广告学界都在系统思考广告的价值与作用，都在探索广告在新的市场环境下如何更有效地服务于社会，所以当舒尔茨提出整合营销传播理论时，很快在广告学界激起巨大反响。按照舒尔茨自己的最新定义：“整合营销传播是一个业务战略过程，它是指制定、优化、执行并评价协调的、可测度的、有说服力的品牌传播计划，这些活动的受众包括消费者、顾客、潜在顾客、内部和外部受众及其他目标”。② 舒尔茨强调指营销传播的本质，在于将企业的全部行为，都纳入一个整体的系统，形成并建立一个高效力的传播系统，广告传播的本质，就不再只是服务于营销，也不是在服务于营销的同时，注重精神价值的传播，而是建立一个以企业整体价值系统为核心的崭新的传播系统。广告的功能，在此已经获得巨大提升，已经从服务于营销活动，提升到服务于企业整体。

广告学三个发展阶段，标志着广告主体价值的三次重大发展：

第一阶段：广告的主体价值是帮助企业进行营销推广；

第二阶段：广告的主体价值是通过企业、品牌、产品精神价值功能的传播，帮助企业实现营销目标；

第三阶段：广告的主体价值是帮助企业建立与消费者的精神互动，通过满足消费需求，从而实现企业理想。

按照张金海教授对20世纪广告理论的总结，广告功能观念经历了四个发展阶段：

告知功能观：传递商品信息（手段），促进销售（目的）。

劝服功能观：选择性传递商品信息，并解释其与消费者之间的联系（手段）促进销售（目的）。

诱导功能观：对消费者施以人文诱惑（手段），以建立品牌，促进销售（目的）。

沟通功能观：通过深度沟通（手段），建立品牌忠诚，促进符合利润最大化的差异化行销，促进销售（目的）。③

这四种广告功能观的演变，正是一个不断增加精神价值，强调广告传播精神价值的过程，其发展轨迹，正好印证了20世纪广告学主体价值的转变。

---

① 郎咸平．广告的本质是产品精神［J］．华夏酒报，［2008-05-05］．

② 郎咸平．广告的本质是产品精神［J］．华夏酒报，［2008-05-05］．

③ 舒尔茨．21世纪营销传播的变化［EB/OL］．［2001-12-24］．中国营销传播网．

三、广告主体价值重新确立的意义

广告主体价值的改变，是因为20世纪整体社会价值的改变而必然带来的改变。

20世纪80年代以后，营销思想发生了重大改变，从以企业、生产为中心，转变为以消费需求为中心，“消费者坐到了驾驶台上”，这种思想观念的改变，首先是带来了企业价值目标的改变：企业不再以营销为目的，不再以盈利为目的，企业应该通过营销行为，实现企业的精神理想。在20世纪90年代形成的社会营销理论中，企业甚至也不只是为盈利而建立的组织，企业也是社会公民，必须具有社会理想和社会责任。企业从一个单一的盈利组织，变成了一个通过营销实现其社会理想的机构。这种转变，带来了企业价值使命的重大变化，营销活动在企业系统中，就成为一种中介，成为企业实现自己价值理想的中介，广告的主体价值，因此发生了重大转变，从最初的服务于营销，转变为帮助企业实现价值理想的工具，广告的精神价值功能，被提升到一个崭新的高度，广告的文化性，社会性，获得巨大彰显。20世纪后期形成的广告理论，无不印证着这种转变：20世纪60年代的品牌理论，70年代的企业文化理论，80年代的企业形象CIS理论，90年代的整合营销传播理论，都在强调广告对企业整体精神价值的传播，而不再仅仅是营销传播。

广告的本质，是从营销利益出发，还是从企业根本利益出发？

当我们将广告定义为营销传播时，广告的主体价值在于传播营销信息，其可怕的后果在于广告屈从于短期的营销目的，导致企业整体利益的牺牲。在中国出现的大量保健品营销的快速膨胀，快速死亡现象，让人警醒。从太阳神到延生护宝，从三株口服液到芬格欣，从脑黄金到红桃K，其势如破竹到兴盛之势，无不令人惊叹营销的成功，但其速朽的衰败之像，又无不令人唏嘘。其根本原因在于企业放弃了自己的长期利益，将企业目标变成了短期的营销目标，当营销出现问题时，企业就没有任何抗争能力。三株口服液与可口可乐出现过惊人相似的社会危机，美国媒体曾经铺天盖地地报道可口可乐的核心原料——可可因会导致人上瘾，而我国三株口服液则是湖南常德一个老人，据说是因为服用三株口服液致死。后来的科学检验证明，可口可乐中的可可因不会致人上瘾，三株口服液也不会导致人死亡，可是可口可乐经过这次风波不仅没有降低销量，反而成为国际大品牌。三株口服液却从年销售80亿元，一夜崩盘，彻底死亡，其根本原因在于：可口可乐在进行营销活动的同时，特别注重企业精神——品牌价值的建设和传播，而三株口服液则只注重营销利益，可口可乐的广告指向长期的品牌价值建设，而三株口服液的广告只是短期的营销利益，结果是可口可乐成为美国的象征，而三株口服液则成了骗人的妖术。

广告作为一门独立的科学，萌芽于20世纪初，1900年，美国心理学家盖尔出版了第一本《广告心理学》，美国的一些私立大学相继开办广告学专业，标志着作为科学的广告的兴起，据张金海教授在《20世纪广告传播理论研究》一书的论证，20世纪广告学的发展，经历了三个大的阶段，第一阶段：20世纪初以肯尼迪等为代表的广告推销理论，强调注重广告的推销作用，认为广告是一种推销方式；第二阶段，20世纪50年代，瑞夫斯提出定位理论，强调广告的特定心理作用；第三阶段，20世纪60年代，以奥格威，伯恩巴克，李奥贝纳为代表的广告大师，分别从不同角度论证了广告在营销传播中的作用，其中，奥格威更是提出了品牌学说，认为“广告是对品牌的长期投资”，直到20世纪末整合营销传播理论的形成，广告的本质功能经历了这样一个深化发展的过程：最初认为广告是一种单一的营销传播，到定位理论时，认为广告是一种特定的心理劝服，建立产品与消费者之间的心理通道，虽然目的是为了促进销售，但广告服务方式，已经从单一的营销信息传播，扩展到消费心理满足；再到奥格威品牌理论形成时，广告的本质目的，已不再是简单的传播营销信息，而是建立更为持久，更为深刻，更为博大的品牌价值，广告从服务于营销，拓展到传播企业哲学，建立品牌个性。

企业的本质意义，在于建立企业长期的核心竞争力。品牌作为企业的无形资产，已渐渐超过企业的有形资产。到整合营销传播理论形成后，广告的作用，更为明确地定位到服务于企业的精神哲学，从企业的本质形象，内在价值出发，通过整合的大传播概念，传播和塑造企业形象，建立企业品牌个性。广告不再是营销传播了，而是企业精神哲学的整合传播，不仅通过大众媒介形成传播，企业的所有行为，都是传播，或者说，广告不再是大众媒介的信息传播，企业的一切行为，包装，象征物，员工形象，都是一种对企业精神的传播，都是一种重要的企业广告。广告的本质，就从营销传播升华到对企业精神的传播，广告的形式，就从大众媒介的传播扩展到企业所有行为的传播。

广告主体价值的重新确立，为广告自身学科建设奠定了坚实基础。如果广告是一种营销传播，那么广告的出发点和归宿，都是依从于营销。现在，广告主体在于传播企业精神哲学，那么，广告学科研究的视阈，就必然从营销上升到整个企业行为，从企业使命出发，通过广告建立企业的持久竞争力；从企业个性出发，通过广告建立企业品牌形象；从企业利益出发，通过广告建立市场营销竞争力；从企业社会价值出发，通过广告建立企业与社会整体价值的关联；广告的意义和作用，就不再只是服务于企业的营销行为，而是服务于企业的整体的长期利益，广告就不再只是服从于营销目的，还要从企业总体价值目的出发，纠正和改变企业营销行为，从精神心理层面，建立企业更强大的市场竞争力。广告的本质，就不是建立企业的营销竞争力，而是建立企业的整体竞争力，广告学就从营销传播的科学，变成了企业传播的科学。

有一种必须警惕的现象：营销的泛化。

当20世纪60年代杰罗姆·麦克锡提出营销4P组合之后，学界在广泛认同的同时，也对营销的核心内容不断补充，6P、10P、12P直至16P，营销的内核被不断放大；另一方面，营销的外延也在不断扩展：社会营销、公关营销、服务营销、情感营销、内部营销、绿色营销等新的营销概念层出不穷。营销在企业组织中的作用被无限放大，企业战略、企业组织、企业形象、企业公共关系、企业使命都被纳入营销框架之中——企业变成了营销中心！

营销概念的泛化，不仅大大降低了企业组织的社会价值与功能，更为可怕的是将导致企业为追求急功近利的营销目的，牺牲企业生存的长期利益，背离营销以交换为中心，给消费者带来物质性功能满足的本质特性。

营销概念的泛化和模糊化，不仅不利于营销学科自身的发展，同时也将与营销学紧密关联的企业形象学、品牌学、公共关系学、广告学都置于营销的从属地位，使这些学科丧失了学科的主体性，桎梏这些学科的独立发展，反过来也大大阻碍了营销学自身的发展。

广告对营销系统功能的超越，不是要将广告与营销剥离开来，而是强调广告在传播营销信息的同时，已经衍生出新的具有自主性、创造性和自足性的价值系统功能，形成了自己的价值体系和文化意义，形成了自己的学术范畴和话语空间。

广告的主体价值必须重新认知！

【参考文献】

[1] 张金海，姚曦．广告学教程［M］．上海：上海人民出版社，2003.
[2] 郎咸平．广告的本质是产品精神［J］．华夏酒报，2008（5）.
[3] 舒尔茨．21世纪营销传播的变化［J/OL］．中国营销传播网，2001（12）.
[4] 张金海．20世纪广告传播理论研究［M］．武汉：武汉大学出版社，2002.

【作者简介】

余艳波，湖北大学广告专业副教授。

试论广告与社会文化的关系互动

程　明　彭晓妍

【摘　要】广告的社会文化属性是潜在的、深层的，它以其特殊的方式参与社会文化的建设。广告在传播商业信息的同时，也传播着具有确定文化意义的生活方式和生活观念，体现出一定的文化信息和内涵，建构着我们的社会文化。正是通过自觉或不自觉介入文化，直接或间接利用文化，广告正在逐渐张大其文化功能。广告文化已经成为社会文化中的一个重要部分，既传播着社会文化，又被社会文化所“滋生”和“滋养”，二者如同河海效应一样互动发展，共同推进着人类文明和社会的进步。

【关键词】广告　社会文化　关系互动

随着经济、社会的发展和消费文化、消费社会的形成，广告已经渗透到我们生活的每一个领域。广告的社会经济属性是直接的、显性的，广告的社会文化属性则是潜在的、深层的，它是以特殊的方式参与社会文化的建设和塑造。特别是广告对社会消费文化的影响，引领新的生活方式，促进消费观念的改变，持续不断地塑造时尚、领跑流行等。本文重点探讨和分析广告与社会文化的互动关系。

一、广告对社会文化的建构

随着现代社会的进步和广告业自身的发展，广告传播的影响已远远超出了经济和商业的范畴，其触角已深入大众的生活中，成为一种大众性的商业文化现象。就商业广告自身而言，它既是一种经济行为，又是一种传播行为，不仅受一定的思想支配，还必然体现出一定的人生观和世界观。它通过商业信息的传播，直接作用于人的消费行为，又总与某种生活观念相联系。这又构成了商业广告意识形态性的重要内涵①。

从广告所传播的信息内容来看，它确实不是集中、全面、系统的思想理论和意识形态，单个广告也不可能充分体现出完整的思想。然而，广告传播作为一种社会现象，是社会整体的一部分，必然要综合地体现出一定社会的精神状态、价值观念、行为模式和生活情趣与理想等。“海尔，中国造”、“创维情，中国心”、“黑头发，中国货”、“非常可乐，中国人自己的可乐”、“四十年风雨历程，中华永远在我心中”，这些广告语无不激起人们心中豪迈的民族情感；“威力洗衣机，献给母亲的爱”、“温暖亲情，金龙鱼的大家庭”又激荡出多少人间的真情和温情；“喝杯青酒，交个朋友”无不洋溢着真切纯洁的友情；更不用说人世间永恒主题的爱情，“我的眼里只有你，爱你等于爱自己”、“爱的就是你，不用再怀疑”、“情到最深处，甜蜜最浓时”，一字一句饱含着心与心相通、情与情相连的坚贞不渝的爱情。这表明，广告传播在追求商业目的的同时，本身还蕴含了某种观念和文化价值。

众所周知的可口可乐不仅代表了一种饮料品牌，而且还代表了美国精神，是美国文化的

---

① 张金海．试论商业广告的文化传播性质与功能［J］．江汉论坛，1997（8）：60-63．

象征。“永远的可口可乐”、“尽情尽欢，永远是可口可乐”、“口渴的感觉使四海成为一家”等广告语，始终如一灌注于品牌的是人类的情感，并以拟人化的手法不懈地塑造品牌的性格——青春活力、尽情、尽欢、尽畅。在美国人心中，可口可乐成为美国生活方式的代表。因此，有人称美国文明为“可口可乐文明”。

广告传播在传递商业信息，推销商品和服务的同时，必然又包含并体现出一定的文化信息和内涵：或倡导一种生活方式，或宣扬一种价值观念，或演绎一种思想意识，尽管体现得很间接、曲折，却仍是不难识别的。广告传播巧妙地使受众一方面接受了它所推崇的商品和服务，另一方面也认同了广告传播所推崇或主张的具有确定文化意义的生活方式和生活观念。

因此，广告传播作为一种社会活动，又是一种文化现象，伴随着广告传播，广告文化产生了。

有人认为，商业广告不过是一种纯粹的商业行为，并无其他复杂的思想意图。然而，问题并不如此简单。人们常说，商业广告的最大功用在于创造消费、引导消费。在商业广告传播中大量存在如下事实：对超越现实的富裕生活方式的着力描述，对五光十色、流光溢彩的享乐世界的尽力展示，对充满诱惑力的超前消费的尽情渲染。从商业广告履行其特有的创造消费、引导消费的功能角色来看，是无可厚非的，然而这已经超出单纯商业信息传播的范畴，而具有某种观念形态的意义。也许广告传播者只是为了赢利，或者说为赢利而投合某些消费者的欲望和癖好，然而其背后依然有其思想基础：赢利至上的利己主义和享乐至上的生活追求。看来，所谓“纯”商业广告其实并不“纯”，它在传播商业信息的同时，实际上也在传播着具有确定文化意义的生活方式和生活观念，既影响着人们的消费行为，也影响着人们的思想观念。

正是有人对此表示怀疑，觉得光怪陆离的电视广告片断，只在于单纯地推销商品，与思想内容、教育意义、崇高目的毫不相涉，哪能谈得上什么世界观、人生观呢？的确，这些现象本身确实不是集中系统的思想理论形态，各个广告片段也不可能单独地充分体现出完整的思想，然而，它作为社会整体的一个部分，必然综合地体现着一定社会阶级和阶层的精神状态、生活意趣、生活理想，尽管往往体现得很间接、曲折、模糊，乃至形态相反，却也并不难加以辨识。一曲“当太阳升起的时候，我们的爱天长地久”，传达和唤起的不是一种崇高的生活理念吗？孔府家酒、南方黑芝麻糊、中华牙膏的电视广告，散发和激荡起的不正是一种浓郁的故乡之情、怀旧之情和亲情吗？“一旦拥有，别无所求”、“贵族风范”、“高贵品质，高雅享受”，鼓吹和引发的不也是另一种生活的旨趣和理想吗？排除商业广告所传播的具体信息内容，仅看其表现形式：豪华气派的场景，炫人眼目的光色，俊男靓女们的搔首弄姿，其中依然隐含着大量潜在的文化信息，标示着一定的生活方式、生活理想和生活情趣。

正是广告从内容到形式所含有的或多或少、或显或隐、或直接或间接的文化信息，使其在传播过程中，对人们思想行为和社会精神文化产生从消费直至审美的深刻影响。不管传播者是出于自觉还是无意识，广告自觉不自觉地介入社会文化的建构已经成为不争的事实。

例如，公益广告通过对社会丑陋现象的抨击、对美好道德风尚的倡导，主动参与和谐社会和健康文化的建构。但更多时候，商业性广告不自觉地介入社会文化的建构，随着广告作品的刊播和广告活动的推进，广告在客观上往往推动着时尚的流行、观念的推行或者社会行为的改变。广告的价值观和生活态度影响着消费者的现实购买行为和长远的、隐性的意识形成，还代表着一种特殊的看世界的观点，培植着一种价值世界和生活哲学，建构着我们的文化①。

① 杨婧岚．广告传播中的意识形态［J］．现代传播，2002（1）．

二、广告文化功能的衍生与张大有利于社会文化的建设

著名历史学家大卫·波特在《富足的人们》一书中说："（广告）这一强大的机构最重要的影响不是在经济流通系统上，而是在我们的社会价值上。"他比较广告、学校与教会对社会的影响后指出，广告统治了大众媒体，是塑造大众标准的巨大力量，是有限的几种控制社会的机构之一①。

广告并不承担太多的社会文化责任，我们无意夸大广告的文化传播功能，也并不是说广告在社会文化观念的形成与认可中，起着非常重大的作用。我们认为，广告传播在许多情况下，对人们的思想行为，对社会文化是能发挥作用、产生影响的，虽说它不能对社会文化观念的形成与认可起决定作用，但却可以加速这一进程。

早在1927年，中国报学史专家戈公振就指出：广告为商业发展之史乘，亦即文化进步之纪录。人类生活，因科学之发明日趋繁密美满，而广告既有促进人生与指导人生之功能②。

正如上文所述，广告传播在传递商业信息的同时，实际上也自觉不自觉地创造或传播着某种文化观念，伴随着一定的价值观念、生活理念等文化内涵。这些价值观念、生活理念对受众的社会心理有着强有力的影响。当人们接受广告的同时，也受广告所传达和提倡的观念和理念所影响。一曲"当太阳升起的时候，我们的爱天长地久"响彻华夏大地的时候，传达和唤起的不就是一种崇高的生活理念，所推崇的不就是人类真挚、纯朴、永恒的爱吗？

正是通过自觉或是不自觉介入文化，直接或是间接利用文化，广告正在逐渐张大其文化功能。作为以社会经济价值为本质取向的广告，其文化功能的衍生与张大，对于社会文化的建设有积极意义。广告既可以传承优秀的传统文化，又可以展现新时期的社会风貌。

杉杉西服的一则广告：一个身着杉杉西装的潇洒男士突然停车，为的是两个孩子的安全，并非常友善地捡起皮球递给了孩子们。这一生活中的细节动作，充分体现了男士良好的素养和高贵的品格，衬托出了杉杉西服的"高品位"，旁观的女士发自内心的一句旁白"好一个穿杉杉西服的男子"，则起到了画龙点睛的作用。广告为的是表现产品的高品质，然而其中所折射出的是一种对关爱他人、助人为乐精神的鼓励，对充满爱心、有着良好教养和道德修养的人性的提倡。这种赋有文化内涵的广告既突出了产品的品牌形象，又传达了一种精神文化，无疑对于社会文化的建构也发挥着积极的作用。

虽然广告文化对人们思想意识的形成不能起决定作用，但它却能左右人们对问题的思考，尤其是文化因素在广告传播中地位的凸显和文化因子在广告传播中频繁地运用，广告着意传播、有意强化的文化意识能形成一时的社会舆论导向，成为人们追求的目标、生活方式和社会风尚，甚至成为社会群体的行为准则。美国人把广告公司云集的纽约麦迪逊大道称为学校，这所学校教育人们按照广告所推崇和包装的生活方式去生活。尽管有人不断批评这所学校的课程，如阿诺德·汤因比提醒"人类的前途要看人们同麦迪逊大道斗争的结果"，尽管情况没有这位大历史学家所发出的警醒这么严重，但事实却是人们接受了麦迪逊大道的教育，在它的指导下生活。

广告具有不可估量的文化价值，实实在在地改变着世界③。我们明确主张广告并不承担太多的社会文化责任，但我们无论如何也没有理由忽视广告文化功能的衍生与张大有利于社

① Thomas A. Petit, Alan Zakon. Advertising and Social Values [M] //Otto Kleppneer, Irving Settel. Exploring Advertising, eds.. New Jersey: Prentice-Hall Inc.., 1970.

② 戈公振．中国报学史［M］．上海：三联书店，1955：237．

③ 陈刚．广告与解放［J］．现代广告，2001（1）．

会文化的建设这一现实。

三、广告文化与社会文化的互动

社会各大系统和各子系统之间并不是孤立存在的，而是彼此相互交叉和相互联系的。广告既属于社会经济系统，也属于社会文化系统，作为社会文化中的子系统，广告文化也必然会与社会文化系统紧密相连。

1. 广告文化是社会文化大系统中的子系统

20世纪50年代美国的万宝路广告就有意识地加强了广告的文化市场利销性，万宝路广告所宣扬的文化价值成为美国文化的重要部分。除了极具感召力的万宝路文化，象征着“青春活力”的“尽情、尽欢、尽畅”的可口可乐文化，为“制造和销售快乐”的迪斯尼文化等都赋予了美国文化重要内涵，甚至在某种程度上成为美国文化走向全球的先锋。因此，广告的信息内容本身就具有一个民族、一个群体或一个地区的独特文化表征，并且同一定的信仰、价值和人生哲学相联系，支配着人们的消费选择和消费活动，进而参与一个文化的生产和传导，构成了自己的文化子系统。

1986年5月，在美国芝加哥举行了国际广告协会第三十届世界广告大会，会议的中心议题是探讨从当时到21世纪全球广告发展趋势，其中一个分议题便是21世纪的文化广告。美国广告界的知名人士迪诺·贝蒂·范德努特在会上作了题为“文化的艺术和科学”的长篇发言，她说：“如果没有人做广告，谁能创造今天的文化？你又能从哪儿为文化活动找到比一种广告媒介更生动的宣传方式呢？……我们应该承认我们确实影响了世界的文化，因为广告工作是当代文化整体中的一部分，是文化的传播者和创造者。”

尽管她的发言带有广告人对自己所从事的广告事业的自我炫耀，带有某种对于那些对广告过于偏执、过于激烈的批评和指责的抗争意味，但是，其中所提出的“广告工作是当代文化整体中的一部分，是文化的传播者和创造者”的命题，却表明世界范围内广告界对广告文化认知的自觉意识。

广告文化已经成为社会文化大系统中一个不可分割的组成部分。

2. 广告传播着社会文化

广告作为20世纪最重要的文化现象，以自己独特的方式记载和表现了时代的变迁①。每个时代的广告都记录着一个时代的文化。时代的生活方式，时代的社会心理，时代的流行与时尚，无不在广告中表现得淋漓尽致。广告是时代文化的表征，尤其是时代的消费文化更是旗帜鲜明地表现于广告中。承载时代文化的广告以其特有的传播方式迅速、快捷地面向大众传播着时代文化。

迪罗贝迪·冯·德鲁特说：“是谁创造了今天的文化？不是广告大师们那又是谁呢？难道在广告以外的地方，还能找到更加忙忙碌碌，更加生机勃勃的文化创造活动吗？这里是文化的圣殿，在这圣殿的屋檐下，共同生活着艺术家、工艺师、商人和技术人员。有时他们各显其能，更多的是别别扭扭地相互交错在一起，以同一面貌出现。……广告这个奇特的当代混血儿——好也罢，歹也罢——既是文化的创造者，也是文化的传播者。”仰韶酒广告所走的文化路线，无疑起到了文化传播使者的作用。仰韶酒的广告，以中国古代仰韶文化作为塑造产品形象的背景，悠悠的仰韶文化，悠悠的酿酒历史，悠悠的窖藏岁月，悠悠的醇厚芳

---

① 陈刚．广告与解放［J］．现代广告，2001（1）．

香，仰韶酒悠久的历史和灿烂的文化，深入人心，引人畅饮。仰韶酒从品牌命名到广告，皆可谓“搜联古今，博采沉奥”，从历史的积淀中攫取了宝贵的文化资源和财富，并将其予以广泛地传播。在这里，广告所担负的文化使者的角色，传播文化“没商量”，将文化传播“进行到底”。

广告在现代社会中就像一面大镜子，其中呈现出现实的镜像，我们称为“广告的镜像功能”。何辉先生对中国近十多年来的报纸广告作了一番研究，随着研究的深入，广告这面特别的“大镜子”中的“镜像”慢慢交织出一幅幅生动鲜活的图景，将中国文化近15年来的变化重现于我们面前①。广告忠实地记录着文化，也在不遗余力地传播着文化，不管是传统的，还是现实的，广告所反映和传播的文化却是事实的。广告已经成为当今社会经济活动的风向标、时尚潮流的流行图谱甚至当代人的知识谱系②。

3. 社会文化“滋生”和“滋养”着广告文化

广告是一种文化传播载体，广告文化是一种文化形态。广告文化产生于广告活动中，它不是一种孤立的文化现象和文化形态，而是纷繁复杂的文化世界中一种具有独特意义的现象。作为一种文化形态，广告自然离不开整个社会文化这块“土壤”。

丘吉尔说：“广告充实了人类的消费能力，也创造了追求较好生活水准的欲望。它为我们及我们的家人建立了一个改善衣食住行的目标，也促进了个人向上奋发的意志和更努力的生产。广告使这极丰硕的成果同时实现，没有一种活动能有这种神奇的力量。”广告的这种神奇的力量来源于生活，体现于直接参与了生活的建构，而寓于广告中的文化在现代生活的建构中发挥着不可取代的作用。广告来源于生活，又在建构我们的生活，广告文化也必须来源于社会文化，反过来又建构着我们的社会文化。社会文化既“滋生”出广告文化，又在“滋养”着广告文化。

广告语是企业在较长时间内使用的一种特定语，用以表现企业相对不变的广告基本概念，使广告受众保持长久的记忆和美好的印象，久而久之成为企业另一种含义的“商标”，如果说图案商标是企业的符号商标，那么广告语则是企业的“文化商标”。广告语这一传播手段，不同于符号商标，作为一种语言符号，它含有一定的语言意蕴，具有一定的解释性功能，承载着特定的文化内涵和文化理念，弥补了符号商标在内涵沟通上的劣势，起到了传达产品和品牌形象的沟通作用。

任何语言在使用上都并非是随意的，总是要受到社会、文化、历史诸因素的制约，广告语亦不例外。广告语有别于其他语言，有别于日常范畴中的实用性语言，它塑造了商品的灵魂，承载着文化的内涵。作为“文化商标”的广告语，与其说是企业的，不如说是时代的、社会的、文化的、消费大众的。现代广告语具有浓郁的社会文化性和鲜明的时代性③。

在科技已经成为人类发展主旋律的今天，科技意识日益深入人心；科技的发展改变了人们的生活方式，从而也拉近了科技与人的距离，使得科技富含人性化的内容。企业，尤其是一些高科技企业，在其广告传播中无不尽情地演绎科技这一全新的命题。“诺基亚：科技以人为本”率先擎起科技这面大旗，提倡了重视科技、重视知识、重视人才的思想；“恒基伟业：科技使您更轻松”，表达了科技将使人们更加轻松、自在，获得“解放”，从“必然王国迈向自由王国”的理想和愿望；“东信：让科技充满力量”，宣扬了科技的价值，倡导了“科技的力量是无限的”观念。除此之外，含有“科技”词汇的广告语不胜枚举，如“方正

① 何辉．“镜像”与现实——广告与中国消费文化的变迁以及有关现象与问题［J］．现代传播，2001（3）．

② 刘泓．广告社会学［M］．武汉：武汉大学出版社，2006：3．

③ 程明．当代广告语的时代特征［J］．青年记者，2002（2）．

电脑：科技创造文明”、“厦新电子：卓越科技，精致生活”、“沱牌曲酒：用科技酿造自然”、“皇明太阳能：感受科技，享受自然”等。有些广告语，尽管没有“科技”的字眼，但也能明显地感觉到时代的“社会文化气息”，如“海尔：永创新高”等。

美国广告历史学家理查德·W. 波莱指出：“广告是文化和社会的一部分，即使它只反映出文化和社会的价值观，它也已经成了我们自己的重要反映，因而，我们必须把它当作提高和加强它所描绘的生活的重要因素。”

广告文化作为一种商业文化，与追求商业利润“唇齿相依”，在其商业功利的掩饰下，常表现得较为间接、曲折、隐蔽和模糊，容易导致人们对广告传播非意识形态的错误认识，从而疏于防范。同时又由于商业广告传播的大量性、重复性，以及对时尚的巨大影响，更由于广告的营销目的和商业性质，使得广告所负载的文化不可避免地具有一定的局限性和社会消极作用，也因此而使得广告文化不可避免地出现负面效应，对人们的思想行为，对社会文化的建设，具有较大消极影响和潜在危害。对此，我们必须有足够清醒的认识，而广告文化批判也因此具有重大的、积极的意义。关于这一问题，将另文探讨。

广告文化已经成为社会文化的一个有机组成部分，广告文化已经成为人们生活中的一部分，在现代社会，如果没有广告文化的存在，人们就会觉得社会文化中缺少什么。没有广告的现代文化，是没有灵性的文化，没有广告的现代生活，是缺少生机与活力的生活，失去广告的世界，就失去了五彩斑斓的色彩。

全世界的河流与海洋是全球水循环系统的一部分，河流来水汇入海洋，海洋蒸发的水量又有一部分落入河流，就这样循环不已、生生不息，如果将这一现象称为河海效应，那么广告文化与社会文化的关系就正如同河海效应一样，二者互动发展，共同推进着人类文明和社会进步。

【参考文献】

[1] 戈公振. 中国报学史 [M]. 上海：三联书店，1955.
[2] 王春泉. 广告文化论 [M]. 西安：西安出版社，1998.
[3] 刘泓. 广告社会学 [M]. 武汉：武汉大学出版社，2006.
[4] 汤林森. 文化帝国主义 [M]. 上海：上海人民出版社，1999.
[5] 孙秀蕙，冯建三. 广告文化 [M]. 中国台北：扬智文化事业股份有限公司出版社，1998.
[6] 罗纲，刘象愚. 文化研究读本 [M]. 北京：中国社会科学出版社，2000.
[7] 宋玉书，王纯菲. 广告文化学——广告与社会互动的文化阐述 [M]. 长沙：中南大学出版社，2004.
[8] 沙莲香. 传播学 [M]. 北京：中国人民大学出版社，1990.
[9] 威廉·阿伦斯. 当代广告学 [M]. 北京：人民邮电出版社，2005.
[10] 热拉尔·拉尼奥. 广告社会学 [M]. 北京：商务印书馆，1998.
[11] 张金海. 试论商业广告的文化传播性质与功能 [J]. 江汉论坛，1997 (8).
[12] 杨婧岚. 广告传播中的意识形态 [J]. 现代传播，2002 (1).
[13] 陈刚. 广告与解放 [J]. 现代广告，2001 (1).
[14] 何辉. “镜像”与现实——广告与中国消费文化的变迁以及有关现象与问题 [J]. 现代传播，2001 (3).
[15] 程明. 当代广告语的时代特征 [J]. 青年记者，2002 (2).
[16] Thomas A. Petit, Alan Zakon. Advertising and Social Values [M] //Otto Kleppneer, Irving Settel. Exploring Advertising, eds.. New Jersey: Prentice-Hall Inc.., 1970.

【作者简介】

程明，武汉大学新闻与传播学院教授，博士。

彭晓妍，武汉大学新闻与传播学院硕士研究生。

从广告流行语看广告与社会文化的互动

阮　卫

【摘　要】纵观广告的发展历程，我们可以发现：广告既深受时代氛围的影响，被打上明显的时代烙印，同时又在一定程度上作用于人们的观念世界，引导着社会文化心理和时代风尚的变迁。这一点，在中国改革开放30年来广告流行语的逐年演变中清晰而生动地体现出来。

【关键词】广告流行语　社会文化　互动

在美国学者威廉·阿伦斯的《当代广告学（第7版）》中译本的封面上，写着英国小说家诺曼·道格拉斯的一句话："通过广告你可以发现一个国家的理想。"个人的梦想、时代的追求，国家、民族的理想和奋斗目标，都可以从广告中一一体现出来。顺着时代更迭、社会发展的线索来梳理、总结广告内容与形式的演变，我们可以非常清晰地发现，广告总是与时代的脉搏相和谐，与整个社会、整个人类的追求相一致，广告就像是一面镜子，为我们折射出不同时代的不同风采。

人们常用"广告像空气一样"来形容广告，强调的是广告对人类生活的渗透与影响。"无论是推销轿车还是巧克力，广告总是包围着我们、侵入我们，因此我们说话时，可能会使用或参照广告的语言；我们看时，也可能通过广告向我们凸显的模式去看。……同时，它又是一种独特的重要象征体系，如果作为严格意义上的象征，广告的威力可能是相当大的。广告甚至能在不败坏我们的购物习惯的情况下，也有可能决定我们的价值观意识走向。"①

可以说，无论在哪个时代，广告既深受时代氛围的影响，被打上明显的时代烙印，同时又在一定程度上作用于人们的观念世界，引导着社会文化心理和时代风尚的变迁。本文选取中国广告复苏30年来流传广泛的广告流行语作为考察对象，力图勾勒、展现广告与社会文化是如何相互作用、相互影响并共同发展与进步的。

一、从"技术誉满全球"到"科技以人为本"：技术至上向人本主义的转变

国际广告杂志社、中国传媒大学等机构主编的《中国广告猛进史》，以编年体的形式，将每年的社会背景、主潮、世相、惯用语、时尚和流行广告语一一记录在案。顺着时间的线索来检视每年的流行广告语，我们会发现许多颇有意味的不同与改变。当然，为使思考的结果更全面、科学，我们研究的范围不仅仅局限于《中国广告猛进史》所收录的流行广告语，只要是为人们所熟知，并对社会产生影响的广告语，都可进入我们的视野。

翻开《中国广告猛进史》，在1979年到1989年的流行广告语中，频频进入人们视野的关键词有两个——"技术"和"质量"。如：1979年的"西铁城领导钟表新潮流，石英技术誉满全球"、"将以卓越的电子技术，对中日友好作出贡献"（SONY），1980年的"先进

① ［美］米切尔·舒德森著．广告，艰难的说服——广告对美国社会影响的不确定性［M］．陈安全，译．北京：华夏出版社，2003：125.

石英科技，准确分秒不差”（梅花表），1981 年的“‘飞跃’目标——世界先进水平”（飞跃电视），1982 年的“质量第一，用户第一”（金星电视），1984 年的“质量至上有夏普”（夏普电器），1985 年的“优质的联想——夏普”，1986 年的“飞利浦——尖端科技的标志”，1987 年的“质高款新寰宇颂，国际名表西铁城”、“第一流产品，为足下增光”（上海鞋油），1988 年的“聚科技群星，创电子先河”（星河音响）、“汽车工业新一代的标志”（广州标致），1989 年的“容声，容声，质量的保证”（容声冰箱）……看到这些流行广告语，很多人脑海里一定会浮现出 20 世纪 80 年代中国社会的典型生活画面：从商品匮乏、一切凭票供应中走出来的中国，开始大张旗鼓地进行经济建设，并打破了长时间实行的计划经济体制，尝试走商品经济、市场经济的道路。那个时候，由于客观条件的限制和人们观念意识的束缚，企业经营的中心集中于如何学习、运用先进的技术，开发、生产出高质量的产品；广告运营商也都是自发地、不假思索地以技术、质量为法宝，进行着效果不凡的广告传播。之所以“不假思索”，不是广告人轻率、盲目、不负责任，而是当时的市场状况决定了这一必然的选择。虽然我们的工作重心和经济体制都有了重大改变，但在一切从零开始的起步阶段，刚刚摆脱“按计划生产”惯例的企业，其经营理念不可能一下提升到很高的境界，能意识到产品研发的重要性并追求过硬的质量已经是非常明智了；而对广大消费者来说，能在市场上买到称心如意的优质产品就是很值得庆幸的一件事。此时的广告，不需大费周章，只要像 20 世纪 50 年代以前的美国广告那样，找到一个好产品，将这个产品好在何处予以强调，就一定能振臂一呼、应者云集。于是，站在企业、产品立场上强调“技术”和“质量”的广告语大行其道，遍地开花。

在一片“技术至上”、“质量取胜”的氛围里，一些不同的声音也开始慢慢出现。1980 年铁达时表的广告语“为人民服务，为大众计时”虽然有浓厚的应景意味，却第一个将“人民”、“大众”摆在重要位置。此后，与那些比较“刚性”的说技术、质量的广告语风格迥异、以人为中心的“柔性”广告语逐渐增多，它们不约而同地落笔于人的需求、人的情感、人的心灵，带给人温暖与触动。如：“威力洗衣机，献给母亲的爱”（1984 年），“万家乐，乐万家”（万家乐电器，1986 年），“当太阳升起的时候，我们的爱天长地久”（太阳神，1987 年），“她工作，您休息”（凯歌全自动洗衣机，1990 年），“一股浓香，一缕温暖”（南方黑芝麻糊，1992 年），“有多少南方摩托，就有多少动人的故事”（1992 年），“海尔，真诚到永远”（1994 年），“我们为你想的更多”（格力空调，1995 年），“其实，男人更需要关怀”（丽珠得乐，1996 年），“科技以人为本”（诺基亚，1996 年）……广告语在内容和风格上的这种改变，正是顺应市场和人们消费心理变化的结果。随着经济建设的逐步深入，市场开始趋向活跃、丰富，人们选择的余地不断扩大；同时，市场复苏初期大多数人内心比较单一的拥有物质产品的愿望，也朝着复杂、多样的方向演变。也就是说，消费者的心理需求开始呈现出多元化的格局。广告语如果还恪守先前比较客观、理性的诉求策略，结果只会无功而返。于是，改变自然而然发生。

从“飞利浦——尖端科技的标志”到“科技以人为本”，从“容声，容声，质量的保证”到“海尔，真诚到永远”，从“质量第一，用户第一”到“一股浓香，一缕温暖”、“其实，男人更需要关怀”，广告形象地见证了那个时代发生在中国大地上的翻天覆地的变化。同时，换一个角度，将这些流行广告语再放回那个特有的时代，人们心中会油然而生出另一番感慨——广告在一定程度上带动、促进了市场的转变和文化的变革。如果我们回味一下当时看到或听到“威力洗衣机，献给母亲的爱”、“当太阳升起的时候，我们的爱天长地久”、“我们为你想的更多”等广告语时，心中引发的触动和震撼，就不会对这一点产生怀疑。这些广告语将人们带入了一个弥漫着温情的世界，同时也牵引着中国社会从曾经充满了火药味的斗争世界和唯物是求的物欲世界走向尊重人性、以人为本的人性世界。

二、从"Made in Japan"到"海尔，中国造"：民族自豪感的复兴与重塑

1840年鸦片战争中国沦为半殖民地半封建社会之后，中国人的民族自尊心、民族自豪感就一而再、再而三地受到各种因素的挑战。"满目疮痍、百废待兴"经常被用来形容经历浩劫后的惨状。很多时候，"待兴"不仅仅是指被毁的外在物质世界，内在精神世界的复苏与重建往往是一项更为重要，同时也更为艰巨的任务。20世纪70年代末，从十年浩劫中走出来的中国面临的就是这样的局面。

改革开放后相当长一段时间，中国市场呈现的是明显的一边倒的状况：消费者对外来产品尤其是日本产品趋之若骛，而可供其选择的国产商品则难觅踪迹。一方面，长时间的以阶级斗争为纲严重干扰了经济建设，致使国内商品极度缺乏；另一方面，随着国门打开，大量新生事物涌入，既让国人开了眼界、长了见识，又极大地激发了人们内心深处长期被压抑的欲望和需求。于是，那些新鲜的外来商品成为许多中国人渴望拥有的东西。它不仅左右着人们的消费，甚至左右着人们的情感。当时，谁家里要是拥有日本原装进口的三大家电产品——电视、冰箱、洗衣机，那是一件非常荣耀的事；而年轻人结婚，也一定要想方设法凑齐这三样，似乎这样才算完美。随着日本家电产品进入无数中国家庭，其广告中一再强调的字眼"Made in Japan"也扎进了很多中国人眼里，特别是心里。只要提起家电，就会想起"Made in Japan"；人们的消费行为非常一致：唯"Made in Japan"是求。在这一后来被人称为"崇洋媚外"的消费情结的影响下，日本家电商品几乎垄断了中国家电市场。

随着我国商品经济、市场经济的逐步完善，国产优质产品逐渐增多，民族品牌慢慢成长，民族工业得以复苏、振兴。物质世界的丰富，相应地带动了精神世界的升华。越来越多的民族品牌不仅占领了国内市场，而且开始打入国际市场。广大民众的消费心理也随之发生转变，对国产商品投入了更多的关注和支持，强烈的民族自尊心和民族自豪感亦伴随着广告、伴随着人们的消费行为以星火燎原之势蔓延。"以产业报国、民族昌盛为己任"（长虹电视，1995年）、"黑头发，中国货"（奥妮洗发水，1996年）、"长城永不倒，国货当自强"（奥妮皂角洗发浸膏，1996年）、"坐红旗车，走中国路"（红旗轿车，1996年）、"中国人的生活，中国人的美菱"（美菱冰箱，1997年）、"中华永在我心中"（中华牙膏，1997年）、"海尔，中国造"（海尔电器，1998年），相信这些广告语都曾在广大民众心中激起满腔豪情。仔细研读这些广告语，长虹、奥妮、红旗轿车的广告语由于出现的时间较早还有些抽象、空洞的嫌疑，到了"海尔，中国造"，则充满了厚重的底蕴——自信与豪气。正是这种厚重的底蕴，支撑着海尔从一个亏损147万元的小厂，成为国际知名的企业集团，成为中国民族工业成功的典范之一。它曾被美国《家电》杂志排在全球同行业企业增长速度之首，被英国《金融时报》评为亚太地区最具信誉企业。同样的，也正是从上述广告语中渗透出来的强烈的民族自信心和民族自豪感，支撑着许多如海尔一样的民族企业、国有品牌卧薪尝胆、艰苦奋斗，去实现中华民族的伟大梦想。

从一味追求外来商品，到希望本土企业、民族品牌尽快成长壮大，再到自觉地通过消费行为支持民族品牌，这是改革开放30年来非常清晰地呈现在我们面前的中国消费者的成长历程。从这种消费行为的变化过程中，我们还能触摸到整个中国社会逐渐找回自信与自尊、重新燃起希望之火并倾尽全力去实现的脉络。身处其间，广告忠实地记录了这一过程，并身体力行地参与其中，为之摇旗呐喊，为之加油鼓劲，功劳不容抹杀。

三、从“一旦拥有，别无所求”到“没有最好，只有更好”：精神追求的升华

按照美国著名心理学家亚伯拉罕·马斯洛的需求层次理论，人的需求可以分为生理需求、安全需求、社交需求、尊重需求和自我实现需求五类，它们由低到高呈阶梯式排列。只有当较低层次的需求（如生理需求和安全需求）得以满足、实现之后，人的心中才会萌发对较高层次需求的渴望和追求。也就是说，人的需求在一般情况下只能循序渐进，很难漏掉其中一个层次实现跨越。同时，人的需求也绝非一成不变，长时间只是固守在某一个需求层次，它会随着外在的客观物质条件和内在的心理成长而发生改变。变化总是永恒的。正是人类需求的这种变化，在一定程度上促进了社会的发展、人类的进步。

在广告领域，我们能够非常明显地看到这种发展与进步。

从中华人民共和国成立一直到1978年，中国社会政治运动接连不断，经济建设难有大的起色，加之长期实行计划经济体制，缺乏市场竞争机制，因而导致商品严重缺乏。在很多中国人的记忆里，很多商品都只能凭票购买，甚至手里攥着票也很难买到紧俏商品。即使在改革开放初期，要想买到中意的商品，也只能到处托关系、写条子。这种现象随处可见，成为当时中国社会一道独特的风景。可以说，当时大多数中国人基本上还停留在最基础的生理需求、安全需求的层面上。他们每天都生活得很局促，因为不是缺这就是少那；同时他们每天都在向往，向往过上物质丰裕的生活，因为这是人的天性。在这种强烈的反差中，人有时就会走极端——越缺乏什么，就越渴望什么；而一旦自己所渴望的东西真正被自己拥有之后，就会给人带来难以形容的巨大的心理满足与愉悦，似乎那是人生最大的幸事，似乎拥有自己向往的东西的那一刻就是人生中最成功最辉煌的时刻。当年流行的一句广告语“一旦拥有，别无所求”（飞亚达表）就是对这种社会心理的真实写照，非常典型、生动。有人曾对这句广告语提出质疑、批评：难道有了一块飞亚达手表，整个人生就再无别的追求?! 以今天的眼光来看，这句广告语明显是小题大做、夸张失当，透露出创作者和飞亚达表的消费者“目光短浅”、“胸无大志”；但是，如果把它放回那个特定的时代，它的产生、流行却具有无可辩驳的合理性与必然性：人无法超越当时自身所处状况而去追求遥不可及的东西；同样，广告亦不能脱离它所处的时代背景而去搭建空中楼阁。

上面那些批评家希望在广告中看到的东西不是不可能出现，而是还没到出现的时候。时机需慢慢成熟，改变在悄然间发生。1995年，飞利浦率先发出了时代强音：“让我们做得更好”，其内涵和风格与“一旦拥有、别无所求”迥异。此后，类似的广告语层出不穷：“让我们做得更好”（飞利浦，1996年）、“每一年，每一天，我们都在进步”（联想电脑，1996年）、“我们一直在努力”（爱多电器，1997年）、“没有最好，只有更好”（澳柯玛冰柜，1997年）、“从更大到更好”（长虹集团，1998年）……先前广告中那些被人诟病的只追逐物质享受、忽视精神追求、消极颓废、不思进取一扫而空，取而代之的是不满足于现状、要在现有成绩的基础上树立更高远的目标，并脚踏实地地把握好每一天、做好每一件事，一步步迈向更辉煌的未来。在这里，广告真正承担起了表达、传播“理想”的职责。

个人、民族乃至整个国家的理想在广告中出现，应该是一件水到渠成的事。随着改革开放的不断深入，中国很快甩掉了贫穷、落后的帽子，市场一天比一天繁荣，老百姓的物质生活一天比一天丰富，自然而然地，对更高层次的精神文化的需求也一天比一天强烈。一些敏感的广告人敏锐地意识到这一点，及时地加以利用，写出了上面这些广告语。这些广告语不仅成为流行广告语，而且在人们的日常生活中被广泛使用，演变为励志语句、人生座右铭，其影响不容小视。它们一方面传达了其所代表的品牌与企业的品牌文化、企业理念，另一方面，更为重要的是，这种品牌文化、企业理念在广大受众的内心深处引发了强烈的共鸣，进

而激发起他们追求人生理想的斗志。

当代先锋派文学的著名作家苏童将广告看做是“人类学研究的体温和表情”，他认为：“广告的功能是销售，对象是人。如果说文化因情势的刺激而导发种种不同倾向，那么广告的情势刺激就是制造消费，一部社会发展史就是一部消费史；一部屈诘聱牙的人类学专著则有可能在广告中散落珍珠，或被形象化地加以诠释。广告是人类学研究的简写本、速读本。因此，广告也被我们赋予了一定的社会功能。”① 在苏童看来，广告是“循着关于时代、新生事物和人物辈出的历史之河逐水而居的”。也就是说，每一个时代的广告，必然打上那个时代的烙印，时代的特征、社会的风尚以及人心所向，都一一渗透、凝聚在广告之中。因此，当我们梳理改革开放以来的流行广告语时，能分外清晰地看见的是30年中国社会的发展史、进步史。反过来，广告也绝非只是单纯地传播商品信息、引导人们的消费行为以促进商品交换，并非只是被动地记录历史，它还能深深地植入消费大众的心灵深处，深刻地影响他们的心理世界、观念世界，进而影响整个社会。在中国改革开放30年来的社会巨变中，我们不能忘记、忽视广告的力量。

【参考文献】

[1]［美］米切尔·舒德森．广告，艰难的说服——广告对美国社会影响的不确定性［M］．北京：华夏出版社，2003.

[2] 阮卫．广告文化透视［M］．武汉：武汉出版社，2005.

[3] 苏童．广告是人类学研究的体温和表情［J］．国际广告，1999（8）.

【作者简介】

阮卫，江汉大学视觉传播研究所教授。

① 苏童．广告是人类学研究的体温和表情［J］．国际广告，1999（8）：91.

广告失范的社会学分析

唐佳希

【摘　要】本文从价值、规范、行为三个维度对广告失范进行社会学分析。价值失范是广告失范深层基础，广告行为失范是行动者在价值理念指导下的一种违反规范的外显的理性行为，而判别广告行为失范的客观依据则是规范。应该从价值理念重构、规范系统建设、行为引导三个方面来匡正广告失范行为。

【关键词】广告　失范　社会学分析

学术界对现实生活中广告失范的表象有着长期丰富的研究，并大多从道德、法律和文化等层面对广告失范现象进行描述和分析。然而，广告失范现象是一种非常广泛的社会事实，不是某个广告主体，某个局部的问题，它与社会生活的各种基本问题紧密联系在一起。要深入探寻广告领域的失范问题，必须要借助一定的社会学研究的工具。

“失范”（anomie），被称为“少数几个真正的社会学概念之一”①，由法国著名社会学家涂尔干首次引入到社会学的研究中来。失范是相对于规范而言的。失范是指社会的价值与规范产生紊乱，人们的行为失去了标准或不遵守规范，整个社会秩序呈现无序化的状态。失范这一概念可以从微观和宏观两个层面界定。宏观层面的失范是规范本身的失范，即指社会规范、制度体系与社会秩序等社会规范系统的瓦解和混乱。微观层面的失范是规范对象与执行者的行为失范，主要是指社会群体或社会个体的偏离及违反现行社会规范的行为，即社会成员作为社会中的行动者自身的行为与规范发生的冲突。②

广告失范，无论是广告行为人的价值理念的迷失这一主观精神方面的失范，还是广告行为人的行为失范这种客观方面的失范，都通过对规范的关系才能显现出来，衡量它们的客观评判标准就是规范。失范包含社会规范的失范与人的行为的失范双重含义，而这两者之间有一个中介的精神纽带的联系，就是价值理念的失范。价值层面的失范也有双重的含义，即社会价值理念的失范与人的价值理念的失范。社会价值理念的失范即指由规范建设的价值理念的混乱而引起的规范的解组现象。人的价值理念的失范即指因人无法认同规范所蕴含的价值理念而引起的行为上与规范的背离现象。单独地考察规范存在的合法性或单独地考察人的行动的合理性，都离不开价值理念的因素。广告失范不仅仅是因为监管不力或是广告主体单方面的主观故意，而是有着更为深刻复杂的社会成因。应该从价值、规范、行为三个维度深入揭示广告失范的形成机制。

第一维度是价值失范。规范是依据价值理念而建立的，是价值理念与实际原则的结合，价值理念指导着规范的建构与人的行动方向的选择。价值失范既包括社会主流文化价值观念的失范，如社会核心价值观念的不确定、漂移、含混、不合理；也包括个人对社会核心价值理念的认同迷惑或不认同。

---

① Mathieu Deflem. The Future of Anomie Theory [J]. Social Forces, 1999 (9).

② 朱力. 失范范畴的理论演化 [J]. 南京大学学报：哲学 · 人文科学 · 社会科学版，2007 (4)：131-144.

我国正处在由计划经济体制向市场经济体制转变，从传统社会向现代社会转型的进程中。由于社会传统的价值观念被普遍怀疑、否定，甚至严重破坏，逐渐失去对社会成员的影响力与约束力，而新的价值观念、行为模式又尚未形成，或尚未被人们普遍接受，对社会成员不具有有效影响力与约束力，从而使得社会成员行为缺乏明确的社会规范约束，造成社会主流价值观的事实真空、缺失，呈现出某种紊乱无序。

广告中表现出来的过度消费主义、性别歧视、低级趣味、唯利是图、损人利己等诸多"乱象"虽然是广告失范的罪证，但究其原因，还是广告传播对异化的价值观的一种反映。由于价值观的重大变异，不同社会成员的价值取向纷然杂陈，各种价值标准之间的差别、碰撞和冲突日益明显。传统的价值观念正在动摇，人们从来没有像今天这样可以毫无顾忌地追求物质利益和个人的享受。多年来被压抑在人们心灵深处的欲望一旦释放就变得肆无忌惮、有恃无恐起来。是与非、真与假、善与恶的标准逐渐变得模糊，社会正义和社会良知在一定程度上衰落了。作为社会子系统之一，广告系统既存在基础价值序列的失范，又存在着广告行为人对既有价值观的怀疑甚至颠覆，也就不可避免地出现广告失范行为。

价值观念直接影响着规范的价值合理性与人对规范所依据的价值的认同。在规范设计、建立之初，特定的价值理念起着重大的作用。价值理念也是社会的制度与规范产生的依据与理由，也是人们需要规范的目的意义。社会规范合法性的背后是其价值理念的合理性，社会规范系统的混乱与瓦解，实际上是规范丧失了社会发展需要的合理性，凝聚社会的集体意识、核心价值观产生了不统一、分裂和紊乱。从个体层面上讲，这里的价值理念是指人们基于观念体系的倾向性的看法，对事物与行为的一种基本的理念判断，并以此判断来指导自己的行为。价值理念在人们行为中具有方向性的作用。当人们的价值理念与社会规范蕴含的理念相吻合，人们便容易认同规范。社会成员个体对规范的忠诚与承诺，在本质上是对其背后隐藏的价值理念的认同，愿意对在这一价值理念基础上建立的规范承担责任与义务。涂尔干认为失范首先是道德价值意义上的混乱①。失范实际上是一种共同的价值理念缺席的状态。因此，在广告失范的研究中，价值维度的考察是基础性的，不可忽视的，也是建立广告规范的根本。

第二维度是规范的失范。规范是指导、约束人们行为的行动准则。它是人们在长期社会生活中，根据人们普遍认可的社会价值观而对特定环境中人的行为所产生的必须共同遵守的规则。规范是一种集体理性的凝聚，是集体利益的协调结果。规范一旦形成便成为超越个人之上的外部强制力量，对个体加以限制，以保证群体互动的有序性。规范作为一种社会环境中控制、调整、干预人际关系与群体关系的文化维持模式，深深地影响着社会生活的各个层面，影响着社会成员的价值取向、思维方式和心理，支配着他们的行为。"从现实意义看，规范是解释特定行为规律性的重要因素。"② 规范以条文的形式将人们对互动秩序的需要与价值体现出来。规范可以防止社会成员的行为在个人需要的驱动下漫无边际地发展，"行为准则具有社会凝聚力，它将各种事物团聚在一起。没有行为准则的社会是无法生存的。行为准则使我们免于陷入可怕的、唯我独尊的无政府状态"。③ 规范失范指的是规范本身与社会核心价值理念的背离，或规范本身的不合理或不确定。规范的失范在于其丧失了存在的价值合理性甚至社会合法性或规范自身的矛盾性，包括规范滞后、遗漏、偏差、矛盾等。规范的失范就是社会的规范体系的解组，使价值理念没有依托，使人的行为丧失标准。

广告的有序运行，法律是支柱。《中华人民共和国广告法》（以下简称《广告法》）是

① ［法］爱米尔·杜尔凯姆著．自杀论［M］．钟旭辉，等译．杭州：浙江人民出版社，1988：259.
② ［德］米歇尔·鲍曼著．道德的市场［M］．肖君，等译．北京：中国社会科学出版社，2003：53.
③ ［美］丹尼尔·扬克洛维奇．新价值观：人能自我实现吗？［M］．北京：东方出版社，1989：154.

广告行为必须遵守的规范，其本身是否合理对广告行业的健康发展意义重大。然而目前《广告法》部分内容已无法适应新时期、新形势对市场秩序、市场平衡和公平的需要。广告法律制度不够成熟和健全，相关法令、法规还不完善，这些规则本身的漏洞造成广告违规事件屡禁不止。

（1）规定不具体。《广告法》总则第六条明确规定："县级以上人民政府工商行政管理部门是广告监督管理机关。"但在整部《广告法》里，却未对工商行政管理部门的职责与权限做任何说明。由此可能导致两种情形：第一，广告监督管理机关手中的权力过大，什么都可以管，到处都可以插手，如处理不当，结果只能是滥用权力，干扰广告行业内部的正常运行，阻碍广告的健康发展；第二，由于《广告法》未对广告监督管理机关的职责和权力进行具体的认定和说明，当遇到一些棘手、微妙的广告违法、违规事件时，某些职能部门可能出于各种考虑互相推诿，甚至置之不理，任由违法、违规广告继续泛滥。

（2）惩罚不科学。不论何种违法行为，在处罚上都是广告费的一至五倍，这显然违反了法律要"责罚对等"的基本原则。以广告费作为计算基数是不科学的，这等于在说违法广告的危害性是与广告费呈正比的。对违法广告的处罚力度不够就不足以震慑发布违法广告的经营者，使得违法广告难以得到法律的真正规范和制裁。

（3）责任不合理。目前在我国的广告管理体制中，有利益与责任呈反比现象。从利益角度讲，广告主是虚假违法广告的始作俑者，同时也是最终受益者。但是从责任角度讲，媒体几乎承担着全部的责任。而媒体只是广告的发布者，让它们去熟知所有行业的真实合法与否显然不现实，只有广告主最清楚自己在干什么。

对规范失范维度的考察揭示了规范系统建构的迫切性。针对当前我国广告法过于笼统、简略的情况，应尽快制定《广告法实施细则》，对那些目前《广告法》没有明确界定含义以及没有具体认定标准的重要概念，做出详细具体的含义和标准的界定。明确禁止性规范、义务性规范、许可性规范、任意性规范的界限，做到概念科学、含义清楚、范围明确，使其内容更加具体化、详细化，在实际操作过程中更具有操作性。

第三维度是行为的失范。指的是行动者的行为与规范不适应问题，包括行动者对规范的回避、违背、冲击、破坏。行动者的行为失范在于其行为的价值合理性与规范合法性两个维度上都出现了断裂。从指导个人行动的意义上来理解，人的一切行动，理论上讲是有目的和有意义的。价值理念就是指导人行动意义的核心因素。认同与接纳不同的价值观念，就会采取不同方向的行为。对于规范的对象来说，就是对规范内容的理解与认识，就是规范的识别。规范作为一个对他人的行为起指导和约束作用的影响工具，它能够起作用的前提条件是，规范约束的对象必须能够正确地认识和理解规范的内容与规范所蕴含的价值目标。规范的"意志对象必须能够识别出表现在这一意志中的规范的思想内容。识别一个规范的思想内容的前提是具有意义理解能力——规范识别即为规范理解。"① 只有在对规范意义理解与认同的基础上，才有规范的执行，而对规范意义的不理解、不认同，在行为上必然对规范的不恭敬、不执行，成为行动者行为失范的思想基础。而当人们的价值理念与规范的价值理念不相吻合时，便不易认同规范的价值理念，造成了行为失范的风险，这在行为上便容易越轨。规范要与人的行为发生联系有四种情况：第一，认同的遵守。这是建立在对规范所倡导的价值理念认同基础上的执行，这不仅仅是一种行为的服从，更是一种思想认识对价值理念的承认，在"内化"基础上表现的行为上的遵守。认同型的遵守规范，是一种"心"的遵守，行动者不会有一种强迫感。第二，被迫的遵守。这是行动者对规范所倡导的价值理念并

① ［德］米歇尔·鲍曼著．道德的市场［M］．肖君，等译．北京：中国社会科学出版社，2003：53-54.

不认同，也就是行动者在思想上并不接受规范背后的价值理念。但是，迫于规范的外在强制性的压力或迫于不遵从规范所要支付的巨大成本的考虑，行动者只是在外在行为上服从了，但在内心并不认同这一规范。这种基于外部压力的“制度化”基础上的遵从，是一种“身体”的遵从而不是一种“心”的遵从。第三，主动的排斥。在不认同规范所依存的价值理念的基础上，行动者直接地向规范提出了挑战。行动者认为违背规范所带来的损失远远小于违背规范所带来的利益，或违背规范所获得的利益足以超过遵守规范所获得的利益时，行动者就会考虑对规范的挑战。轻者违反柔性规范，重者违反刚性规范。这就是行为层面的失范。第四，被动的排斥。对规范的价值理念基本上是认同的，也是愿意遵守的。但出于利益的需要、出于安全的需要或出于某种压力，将违背规范作为一种策略，偶然地违反规范。行动者对价值的不认同，如果仅仅停留在思考层面，而不外显为行动，依然不成其为行为失范。这种对价值的不认同如果外显在行为上，即在行为上表现为对规范的不遵守时，才是一种行为失范。当然，这里隐含的前提是，规范与价值是一致的，规范有其合理性。

规范广告行为一直是广告研究的重点，然而更加有意义的是如何引导整个广告系统中的“认同遵守”行为，使广告业形成正确合理的价值—规范—行为三维体系。

对广告失范的社会学分析显示，失范有可能是总体上的，即在三个维度方面都会同时发生。也有可能是在一个维度或两个维度上的。现实生活中的广告失范，就是这三个维度失范的不同组合。规范能否被执行，还需要依靠广告行动者的主观的认同。任何失范都是行动者在价值理念指导下的一种违反规范的外显的理性行为，都可以通过价值理念、规范与行为三元结构的分析框架进行分析。价值理念支配着行动者的行为，而判别行动者行为合理性的标准，不是行动者自身的行为的合理性，恰恰是社会的规范及其规范背后隐藏的社会的、公共的价值理念。

【参考文献】

[1] 张金海.20世纪广告传播理论研究［M］.武汉：武汉大学出版社，2002.
[2] 张金海.中国媒体发展研究报告（2006年卷）［M］.武汉：武汉大学出版社，2007.
[3] 杨善华.当代西方社会学理论［M］.北京：北京大学出版社，1999.
[4] 渠敬东.缺席与断裂——有关失范的社会学研究［M］.上海：上海人民出版社，1999.

【作者简介】

唐佳希，华南师范大学教育信息技术学院新闻传播系讲师。

广告的社会责任：危机中的信任重建之道

余霞 兰霞

【摘　要】信任危机是广告面临的真正危机，社会责任感的缺失是导致广告信任危机的根本原因。从社会心理学的角度讲，信任危机会成为广告受众态度改变的障碍。社会责任是重建广告信任的基本途径。

【关键词】广告　信任危机　社会责任　态度改变

近年，广告的信任危机问题日益显露。广告的信任危机到底是什么？其背后的根源是什么？如何化解广告的信任危机？社会学、营销学、心理学、传播学视角的观察和思考，将有助于我们正确认识危机，以社会责任重建对广告的信任，从而推动广告业健康发展。

一、信任危机是广告面临的真正危机

虽然"广告的危机"字眼频现，但理解并不是单一维度的，而是存在多角度多层次的界定。其中主要包括两个方面，一个是指广告作为一个行业的生存危机，即对广告在整合营销传播中的位置的担心；另一个是指在广告传播过程中暴露出来的种种痼疾（如虚假信息等）所导致的广告信任危机，即公众对广告的信任度的降低，而后者是广告面临的真正危机。

中国的广告业进入21世纪后，真正迎来了舒尔茨所说的整合营销传播时代。一个问题随之被提出：广告会消亡吗？在西方经验的基础上，结合中国广告发展的历史和现状，我们相信，广告不会消亡。整合不等于消除某种原有方式，而是充分发挥各种营销传播手段的特性，共同实现营销目标。因此，整合营销传播背景下的危机并不是广告面临的真正的危机，而是它与其他营销手段竞争与合作的机遇，广告应该在整合营销中找准自己的位置。

广告行业的信任危机则与激烈竞争中广告传播自身的种种痼疾息息相关。新时期的中国广告被誉为经济发展的晴雨表。与经济快速发展相应，广告业以年均大大超过GDP的速度迅猛发展。但随着广告的发展，企业间利用广告进行营销竞争也日益白热化。虚假广告、有违伦理的广告、恶俗广告等使公众对广告的信任降到很低。黄升民对中国广告业做了10年追踪后发现，中国对广告的依赖性很高，但人们对广告普遍抱着不相信的态度。①

如果说来自广告之外的因素（如整合营销、金融危机等）导致的危机具有某种不可预测性，那么来自广告内部的危机却是可预见和可防控的。但当广告主、广告公司和媒体缺乏这种观念时，它会成为真正致命的危机。因为信任危机导致的是公众对广告的拒绝，没有受众的广告还能存在吗？

二、社会责任感的缺失是导致广告信任危机的根本原因

丁俊杰等在对《人民日报》1979年到2009年30年关于广告的文章进行研究后发现，

① 黄升民．中国广告行业重新定位的几个问题［J］．广告大观．综合版，2006（12）：27-28.

95%都是负面报道。在众多的持负面态度的文章中，“虚假”、“违法”、“欺骗”、“泛滥”、“夸大其词”、“误导”、“低俗”、“失实”等词汇比比皆是，其中尤以“虚假”一词的出现频率最高。他们指出，媒体关于广告的话语选择性地关注了负面的东西，从而导致公众对中国广告业的认识存在误区。① 我们认为，媒体报道的偏见可能助长和强化公众对广告的信任危机，但它不是决定性的原因。作为一种营销传播活动，广告的信任危机主要来自广告传播主体和传播过程，特别是作为广告信息源的企业、广告经营主体、广告发布渠道社会责任的缺失。

首先，企业社会责任传播观念的缺失是广告信任危机最核心的原因。利润最大化是企业追求的目标，广告运作等营销活动是实现这一目的的手段。营销观念自产生以来，形成了五种营销观念：生产观念、销售观念、推销观念、市场营销观念和社会营销观念等。其中，“社会营销”被公认为21世纪最高层次的营销行为。它强调企业的营销活动应该注重消费者、企业和社会的共同利益，实现市场需求、企业发展与社会繁荣的“三统一”。② 企业的社会责任营销应该具体地表现在广告、公关等传播活动中。我国多数企业社会责任传播理念尚未形成，或不重视，为了短期利益，这些企业会要求广告经营者采用虚假、浮夸等欺骗性信息和违背伦理的恶俗信息，这就会引发或者加深对产品和广告的不信任。

其次，广告公司和媒介社会责任的缺失孕育了广告的信任危机。广告公司的专业水平是衡量一个国家广告业发达程度的标杆，我国的广告市场发育尚不成熟，尚未建立起以广告代理为核心的合理的运作机制，媒介和广告公司共同作为广告经营的主体，其社会责任的缺失使缺乏社会责任的广告作品得以产生，由此导致了广告的信任危机。广告是广告公司和媒介赖以生存和发展的动力和保证，如果企业社会责任营销理念缺乏，广告公司和媒介在制作和传播广告时，就会忽略广告的社会责任，制作出包含虚假、浮夸、不道德的信息的广告作品，从而最直接地导致了广告的信任危机。

最后，广告媒介为虚假广告等提供了传播渠道，最终导致了广告信任危机的产生。在广告运作的各环节中，广告媒介是信息的发布者，它通过出卖版面和时段来获取经济效益。媒体对广告的依赖程度越来越高，对广告信息的把关就可能越来越不严格。这就是尽管《中华人民共和国广告法》中有关虚假广告宣传的惩处规定，但虚假广告、恶俗广告依然屡禁不止的主要原因。

三、广告信任危机的影响

广告是一种说服，其目的就是通过改变消费者的态度促成消费行为。广告的信任危机最直接的负面影响就在于影响了消费者购买的态度。当传播学研究发现大众传播的效果是微弱的时候，广告的神话随传播效果神话的打破而破灭。广告效果既然越来越难以直接体现在销售额上，为什么还要支出巨额的广告费？广告主期待的是什么？这涉及广告效果测量指标的变化问题。现在的广告效果测量指标应该不限于直接的销售额，而应该更注重公众的态度改变。即使没有及时的购买行为，对消费者态度的改变也是至关重要的，它孕育了未来消费行为的可能。因此，态度改变应该成为我们考察效果的主要指标。

社会心理学认为，影响包括认知、态度和行为三个层面。态度居于核心位置。广义上说，态度可以被界定为建立在认知、情感反应、行为意向以及过去行为的评价倾向性，这些都可以改变我们的认知、行为、情感反应，以及未来的行为意向和行为本身。我们借用下面

① 丁俊杰，黄河．为广告重新正名——从主流媒体的广告观开始［J］．国际新闻界，2007（9）：5.

② 白小明．论企业在市场营销中的社会责任［J］．消费导刊，2007（5）：28-29.

的态度系统进行分析①（见图1）：

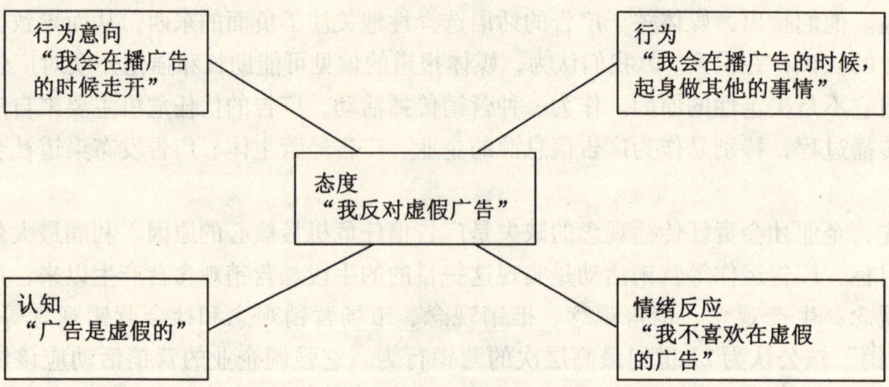

图1　态度系统分析图

对广告来说，行为意向和行为是建立在我们对广告传递的信息和广告本身的态度基础上的，而对广告的态度源于我们的认知和情绪反应。当广告是虚假的、不道德的等认知因素作用于受众时，唤起的无疑是不喜欢、反感的情绪，这些情绪指引着对广告的态度，如“我反对虚假广告”，接下来就会拒绝接受广告：“我会在播广告的时候走开”、“我会在播广告的时候，起身做其他的事情”。如果这样，广告作为一种说服行为，根本不能实现改变消费者态度的目的，也不可能实现其终极目标。所以，对广告的信任危机是态度改变的最大的障碍。

消费者的期望很大程度上取决于广告，广告承诺越重，消费者的期望值就越高；期望值越高，往往失望越大。② 当承诺没有兑现，消费者认为是虚假的，他对广告和产品都将失去信任。

四、社会责任是重建广告信任的根本路径

广告所承担的社会责任范围越来越广泛，从最初的经济功能到兼具经济功能和社会文化传播等功能，广告已深刻地渗透进当代人的日常生活中，深刻影响到消费观念和行为、生活观念和方式等，“呈现出一定时代人们的生存状态和精神追求”。③ 它所承载的文化内涵、意识形态内涵等不断浸淫受众。因此，广告的健康持续发展是关系整个国家经济、文化、社会等全面发展的重要问题。

前面已指出，广告的信任危机会导致广告效果的弱化甚至消失，广告信任危机产生的根本原因在于广告主、广告公司、媒介等的社会责任意识缺乏，因此解决问题的关键在于用社会责任来获得公众和消费者对广告的信任。

第一，从企业角度来看，社会责任正成为企业议程的新重点，社会责任营销成为企业持续发展的重要策略。

随着社会责任理念在企业逐渐得到认可和尊重，“三个底线”（经济、社会和环境的底线）的概念在商界应运而生，对公司信息的传播也由此进入了一个崭新的境界。社会底线

① ［美］菲利普·津巴多，迈克尔·利佩．态度改变与社会影响［M］．邓羽，等译．北京：人民邮电出版社，2007：28.

② 陈春知．中国广告遭遇诚信危机［J］．企业管理，2007（7）：20-21.

③ 黄升民，陈素白．社会意识的表皮与深层——中国受众广告态度意识考察［J］．现代传播，2006（2）：20-26.

衡量企业在多样性（比如，员工的年龄、性别和种族）和工作条件改善方面所取得的进步。环境底线诉求的则是公司在生态学上的表现。评价公司在社会责任方面表现的客观标准正在日益增多，例如，富时社会责任指数（FTSE4Good）、道琼斯可持续性世界指数（Dow Jones Sustainability Index）以及 AA 1000 等。① 企业的社会责任可以而且应该为企业的创造力开辟崭新途径，《财富》和《福布斯》这些国际主要财经杂志，在进行企业排名时，都将“企业社会责任”作为考虑标准之一。② 企业通过广告等进行社会责任传播，要考虑社会与道德问题，重视消费者、社会及公众的利益。

2008 年中国乳制品行业危机中广告策略的成功说明了这一点。危机发生后，诸多乳制品品牌改变了原有的广告，以社会责任感为诉求重点，强调产品的安全性、可靠性，强调企业的社会道德理念（尤其是中国传统道德观念中“良心”这个核心概念）。通过广告和公关的配合，逐步消除消费者的恐惧心理，使企业逐渐摆脱危机。2009 年第一季度，我国奶粉市场恢复程度较好，以伊利为代表的国产品牌也占据奶粉大多数市场份额③。

虽然企业危机中的广告是一个特例，但也说明广告能成功的一个关键在于强化其社会责任。无论是常态还是危机状态，社会责任都是消费者的心理期待。因此，在具体的广告创意策略中，融入社会责任元素，有利于广告受众对广告态度的改变。

第二，从媒介的角度来看，坚持社会责任是媒体发展的动力和保证。

决定广告媒体投放的因素很多，其中媒体的权威性是很重要的指标。激烈竞争的媒介环境中，靠政府资源分配赋予的优势有逐渐减弱的趋势，靠媒体自身的影响力获取的权威性正逐渐发挥巨大威力。就中国目前的媒介生态环境来说，尽管政府权威赋予的媒体权威依然占主导地位，但媒体自身的影响力作用日益显露。媒体的社会责任感是决定媒体权威性的最重要的指标，虚假的、违背伦理道德的、恶俗的广告势必影响媒体公信力，从而引起受众的反感，失去受众的注意力，最终导致失去广告客户。广告是媒体经营的重要内容和经济来源，以负责任的态度做广告是对受众的尊重，是对企业的保护，更是媒体生存和发展的重要保证。

第三，从广告产业的角度来看，社会责任是广告业健康发展的根本保证。

市场化的过程中，在经济进步的同时，社会也遭遇了前所未有的危机，信任危机是困惑当代中国人的普遍问题。以社会责任重建公众和消费者对广告的信任是广告业健康发展的根本保证。我们在看到广告商业价值、经济价值的同时，还要关注其社会影响力。中国广告业在中国经济中发挥了巨大的作用，具体表现为：是重要的营销作用，中国企业实现销售的渠道与工具；养育了中国大量的媒体，中国媒体的生存之源在广告，媒体的发展靠的是广告费，而不是国家划拨的费用；中国消费的重要推动力。④ 为保证广告业继续在中国社会和经济发展的重要影响力，必须强调广告的社会责任。没有社会责任作为保障，广告业的持续、健康、发展将会落入空谈。

第四，社会责任传播是广告受众的要求。

广告传播目标实现依赖于受众，受众通过注意、理解、记忆发生态度改变和消费行为是广告营销成功的唯一方式。广告信任危机的根本原因是社会责任的缺失，这正说明受众对广告这种信息传播方式的基本要求就是负责任。虽然中国社会还不是成熟的消费社会，但消费心理已逐步从使用价值的消费逐步转到对附加价值尤其是文化价值的消费上来。如果广告不

---

① 欧洲传播机构协会．企业社会责任的正确传播［J］．商学院，2007（5）：73-76.

② 梁爱娜．企业社会责任（CSR）的典型传播［J］．营销实战，2003（9）：82-84.

③ 2009—2012 年奶粉行业竞争格局与投资战略研究咨询报告［R/OL］．http：//www.51report.net/report/detail/36598.html.

④ 黄升民．广告大发展必须解决的核心问题［J］．新闻前哨，2008（9）：81-82.

能承担相应的社会责任，以虚假广告和恶俗广告等伤害受众，最终将伤及广告本身。调查研究表明对广告信赖度偏低的同时，人们对广告依然不离不弃，这和西方国家的研究是基本吻合的，西方学者认为“人们对广告作为信息来源的功能都是肯定的，但是对广告操纵、误导和欺骗以及导致物质主义等结果则持消极态度”。①

综上所述，我们认为，社会责任是重建消费者广告信任的根本路径，是广告业健康、持续发展的需要，也是企业、媒介、社会、消费者的共同需要。

【参考文献】

[1] [美] 菲利普·津巴多，迈克尔·利佩．态度改变与社会影响 [M]．北京：人民邮电出版社，2007.

[2] 黄升民．中国广告行业重新定位的几个问题 [J]．广告大观．综合版，2006 (12).

[3] 丁俊杰，黄河．为广告重新正名——从主流媒体的广告观开始 [J]．国际新闻界，2007 (9).

[4] 白小明．论企业在市场营销中的社会责任 [J]．消费导刊，2007 (5).

[5] 陈春知．中国广告遭遇诚信危机 [J]．企业管理，2007 (7).

[6] 黄升民，陈素白．社会意识的表皮与深层——中国受众广告态度意识考察 [J]．现代传播，2006 (2).

[7] 梁爱娜．企业社会责任（CSR）的典型传播 [J]．营销实战，2003 (9).

[8] 黄升民．广告大发展必须解决的核心问题 [J]．新闻前哨，2008 (9).

[9] 黄升民，陈素白．社会意识的表皮与深层——中国受众广告态度意识考察 [J]．现代传播，2006 (2).

【作者简介】

余霞，博士，华中农业大学广告与传播学系主任，副教授，研究方向为广告文化、媒介文化。

兰霞，华中农业大学广告与传播学系副教授，研究方向为语言传播、公关与礼仪。

---

① 黄升民，陈素白．社会意识的表皮与深层——中国受众广告态度意识考察 [J]．现代传播，2006 (2)：20-26.

论中日广告文化交流传播的历史特色

杨海军

【摘 要】中日古代广告文化区域交流传播是作为两国政治、经济、文化交流的重要组成部分而出现的。中国古代传统的招牌广告、幌子广告在古代日本民众社会生活中多有显现，是中日两国民俗文化友好交流传播的见证；中日近代广告文化交流的主要形式是日本商业文化与中国传统文化的碰撞，广告文化交流打有中国殖民地和半殖民地背景的深深烙印；中日现代广告文化的交流是在和平与发展的主题下，两国商业文化和民俗文化的全面交流和相互借鉴，是亚太地区乃至世界广告文化交流的重要组成部分。

【关键词】中日广告文化 区域交流传播 碰撞 融合

中日两国是一衣带水的邻邦，从遥远的古代开始，中日两国人民一直都保持着政治、经济、文化的友好交往，这种和平相处、友好往来的传统从古代一直延续到现代社会。广告文化交流，是中日两国民俗文化交流的重要组成部分，在古代、近代和现代呈现出区域文化交流传播的独特特点，其独具东方文化魅力的广告表现形态在不同时期也成为中日两国民俗文化交流传播的友好见证。

一、古代中日广告文化的交流与承继

在古代交通与通信极为不发达的情况下，中日两国地缘上的毗邻性成为两国相互交往的天然基础，两国的交流由最初的民间交往逐渐发展成为全方位的政治、经济、文化交流。广告文化交流作为两国文化交流的重要组成部分，其交流的形式及其流向问题也受到交流双方的政治、经济、文化等综合实力对比的影响。古代时期的中日广告文化交流，主要表现为中国广告文化对日本广告文化的影响，并逐渐存留在日本广告文化的历史发展脉络中。从总体看，古代中日广告文化交流主要呈现出以下历史特色：

第一，中日广告文化交流是中日政治、经济、文化交流的重要组成部分。中国古代文化在封建时期居于世界领先地位，日本从汉朝起就不断派遣使者到中国来学习先进文化，唐代中日文化交流更为频繁，日本先后13次派遣“遣唐史”到中国学习中国文化，其中也有不少搭乘“遣唐史”渡船的僧侣留学生，他们不仅广泛研修经史学等学问，了解中国的风土人情和民俗文化，还大量购买中国典籍。其代表人物吉田真备在唐留学时间长达19年，在中国研习《史记》、《汉书》、《后汉书》等三史，回国后曾向孝谦天皇讲授《礼记》和《汉书》，他归国时，带回《唐礼》130卷、《大衍历经》1卷、《乐书要录》10卷，还抄回了《东汉汉记》43卷。自此以后，中国的正史类书籍逐渐普及日本的各个地方，在这一过程中，史籍中有关传统广告形态和广告文化的记载也流传到日本。日本继承和发展了中国古代政治广告、军事广告形式，并逐渐形成了基于中国“大陆文化”的独特广告文化形态，如日本学者研究认为，大化革新使日本变成了律令制国家，718年的《养老律令》的解说版《令义解》中“关市令”中有“凡市每肆立标题行名”的记载。意思是说凡是市场每家店铺都必须悬挂标记，标写店名。这和唐代《唐律》规定的：凡市皆官设，市内分肆……悬牌经营，基本一致。日本学者进一步研究后指出：“在平城京内模仿唐代首都长安设置有东、西两市，其市场内每家商店都标出经营品种，题写招牌。这被认为是日本文献可考的户外广告第1号。”这种评价也可以看出日本广告初期的表现形态与中国传统的广告表现形态有承继关系。

第二，中国的广告文化成为日本民俗文化的重要组成部分。日本大化革新以后，大量效法唐代政治体制和典章制度，促使两国礼制礼俗的相通。相似的气候环境下的农耕经济强化了以血缘为基础的社会文化关系，为儒家伦理道德对两国人民的思想统治奠定了基础。中国历史上也曾出现过大规模移民日本的活动，大批移民带去了中国先进的天文历法、农耕、养殖、纺织文化，传播了冶金、铁加工、金银加工、木材加工、制革、油漆、玻璃制品以及造园等生产技术和农耕民族的风俗习惯，“遣隋史”和“遣唐史”以及日本留学生和留学僧在中国生活在普通民众中间，三教九流无所不交，为归国后传播中国习俗奠定了基础，也促使中国的宫廷礼俗、儒家礼俗在日本广为流行。如文武天皇大宝元年（公元701年）制定的《大宝律令》，对制衣用冠、婚丧嫁娶、土木建筑等都做了效仿中国的规定，在这样的情形下，中日广告文化交流的主体随着社会经济的发展，由以政权统治为主逐渐转向以民众生活为主，中国古代的礼仪广告、服饰广告、器物广告、制度广告、文化广告广泛地被日本民间所吸收和发展，逐步成为日本民俗文化的重要组成部分。日本学者在其撰写的《和汉三才会图》中解释说日本店铺里面的幌子、酒帘与中国的酒幌子、酒帘如出一辙。尤其是一些行为广告等文化广告，至今对日本的广告文化具有较大的影响力。

第三，中日广告文化交流是中日两国人民友好交往的重要见证。古代时期，中日两国局部地区的冲突虽然时有发生，但两国人民之间的友好交往却一直没有中断。古代社会保留下来的诸多广告表现形式，今天已成为日本文化的重要组成部分；如日本学者认为：“原本在中国被称为‘暖帘’的原始广告形态，最初是用来分割房间的帘子。日本人把这个用于广告，或者在上面画上商品或者商店的标记（商标）。这样渐渐地演变成商店或者制造商品的厂家的标记”。这种习惯在现代商业经济高度发达的日本现代社会仍保留下来，许多商业繁华区的店铺门面装饰和广告宣传仍采用了这种原态的广告表现形式。而遗存下来的广告文物，更是见证了中日两国人民友好交往的历史。在日本天理大学附属参考馆，至今仍保存着中国古代诸多广告形态，如幌子、招牌等实物广告的照片几十余幅，客观地反映出两国古代广告文化频繁交流的事实。

古代中日之间频繁的广告文化交流，成为两国人民沟通与交往的重要桥梁。这一时期，由于中日之间的综合实力之间的差异性，交往形式主要表现为中国对日本的广告文化输出，而日本广告文化对中国的影响相对而言比较小。这个时期的广告文化交流主要以政治广告、军事广告、文化广告为主要传播载体，商业广告的形式比较单纯；不过，中国的广告文化与其他文化形态对日本广告文化影响甚大，为以后的中日广告文化交流打下了良好的基础。

二、近代中日广告文化的碰撞与融合

明治维新以后，日本对内积极从各个层面上推进现代化改革，对外实行“急进”的外交政策，逐步成为亚洲的强国，日本现代商业广告文化诞生，对包括中国在内的亚洲各国产生了重要的影响。这一时期中日两国的广告文化交流主要呈现出以下几个特点：

第一，日本商业广告文化与中国传统广告文化产生了剧烈的碰撞。伴随着日本商品在中国内地的泛滥，日本商业广告登陆中国，成为其商业扩张的重要工具之一。这个时期日本商业广告充满了西方消费主义文化气息，对中国儒家原典文化产生了巨大的冲击；如日本的商品广告大量使用全身或半身的裸女形象，作为吸引消费者注意力的广告元素，日本广告商还注意研究中国消费者的心理，把商品信息与中国文化因素结合起来创作广告作品，其中较为典型的例子，就是把仁丹广告的产品推销与中国传统文化结合起来，创作了“十二孝图”系列广告，起到了很好的宣传效果。这些商业广告一方面对中国民众展开了消费主义观念教育，在一定程度上唤醒了中国民众的现代意识。另一方面也导致了中国近代广告文化的迷乱，广告表现中的封建迷信色彩，广告观念中的军国主义、沙文主义多有显现。

第二，中日广告文化交流印有中国殖民地半殖民地色彩。这个时期日本在华的商业广告宣传，面临的是中国殖民地半殖民地的社会现实，中国政府对日商的在华广告完全丧失了控制力和监督力，日商的商业广告甚至达到“恣意妄为”的地步，中国民众对日商的一些虚假广告、歧视广告等广告形态敢怒不敢言；因此，这个时期的中日文化交流充满着殖民地半殖民地色彩，如月份牌广告是20世纪三四十年代广告的主要表现形式。这一时期月份牌广告中有许多传播商品信息，同时又弘扬民族文化的优秀作品。但在40年代，日伪政权则强行控制这一有广泛群众基础的广告宣传形式，为其侵略扩张和推销商品服务。日伪政权首先是物色日伪汉奸威迫利诱一些三四流画家为其创作月份牌广告，或是假通商之名高价收取一些名画家的广告作品运到东北进行印刷，其广告作品要么是公开宣扬日本的“大东亚共荣”思想，要么是宣传封建迷信、色情享乐题材的内容，以麻醉中国民众的神经，消磨人们的意志。前者典型代表作品就有以日本战旗为主要标志的“太阳牌鞋”，以及印上伪满洲国年号“康德×年”的月份牌广告；后者典型代表作品则包括推出《极乐世界》、《天堂地狱》题材的、宣扬封建迷信思想的广告作品，以及大量裸女月份牌等宣扬色情享乐思想的广告作品。日伪政权甚至还炮制了诸如“济公嫖妓”和大量赌博题材的作品，进一步宣传低级趣味文化，以达到煽动人们不健康情欲，涣散人心的目的。日本对华的广告文化输出成为这个特定时期的特殊产物。

第三，中日广告文化交流反映着民族工业与外来资本的力量对比、兴衰。伴随着中国近代化进程的加快，一批民族工业成为狙击外来资本的重要的力量，反映在中日广告文化交流上，主要是中日商业广告的碰撞和摩擦。这个时期，民族工业者充分意识到广告在商业竞争中的作用，积极利用各种广告媒介与日商开展“广告战”，其中，“起始于民国初时，终于抗战胜利，长达几十年的‘仁丹’与‘人丹’广告之争就是这场日货广告竞争激烈的一个缩影。民国初始，上海等大中城市掀起抵制洋货以振兴民族实业的运动，民族企业家黄楚九以挽回利权为名，针对当时行销我国的日本货‘仁丹’，开设‘龙虎公司’，研制与‘仁丹’类似的‘人丹’，十分畅销。不久，日商就以‘冒牌’的罪名将‘人丹’告上法院。双方将官司一直打到北洋政府大理院，持续了十多年，最终以‘人丹’胜诉结案。抗战期间，双方的广告战仍十分激烈，一直到抗战胜利，最终将‘仁丹’赶出了中国”。虽然初始民族工业的广告竞争力和影响力稍显微弱，但随着中国民众民族意识的觉醒和广告传播方式的不断改进，逐渐形成了与日商广告“分庭抗礼”的形式，取得了形式上的平等。

第四，中日广告文化交流呈现出浓厚的政治色彩。近代无论是西方各国，还是中国各种政治势力方面，都主动利用手中的广告传播工具，宣传自己的政治主张和信仰，打击敌方的士气，这个时期的政治军事广告充满了激烈的对抗性；“七七事变”以后，许多抗战题材的广告在社会上流行，商品广告纷纷宣传抗日爱国的内容。以香烟广告为例，抗战一开始，上海中国兴和烟草公司把实地拍摄的日寇侵略上海的暴行，以照相版印制成一套“淞沪战争”的香烟广告，投放市场，极大地激发了广大民众的爱国热情，起到了很好的广告宣传效果。在其影响下，其他商家纷纷效仿。中国福新烟草公司发行“东北义军抗日记”，福昌烟草公司推出“纪念国难”和“忠勇卫国马将军”等广告宣传画；中和烟草公司印制十片一套“东北抗日战争画”，民生烟草公司发行十二张一套“流亡曲”；还有上海越车协记烟厂出品一套“抗日战事”，裕华烟草公司印制八十片一套“抗战八年胜利画史”等广告宣传作品。在这些流行的广告作品中，配有许多政治色彩鲜明的广告口号，如民众烟草公司的“民族抗日”组图中，每张图的画面上都配上一句抗日口号，诸如“歼灭日虏，还我河山”、“国难当前，岂分男女”、“各尽所能，同赴国难”、“誓死杀敌，马到成功”、“宁为枪下鬼，不为亡国奴”等，对鼓舞抗日士气，激发爱国精神起到积极宣传作用。有些广告商则把政治宣传和商品推销结合起来创作作品，如中国昆仑烟草公司直接在香烟盒子上印上“提倡国货香烟，赛如立志从军”等广告宣传口号，以期取得好的销售效果。在商业广告方面，日商竭力宣传商品的优越性和对中国民族工业的轻蔑，而中国民族工业者则充分利用中国民众对日的“抗战情结”，宣扬自身商品的民族性，充满了强烈的政治色彩。

这个时期，中日广告文化交流由于受政治对抗环境的影响，广告文化交流依然未能取得自由对话的形式，充满了政治色彩；也正是在这样的环境下，中日广告文化的平等交流首先在技术平台上逐渐拉开了序幕。早在19世纪末，日本也曾出现过类似上海月份牌形态的广告，20世纪20年代，数位日本制版技师在上海曾参与月份牌的印制，并培养出一批中国制版技师。30年代，中国“东方巴黎”美人像月份牌广告形态传到日本，很受民众欢迎，这些事例证明，中日广告的文化交流在技术上、内容上、形态上开始相互影响并出现交融的趋势。

三、现代中日广告文化的互动与共进

随着中国改革开放，中国经济获得了前所未有的活力，中国的经济力也逐渐得到世界各国的承认，这也为中日邦交正常化和文化交流的常态化奠定了坚实的基础，中日广告文化交流也第一次获得了平等对话权，呈现出与以往文化交流完全不同的特点：

第一，中日广告文化交流是和平与发展主题下的产物。虽然中日在历史遗留问题上还存在着分歧，但和平与发展的时代主题已经成为两国交流的主旋律；表现在中日广告文化交流上则为对话的平等性和竞争的非对抗性。中日两国的商界在广告竞争中，去政治化的色彩非常浓厚，即使偶尔的“违规”广告，解决争端的方式也是业界从专业的角度，以广告创意与表现的极端方式加以平衡与和解。比如两则丰田公司汽车广告在网络上引起网友和专业认识的不满。其一为刊登在《汽车之友》2003年第12期杂志上的“丰田霸道”广告：一辆霸道汽车停在两只石狮子之前，一只石狮子抬起右爪做敬礼状，另一只石狮子向下俯首，背景为高楼大厦，配图广告语为“霸道，你不得不尊敬”；其二为“丰田陆地巡洋舰”广告：该汽车在雪山高原上以钢索拖拉一辆绿色国产大卡车，拍摄地址在可可西里。“这是明显的辱华广告！”一位网友留下如是文字。很多网友认为，石狮子有象征中国的意味，“丰田霸道”广告却让它们向一辆日本品牌的汽车“敬礼”、“鞠躬”。“考虑到卢沟桥、石狮子、抗日三者之间的关系，更加让人愤恨”。对于拖拽卡车的“丰田陆地巡洋舰”广告，很多人则认为，广告图中的卡车系“国产东风汽车，绿色的东风卡车与我国的军车非常相像”。但对这些广告的反击与对抗仅停留在民间和业界，政府机构并没有做出相应的反应，因此，中日广告文化交流中的和平与和谐精神得到了极大的弘扬，短暂的摩擦并不会改变中日广告文化交流的方向。

第二，中日广告文化交流在中国的改革开放过程中发挥了巨大的作用。随着中国改革开放的深入发展，中国媒体也呈现出开放势态。日本的《血疑》、《命运》、《排球女将》等在CCTV得到热播，大量的日本广告也开始在中国电视媒体上出现。“车到山前必有路，有路必有丰田车”等日商在华广告，充分吸收了中国本土广告文化的优秀传统，把现代商业精神与传统文化有机融为一体，对中国广告业的复兴起了重要的牵引作用。日商在华广告所倡导的现代化理念，对中国的企业起了很重要的示范作用，对中国的改革开放向纵深发展产生了巨大影响。日本在亚洲是经济强国，战后的迅速崛起与其广告宣传有很大关系，CIS发源于美国，但在日本民族文化和现代企业精神的融合下，逐步成为世界现代CIS理论的奠基者，对亚洲各国尤其是中国产生了巨大的影响，为中国广告理论的自主创新奠定了坚实的基础。

第三，中日两国广告业发展水平成为亚太地区广告业发展的晴雨表。中日两国的广告总量均居于世界的前列，占据了亚太地区相当大的市场份额，2008 年中国广告营业额达到近 3 000亿元人民币，成为世界广告市场的最为活跃的力量之一。日本广告业近年来也呈现平稳上升的趋势，成为世界各著名经济检测机构衡量亚太地区甚至是世界广告业发展的重要参数，尤其是近年来亚太区域经济逐步走入世界的核心地带，中日两国的广告业发展水平对世界产生了越来越大的影响。

第四，中日两国广告教育联系紧密。"1921 年，神户大学的前身——神户高等商业学校开设了日本最早的广告学课程"，这是日本广告教育的开端，以后日本学者逐渐建构出了一批具有相当影响力的广告理论模型，大量的中国学者以各种方式前往日本研习日本广告理论及广告实务，形成了中国广告教育的核心力量；以日本电通为代表的日本广告业界也积极面向中国，为"北京大学、中国人民大学、北京广播学院、清华大学、复旦大学、上海大学"等中国高校开设专题讲座，每年选派两名中国高校教师赴日本留学，开展学术研究、进行学术交流，使中日两国广告教育紧密联合在一起。

第五，由中日两国广告文化所构成的"东方广告文化"成为世界广告文化发展的重要组成部分。日本学者积极把本国的广告实践提升到理论的高度，出现了以小林三太郎、八卷俊雄、清水公一等一批优秀的广告理论学者，他们所建构的广告理论模型成为"东方广告文化"的典型代表，日本学者八卷俊雄撰写的《东方智能与广告文化》一文丰富了"东方广告文化"的内容，对中国学者影响甚大。中国学者也积极学习日本广告经营和管理的先进经验，作为探索本国的广告传播理论体系的借鉴，他们翻译了一批日本学者的著作，诸如《广告理论与战略》、《日本广告发达史》等，撰写出版了《电通如何成为第一》等几十部具有相当影响力的广告力作，不断丰富着"东方广告文化"的内容，使东方广告文化日益成为世界广告文化的重要组成部分。

【参考文献】

[1] 蔡毅．中国传统文化在日本［M］．北京：中华书局，2002.
[2]［日］清水公一．广告理论与战略［M］．北京：北京大学出版社，2005.
[3] 蔡毅．中国传统文化在日本［M］．北京：中华书局，2002.
[4]［日］八卷俊雄．东方智能与广告文化［J］．中国传媒报告，2004（6）.
[5] 曲彦斌．中国招幌与招徕市声［M］．沈阳：辽宁人民出版社，2000.
[6] 陈超南，冯懿．老广告［M］．上海：上海人民美术出版社，1998.
[7] 苏士梅．论抗战时期我国广告传播的区域特色［J］．河南大学学报，2005（5）.
[8]［日］清水公一．广告理论与战略［M］．北京：北京大学出版社，2005.

【作者简介】

杨海军，河南大学新闻与传播学院教授。

现代广告发展的历史分期研究

——产业形态的视角

吴 红

【摘 要】本文依据现代广告产业发展状况，将整个现代广告的发展历程划分为四个阶段，并结合经济发展与媒体发展背景对各个时期的广告产业形态进行分析。通过对现代广告的历史分期，我们可以清晰地看到现代广告业发展的脉络，同时也为进一步研究现代广告的功能与形态发展提供了必要基础。

【关键词】现代广告 历史分期 广告形态

本文所谓的现代广告，是指以传统大众媒介为主导的广告时代，它的起点是18世纪中叶近代报刊的产生，终点是20世纪末新媒体兴起之前。笔者把整个现代广告历史划分成四个阶段，即萌芽期——从18世纪中叶近代报刊产生到19世纪30年代大众报刊产生；成长期——从19世纪30年代大众报刊产生到20世纪初；快速发展期——20世纪10年代到20世纪80年代；成熟期与转型期——20世纪80年代至今。

一、萌芽期：从18世纪中叶到19世纪30年代

18世纪60年代始于英国的工业革命带来了早期资本主义贸易的繁荣，贸易空间的发展需要相应的商品信息沟通渠道，而近代报刊的发展为广告的发展提供了最佳的空间。因此，在近代报刊与社会经济的双重助力下，现代广告产生并完成了其产业萌芽。

1. 日报的发展与广告报

17世纪中叶以后，欧洲新闻书渐渐演化为近代报刊。1665年创刊的《牛津公报》一改传统的小册子形式，将一张纸对折成两部分，成为真正的“报纸”（Newspaper）。1695年，英国废止了对报纸的审查与特许制度，促使近代报纸最先在英国发展起来。但是，1712年英国议会通过的对报纸广告课税的法案以及1765年通过的《印花税法》在很大程度上又影响了英国报业进一步发展。与此同时，独立后的美国用宪法保障了言论和出版自由使其成为世界上报纸发展最快的国家。1783年创刊的《宾夕法尼亚晚邮报》是美国的第一家日报。到1800年，美国大多数港口和商业中心都有了自己的报纸。然而，此时的报纸大多面向比较富裕的公民，售价昂贵。报纸的发行量也不是很大，除了那些最大的商业中心，1 500份的发行量就算不少了。

18世纪以前，政治新闻报纸大多不刊登广告，广告信息通常刊登在经过政府授权和检查的专门的广告报上。例如，《伦敦公报》在1666年6月18日发布了一条消息：“报道新闻事件是报纸的宗旨，书籍广告、出版广告、药品以及其他商品广告不属于报纸的正当事业。本报今后将不刊载与政府无关的广告，刊载广告的报纸将另行刊出。”① 在英国，当时

① 文春英．外国广告发展史［M］．北京：中国传媒大学出版社，2006：67.

颇有影响的广告报有《每日广告报》(1730)、《大众广告报》(1744)、《世界流行广告报》(1787)等。在美国则有《宾夕法尼亚邮报与每日广告报》(1771)、《广告报》(1773)、《纽约每日广告报》(1785)等具有代表性的广告报。这些报纸以刊登商货、行情、买卖等广告信息为主，也刊登一些转载的国内或国外新闻，通常免费或以非常低廉的价格派送到商店、事务所等公共机构。

2. 报刊分离与广告报的衰弱

18世纪以后，随着新闻信发展成为对开或4开的日报，也出现了定期发行的刊物——杂志。1731年英国出版的《绅士杂志》最早使用"magazine"(杂志)一词，到美国内战爆发前，杂志已经非常普遍。但是，杂志起初拒绝刊载广告，因为杂志赚的钱大部分来自征订费，而且大多数订户都把广告看做是粗俗的东西或者骗局而不予理睬。

随着工业革命的推进，大城市人口增长以及受过教育的人数迅速增加，报纸日益成为社会的基本需要。为了适应美洲快速发展的商业需要，新闻报纸在18世纪后期开始普遍注重广告经营。如1729年本杰明·富兰克林(Benjamin Franklin)接手《宾夕法尼亚公报》后不仅仅致力于报纸版面的销售，还在报纸广告的版面编排上颇具心得。1795年接管《晨邮报》的丹尼尔·斯图亚特(Daniel Stuart)敏锐地发现了广告与发行量之间紧密的关系，所以他总是把广告登在第一版上。此后，原来不刊登广告的严肃报纸也开始主动向工商企业出售版面。新闻报纸在内容与发行量上的优势以及日益加强的广告经营使得专门的广告报渐渐地失去了生存空间。19世纪以后，大部分广告报停办，有些则转化为以新闻为主的一般报纸。

3. 现代广告的萌芽形态

这个时期，广告内容主要以商品、贸易信息的形式存在，交易主体主要是地方性广告主与媒介，而交易过程也极为简单。18世纪后期产生的职业版面推销员，无论是拿固定薪水的报社职工还是拿佣金的社会人员，他们的推销行为都紧紧依附于媒介。但是在这个时期，广告找到了适合其自身发展的独立空间与载体——近代报刊，成为一种以自身作为交易内容的社会产业，并且在工业革命与现代报刊的双重助力下，成长为一种推动社会商品经济发展的力量。此时期的广告业为其下一步的发展准备了三个关键条件：从具体的商业行为中分离出来成为独立的社会经济行为；拥有独立发展的媒介与空间；具备了产业的基本要素，即广告主与媒介以及广告代理的早期服务。

二、成长期：19世纪30年代至20世纪初

第一次工业革命完成后，大量价格低廉、质量标准统一的商品涌入市场，如此庞大的社会商品要被快速地消费掉从而推动生产与经济的前进，需要三个条件：大量的社会性需求的产生、商品信息的顺畅流通以及人与商品的自由流动，而这三个条件在19世纪中叶以后几乎都得到满足。从19世纪30年代至20世纪初，在报刊经营完全实现了大众化与商业化的同时，广告也基本完成其成长发育的过程，具备了较完整的现代产业特征。

1. 报刊的大众化与商业化

在大众传播学领域，人们普遍认为大众报纸产生的标志是1833年纽约《太阳报》与1835年《先驱报》的创刊。大众报纸的共同特征首先是售价低廉，大多仅售1美分，而当时大多数报纸的定价是6美分，因此又被称为"廉价便士报"。其次是不以传统的"精英"阶层而是以新兴城市平民为读者对象，内容也由政治新闻与社论转向以更具亲和力的国内或

地方新闻为主。再则，此前正统的报纸一直是以订阅的方式销售，但是城市工人们不仅无力预付大笔订阅费，而且许多人流动频繁，无法长期订阅报纸。因此，廉价报纸便使用报童销售的方法，使报纸最终可以到达这类读者手中。零售方式又进一步扩大了报纸的发行量，使廉价报纸成为真正意义上的大众报纸。最后，大众报纸都刻意追求广告收入，广告常常占据半个版面甚至更多。充裕的广告收入维持了报纸低廉的售价与巨大的发行量，而这又反过来吸引了更多的广告。

19 世纪末期，杂志以与报纸相似的方式走向大众化与商业化，同时开始争取广告收入。随着发行量的快速增长。新兴杂志的广告收入增长很快，到 1900 年，杂志在全国性广告收入中占 60% 多。20 世纪初，报刊基本摆脱对政府的财政依赖，全面转入商业化经营轨道，标志着"新闻事业进入现代化的时代进程已经完成"。①

2. 广告代理公司与广告代理制

19 世纪中叶，美国出现了最早的现代广告代理商。这些广告代理商从报社低价买下大量广告版面，然后把它们分割卖给各个广告主，从中赚取利润。虽然他们做的也是报刊版面的销售工作，但是他们不再依附媒体，而是独立承担风险与利润的经营实体。随着商业与报刊的发展，广告公司的服务项目逐步增加与完善，服务的水平逐步走向专业化。1870 年，乔治·罗威尔（George Rowell）编印出版了广告史上第一本报刊索引《罗威尔美国报纸名录》，开启了广告公司媒介调查与媒介策划的先河。1880 年以后，艾耶父子广告公司开始向广告客户提供设计、撰写文案、媒介策略等服务。随着广告调查的加入，20 世纪初，相对完善的广告代理服务体系与服务机制基本形成。

随着广告公司的增多与市场的繁荣，广告公司与报社的业务分工与利润分配方式不断优化，并最终形成了最适合广告产业发展的运行机制——广告代理制。

3. 广告业的其他发展

这个时期，原来的地方性小广告主借助广告带来的销售利润发展成为全国性广告主。与此同时，广告业的社会地位得到了极大提升。广告业社会地位的提升，一方面是因为大量出现的工商企业对广告业的依赖日益增强以及广告业日益显现出对社会经济的强大作用，另一方面也离不开早期广告人的自觉努力。例如，罗威尔用他从业 40 年的时间与努力，把广告代理商与媒介以及客户的关系规范化。艾耶则自觉树立并遵守广告的职业道德，并在推动广告代理制的最终确立上起了直接的作用，"使本来可以极度邪恶、极度堕落的广告变得如此有益、如此崇高。"②

广告与新闻的分离也发生在这个时期。19 世纪末，广告人对广告效果与功能及其与新闻的差异进行的反思，促使广告与新闻在功能与表现形式上彻底分离。

三、高速发展期：20 世纪 10 年代到 20 世纪 80 年代

电子技术的发展使广播、电影、电视、电话相继出现，打破了报刊一统天下的局面。随着大众媒介竞争的全面展开，媒介职能开始走向分化。广告产业的运行制度确立之后，广告产业对社会经济发展的作用更加明显。广告业在大众媒介的框架内竞争与发展，直到 20 世

① 文春英．外国广告发展史［M］．北京：中国传媒大学出版社，2006：113.

② ［美］杰克逊·李尔斯著．丰裕的寓言——美国广告文化史［M］．任海龙，译．上海：上海人民出版社，2005：59.

纪80年代末新媒介的兴起。

1. 大众媒介的多样化

1920年11月2日，美国威斯汀豪斯公司的KDKA电台正式开始商业运营。1922年，美国电话电报公司的WEAF电台开播并宣布将以广告收入作为它的经费来源。1924年初，一家收音机电池公司开创了全国性电台广告的先例。到1939年，美国有1/5以上的城市家庭和大约70%的乡村家庭拥有收音机。这样，无线电很快变成了一种中产阶级娱乐媒介和良好促销的手段。1945年战争结束后，电视冻结政策被解除，电视快速发展。到20世纪50年代，电视已在广告市场上“占据了中心舞台”。20世纪20年代初，好莱坞出品的影片已占世界影片总量的3/4，大多数大型电影公司，如福克斯、米高梅、派拉蒙等已成立。

2. 媒介竞争与媒介的分化

随着各种媒介相继产生，针对受众与广告费的竞争愈演愈烈。1932年12月，美国报纸发行人协会规定禁止各通讯社向电台出售或透露新闻。面对报纸的新闻封锁以及新闻采集成本过大的现实，广播网开始依靠全国性广告主的资助制作更成功的节目，从而使音乐和连载广播剧成为最受欢迎的电台节目。电视兴起之后，很多电台连载节目及其广播明星们跟着广告预算转到了电视网，广播电台走向衰弱。全国性广播电台网的广告销售额从1941年的1.33亿美元跌到1960年的3 500万美元。但是，越来越多的小电台采用“音乐、新闻和体育”的模式使自己站住了脚跟。

20世纪50年代后，电视机的普及使前往电影院看电影的人数骤减，到1965年，有6 000多家电影院关闭。为了应对危机，好莱坞推出了宽银幕电影，同时，大制片厂开始通过向电视台出售老片子与电视结盟。在20世纪三四十年代的战争岁月，电影新闻片曾盛极一时，大型电影公司纷纷成立新闻片公司。但是，随着电视网开始报道重大新闻事件，电影新闻片也没落了。1949年以后，各大新闻片影院纷纷关闭，新闻片公司开始向电视台出售它们的新闻片资料库。到60年代末期，新闻片已不复存在。

大多数内容严肃的杂志在20世纪二三十年代遭到停刊厄运，然而一批紧贴时代的新式杂志产生了。例如，以讽刺的风格反映大城市生活的《纽约人》、专门给企业界上层人士看的《财富》以及满足体育爱好者的《体育画报》等。从广告收入来看，从1950年到1990年间，报纸从地方性广告得到的收入从70%上升到91%；电台从地方性广告获得的收入总额从41%上升到76%。电视广告中有3/4是全国性广告。杂志很少有地方性广告，但有大约15%的收入来自于区域性广告主。

3. 广告产业发展与广告管理

1917年，美国广告公司协会成立，同年，以15%为标准佣金的代理制度正式确立。至此，广告产业已具备应有的产业规模、完备的产业主体以及基本运行机制，广告产业结构体系基本形成。广告产业在经济与媒介技术发展的推动下全面发展与繁荣。“二战”后，许多领先的广告公司将业务扩张到国外，到20世纪60年代，美国20家最大的广告公司中有12家在海外建立了子公司。广告的快速发展也带来了日益严峻的社会问题，虚假广告、虚报发行量或收视率、不择手段拉广告等现象屡禁不止，促使广告公共管理问题提上议程。1911年，美国通过了专门针对药品广告的《普令泰因克法案》；1914年，专门负责管理广告的联邦贸易委员会成立，同年，成立发行量审计局（ABC）；1952年，全国广播电视业者协会（NAB）在联邦通信委员会的推动下，对节目和广告都立了内容广泛的指导方针，并开始在播前对商业广告进行审批。此期广告发展的另一个特点是公共关系的迅速发展，公共关系服务被很多广告公司纳入服务体系中。

四、成熟期与转型期：20 世纪 80 年代至今

20 世纪 80 年代末期，新兴媒介挑战了传统媒介的主导地位，打破了原有的广告产业体系，广告信息的总量与形式都发生了革命性的变化。传统大众媒介的衰弱态势无可挽回，广告业已无法在原有形态内寻求突破。然而，成熟期过后并不必然走向消亡，如果在新的环境中与新的可能性结合，广告必然会迎来一个新的生命周期，前提是它的生存形态会有所改变。因此，笔者把 20 世纪 80 年代至今的广告称为现代广告的成熟期与转型期。

虽然由新媒介技术带来的广告产业变革与转型正在进行中，各种预测与争论多于定论。但是，我们还是可以预测新媒介引起的传播环境以及广告产业的变革的趋势。首先，新媒体技术带来的信息总量与传播方式的改变，使人们的选择权与主动权得到极大提升，互动、多元成为传播的主要特征。其次，新媒体技术带来了媒介的融合，以及不断增加的媒介种类与媒介数量，使得媒介产业不断裂变、增值、扩张。

在媒介产业扩张的基础上，广告产业也在裂变增值，原来紧密相连的各环节不断扩展并独立出去，在共同的目标指引下实现全面整合。因为“广告接近完全商品信息的传播将不存在任何客观障碍”①，信息告知型广告将实现高级回归。“地球村”的实现使社会责任意识与企业公民是市场的主流话语，“社会责任问题随之成为企业在做决策时经常需要考虑的问题。”② 广告一方面通过公益广告等形式承担起一定的社会责任，另一方面与其他传播方式相结合，以达到深度沟通的目标。

【参考文献】

[1] [美] 迈克尔·埃默里，埃德温·埃默里，南希·L·罗伯茨. 美国新闻史——大众传播媒介解释史 [M]. 第 9 版. 北京：中国人民大学出版社，2004.

[2] [美] 杰克逊·李尔斯. 丰裕的寓言——美国广告文化史 [M]. 上海：上海人民出版社，2005.

[3] [英] 詹姆斯·卡瑞，珍·辛顿. 英国新闻史 [M]. 北京：清华大学出版社，2005.

[4] 文春英. 外国广告发展史 [M]. 北京：中国传媒大学出版社，2006.

[5] 张金海. 20 世纪广告传播理论研究 [M]. 武汉：武汉大学出版社，2002.

[6] 张金海，黄玉波. 现代广告经营与管理 [M]. 北京：首都经济贸易大学出版社，2006.

[7] 陈培爱. 中外广告发展史 [M]. 北京：中国物价出版社，2002.

[8] 丁俊杰. 广告学导论 [M]. 长沙：中南大学出版社，2003.

[9] 张金海. 网络与数字传播时代广告告知功能的回归 [J]. 广告大观. 综合版，2006 (7).

【作者简介】

吴红，暨南大学讲师，武汉大学新闻与传播学院在读博士。

---

① 张金海. 网络与数字传播时代广告告知功能的回归 [J]. 广告大观. 综合版，2006 (7)：49.

② 张金海. 20 世纪广告传播理论研究 [M]. 武汉：武汉大学出版社，2002：101.

品牌传播：新媒体环境下广告内涵演进的取向

舒咏平

【摘　要】以互动性、自主性为特征的新媒体使得广告主自主传播获得实现，也就使得“广告”的“付费”、“可识别”、“非个人的传播”等核心要素遭受致命挑战；广告内涵的演进势在必行。而热极一时的“整合营销传播”某种意义上是消灭广告本体，如此，“品牌传播”就成为广告内涵演进的必然取向。

【关键词】品牌传播　新媒体环境　广告内涵　演进取向

《中国广告》杂志社社长张惠辛指出：“我们正置身整个中国品牌营销传播发生转型的大背景下。这个转型的一个重要标志，是广告的话语开始挣脱广告行业狭隘的视野，而成为广告公司、广告主与媒体共同的一个话语平台。同时，品牌的营销传播也开始挣脱广告的狭隘的空间，我们以前总是认为做品牌、做传播就一定是在做广告，就是广告的事情，现在看来，品牌传播的概念开始全面突破广告的制约。”由此，他告诫道：“广告公司与媒体的观念及运作都必须突破广告的范畴。”① 而“突破广告的范畴”，是对“广告”概念的突破还是对“广告”内涵的突破呢？为此，我们的思路需从广告赖以生存的媒体环境展开——

一、新媒体冲击引发的“广告”新思考

面对新媒体的发展，黄升民指出：“占据主导地位的大众消费正分崩离析、逐步瓦解，取而代之的是小众化、碎片化消费。”而消费的变革，则必然“推动着数字新媒体营销的不断成熟与发展。”② 随着数字化的新媒体强势崛起势不可当，我们可以发现“技术的转变已经威胁到广告业对于媒介和受众的控制力。”正如李奥贝纳广告公司的斯皮特勒所说：“以前我们认为自己无所不能。我们可以使用大众媒介……对于所有人我们意味着一切。但新的媒介稀释了那样的努力。”③ 为此，美国《广告时代》的副总裁 Joc Cappo 曾经在一篇题为《广告公司：不变则亡》（*Agencies: Change or Die*）的文章中感叹道：“现在广告业发生了一场规模巨大的革命，这场革命发生在美国，但影响了许多其他广告和媒体较发达的国家。”④ 美国传播学家沃纳·赛佛林等人也认为：“目前，广告业正处于一个变化阶段，其主要原因是媒介环境发生了巨大变化。传统上针对广大不知姓名观众的大众媒介广告是一种

① 张惠辛．超广告传播：品牌营销传播的新革命［M］．上海：东方出版中心，2007：前言．

② 黄升民．新媒体激变·广告2.0时代新媒体真相［M］．北京：中信出版社，2008：序．

③ ［美］约瑟夫·塔洛．分割美国：广告与新媒体世界［M］．北京：华夏出版社，2003：14，17．

④ ［美］乔治·E. 贝尔齐等．广告与促销：整合营销传播展望（上）［M］．大连：东北财经大学出版社，2000：2．

行将消亡的传播形式。"① 虽然对"大众媒介广告行将消亡"的预言过于绝对，但传统的大众媒介广告在新媒体步步进逼中逐渐让出自身的领地却是一个必然的趋势。其主要体现如下：

其一，传统的纸质媒体与新媒体融合，变身为新的媒体形式。如报纸网络版、手机报、电子杂志等，如此则使得被电子媒体融合后的纸质媒体广告信息接受，因其强制性而失去阅读量。

其二，影响巨大的电视媒体演变为数字电视，电视收看由广告支持改变为交费选择；如此则使得传统的电视广告失去存在前提，而悄然兴起的则是专门化的电视购物频道。电视购物频道的内容固然有广告的成分，但究其本质更是电视上的体验营销。

其三，网络广告自身也蜕变为品牌信息、产品展示体验、电子商务的一体化；虽然品牌信息的搜索引擎推荐，以及网络商业新闻信息的链接依然具有导向品牌网站、品牌电子商铺的广告效应，但其作为一种满足信息搜索需要的信息情报服务、新闻报道供给，却与传统的广告大相径庭。

其四，信息与3G手机界面的整合，催生出受者个性化的信息定制与智能选择。即，3G手机界面同样不会强制性地、不期而遇地出现传统的广告，而是满足不同个体需要的个性定制的新闻包、视频包、商品信息包；而这里的"定制"已经是由信息消费者来付费买单，与传统的广告显然也风马牛不相及。

由如上四点的推动，传统意义上的广告存在方式，以及所支撑的广告概念及内涵，显然促使着我们对其进行深思。而实际上，已经有一些先见者进行了自己的思考。J. Thomas Russell 和 W. Ronald Lane 在《Klppner 广告教程》中预言道："未来的广告和传播的标志是消费者参与程度更高、控制力更强，广告和传播由单向传播向双向沟通转变。"② 美国得克萨斯大学广告学系早在1995年就提出了"新广告"概念，认为："从商业的角度来讲，广告是买卖双方的信息交流，卖者通过大众媒体、个性化媒体或互动媒体与买者进行的信息交流。"③ 我国北京大学的陈刚教授则提出"后广告"的概念，并说明道："我们之所以提出后广告的概念，只是为了表明作为一个怀疑者、思考者，同时也希望是一个建设者，那就是在受到网络时代各种新的因素不断渗透与影响而不断变化的广告空间里寻找并探索一个新的世界秩序与生存逻辑。……网络引发并实现了一次媒体革命，而作为这次革命动因的核心就正是'互动'。"④ 在这些因新媒体冲击而引发的对于"广告"本身新思考，其无疑均指向了既有广告的内涵——

二、既有"广告"内涵的缺失

广告的内涵从最初的"印在纸上的推销术"认知以来，其变更一直就没有停止过。也就是说广告的内涵一直是与时俱进地演变着。当目前媒体与时代环境急剧变革，其既有的广告内涵缺失也随之产生：

1994年通过的《广告法》第二条规定："本法所称广告，是指商品经营者或者服务提供者承担费用，通过一定媒介和形式直接或者间接地介绍自己所推销的商品或者所提供的服务

---

① ［美］沃纳·赛佛林等．传播理论：起源、方法与应用［M］．北京：华夏出版社，2000：11.

② Thomas Russell，J.，Ronald Lane，W.．Klppner's Avertising Procedure［M］．13th edition．北京：清华大学出版社，2003：24.

③ The Faculty of the Department of Advertising，College of Communication，The Unicersity of Texas at Ausin，Austin，Texas．Thonghrs about the Futuse of Advertising—A White Poper［EB/OL］．Duc．1995．http：//advertising．Uteas，edu/reseatch/reseatch/papers/WhuteLong．html.

④ 陈刚．新媒体与广告［M］．北京：中国轻工业出版社，2002：23-24.

的商业广告。”

而在一些代表性的广告论著中，“广告”的内涵也大体相同，如，美国学者阿伦斯认为：“广告是由可识别的出资人通过各种媒介进行的有关产品（商品、服务和观点）的、有偿的、有组织的、综合的、劝服的非人员的信息传播活动。”①

中国台湾的樊志育《广告学原理》：“广告者，系信息中所明示的广告主，将商品、劳务或特定的观念，为了使其对广告主采取有利的行为，所做的非个人的有费的传播。”②

丁俊杰《现代广告通论》：“广告是付费的信息传播形式，其目的在于推广商品和服务，影响消费者的态度和行为，博得广告主预期的效果。”③

倪宁《广告学教程》：“广告是广告主为了推销其商品、劳务或观念，在付费的基础上，通过传播媒体向特定对象进行的信息传播活动。”④

陈培爱主编的《广告学概论》：“现代广告是指一种广告主付出某种代价的，通过传播媒介将经过科学提炼和艺术加工的特定信息传达给目标受众，以达到改变或强化人们观念和行为的目的的、公开的、非面对面的信息传播活动。”⑤

从如上“广告”概念的界定中，我们可以清晰地看到，“广告主的付费”、“可识别对广告主有利的信息”、“非个人的传播”成为“广告”存在的核心要素。如果将如上内涵的广告置身于大众媒体环境、紧紧对应以广告公司、媒体广告经营为主构成的“广告行业”，自然没有不妥。可以说，既有的广告概念与内涵，是特定时代产物，且依然具有其合理性、生命力。

但是，在新媒体环境下，我们将全新的广告形态及其一些主要特点如“互动性”、“消费者主导”、“广告主自主传播”等引入到“广告”内涵中进行审视，我们无疑可以发现：作为广告主的企业已经不单纯地将商业信息的发布寄托于如上界定的纯广告，却越来越多地付诸于可自我掌控的、付费支出方式多元化的会展、活动、终端、新媒体、关系管理。而由营销学界提出的“整合营销传播”（IMC）则越来越深入地影响广告界，也就是说，在 IMC 的思想体系中，传统的“广告”受到严格的限定，被看做营销传播的多种渠道之一，而与“公关”、“新闻”、“终端”、“营销”、“客户管理”等同等齐观。如此一来，受传统“广告”内涵之约束，“广告”的生命力受到了极大制约，其核心的“广告策划”几乎丧失了空间。这不由得令全体广告人深思：是苦苦坚守存在内涵缺失的“广告”概念，而坐视运作与研究空间的萎缩？还是与时俱进地进行“广告”内涵的更新与充实性的演进，让其焕发生命力？显然，这是我们无可回避的选择！

三、“广告”内涵演进的若干路径

当传统意义上的广告存在令人们不得不产生狐疑之时，对于“广告”内涵与时俱进的演进则是必然的选择。

张金海教授曾在其主编的《广告学教程》中说道：“所谓现代广告，应该是包括整体广告运动在内的扩大了的广告概念。”“是一个整体的运动形式，是一种营销传播”。但“并不反对也不主张摒弃以往的关于广告的种种定义。”⑥ 他的观点非常明确，即以与时俱进的观

① ［美］威廉·阿伦斯．当代广告学［M］．北京：华夏出版社，2000：7.
② 樊志育．广告学原理［M］．上海：上海人民出版社，1994：2.
③ 丁俊杰．现代广告通论［M］．北京：中国物价出版社，1997：6.
④ 倪宁．广告学教程［M］．北京：中国人民大学出版社，2004：4.
⑤ 陈培爱．广告学概论［M］．北京：高等教育出版社，2005：6.
⑥ 张金海．广告学教程［M］．上海：上海人民出版社，2003：5-7.

点，正视正在发生的整体运动化的、显现为营销传播的新广告形式，但不摒弃传统的各种广告定义指代的、依然有着生命力的广告现象。

那么，广告新内涵演进的路径有哪些呢？

路径1：将“营销传播”或“整合营销传播”观念注入广告

关于“营销”，现代营销学之父科特勒第一次提出了以“交换”为核心概念的定义，即：“个人和群体通过创造产品和价值，并同他人进行交换以获得所需所欲的一种社会及管理过程。”而“交换是指通过提供某种东西作回报，从别人那里取得所需物品的行为。”① 无疑，交换必须在双方平等、乐意的基础上互动式进行。这就需要进行传播、沟通，需要互动性的广告服务。因此，当市场营销的媒介环境进入“小众传播时代”，敏感的营销界立即予以反应，于是旨在“与消费者更好地沟通”的“整合营销传播”（Integrated Marketing Communication，简称IMC）便应运而生。1993年美国西北大学D·E. 舒尔茨教授等人出版了重要的著作——《整合营销传播》；该书强调由生产导向转入消费者导向后，过去的“消费者请注意”现已被“请注意消费者”所取代。因此，从消费者出发，IMC就应该成为营销的新趋势，即强调从消费者需求出发，从互动、沟通、传播意义上展开营销活动。

美国著名的广告与营销专家乔治·E. 贝尔齐等人写道：“厂商既然接纳了整合营销传播的观念，就要求广告代理商综合运用各种促销工具，来取代以往主要依赖的媒体广告，一些公司还开始越过传统广告代理商，启用其他类型的促销人员策划和实施促销计划。”② 相应地，不少广告公司纷纷将自己的主导业务从纯粹广告的大众传播代理转向提供IMC服务。如美国《广告时代》曾经介绍过Fallon McElligott广告代理公司，其理由就是“该公司所运用的整合营销方法使客户排名靠前，保持创新优势”。正因为该公司将业务扩展到了公共关系、直销、零售促销和交互式媒体等领域，因此才获得《广告周刊》最热门新业务广告代理公司称号，并使著名的企业如联合航空、宝马、假日酒店集团、美国网络等成为公司新客户名单。而智威汤逊、DDBO、盛世等著名的跨国广告公司则也顺应生存需要，成立了专门的整合传播业务部门。奥美广告公司则干脆成立了整合传播集团，其大中华区总裁宋铁铭就曾说道：“整合营销传播比较偏向广告、公共关系、促销、直效营销四个方面……而直效营销绝对是未来的关键。”③ 可见，IMC的盛行，使得广告公司一定程度上易帜成为营销服务公司。但这对于广告学来说，似乎既可说是一种内涵的丰富，又可说是一种本体的丧失。由于该概念实际上是“营销”对“广告”进行了整合，而在各个商学院及管理学中已显示强势地位的“营销”，一旦通过整合“传播”而顺势整合“广告”，其结果则是必然使得广告边缘化，而无法对以“传播”为基本形式的广告进行独立的深入研究。

路径2：将“数字整合营销传播”注入广告

由于引发“广告”自我革命的是数字化的新媒体，广告内涵演进中充分凸显新媒体因素当然无可厚非。此类观点当推“好耶网”等数字媒体从其业务展开角度、所提出的“数字整合营销传播”（见图1）。

在图1中，我们可清晰看到，在传统整合营销传播之外，又出现了以网站、效果营销、搜索营销、无线营销、邮件营销、eCRM，以及网络广告和公关等形式构成的“数字整合营销传播”。其优点是全面地锁定了数字媒体，突出了数字媒体营销与传播一体化的特性，而且可以肯定的是，“数字整合营销传播”之业务，也确实是数字化新媒体赖以生存发展的实践基础。但需指明的是，新媒体的崛起并不等于传统媒体的消失，而是呈现交叉、互补的形

① ［美］菲利普·科特勒. 市场营销导论［M］. 北京：华夏出版社，2001：6，14.

② ［美］乔治·E. 贝尔齐等. 广告与促销：整合营销传播展望（上）［M］. 大连：东北财经大学出版社，2000：12.

③ 宋铁铭. 建立品牌的十大步骤［J］. 中国广告，2001（11）.

态，实际上图1也客观地示意了其与“传统整合传播”并驾齐驱的地位。此外，该概念放在“广告”范畴来讨论，其另一个不足也就同步出现，即依然是将重心落到了营销之上。

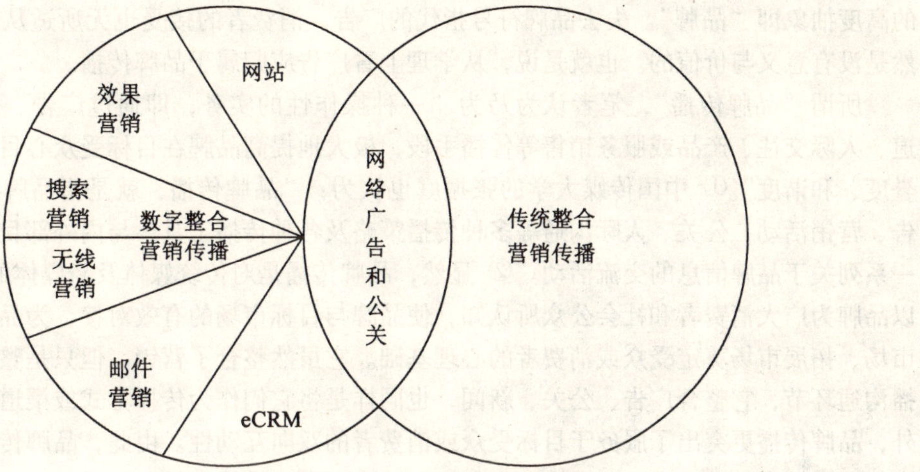

图1 好耶数字整合营销传播策略方案图①

路径3：“广告”的前缀化与后缀化

由于“广告”概念由来已久且广为使用，因此在正视这一点的基础上，以加前缀或后缀的方法来显示内涵驱动下的概念创新，也同样是一条内涵演进的路径。如此，“后广告”、“新广告”、“超广告”、“互动广告”、“广告公关化”等新概念近年来则层出不穷。但所带来内涵创新的问题是：这些成“缀”的词，本身要么依然内涵不清，要么仅突出了单一的特性。如“新”、“后”、“超”冠于“广告”之前，依然未能清晰地补足、充实广告内涵的缺失；而“互动”、“公关化”，则进一步缩小了“广告”的内涵，显示出思维的局限。如，美国的里斯父女痛斥广告是泛众的、昂贵的、偏爱延伸产品、喜欢旧名字、是滑稽的、是没有创意的、是不可信的、只是品牌的维护，并预言“广告消亡、公共关系永生”；继而提出他们的核心观点：“公共关系为先，广告在后，这是今日市场的成功之道。”② 他们的观点自然获得公关公司以及一些学者的认同，并导致“广告公关化”的提出。但持该观点者却忽略了一个基本的事实：广告拉动营销的成果显著，其投入也远远胜过公关的投入；此外，该观点其实质也是承认了“广告”存在乃是“公关化”成为可能的一个前提。

基于如上分析，我们则另辟蹊径地提出广告内涵演进的新取向，即：品牌传播——

四、“广告”内涵演进的取向：品牌传播

由于在19世纪末诞生的现代“广告”，比诞生于20世纪上半叶的“传播”学更早，这就构成了我们讨论的一个基本前提：广告从本质上虽然属于传播，但由于其独立性更早，也就形成了自身的生命力。但在随时代发展而发展的研究与运用中，“广告”就得从“传播”中获取理论营养，“传播”的性质与规律也就不能不考虑。

而在传播的视野中，营销固然以成功的传播沟通为前提，但独立性的营销学已有专门

---

① 好耶广告网. 数字整合营销传播策略方案图［EB/OL］.［2009-07-21］. http：//www.allyes.com/Strategic_Planning.htm.

② ［美］阿尔·里斯、劳拉·里斯. 公关第一，广告第二［M］. 上海：上海人民出版社，2004：262.

化、独立性的研究，而实际已经独立的广告业务与理论展开显然是需要进行正视的。那么，避开围绕营销对象——包含实体与虚体性劳务在内的商品购销——展开研究的营销学，广告传播更多的是对商品符号的传播，从而引导广告受众依循商品符号来进行消费。而商品符号的高度抽象即“品牌”。失去品牌符号指代的广告，消费者的接受也无所适从，其传播也必然是没有意义与价值的。也就是说，从学理上看广告应归属于品牌传播。

所谓“品牌传播”，笔者认为乃为“一种操作性的实务，即通过广告、公关、新闻报道、人际交往、产品或服务销售等传播手段，极大地提高品牌在目标受众心目的认知度、美誉度、和谐度”。① 中国传媒大学的张振庭也认为：“品牌传播，就是指品牌所有者通过广告、营销活动、公关、人际沟通等多种传播策略及各种传播工具，与内外部目标受众进行的一系列关于品牌信息的交流活动。”② 显然，品牌传播是对传统媒体及新媒体的全方位整合，以品牌为广大消费者和社会公众所认知，使品牌与目标市场的有效对接，为品牌及产品进占市场、拓展市场奠定受众或消费者的心理基础。它虽然整合了营销，但只是整合营销中的传播沟通环节，它整合广告、公关、新闻，也同样是将它们作为传播方式或渠道来看待的；此外，品牌传播更突出了服务于目标受众或消费者的双向互动性。由此，品牌传播则显示出学理上的科学合理性。

而从现实上看，传统广告所无法涵盖的企业自主网站传播、电子商务前端、公关活动、会展、新闻、终端环境等，却都可以在“品牌传播”概念中得到有机体现。正因为如此，越来越多的广告公司开始悄悄改名为“品牌传播机构”，华南理工大学甚至将其广告系创造性地命名为“品牌传播系”；中国传媒大学广告学院办起了《品牌管理参考》读物；中国广告协会编辑了《品牌与管理》电子杂志。越来越多的广告人则以品牌传播著作来展示新思维，仅国内就有丁邦清的《品牌成功链》、余明阳的《品牌传播学》、张振庭的《有效的品牌传播》、张惠辛的《超广告传播：品牌营销传播的新革命》、舒咏平的《品牌聚合传播》与《品牌传播策略》、马谋超的《品牌科学化研究》、黄合水的《品牌与广告的实证研究》、杨海军的《品牌学案例教程》、张祖健的《品牌传播力》、薛可的《品牌扩张：路径与传播》、林升梁的《整合品牌传播学》等。在“品牌传播”迅速被认可运用的基础上，其概念也急速得到认可，如在百度搜索引擎键入“品牌传播”，可找到相关网页约 1 620 000 篇；而键入“品牌传播策略”，可找到相关网页约 528 000 篇。显然，“品牌传播”概念与相应的理念是广告学人无法回避的命题。

但是，即使“品牌传播”概念具有如上的科学性、合理性、周延性，我们也不主张在现实环境下，简单地以“品牌传播”取代由来已久、约定俗成的“广告”之概念；却主张将“品牌传播”理念作为“广告”内涵演进的主要取向，从而成为广义的、新生的“广告”。即依然冠以“广告”之名，却行“品牌传播”之实。从而使得“广告”内涵与时俱进地得以演进，“广告”概念也相应地得以周延使用。

【参考文献】

[1] 张惠辛．超广告传播：品牌营销传播的新革命［M］．北京：东方出版中心，2007.
[2] 黄升民．新媒体激变·广告2.0时代新媒体真相［M］．北京：中信出版社，2008.
[3] ［美］约瑟夫·塔洛．分割美国：广告与新媒体世界［M］．北京：华夏出版社，2003.
[4] ［美］乔治·E. 贝尔齐．广告与促销：整合营销传播展望（上）［M］．大连：东北财经大学出版社，2000.

① 舒咏平．品牌传播策略［M］．北京：北京大学出版社，2007：20.
② 张振庭．有效的品牌传播［M］．北京：中国传媒大学出版社，2002.

[5] [美] 沃纳·赛佛林. 传播理论：起源、方法与应用 [M]. 北京：华夏出版社，2000.

[6] Thomas Russell, J., Ronald Lane, W.. Klppner's Avertising Procedure [M]. 13th edition. 北京：清华大学出版社，2003.

[7] The Faculty of the Department of Advertising, College of Communication, The Unicersity of Texas at Ausin, Austin, Texas. Thonghrs about the Futuse of Advertising—A White Poper, Duc. 1995 [EB/OL]. http://advertising. Uteas, edu/reseatch/reseatch/papers/Whute-Long. html.

[8] 陈刚. 新媒体与广告 [M]. 北京：中国轻工业出版社，2002.

[9] [美] 威廉·阿伦斯. 当代广告学 [M]. 北京：华夏出版社，2000.

[10] 樊志育. 广告学原理 [M]. 上海：上海人民出版社，1994.

[11] 丁俊杰. 现代广告通论 [M]. 北京：中国物价出版社，1997.

[12] 倪宁. 广告学教程 [M]. 北京：中国人民大学出版社，2004.

[13] 陈培爱. 广告学概论 [M]. 北京：高等教育出版社，2005.

[14] 张金海. 广告学教程 [M]. 上海：上海人民出版社，2003.

[15] [美] 菲利普·科特勒. 市场营销导论 [M]. 北京：华夏出版社，2001.

[16] [美] 乔治·E. 贝尔齐. 广告与促销：整合营销传播展望（上）[M]. 大连：东北财经大学出版社，2000.

[17] 宋轶铭. 建立品牌的十大步骤 [J]. 中国广告，2001 (11).

[18] [美] 阿尔·里斯，劳拉·里斯. 公关第一，广告第二 [M]. 上海：上海人民出版社，2004.

[19] 舒咏平. 品牌传播策略 [M]. 北京：北京大学出版社，2007.

[20] 张振庭. 有效的品牌传播 [M]. 北京：中国传媒大学出版社，2002.

【作者简介】

舒咏平，华中科技大学新闻与传播学院副院长，教授，博士生导师。

广告伦理缺失与广告素养教育的现实冲突

曾振华

【摘　要】我国在广告发布上存在严重背离广告伦理的现象，这既与从业者缺失或主动排斥广告素养分不开，也与消费者广告素养欠缺有关。本论文分析了违背广告伦理的表现以及广告素养培养的现状，并指出了现阶段难以培养广告素养所存在的一些现实冲突。

【关键词】广告伦理　广告素养　缺失　现实冲突

当今社会广告无孔不入，广告与人们（特别是城镇居民）的生活息息相关。法国著名广告评论家罗贝尔·格兰曾经说过："我们呼吸着的空气，是由氮气、氧气和广告组成的。"① 但在我国，广告发布上却存在严重违背广告伦理的现象，英国广告大师约翰逊指出："尊重规定章程，是广告的灵魂。"对广告发布的相关法规和行业道德的遵守本是从业者恪守本分的义务，是对广告伦理的遵守与尊重。广告伦理是对广告行业在规则与职业道德上的最高要求。但在我国，大量违背广告伦理的广告却基本抛弃了这一灵魂。这就造成了尴尬的矛盾对比：一方面是人们的生活与广告紧密相连，另一方面是广告发布严重违背广告伦理的乱象横行。

从广告素养这一视角而言，造成这一现状的主要原因是从业者广告素养的欠缺以及对广告素养的主动抛弃。在某种逻辑上，也可以说是为了个人或集团利益而忽视对广告素养的培养或主动抛弃，也可以说是广告素养的缺失或对广告素养的排斥助长了广告发布的乱象。对于这一严重现状，"培养广告素养尤为必要，遵守广告伦理迫在眉睫"这类共识的说法看似时宜而正确，但笔者认为这是属于口号式的论断，如要真正解决这一问题，暂时而言，广告素养教育在实施上却与现实之间存在一些难以解决的冲突。

一、广告发布违背广告伦理的表现

我国在广告发布上违法违规以及违背职业道德商业道德的现象尤为普遍，这些皆可归为违背广告伦理之列。2006 年，中国工商机关共查处广告违法案件 6.18 万件，2008 年上半年就查处广告违法案件 20 281 件。从危害表现的显隐性来分，可以把我国违背广告伦理的广告分为显性违背与隐性违背两种。

显性违背中，最主要的就是药品、医疗、保健食品、化妆品和美容服务广告这五类中的虚假广告，其次就是名人虚假代言广告、恶俗广告、情色广告等。其中，虚假广告所占比重最大、性质最严重，也最难根除。多年来，药品、医疗、保健食品、化妆品、美容服务等一直被作为违法广告的整治重点，也是消费者不满反映最强烈的一类广告，"有些生活类媒体发布的直接关系群众生活和生命健康安全的药品、医疗、保健食品、化妆品和美容服务广告违法违规情况仍然没有好转，群众反映强烈。"② 这类广告最常见的伎俩一是在功效上利用

① 陈培爱．广告学概论［M］．北京：高等教育出版社，2004：69．
② 郑燕峰．五个部门为何管不住虚假违法违规广告［N］．中国青年报，［2009-02-20］：6．

信息不对称理论或大量采用不可验证性的高科技术语虚妄胡夸，从而欺骗诱惑消费者。二是把广告异化为新闻，利用新闻的外衣来包装广告，这种异化的处理对广告的传播效果带来诱惑力的同时，广告素养的缺少或职业道德的自我放弃。

隐性违背中，主要指歧视性广告、夸示性消费广告、误导性广告三类。这几类隐性违背广告伦理的广告中，危害较大的则是误导性广告和夸示性消费广告。误导性广告具有很大的隐性欺骗性，它让消费者在不知情中自愿被误导进行消费。夸示性消费广告极力推崇消费主义，把消费主义推崇到极致，引导错误的消费观和社会价值观，大量这类广告炫耀精英与贵族生活方式，彰显着精英意识，贵族情结，等级意识。国外学者研究表明，“广告中大量使用‘理想生活形态’会导致消费者对自己现实生活的不满，梦想像一把上膛的枪，它可能美化生活，推动文化，也可能毁弃人生于一种遥不可及的莽撞追求”。①

虚假广告严重危害着消费者的经济利益以及身心健康，扰乱经济秩序与加大不公正竞争与企业的诚信，同时，也直接影响国人对诚信的信仰。隐性违背广告伦理的广告同样危害社会的诚信，扰乱经济秩序，加大不正当竞争以及培育消费者不符合经济实际的奢华追逐，倡导错误的价值观，并影响社会和谐，直接加大阶层对立，激化不同阶层的矛盾。

广告伦理则应是从广告学的本质出发，建立在意识形态上的一种普遍认同的社会道德标准。② 因而，广告伦理是广告从业者必须遵守的行业准则。上述广告在做法上严重违背了商业伦理与广告伦理。广告发布违背广告伦理这种行为也严重破坏了一个国家的公序良俗(即公共秩序与善良风俗的简称)。清华大学孙立平教授指出：基础秩序是一种类似于禁忌的、超越某个具体制度的基本社会规范，这种基础社会秩序往往是由道德信念、成文或不成文的规则、正式或非正式的基础制度混合而成的。③ 一个国家应该遵循的基础秩序是不应该被动摇的，因而，我国在广告发布上严重违背广告伦理这一现状值得警示。

二、广告素养培养的现状

广告素养是媒介素养的一个重要分支，是媒介素养教育的重要组成部分，可以说媒介素养主要就是培养对新闻和广告两大内容的素养。因而，谈论广告素养一般要谈媒介素养。对受众而言，培养媒介素养最主要目的就是培养对媒介信息的认知与批判接收能力。那么，广告素养教育相应的就是主要培养消费者对广告内容的认知与批判接收能力，而对于广告从业者，消费者与从业者的素养侧重点是不一样的，对于从业者，广告素养教育体现更多的是对广告专业主义的把握与行业伦理的遵守。

在媒介素养教育上，西方走在我国前面，“目前，澳大利亚、加拿大、英国、法国、德国、挪威、芬兰、瑞典等国已将媒介素养教育设为全国或国内部分地区中小学的正规教育内容。”④ 但在我国，媒介素养教育还没受到重视，对广告素养教育也是如此，几乎还处在空白状态。在媒体的广告部门或一些专门的广告公司，对员工的考核都是以其广告业务大小为重要评价标准，而没有要求从业者要坚守广告伦理自觉培养广告素养这一项，对从业者的培养主要是对其专业技能能力的培养，培训多集中在如何与客户交流以及如何操作广告行业流程与基本常识上，对其素养方面的行业道德与专业品质则不是培训或强调的内容。对于消费者或青少年的广告素养教育同样如此，还没有对这一素养进行普遍介入式教育，在我国内地，尚未形成有规模的广告素养教育运动，这主要体现在广告素养既未作为一个独立项目纳

① Harperp, N. Y.. Truth in the Advertising: A Symposium [M]. Toronto School of Theology, 1972: 22.

② 程士安．广告符号的道德判断 [J]．广告大观．理论版，2005 (5)：23.

③ 孙立平．守卫社会生活的底线 [N]．经济观察报，[2006-03-27]：45.

④ 张志安，沈国麟．对中国大陆媒介素养研究的回顾和简评 [J]．新闻记者，2004 (5).

入官方系统，也无专司其职的公民行动组织。①

在研究领域方面，从 1997 年至 2008 年的相关研究中：媒介素养教育领域（占 31.7%）、主体媒介素养研究（占 30.9%）、港台地区和国外的媒介素养研究（占 5.2%）、网络媒介素养研究（占 4.2%）、媒介生态环境领域研究（占 0.9%）和广告素养研究领域（占 0.8%）。② 可见，在对广告素养的研究上也相当薄弱。在如何培养广告素养的对策研究上，其主要的措施与媒介素养培养所给出的对策相差无几，无外乎是加强多部门联动及把这一素养教育列入中小学课程以及在大学的相关专业加入该课程，而这一对策缺乏现实可操作性。

从以上情况可以看出，广告素养及其教育在我国还是一个比较陌生的概念，当前主要也就是少数学界人士对这一问题进行了一些粗浅的研究，而把这一素养转化为现实行动还没有形成大规模的制度性行为，而这种状态造成培养广告素养的现实难题。

三、广告伦理缺失与广告素养教养的现实冲突体现

对于如何改变广告发布上违背广告伦理以及从业者及消费者广告素养缺失的现状，共识的研究对策就是必须强化广告伦理，从严处理违背广告伦理行为，源头遏制，倡导广告人及媒体自律，学校社会齐手并抓培养广告素养。但是，给出“应然”的对策容易，但找出可以“实然”如此具有可操作性的对策难。不少对策其实犯了“足不出户”“游谈无根”的弊病。因为广告的发布涉及错综复杂的利益纠结及多种关系的博弈，这就造成了上述共识对策的难以现实操作性以及广告素养在培养上缺乏可能性。

1. 惩戒忌惮与广告素养培养之间的现实冲突

我国现行的广告类法律、法规、部门规章共计 300 余部，已经形成了以《广告法》为核心，《广告管理条例》和部门规章为补充的多层次、多方位的广告监管法律体系。但在我国广告违法违规案件居高不下，《中国青年报》曾发表过新闻作品《五个部门为何管不住虚假违法违规广告》对这一怪现状进行了报道。对此，相关部门多是拿法规滞后、取证难、监管难等作为解释，解释看似充分，但实质上是站不住脚的。对于网络违法广告，托词是目前我国还没有相应的广告法对网络违法广告有明确规定，这也说不通，因为只要违法事实存在，手段变异不是无法惩罚的理由。

仅从一个小的角度而言，《广告法》第三条：广告应当真实、合法，符合社会主义精神文明建设的要求；第四条：广告不得含有虚假的内容，不得欺骗和误导消费者；第五条：广告主、广告经营者、广告发布者从事广告活动，应当遵守法律、行政法规，遵循公平、诚实信用的原则。这几条法规十分清晰明白，而医疗等 5 大类最易违法违规的广告，其胡夸无根的虚假宣传很容易对其进行定性，但为何这类广告屡禁难止？所以，主要问题并不是法规滞后、取证难、监管难。

惩戒忌惮应是主要原因，工商等管理部门对这类广告主的惩罚存在投鼠忌器的顾忌，其一，企业厂家是一个地方经济繁荣的支柱，而广告是经济的润滑剂，对于这些企业违背广告伦理的宣传自然是难以严格去履行职责。其二，媒体作为党的宣传部门的属性与性质，有关部门对其发布这类广告采取不可通融的惩罚措施也不现实。其三，多头管理造成部门之间为保持融洽关系在权力使用时的相互忌惮，而这种忌惮又给了这类广告以空隙。其四，我国企业或媒体都有一定的行政级别，在一个讲究级别差异的国家，管理部门如果级别低于被管理

① 张金海，周丽玲．广告素养的概念框架与影响因素［J］．新闻与传播研究，2008，15（4）．

② 刘佳丽．改革开放以来国内媒介素养问题的研究［J］．新闻爱好者，2009（9）．

部门，必然存在着管理忌惮。其五，我国行政体制形成的管理部门与企业、媒体之间存在着一种兄弟单位的特殊属性，这都造成了对违背广告伦理行为的惩戒忌惮。

在这种情况下，惩戒难以严厉及真正被惩戒者并不多，这就造成了有恃无恐，这必然影响到广告从业者会漠视广告素养的自我培养或对素养的遵从。

2. 低“道德风险”与广告素养培养之间的现实冲突

惩戒忌惮造成了违法成本的低“道德风险”，在我国一个普遍存在的潜规则也降低了这一风险：只要广告发布者利用手段做好相关权力人物的关系，其违背广告伦理的行为就基本没人追究。当有了这个保护伞以后，其违背广告伦理的“道德风险”就会极大降低。而相关法规的惩戒力度不足也促成了违背广告伦理的广告在发布上的低“道德风险”。《广告法》第三十七条：“违反本法规定，利用广告对商品或者服务作虚假宣传的，由广告监督管理机关责令广告主停止发布，并以等额广告费用在相应范围内公开更正消除影响，并处广告费用一倍以上五倍以下的罚款；对负有责任的广告经营者、广告发布者没收广告费用，并处广告费用一倍以上五倍以下的罚款；情节严重的，依法停止其广告业务。构成犯罪的，依法追究刑事责任。”其中对经济上的最高处罚只是五倍的罚款。这对于“广告一响，黄金万两”的特殊行业而言，上述处罚微不足道。

同时，现阶段对从业者个人和广告主缺乏严厉的惩罚，对广告代理商或广告公司以及对广告发布所依附的媒体，还有代言人的惩罚也处于缺失状态，如对名人代言虚假广告，一般没有追究责任。没有一套明确而十分严厉的惩罚制度与标准，就不能对这个对象进行动真格的惩罚，这样，缺乏有效地惩罚机制，几乎都不可能成为被惩罚对象，这种极低的“道德风险”付出就能得到巨大的利润回报的事情，自然用行业自律、道德自律、行业素养来要求是不现实的，也是软弱无力的。“当人们觉得，由于他们所欺骗的人不知情或难以察觉，他们能机会主义地行事而不受惩罚时，就会沦入道德风险”。①

违规违法成本的低廉与风险低甚至无风险，必然导致从业者对广告素养的自我放逐，使广告素养、广告伦理让位于实际利益。

3. 广告素养培养与生存之间的现实冲突

违背广告伦理的严重程度，从中央级媒体到省级媒体到地级媒体，其违背程度是逐次成正比的严重递增。“广告是传媒的七寸”（陈世敏语），在生存和竞争的压力下，如果没有严厉的规范与严厉的惩戒，伦理让位于生存让位于利润也就不再奇怪。很多研究把原因归结为广告从业人员良莠不齐，这是原因但不是主要原因，只要是广告从业者，没人不知道不应该发布虚假违法广告。武汉大学新闻学院刘琼教授指出：“经济基础的限制，传媒体制的特殊性，相应的社会变革缺乏”是广告素养教育的三重困境，也是一语中的。

广告伦理本质上是广告道德问题，从长远来讲，这种不讲伦理的广告行为不仅会带来整个社会对广告的不信任，也会带来反伦理后果，因而必须强化广告伦理。广告伦理涉及广告主、广告制作机构和大众传媒三个层次，但这些违伦理广告追求的就是各领风骚三五年，这也是其运作规律与赚钱生命周期，其不讲究长远规划，也用不着像一些著名电器、汽车品牌等要考虑长远利益。在生存的压力下，广告公司或媒体就会顺应这一赚钱规律而不是广告素养与广告行业自律。

在这种情况下，广告素养的培养、广告专业主义的精神必然让位于生存。虚假广告恶俗

① ［德］柯武刚，史漫飞著．制度经济学——社会秩序与公共政策［M］．韩朝华，译．第1版．北京：商务印书馆，2000：78.

广告屡禁不止这些表象的背后，反映的问题之一就是从业者依然对广告素养的不重视或拒绝这一素养。

4. 利益关系造成对消费者广告素养教育的动力缺失

广告素养的培养相当重要，这是共识。但趋利避害是人类的本性更是商家的信条。对于消费者进行广告素养教育，从媒体、企业或广告公司而言，其利益关系决定了对承担消费者广告素养培养这一任务的动力缺失。

大量发布广告的企业没有参与的积极性，消费者广告素养的提升对于没有绝对实力与信誉的公司来说，不是好事而是灾难。对于学校而言，其应试教育的特性也决定了教育者与学生对这一额外任务缺乏兴趣。媒体应当成为公众广告素养构建的主体力量，有计划，有责任地承担起这一任务（刘灵，2009）。但媒体在自收自支还要缴纳税收的情况下，其80%以上的收入都是靠广告收益这一块，其中很大一部分广告就来自于违背广告伦理的这类广告，其对广告素养教育的责任兴趣也必然不大。

《宪法》第24条规定：国家通过普及理想教育、道德教育、文化教育、纪律和法制教育，通过在城乡不同范围的群众中制定和执行各种守则、公约，加强社会主义精神文明的建设。所以，面对我国广告违法违规等各种情况，及早培养广告素养也是宪法应有之义。但现状是媒体、学校不愿意承担培养任务，政府暂时也不会着力培养这一素养，而且这一局面暂时难以得到改善。

结论

广告伦理的缺失是当今我国广告发布上存在的严重问题，而对应的则是广告素养教育的培养空白。第一代媒介素养教育的代表英国的 ER · Leavis 和 Denys Thompson 认为，大众媒介会给人们带来错误影响和腐蚀，因而，加强对管理者、从业者、消费者、媒体工作者的广告素养教育势在必行。给出臆想的对策容易但基本没有现实可操作性，上述存在的冲突则是解决问题时必须要考虑的障碍因素。

【参考文献】

[1] 陈培爱. 广告学概论［M］. 北京：高等教育出版社，2004.

[2]［德］柯武刚，史漫飞著. 制度经济学——社会秩序与公共政策［M］. 韩朝华，译. 第1版. 北京：商务印书馆，2000.

[3] 张志安，沈国麟. 对中国大陆媒介素养研究的回顾和简评，［J］. 新闻记者，2004（5）.

[4] 孙立平. 守卫社会生活的底线［J］. 经济观察报，2006（3）.

【作者简介】

曾振华，江西师范大学传播学院副教授，副院长，主要从事广告教学与研究工作。

广告实务追踪

如何评估网络广告效果？
——以 AIDMA 为框架的实证分析

杜骏飞

【摘　要】网络广告的效果问题与测评方法一直是新媒体业关注和争论的焦点。本文基于实证调查的探索性研究结果，分析了"点击率"与"转化率"等网络广告效果评估与分析的常用指标的利弊，论述了网络广告效果评估重回 AIDMA 分析框架的可能性与必要性，并就网络广告效果的分阶段评估方法与内容指标等议题给出了系统的讨论。

【关键词】AIDMA　网络广告　效果

网络广告是指利用国际互联网这种载体，通过图文或多媒体方式发布的赢利性商业广告。今天，数字媒体已经成为继语言、文字和电子技术之后的最新信息载体。随着信息产业的高速发展，以 Internet 为传播媒介的网络广告也已成为当今世界最热门的广告形式。①

然而，就宏观的媒介发展史来说，网络广告还处于幼年期。互联网作为一种广告传播媒体，其媒体效应目前还远不能和历史悠久的报纸、电视相比，网络广告的经营运作和管理等都还处于探索阶段。② 而有关网络广告效果的评估与分析更是如此。

一、是新宠还是泡沫：众说纷纭的网络广告及其效果

网络广告发轫于 1994 年的美国。当年 10 月 14 日，Wired 杂志推出了网络版 Hotwired，其主页上开始有 AT&T 等 14 个客户的广告 Banner。这是广告史上里程碑式的一个标志。1997 年 3 月，Chinabyte 网站上出现的第一条商业性网络广告，标志着中国网络广告的诞生。

虽然网络广告出现的历史不长，但其发展却突飞猛进。据统计，2003 年网络广告收入为 72 亿美元，比 2002 年增长了 20%。2004 年第一季度，全球网络广告收入达到 23 亿美元左右，创下单季最高纪录。③ 2006 年美国互联网广告局（IAB）发布的统计数字显示，美国网络广告继续迅猛发展，其收入在 2006 年上半年猛增 37%，达到创纪录的 79 亿美元。④

在中国，网络广告市场也在不断扩大。根据最新数据显示，2008 年中国网络广告整体市场规模增长至 119.0 亿元人民币（不含搜索引擎关键字广告），较 2007 年增长 54.9%。2008 年，网络广告投放占整体广告支出的比例已达到 10.5%，DCCI 预计，2009 年年底这一比例将增至 12.5% 左右。⑤

---

① 刘友林．网络广告实务［M］．北京：中国广播电视出版社，2003：3.

② 杜骏飞．网络传播概论［M］．福州：福建人民出版社，2003：305.

③ 中国新闻传播学评论（CJR）．第一季度全球网络广告收入创下纪录［EB/OL］．［2004-05-26］．http：//www.zjol.com.cn/05cjr/system/2004/05/26/002837813.shtml.

④ 美国网络广告收入上半年创纪录达 79 亿美元［EB/OL］．［2006-09-26］．http：//news.xinhuanet.com/newmedia/2006-09/26/content_5140030.htm.

⑤ DCCI 互联网数据中心．中国网络广告市场正在发生的十大深刻变化［R］.

网络广告的飞速发展，在很大程度上是因为其拥有众多传统媒体无法匹敌的优点。其一，网络广告不受时空限制，传播范围极其广泛，它通过国际互联网 24 小时不间断地把广告信息传播到世界各地。其二，交互性是互联网络媒体的最大优势，它可以进行信息的迅速反馈和互动，使厂商随时得到受众的反馈。其三，网络广告目标群确定。由于点阅信息者即为感兴趣者，所以可以直接命中目标受众，并可以为不同的受众推出不同的广告内容。其四，受众数量统计精确。利用传统媒体投放广告，很难精确地知道有多少人接收到广告信息，而在 Internet 上可通过权威、公正的访客流量统计系统，精确统计出每个广告的受众数，以及这些受众查阅的时间和地域分布。其五，网络广告实时、灵活、成本低。在 Internet 上投放广告能按照需要及时变更广告内容，这就使经营决策的变化可以及时地实施和推广。作为新兴的媒体，网络媒体的收费也远低于传统媒体，若能直接利用网络广告进行产品销售，则可节省更多销售成本。其六，则是网络广告能对受众进行多感官的刺激，使顾客有身临其境的感觉。网上预订、交易与结算，更大大增强了网络广告的实效。①

当然，网络广告也有其局限性和缺点。如网络传输速度慢；各种广告信息鱼龙混杂，造成广告可信度差；国内各大门户网站广告大量堆积的现象严重……这些都影响了网民对网页的正常浏览。

目前，人们对网络广告媒体的认识不足，网络广告作为一个全新的表现形式，使得广告客户在面对网络广告时持一种怀疑态度。对广告效果的统计也还不完善，存在统计方式不科学和统计数据来源不明等问题。因此，在有限的广告预算下，绝大部分企业还是会选择投放传统广告而不是网络广告。

由此看来，网络广告还有待进一步发展和完善。目前对网络广告的效果缺乏评估标准，已经成为制约其发展的瓶颈。网络广告的效果评价关系到网络媒体和广告主的直接利益，也影响到整个行业的正常发展。因此，如何对网络广告的效果进行评估，已经成为网络广告发展中亟待解决的问题。

二、点击率与转化率：网络广告效果评估与分析的常用指标

网络广告效果测评，就是利用一定的指标、方法和技术，对网络广告效果进行综合衡量和评定的活动。

由于网络广告是建立在计算机、通信等多种网络技术和媒体技术之上，所以在效果评估方面显示了传统广告所无法比拟的优势：网络媒体的交互性使得广告主可以及时收到反馈信息；广告主可以利用统计软件方便准确地统计出具体数据；网络广告的受众数量庞大，这样调查的样本数量就能够得到保证；网络广告效果评估在很大程度上依靠技术手段，与传统广告评估相比，耗费的人力、物力比较少，广告成本就比较低。

但是，与传统广告相比，网络广告的效果评估也存在一系列的缺陷，这主要体现在以下几方面：网络广告受众在接受信息时具有自主性，这使得网络广告主在选择广告受众时缺乏主动权，因此评估时使用的数据来源很不确定；在传统广告中，只有对广告的浏览，而网络广告除了浏览，有相当一部分转化为对它的点击，而点击行为会受到诸多未知因素的影响，这就增加了效果评估的难度；受网络广告影响所产生的购买行为除了网上购买行为之外，目前主要的购买行为是通过线下购买实现的，这就使得对网络广告所产生的销售数据难以准确地统计。

---

① 网络广告的优势及对受众的吸引［EB/OL］.［2006-11-06］. http://www.a.com.cn/cn/scdc/ggjc/200211/021106ggjc.htm.

由于网络广告与传统广告存在以上一系列差异，因此在对效果进行测评时，有其特有的一些指标。首先涉及的一个指标便是访问流量。上网者进入站点对服务器进行一系列的请求就形成访问。某一个服务器成功传递的页面被请求的数量，称为页面浏览数，通俗地说，就是浏览某一页面的人次，又称页面流量、访问流量。广告浏览数即某一页面上的某一广告可能被看到的人次，又称广告印象数。

本课题组近期在中国香港、北京、南京三地所进行的"中国网络广告效果评估"问卷调查中，探讨了以下问题①：

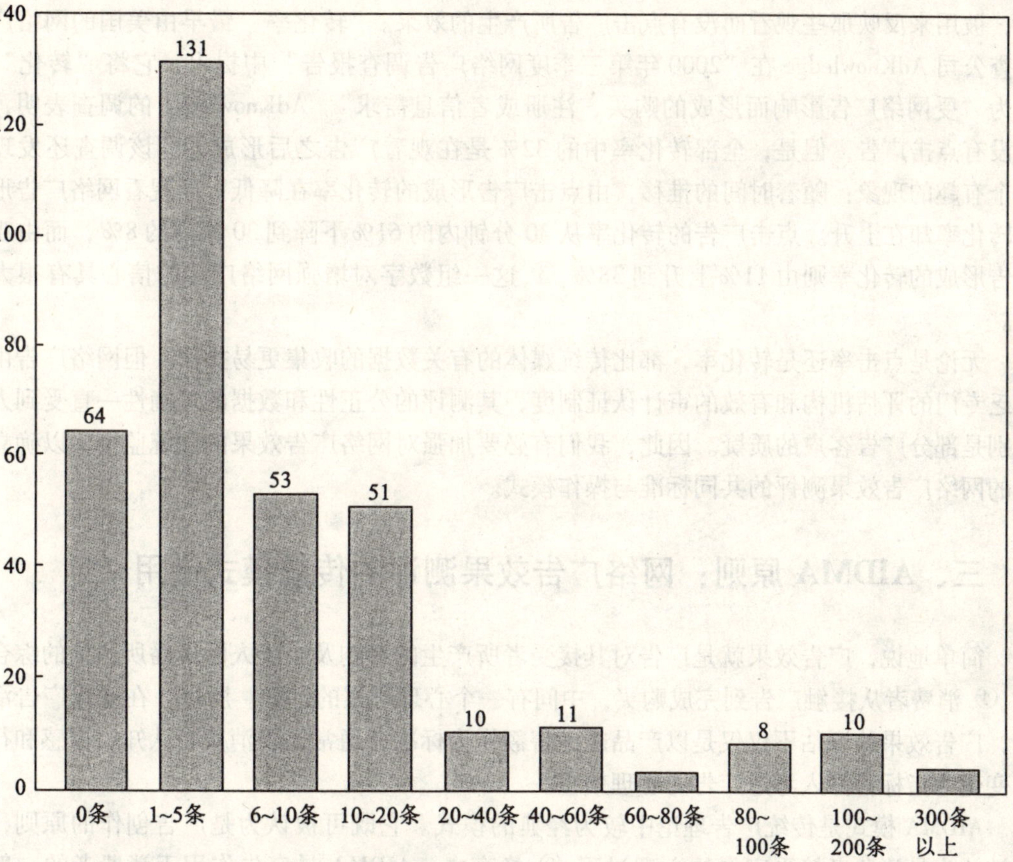

图1　问题"您平时每遇到1 000条网络广告，大约只会浏览其中的"（n=369）

图1统计数据显示，所有受访者中认为自己在1 000条网络广告中会主动浏览"1～5"条的最多，占35.5%，其次有17.3%的受访者认为不会浏览，而浏览20条以上网络广告的所占比例则寥寥无几。这说明现实中网络广告的浏览率其实不高。

于是，"点击率"便成为网络广告效果评估的常用指标。上网者用鼠标单击一个热键的标题或按钮，进入到另一个页面（通常是广告主的页面），叫做点击。点击率是指网站页面上某一内容被点击的次数与被显示次数之比，反映了网页上某一内容的受关注程度，常常用来衡量广告的吸引力。现有的网络技术对这一部分受众的比例很容易统计。②

点击率是网络广告效果最基本的评价指标。然而，随着网络广告数量的增加、上网者的

① 本次调查由南京大学网络传播研究中心与中国香港浸会大学传理学院共同主持完成，分别于中国香港浸会大学、中国传媒大学及南京大学（369）三所高校中共抽取928名在校学生实施问卷调查，期间共回收有效问卷869份，有效回收率达93.6%。

② 金雪涛．网络广告的特点与效果评价刍议［J］．生产力研究，2005.

成熟，点击率反而越来越低。除非特别有创意或吸引力的广告，一般很难引起浏览者的点击。① 而且，如果以点击率为依据，网络广告的效果有很大一部分被忽视了。网络广告并不仅仅在点击之后才会产生效果，当网民看到网络广告横幅时，广告效果就已经产生了。如果一个人能够完整地看完一个4~5秒的banner，就认为他了解了这个广告的大概内容，该网络广告的目的就已经达到。而点击banner条的人在全部浏览网站banner条的人中所占比例是微乎其微的。因此，完全以点击率来判断网络广告的效果，其最直接的后果就是大大降低了互联网广告的价值。而正是人们对点击率的错误认识把网络广告推进了死胡同。②

因此，对点击率以外的效果评价显得重要起来。与点击率相关的另一个指标——转化率，被用来反映那些观看而没有点击广告所产生的效果。“转化率”最早由美国的网络广告调查公司AdKnowledge在“2000年第三季度网络广告调查报告”中提出，它将“转化”定义为“受网络广告影响而形成的购买、注册或者信息需求”。AdKnowledge的调查表明，尽管没有点击广告，但是，全部转化率中的32%是在观看广告之后形成的。该调查还发现了一个有趣的现象：随着时间的推移，由点击广告形成的转化率在降低，而观看网络广告形成的转化率却在上升。点击广告的转化率从30分钟内的61%下降到30天内的8%，而由观看广告形成的转化率则由11%上升到38%。③ 这一组数字对增强网络广告的信心具有很大意义。

无论是点击率还是转化率，都比传统媒体的有关数据的收集更易操作。但网络广告由于缺乏专门的评估机构和有效的审计认证制度，其测评的公正性和数据的正确性一直受到人们特别是部分广告客户的质疑。因此，我们有必要加强对网络广告效果的系统监察，以确立有效的网络广告效果测评的共同标准与操作模式。

三、AIDMA原则：网络广告效果测评的传统模式借用

简单地说，广告效果就是广告对其接受者所产生的影响及由于人际传播所达到的综合效应。④ 消费者从接触广告到完成购买，中间有一个心理积累的过程。所以，在现代广告活动中，广告效果的评估不仅仅是以产品的销售额作为标准，通常还以消费者认知、情感和行为的变化为指标，深入考虑广告的心理效应。

AIDMA模式是传统广告理论中较为经典的模式。它既可被认为是广告创作的原则，也可被认为是消费者接受广告的心理过程。⑤ 换言之，AIDMA是广告作用于消费者的一般心理过程：A（Attention）引起注意；I（Interest）产生兴趣；D（Desire）培养欲望；M（Memory）形成记忆；A（Action）促成行动。这一模式过去较多地在传统广告效果测评中得以使用，其实在网络广告效果评估中，也完全可以按照受众对于网络广告接受的心理活动过程分阶段进行评估。

1. 受众对网络广告的注意（Attention）阶段

生活在现代社会的人们，犹如置身于一个广告的海洋中。在网络中尤其如此，每天都会接触到大量的广告信息。在这种情况下，一条广告能否在竞争中引起消费者的注意，是广告能否达到效果的先决条件。

---

① 刘友林．网络广告实务［M］．北京：中国广播电视出版社，2003：281.
② 网络广告的现状与发展［EB/OL］．［2004-11-07］．http：//www.21eb.org/2004/11-7/125825.html.
③ 金雪涛．网络广告的特点与效果评价刍议［J］．生产力研究，2005.
④ 江波等．广告效果测评［M］．北京：中国广播电视出版社，2002：4.
⑤ 马建青．现代广告心理学［M］．浙江：浙江大学出版社，1997：35.

究竟什么样的网络广告比较容易引起人们的注意，我们对此也做了专门的调查，有关统计结果如表1：

表1　问题“何种表现形式的网络广告最有可能吸引注意（选三项并排序）”（n=369）

选项	权重	排序
静态文字+静态图像广告	204	5
静态文字+动态图像广告	309	4
动态文字+静态图像的广告	198	6
动态文字+动态图像的广告	514	1
纯动画广告	478	2
以音响为主的广告	322	3

（赋值方法：设排在第一位的选项权重为3，排在第二位的选项权重为2，排在第三位的选项权重为1。）

结果显示，最有可能吸引注意的广告形式，前三位分别是“动态文字+动态图像的广告”、“纯动画广告”和“以音响为主的广告”。网络广告最大的优势是赏心悦目，它可以采用文字、图片、色彩、动画等形式，又可以采用电影、三维空间展示等形式，使用户对产品的外观、性能、用途、使用方法、价格、购买方法等信息一览无余。

2. 受众对网络广告的选择（或兴趣 Interest）阶段

一则网络广告，引起消费者的注意，仅仅完成了第一步。广告只有符合受众的兴趣才会被阅读。因此，还必须设法使消费者对此广告宣传的形式和内容产生兴趣。而这种兴趣与前文所述的点击率这一评估指标有着对应的关系（见表2）。

表2　问题“什么内容的广告最可能被您点击（选三项并排序）”（n=369）

选项	权重	排序
有奖促销活动	162	5
工艺宣传	182	4
娱乐、体育游戏	364	2
知识、教育、学习信息	353	3
商品信息	141	6
社区、团体交往	61	11
健康、医疗信息	124	7
商业公司	70	10
新闻信息	381	1
旅游信息	114	8
公共服务信息	71	9
其他	7	12

（赋值方法：设排在第一位的选项权重为3，排在第二位的选项权重为2，排在第三位的选项权重为1。）

调查发现，受众感兴趣或最可能点击的内容，排在前三位的分别为“新闻信息”、“娱乐、体育游戏”和“知识、教育、学习信息”。有奖宣传活动也较容易引起受众兴趣。而公共服务信息和商业公司等信息则较少引起点击。由此可见，受众会按照自己的需要主动搜寻信息，从而有选择地观看网络广告。一旦浏览者点击了某个网络广告，即说明他已经对广告中的产品产生了兴趣。与注意阶段相比，这个阶段对广告主的意义更大。然而，随着人们对网络广告的深入了解，点击率这个数字越来越低。因此，在某种程度上，单纯的点击率或兴趣已经不能充分反映网络广告的真正效果。

当然，引起受众兴趣的因素除了广告内容外，还同网络广告的样式和网站类型的有关。统计结果表明，最能被接受的广告样式，排在前三位的分别是“按钮式广告”（权重为438）、“横幅式广告”（权重为363）和“文字标题链接式广告”（权重为337）。插页式广告和邮件式广告则很少被接受。而用户最可能选择浏览广告的网站类型分别为“新闻网站”（权重为479）、“门户网站”（权重为314）和“游戏网站”（权重为223）。政府、企业和旅游网站的广告则相对较少被浏览。

3. 受众对网络广告的欲望（Desire）阶段

浏览者在对广告中的产品产生了一定的兴趣之后，可能会产生购买欲望。在现实生活中，这一阶段的广告效果表现在是否产生了购买相关产品的念头。一般情况下，广告要以刺激消费者的购买欲望为目的。

调查发现，在过去的一年中，35.6%的受访者没有因网络广告而产生过购买念头，而因网络广告而产生过购买念头的占到了将近50%，尽管其中只有1.7%的人经常产生购买念头，而47.4%的人只是偶尔或很少产生购买念头。从这一意义上来说，网络广告在促使消费者产生购买欲望方面的效果还是很明显的。然而，在同一调查中，我们也发现，在过去的一年中，58.5%的人没有因网络广告而产生过购买行为“很少”和“偶尔”产生过购买行为的，分别占15.6%和10.4%，而“经常”产生过购买行为的仅占0.3%。这说明网络广告在唤起购买欲望从而进一步转化为购买行动方面的作用并不是很明显。

4. 受众对网络广告的记忆（Memory）阶段

我们知道，对于广告信息的记忆，是消费者思索消费、做出购买决定不可缺少的条件。因为在大多数情况下，消费者接受了广告传递的信息之后，一般不会立即去购买。如果广告不能被消费者记住，那么这则广告的刺激功能就不能充分发挥，广告效果也必然不理想。因此，广告给受众留下的记忆程度，也是广告效果评估的重要组成部分（见表3）。

表3　　问题“阅读网络广告时，能够令您留下印象的是（选三项并排序）”（n=369）

选项	权重	排序
公司标志	211	5
广告标语	503	2
产品类别	370	3
视听图像	627	1
广告主要信息	319	4
其他	14	6

（赋值方法：设排在第一位的选项权重为3，排在第二位的选项权重为2，排在第三位的选项权重为1。）

上述调查结果表明，网络广告给受众留下印象最为深刻的是“视听图像”、“广告标语”和“产品类别”。而广告主要信息和公司标志则相对不太容易被记住。从这方面看，网络广告对于树立品牌所起的作用是有限的。同时还可以发现，由于受众对传统广告的记忆，是靠其“反复性”而加深的，而网络是一个信息泛滥的地方，网络广告的反复刺激性很弱。因此，在网络广告创作之中，有意识地运用心理学的记忆规律，增强广告的记忆效果，就显得重要而且必要了。

5. 受众对网络广告的行动（Action）阶段

广告的最终目的是促成消费者购买广告商品或服务。广告能否达到这个目的，不仅取决于消费者对该商品的认识、感情倾向，而且还取决于消费者对该商品的信任程度。要促成消费者采取购买行动，广告就必须从理智上推动消费者的购买欲望。

然而，网络广告引起的购买行为并不是很多，很多网民对网络广告的准确性抱着怀疑的态度，“行动”阶段与前面的几个阶段发生“脱节”。人们是否会采取购买行为，并不完全取决于是否记住了某个产品，也不取决于对广告或产品的感情。调查结果告诉我们，大多数受访者很少因为网络广告产生购买行为。52.3%的受众没有因网络广告而产生购买行为，23.3%的受众很少产生购买行为，“有时”或“偶尔”会产生购买行为的分别占13.0%和10.4%，而“经常”产生购买行为的仅有1%（见图2）。

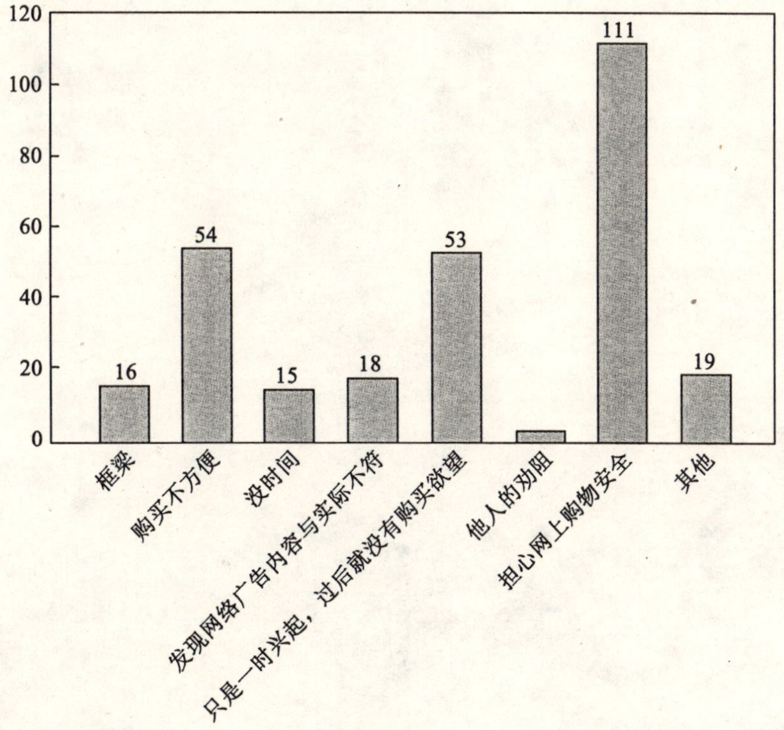

图2　问题“如果您后来没有去购买相关产品，主要是什么原因阻止了您”（n=369）

在对制约网上购物的因素的考察中，我们发现，最主要的因素是“担心网上购物安全”，觉得“购买不方便”也是主要因素之一，还有很大一部分人觉得当时看网络广告“只是一时兴起，过后就没有购买欲望”。

网络广告的发展是互联网带来的一大幸事，也是一大难事。网络先天的可交互、易统计等特性使得人们对精确把握广告的效果寄予了很高的期望，是否能够全面客观地测量广告的传播效果，已成为广告主进行媒体选择的主要参考指标。面对用户注意力资源越来越稀缺、广告主越来越“挑剔”的局面，网络媒体要想在竞争中获得一席之地，就必须不断地改进和完善其广告效果评估体系。①

【参考文献】

[1] 刘友林．网络广告实务［M］．北京：中国广播电视出版社，2003.
[2] 杜骏飞．网络传播概论［M］．福州：福建人民出版社，2003.
[3] 谢新洲．网络传播理论与实践［M］．北京：北京大学出版社，2004.
[4] 江波等．广告效果测评［M］．北京：中国广播电视出版社，2002.
[5] 马建青．现代广告心理学［M］．杭州：浙江大学出版社，1997.
[6] 王晓艳．基于受众心理的网络广告效果综合评估［J］．时代经贸，2008（11）.

【作者简介】

杜骏飞，社会学博士，南京大学新闻传播学院教授，南京大学网络传播研究中心主任，南京大学人文社会科学高级研究院、复旦大学信息与传播研究中心研究员。中国网络传播学会会长，教育部新闻学教学指导委员会委员，《中国网络传播研究》主编。

① 王晓艳．基于受众心理的网络广告效果综合评估［J］．时代经贸，2008（11）.

创意与数字摄影时代的平面广告设计

王　晔　曹　华

【摘　要】数字摄影作为平面设计一种全新的辅助工具和创作手段，很大程度上增强了平面设计的表现力度，丰富了平面设计的创作方法。数字与视觉融合的魅力让现代平面设计走上一种以想象为起点，将创意理念与美学原理应用到数字图像处理中的全新艺术生产方式。在这个数字与符号不断冲击的过程中，良好的创意理念是决定设计成败的关键因素。

【关键词】创意　数字摄影　平面广告设计

随着计算机数字处理技术的成熟，数字摄影以一种全新的方式逐渐占据摄影的主流，也给平面广告设计带来一股强大的冲击波。平面广告设计从上游作品创作到中游作品传播，再到下游受众的接受，数字技术始终贯穿并占据着整个过程，平面设计逐渐呈现出多种全新的发展趋势与规律。可以说在数码时代，基于数字技术进行的平面广告设计只有想不到没有做不到，良好的创意已成为设计成功的关键。

一、数字的魅力——数字摄影融入平面设计，是数字时代带来的不可避免的潮流性趋势

平面设计是在二维空间进行的图形语言的构思和表现活动，图像作为平面设计的构成元素之一，在平面设计作品中起着重要的作用。而获得高质量的图像，在极大程度上有助于制作出优秀的平面广告作品。摄影技术的诞生，对视觉传播的作用和影响是巨大的，它简化了绘画的复杂技巧和繁琐程序，大大提高了传播的速度和真实。① 摄影技术是一种图像数字化的保存、整合处理技术，随着电子科技的不断进步，数字摄影技术获得影像的素质也越来越高，清晰度越来越好，影像的控制能力越来越强，对色彩的表现能力越来越丰富、准确，在设计领域中发挥的优势也越来越大。数字摄影技术的发展，使影像的功能不仅停留在传统摄影的反映真实性方面，而且可以用于二维空间图像的重新构建，使设计观念融于影像的现实得以实现。它的成果为平面设计带来快捷、经济、环保和便于创意的平台，为平面设计师们提供了更好的创作条件。②

国内外的广告产品设计中，有许多都运用了摄影的视觉效果，使主体突出于背景，加上高清的产品图片，配上合理的文字排布，制作成设计作品，如化妆品、饰品等产品广告，多用到了直接展示法，用数字影像的写实能力，描绘产品的形态、质感特征。在海报招贴等设计中，视觉效果的表现方面存在着具象与抽象的选择。与选择抽象的图形不同，利用数字摄影技术得到的图像，经过加工可以产生强烈的视觉冲击力，直观性极强，可以鲜明、准确、快速地传递信息。③

---

① 王友江．平面设计基础［M］．北京：中国纺织出版社，2004.

② 王天平．广告摄影教程［M］．上海：复旦大学出版社，2007.

③ 陈汗青，吕杰锋．数码设计艺术［M］．北京：人民美术出版社，2004.

尽管绘画等手法仍然作为一种平面设计的创作形式而存在，但现实的艺术供求状况正在由绘画与招贴手法为主流形式的表现方法转向偏重于以数字摄影手法为主。随着人们所接触平面设计观念的不断更新，数字化浪潮中的平面广告设计要抓住受众的注意力并使之理解和记忆，就需要顺应当代审美意识的个性化趋势，以他们所想要的方式去创作。

二、视觉的魅力——平面设计视觉魅力的产生需要一种以想象力为起点，将创意理念与美学原理的把握运用到数字图像处理中的全新艺术生产方式

从平面设计的美学理念上来讲，数码摄影时代下构建的日益多元化的价值形态正猛烈冲击着传统平面设计美学的价值标准。现代的某些平面设计往往倾向于在最短的时间内以最直观的方式向大众展示最富于表现力的视觉冲击，设计作品传达的信息内容也更加不拘一格。而传统美学理念中所讲究的对称与均衡、统一与变化、韵律与协调，以及对色彩、构成、空间等诸多要素的合理分配与布局都已经被打破。某些生涩难懂甚至毫不符合传统表现规律的广告设计也开始逐渐获得人们的赞同。① 人们对于街头大大的户外广告牌上，只有 Tracy Mcgrady、Kevin Garnett、Tim duncan 等球星的照片再加上 Adidas 的 Logo 的广告已经开始习以为常。受众在接受和认可的过程中对于传统设计形式的思维定式正在淡化，更在乎的是在瞬间所能感受到的视觉冲击力和内心震撼力，而由于受众的逐步接受，这种打破传统设计风格的广告形式正越来越具有生命力和发展潜力。

随着电子技术的快速发展，数码摄影拍摄过程中的自由度与随意度大大提高，拍摄后期依靠计算机软件的强大处理能力可以对照片的色彩、对比度、拍摄角度等进行随心所欲的再造，摄影技术完全可以将需要表达的意念以精确的手段进行瞬间的捕捉和凝固。计算机软件在平面设计上的应用，使设计者们突破了许多传统设计方法、设计手段、设计思维上的局限。在这样一个大时代背景之下，平面设计就理所应当地需要在保留传统技术与艺术的精髓基础上，吸取数字摄影元素里能满足大多数人群需求的多样化表现手法，从已经改变的受众审美要求出发，更好地传达视觉设计。②

当今以计算机技术和数码影像等高科技为后盾的艺术体系基本成熟，设计、艺术、摄影及高科技的相互融合以综合的力量形成了数字摄影在平面广告设计表达上的优势地位。

三、交融的魅力——数字与符号冲击着传统，在促使传统不断发展并逐步走向现代的过程中，平面设计正被推入一个全新的发展时代

传播学认为，大众传播活动中受众的行为很大程度上是由个人的需求和兴趣所触发，受众需要对媒介所传播的信息做出价值判断以后，再进行选择性的注意、理解与记忆，最后存储于大脑之中。在数码科技高速发展的背景下，已经有诸多学者认为 21 世纪将是符号和图形语言的时代，而数字摄影则直接提供着满足各类人群需求的图形符号。

很显然，数字与符号的冲击改变了新的时代的诸多方面，在广告设计与传播的过程中走向数字和符号化的方向也成为必然，并促进了平面广告设计与数字摄影的融合。从商业运用的角度来讲，数字摄影作为设计手段的运用已经渗入商业设计和传播的方方面面。当代平面设计已经不再单纯强调产品的宣传，更在于一种符号的表达，即以抽象的符号为载体使主题

---

① 朱健强．广告视觉语言［M］．厦门：厦门大学出版社，2000．

② 方兴．数字化设计艺术［M］．武汉：武汉理工大学出版社，2004．

在消费者心中形成一种持久的亲和形象。①

由数字化与符号化，逐渐衍生出了未来平面设计的立体化与后现代主义倾向。由于摄影手段和图像处理软件的改进，具有三维空间效果的平面作品不断涌现，城市街头户外广告牌上球星扣篮的场景在一张平面的介质上已经能够表现的栩栩如生，而三维的图像效果显然比单纯的平面设计更具表现力和吸引力，更能在瞬间抓住观众的眼球，受众也更乐于接受具有三维效果的设计作品，二者天生存在一种潜在的拉力。当数字摄影和图像处理有能力使这一超平面化的平面设计成为可能时，其发展就无可阻挡了。这种从历史传统与本位文化中汲取营养，同时从现代社会思想文化及技术革新的发展中寻找灵感，从而走出一条具有高度交融与理性化的设计风格也正是后现代主义趋势的一种反映。

四、数字摄影与平面设计的完美融合——数字图像处理技术

无论是涉及稳定的接受人群、高倾向的主观认同、瞬间的情绪震动还是亲和的品牌拉近效应，平面广告要想获得良好的传播效果都必须通过一定的技术手段表现出来才能发挥效力，否则，单纯停留在想象与创意虚构的空间，摄影与平面设计都将无法影响与打动受众。

计算机作为数字时代一种常用的信息处理工具，具备高速的处理速度、强大的存储能力和精确的计算与逻辑判断能力。数字摄影是以电子存储设备作为摄像记录载体，通过光学镜头在光圈和快门的控制下，实现在电子存储设备上的曝光来完成被摄体影像记录的。而数字图像处理主要则是利用在光栅图像方式，将影像以一组可以为电脑所识别、存储和处理的数据所代表。所以，数字摄影与平面设计的完美融合是以将文件转化为数据表示为基点的，而数字图像处理的具体实现就是设计者通过计算机对数字摄影素材的摄取，以前期确立的创意思想为主导，以对审美原理的良好把握为规范，在以 Photoshop、CorelDraw 等为代表的计算机软件中实现图像的可视化处理，并最终通过数据的后台处理来输出最终的设计图像。这一“数据摄取→数据处理→数据输出”的过程最终能实现将数字摄影素材“雕玉成器”，数字图像处理就成为数字摄影与平面设计的完美融合体。

诸多图像编辑软件不断更新，以 Photoshop 为例，它就是比较流行的图像处理软件之一。Photoshop 在世界各地都被广泛应用于出版、印刷、广告等平面设计领域，已经成为一个通用的标准化软件。它可以支持多种图像格式以及色彩模式。数码相机所拍摄的图片格式最常见的有 JPEG 格式和 RAW 无损格式等，通过 Photoshop 图像处理软件以及相机自带的插件，可以在不改变原文件属性的基础上，将图像直接进行修改、剪裁、合成或者做各种特效处理，以达到特殊的处理效果。同时在 Photoshop 软件中，有着多种多样的图形绘制工具，用户们可以通过这些工具来绘制各种图形，某些效果是用实际的工具所达不到的。软件中，几乎所有的执行命令都是在一定的选取范围内进行，这样的图像编辑在达到修整目的的同时，又不会改变其他范围的图像信息。电脑技术可以对图形、文字、特效等方面进行反复的修改、重组、创新。② 静态的图片和动态的 GIF、FLASH 等，都是随着电脑技术的发展而产生的新的平面艺术形态，这些新形态在某种程度上丰富了平面设计的表现方式。

五、摄影与平面设计永恒不变的定律——创意理念

创造性思维通过一个简单而意味深长的现象表达某种与之相关联的诉求，使受众能简单

① Werner J. Severin，James W.，Tankard，J. R.．传播理论：起源、方法与应用［M］．郭镇之，译．北京：中国传媒大学出版社，2006.

② 李健芳，高爽．Photoshop CS 平面设计［M］．北京：北京交通大学出版社，2006.

明了的理解和记忆这种理念。创造性思维作为人类能动性思维发展的最高形式是从各种具体的思维形式中获得灵感的，其基本指向是刻意求解，力求把握对象内部、外部的新联系，发展变化的新规律，提出解决问题的新设想、新方案，从准备阶段到突发阶段使思维主题从潜意识突然上升为显意识，从而感到豁然贯通之感。①

摄影与广告设计都是一个由思维定位到设计定位不断完善的图像创造过程，最终结果的成功与否在很大程度上取决于思维定位，即创意理念是否独到，是否具有在一瞬间抓住观众眼球的能力。每一件作品都相当于一个完整的系统，图像创造的各个元素相当于这个系统的各个环节与部件，每一个元素都承载着传递信息或加强传递信息的目的，而创意理念则是整个系统中最重要的一环。②

设计的创意和摄影的创意各自有其不同的侧重点：一方面，某些天马行空的想法，某些特殊设计创意可以以图像软件为工具轻松的制作出来，而纯摄影的手段却不能达到那种效果；另一方面，纯摄影语言的理念创意，也许能算一幅成功的摄影作品，但却不能完全在平面广告设计中发挥引导受众或创造需求的作用，而只能成为人们精神需求的提供者。

对于一件广告作品来说，能否被人看到、能否引人注目是设计成功与否的首要条件，若要引人注意，最重要的是第一感觉。通过新奇的形态、强烈的色彩把观众的视线吸引过来，这就是目光捕捉。广告的信息传达，在设计上主要是通过直观的图像、抽象的文字和感性的色彩印象来传达特定的信息，负载这些信息的媒介，也就是信息载体。平面广告设计的构思要能超载现实，构图要概括集中，形象要简练夸张，表现这些信息载体之间的内在联系，赋予画面更广泛的含义，用强烈鲜明的色彩为手法来醒目地表达所要宣传的事物，并且使人们在有限的画面中能够联想到更广阔的生活，感受到新的意义。③

现代平面设计重在创意，极力避免平庸化，可以说创意是平面设计的根本，而创意又体现在多个方面，新的物像、新的理念、新的创作手法等。设计者利用数字摄影来进行取材，进行数字重组，用已有的元素作为模板，再用计算机软件进行数字化创作，创造新的物像，产生非常态的视觉效果，这种处理方法，就是利用人们的好奇心，使设计作品更受人们关注。广告设计画面中所出现的图像一定是经过设计师的主观艺术处理之后才可以应用的，这种处理不仅仅是表面视觉效果的修饰，而是一种再创造的过程，先打破事物原有的形态，之后再构建成新的视觉形态。

总之，由数字技术的革新带给当代平面广告设计的冲击将会以无可辩驳的气势占据未来艺术设计的主要空间，随着时代的发展，还将会出现种种令人不可思议却又能彻底征服设计师和令受众无比惊叹的设计手段与作品。也许在不久的未来，当代以计算机软件和数字技术为主流的设计形式还会被更为诡异的技术与更为强大的工具所取代，而其中永恒不变的关键始终是创意理念。

【参考文献】

[1] 金玮．超现实创意 Alex 和 Felix 的创意摄影 [J]．摄影之友，2007 (8).
[2] 鲁道夫·阿恩海姆．艺术与视知觉 [M]．成都：四川人民出版社，1998.
[3] 王传东．超越影像的价值 [M]．济南：山东美术出版社，2007.
[4] 保罗·莱文森．思想无羁 [M]．南京：南京大学出版社，2003.
[5] 瓦尔特·本雅明．机械复制时代的艺术 [M]．重庆：重庆出版社，2006.

① 罗琳．图形创意 [M]．北京：中国广播电视出版社，2007.
② 王健．广告创意 [M]．北京：中国建筑出版社，2004.
③ 林家阳．设计创新与教育 [M]．北京：生活·读书·新知三联书店，2002.

[6] 克里斯蒂安·麦茨，吉尔．德勒兹．凝视的快感［M］．北京：中国人民大学出版社，2005.

【作者简介】

王晔，武汉大学新闻与传播学院讲师。

曹华，华中科技大学软件学院副教授。

广告创意媒体化表现及趋势

杨 漾

【摘 要】在激烈的商业竞争环境之中，广告创意的表现方式得到了业界与学界的共同关注。信息时代，媒体发展繁荣，各种新媒体与日俱增，依据媒体的特征创作广告成为一种新的创意表现方式。本文对创意媒体化的可行性进行了初步探讨，并对其表现和创意，及其将会带来的趋势提出了个人观点，以期得到学界、业界的更多关注。

【关键词】广告创意 媒体化 表现

广告是社会经济繁荣的风向标之一。当前，我们的广告环境，一方面，在“量”上达到了空前的饱和，正如法国广告评论家罗贝尔·格兰所说的：“我们呼吸着的空气，是由氮气、氧气和广告组成的。”① 另一方面，在“质”上也呈现了相应的职业水准，从思维方法到执行力度、从业务能力到服务方式等。尤其是中国内地的广告行业，借改革开放30年的发展东风，转眼已经成为智慧与财富的焦点。同时，高速发展必然出现相应的弊病：广告行业的配套技术环节已经应用到世界顶尖级别的科学技术以及处理手段，同时市场高度成熟，各行业竞品繁多，对创意表现的要求便日趋提高，行业的突破已经进入到了亟须突破的瓶颈阶段。

创意是广告作品的灵魂，广告业界开始积极寻找创意的解决方案。笔者在对业界的长期观察中发现了广告创意的思维方法的一种崭新思路，即创意媒体化的现象，并发现其有规律可循，故提出创意方法在媒体化方面的表现及趋势的观点，以供批评研究。

一、广告创意媒体化的出现及可行性

1. 新媒体时代的广告创意表现

早在20世纪40多年前，加拿大著名学者麦克卢汉提出“地球村”和“部落化”预言的时候，媒体环境里还充斥着广播、电视、报纸、杂志等传统媒体。即便如此，麦克卢汉也提出了“媒体是人的延伸”，他认为媒体不是冷冰冰的外在化的存在，媒体就是人的身体、精神的延伸。媒体改变了人的存在方式，重建了人的感觉方式和对待世界的态度。表现尤为突出的就是进入到信息时代的今天，特别是在互联网世界，人们已经打破了国家、民族、社会等身份界定，甚至打破了自身的个体规定性，成为不同社区、群体的集合，即时地响应着铺天盖地的信息，被其击碎、筛选、集合、融化成不同的部落，而且部落本身也在不断地被击碎、筛选、集合、融化之中。

这个预言仿佛奏响了小众化媒体时代到来的号角。响应麦克卢汉的中国分众传媒的创始人江南春先生，也引领中国的新媒体时代走向盛世。当他一夜之间成为2.7亿美元的富豪

---

① 黄勇．中外广告简史［M］．成都：四川大学出版社，2003：2.

后，在不到半年的时间里，他率领着分众不断制造有轰动效应的财富新闻，从1亿美元并购框架媒体，到3.25亿美元鲸吞聚众传媒，并最终一举成为中国最大的户外电视广告网络运营商。① 由此，中国的广告新媒体被充分的挖掘出来，21世纪初期的几年，很多广告公司都成立了专门的新媒体开发部门，与之相应的必然是广告在适应新媒体的基础上寻求共同发展的方向和道路。

例如，在不同的媒体环境里，广告创意表现要求有个性化的订制。一方面，接触不同的媒体环境的受众具有其小众的共同特征，广告创意策略在前期会重点分析这部分受众的行为与心理；另一方面，新的媒体有其特殊的媒体环境，其媒体也会表现出一些独特的个性需要在广告创意策略中提起关注。

2. 广告创意的表现技术

广告策略是广告创意的核心，现代广告运动一直以来都强调创意表现对策略的体现和执行。然而，行业越成熟，客户对广告创作的要求也越明确。优秀的广告作品不仅是成功的表现策略，同时还要迅速有力地打动受众，这就要求广告创意表现的各个方面都成熟和完善，其中最直接的环节莫过于广告创意的表现技术。

随着人们对视觉、听觉等感官质量要求的不断提高，具有附加值的印刷技术、录音技术、视频技术也逐步走向实用化和商业化，急剧提升了广告行业的作品效果，同时也立竿见影地产生了经济利益。人们开始越来越满足于欣赏广告作品带来的感官感受，使得广告不再只是一种简单的商业行为，同时还作为一种商业艺术丰富了人们的休闲生活。于是，当前的广告业界不仅在技术设备方面高投入。在进行创意策略思考的同时，也必然把表现技术水平介入策略中，作为提升广告效果的重要因素。例如，影视广告中使用电影胶片因其每画格可高达2 000线的质量②，最能捕捉光影的色调变化以及彩度，色度的微妙差异成就其一幅幅让人垂涎的画面，从而得到受众更多的关注，广告主也格外关注这种表现形式。

由此可见，广告创意的表现可以助力于提升广告创意的水平。

3. 广告创意表现媒体化的出现

当整个行业开始关注技术设备问题的时候，每日绞尽脑汁为新鲜创意而苦的广告创意人员发现了原来技术设备也可以是创意思考的一个角度，遂诞生了大量基于技术设备而让人耳目一新的作品。

从户外灯箱到印刷媒体，从广播广告到电视广告，从互联网广告到手机广告……各个领域或多或少的出现了一些根据媒体特征而采用一定的技术设备形成广告创意的作品。特别是在广告行业的媒体应用越来越灵活，越来越广泛的背景下，广告创意在重重困境下机会之光频闪。

有一则公路旁边的广告牌广告是这一批作品的典型代表。这是某汽车的户外广告，白天似乎与其他广告牌无异。画面的3/4都是一幅汽车的前脸，广告设备也如常用的是彩色喷绘，顶部有三盏灯以备夜晚照明，灯比其他的广告牌略微少一点，这只会在夜间不足够明亮，其他的影响也不会太大。到了夜间，他的异乎寻常处就表现了出来。画面中大灯处竟然很真实的安装了两盏投射很远的灯。行驶在公路上的汽车远远地就可以看到这两道光束，就毋庸说路人了。相信这则广告应用的灯光技术可以为这则看似平常的广告作品提升更多的关

① 唐凯林，梁海松．分众并购聚众 新传媒寡头江南春［EB/OL］．［2006-01-28］．中国营销咨询网．

② 佚名．房地产影视广告的制作与传播［N］．4A酒吧，［2006-04-29］．

注度，也给受众带来了新鲜感。

这也是本文思考的起点。不同的媒体，可以根据媒体本身的特性或者媒体所处的环境为之量身打造属于这种媒体的创意表现形式，一则可以推动眼球经济，同时还可以提升广告作品的商业价值。

二、创意表现媒体化的表现及创新

1. 传统媒体

传统媒体比新兴媒体更需要突破，事实上，业界已经开始了在广告创意媒体化方面的创新。

（1）电视媒体

电视媒体的广告创意媒体化表现主要出现在一些体系完善、资金雄厚的媒体，如中央电视台。随着电视行业的频道不断细分，受众群体也在媒体的划分标准下分割为各不相同的群体。例如 CCTV5 和 CCTV8，一个是体育频道，一个是电视剧频道，同是中央电视台，但受众从性别、年龄、职业、收入以及性格特征方面都有明显的差异，因此广告主在投放广告时会有明显区分。这都是广告业界传统的思维模式，为受众选择适合的媒体。而现在，我们开始考虑为受众选择适合的广告创意表现方式。

设想一种产品，如快速消费品行业的碳酸饮料，这是一种适用面很广的产品。看体育节目的男生和看偶像剧的女生都有可能喜欢这种产品，于是两个频道都应该投放该产品广告。传统的方式是创作一则广告就海量投放，效果通常都还可以。现在，我们在体育频道投放以体育运动为主题的广告作品，在电视剧频道投放以情感倾诉为主题的广告作品，这样迎合了不同频道受众的不同心理，是不是会让他们产生一定的新鲜感呢？

学界业界近几年都在反思受众对广告的不信任感，思考如何建立广告的公信度，其实，与其堵，不如疏。我们创作的广告让受众感兴趣，并赏心悦目，自然就消除了广告与受众的隔阂。

（2）报纸杂志

报纸杂志的应用亦然。当前报纸杂志都已经走上了商业化发展的道路，行业报刊各在自己的阵营中独领风骚。商业化运作就离不开广告的应用。

不管是时尚类报刊，还是文学类报刊，抑或是经济类报刊，都可以根据报刊图文本身的特点来介入广告，增强广告的销售力。目前在这个方面，时尚类报纸杂志应用得非常突出。如某时尚类杂志，文章多是推荐一些绚丽的服装品牌，或者某些神奇的化妆品广告，通过杂志所属的模特把产品展现出来。在这份杂志上，广告也就采用了相近或类似的文体和表现方式，受众也会把这样的广告当作一个信息来源接受和理解。

（3）户外媒体

户外广告除了前面提到的那则汽车广告，可以结合媒体本身的技术应用来增强表现力，同时，还可以结合户外媒体所处的环境进行表现，也可以达到出乎意料的好效果。

在日本，立邦漆有一则广告就充分地把户外广告融入环境之中。该广告牌横跨一条两边种满丁香树的林阴大道的上方，只是在不同的季节会在广告牌上喷涂不同的色彩。春天叶芽刚冒出的时候，在广告牌上喷涂春天才会看到的令人欣喜的嫩绿色；丁香花开的时候，在广告牌上喷涂浪漫的紫色，和路边的丁香花相映成趣；盛夏枝叶繁茂之时，广告牌又喷涂上了浓郁的绿色……这种与广告环境相得益彰的做法，相信受众不会对这样的广告产生抵制情绪。

2. 新兴媒介

（1）互联网媒体

信息时代，本就是计算机的互联网技术引领世界进入，互联网的广告也更容易把广告表现的媒体化这种方式彻底应用，以个人为中心的新媒体已经从边缘走向主流，其中互联网媒体中的博客尤为典型。博客给了自己畅所欲言的空间，通过分享与别人互动。新媒体的传播特征就是由所有人面向所有人进行传播，充满个性化，个人可以在网上订制喜爱的内容，互动和体验是众多新媒体区别于传统媒体最显著的特征。

广告形式也可以借用媒体本身的个性化与互动性强化广告效果。博客方面，新浪、网易等著名门户网站都在博客频道上增加了圈子功能，将之划分为 IT 圈、媒体圈、创业圈等，以软性广告的形式强化企业形象或者商品的品牌形象。另外，网络游戏也可以借用游戏中受欢迎的角色形象，一方面作为其游戏的形象代言人，另一方面这个角色形象可以介入受众的娱乐、生活，增强受众的好感度。

环境在变，消费者的生活形态在变，消费者接触媒体时间、地点、方式、习惯都在变，如果广告一成不变，找不到沟通的目标对象，不能利用有效的传播途径，作为广告运动关键的一环，广告投放还是一如既往地大众传播，那么流传很久的那句话"不知道广告的另一半浪费在哪里"，就会让广告商永远迷惑下去。广告的目标人群是一帮夜猫子，整天泡在网上，他们年轻有钱，很有消费能力，如果重金投放电视黄金时间，只能是投得多浪费得多。能不能精准把握广告沟通目标的生活形态和媒体接触习惯将直接决定广告成败。

（2）手机媒体

世界第三大广告公司 BBDD 的首席执行官安德鲁·罗伯逊认为："手机将取代电视成为第一广告媒体。"①

手机作为高普及率的移动通信终端产品，拥有人数庞大，而且随时随地在线，并且作为一对一传播的媒介，其有效接触率远远高于其他大众媒介，作为广告媒体具有不可多得的优势作用。其广告表现形式如终端嵌入、短信群发、定点广告等颠覆了传统传播的大众媒体的概念，其存在的价值就在于提供个人生活沟通便利和娱乐、资讯消费和信息智能服务。这种新兴媒体更易于我们推广因媒体、因受众而订制的独特广告创意表现形式。

例如，在高校集中的地区发送手机短信的小区广播，以海报的方式加强与学生这个消费群体的联系。

（3）其他新媒体

分众传媒的楼宇广告、电梯广告一经出现，便迅速引爆了国内的新媒体开发的热度。电梯间、手扶电梯、超市卖场、民房墙壁、玻璃墙、地板、天空、卫生间……广告呈现空前的无所不在的"盛况"，这并不是一件值得庆祝的事情，因为大量毫无秩序的广告出现破坏了其周边环境的和谐，甚至有居民投诉广告运营商的案例发生。

解决新媒体与环境的协调问题最简单且直接的方法就是对广告创意方法进行调整。如上所述，用最适合媒体特性与媒体所处环境的方式创作广告，在不损害受众感官感受的基础上让广告主、广告受众与广告商三方获益。

3. 思维的创新

一则广告的成败受很多因素的影响，包括策略的制定、创意的表达等，而创意的产生若依然囿于旧的思考模式，必然使广告作品的关注度降低，新的思维方式可以产生新的创意。

---

① 冯秋芳，唐林．探路手机媒体广告［J］．青年记者，2007（3）：74.

当前，创意早已不再局限于TVC、平面等广告创意，媒体需要创意，公关需要创意，创意与媒体的完美结合能创造很多意想不到的效果。广告创意的媒体化表现就是一种新的创意思维方式，在此基础上，广告业界可以创作出更多更优秀的广告作品。

Nike、Adidas、Mcdonald's 等众多品牌将媒体与周围环境的巧妙结合创作了很多让人记忆深刻的创意。通过媒体创意制造流行话题，让广告轻松传播开来。

三、未来广告创意媒体化的发展趋势和影响力

1. 完善品牌构建

整合营销传播建立品牌这一理论的传播发展已经有了十数年，在当前的媒体环境中这种传播方式应该更好地发挥其优势，广告创意表现的方式也是完善整合营销传播的一种值得推广的方法。

统一的品牌管理，包括广告创意的统一管理。广告创意媒体化表现就不仅仅是某一帧TVC截图，而是在定位的基础上不断更新和补充各个媒体上的广告表现。

一个很典型的例子就是七喜汽水。自从1987年Fido Dido诞生在纽约餐馆一张餐巾纸上，自己画出自己的样子开始，Fido用衣着、语言、行为诠释着七喜的品牌文化，借助不同的媒体展现自己的个性。我们会在公共汽车候车亭的顶端发现横卧着晒太阳的Fido，我们会在排解压抑的漫画书里发现跟你一样充满理想却把生活过的一团糟的Fido……无论什么媒体，只要Fido出现，依然是他的个性，只是在不同场合展现出来的Fido的全幅生活图景。相信不久的未来，这种新鲜的打造品牌的广告创意方式会更加丰满广告创意媒体化的前景。

2. 媒体与生活和谐相处

如前所述，新开发的媒体仿佛外星生物一样闯入并破坏了人们安静的生活，提供信息的基本功能被受众误读为对生活空间的侵略，这就不难理解广告大师阿尔·里斯提出的“广告的衰落，公关的兴起”的由来了。要拯救“日渐衰落”的广告行业，从创意表现角度入手，使得媒体广告和谐地融入受众的生活，广告创意媒体化将是一条必经之路。

让媒体与生活和谐相处，刻不容缓的提上广告创意表现方法的日程表。

【参考文献】

[1] [加] 麦克卢汉．理解媒介：论人的延伸 [M]．北京：商务印书馆，2000.

[2] 黄勇．中外广告简史 [M]．成都：四川大学出版社，2003.

[3] 冯秋芳，唐林．探路手机媒体广告 [J]．青年记者，2007 (3).

[4] BBC. 传播学大师——麦克卢汉 [M]．北京：人民邮电出版社，2005.

[5] 唐凯林，梁海松．分众并购聚众 新传媒寡头江南春 [EB/OL]．中国营销咨询网，2006.

[6] 于长江．高超的品牌方略（一）：虚拟形象代言 [EB/OL]．中国营销传播网，2004.

【作者简介】

杨漾，中南民族大学工商学院教师。

中国广告界的“中国元素”运动解析

杨立川　高小燕

【摘　要】本文对中国广告界的“中国元素”运动及其价值追求问题进行探讨。作者认为：“中国元素”意指体现着中国文化精神的各种载体，其核心则是中国人的价值观。近年来我国广告界的“中国元素”运动本质上是一场关于广告如何体现与发扬中国文化精神或如何与中国文化相结合的运动。同时，这场运动对中国广告人也提出了多方面的要求。

【关键词】中国元素　中国文化　全球化　品牌　价值

2006年以来，“中国元素”运动日趋为广告学人和广告业界人士所关注。截至目前，这一运动虽然时间不长，举办的几次赛事却在广告界产生了很大的影响。本文拟就中国广告界的中国元素运动的本质、价值追求及其对广告人的要求等问题谈谈自己的看法。

一、从广告的民族化到“中国元素”运动

中国广告界的“中国元素”运动本质上是一场关于广告如何体现或者如何与中国文化相结合的运动。就此而言，它与改革开放以来关于广告民族化、本土化的讨论是一脉相承的。

广告民族化、本土化的问题提出于改革开放初期。丁允朋先生在1985年《中国广告》第1期上发表的《我国社会主义广告特征刍议》，论述的中国广告的“五性一格”即涉及广告的民族化问题，所谓“五性一格”即思想性、情报性、真实性、科学性、艺术性和民族风格。此后，就此问题的讨论基本一直在进行。1994年，海内外广告专家、学者还曾召开了关于“中华民族文化与广告”的国际研讨会。20世纪90年代中后期中国广告在戛纳广告节评奖中的挫折引发了中国广告学界和业界对广告的国际化和民族化问题的强烈的反思。中国广告学人就中国广告究竟应走民族化之路还是应走国际化之路展开了深入的讨论。①

在我国广告界，有关“中国元素”运动问题系著名广告人高峻等人提出。据2007年1月13日发布于中国传媒大学文化创意产业发展研究中心“文化创意产业网”上周颖的《高峻和他的“中国元素”》一文介绍：“萌发‘中国元素’的念头始于2004年。……高峻发现，中国广告人、中国品牌与中国文化之间的距离似乎越来越远了。相反，值得关注的是外资品牌甚至国外广告、营销专家却在不断挖掘‘中国元素’并加以运用，甚至在国际获得大奖，他感觉这和中国影响力的扩大和企业崛起形势不相匹配。”“在高峻的提议下，来自国内天南地北，对‘中国元素’拥有相同‘愿景’的另外八家广告公司的掌门人聚在了一起，开始探讨、思考这一问题。”“2006年10月底，昆明第13届中国广告节，在高峻等人倡议并在中国广告协会大力支持下，九位广告公司的老板每人出资20万元举办的首届‘中国元素国际创意大赛’圆满落幕。这一赛事，吸引了来自全球40多个国家和地区的5 000

① 王佳．关于广告本土化问题在中国发展的历史考察［D］．西安：西北大学新闻传播学院，2008．

多份作品。"①

2007年，第二届中国元素国际创意大赛成功举办。大赛以"中国元素—奥运精神"作为大赛主题，自2007年5月开始征集，按图形、影像、文字、影视、环境、物体、定向设计分为七大类，共收到来自全国广告业2 000多家单位选送的参赛作品6 000多件②。2008年10月在安徽合肥举办的第十五届中国国际广告节上，"2008第三届'中国元素'国际创意大奖"亦同时举办。据《第十五届中国国际广告节作品参赛资料》，此次大赛旨在"在世界范围内发起与倡导中国元素的推广运用，表彰全球广告创意人在这方面所取得的成绩，继承、发扬中国本土文化元素的生命力和创造力，推动中国广告业及广告创意形成中国自己独特的广告创意文化。"本届大赛的主题是"和谐盛世·中国红"。2009年的第四届"中国元素"国际创意大赛主题为"中国力量!"。

自中国元素概念提出至今，"中国元素"现象已经形成了一种非常引人注目的运动。"中国元素"问题也成为广告学人、广告与营销从业者所思考的一个很重要的学术问题。

也许有学者会说，新时期中国广告乃至营销活动中的"中国元素"的运用并非自近年来的"中国元素"运动始。

的确如此，改革开放初期马季先生以中国相声的形式为某品牌的摩托车做广告，这就是中国元素。可以说，中国广告、中国营销活动的历史始终伴随着对"中国元素"的运用，但作为一场有着明确指导思想的自觉的运动则是自近年始。

如果说，此前的广告民族化或本土化的讨论主要集中于广告业务本身的话，那么近年兴起的"中国元素"运动，则标志着中国广告乃至营销活动开始了一个崭新的历史阶段：

其一，中国广告人开始集体性地、自觉地思考如何把中国文化、中国广告以及中国品牌的国际化联系起来的问题；

其二，中国广告人开始更为自觉地以世界性的胸襟，从全球化时代人类文化发展的角度把中国广告的民族化与广告、营销的文化责任联系起来。

其三，"中国元素"运动标志着中国广告人更为自觉地以文化人的姿态和形象而不仅仅是以一种专业形象跻身于当代社会发展进程之中。

二、"中国元素"：中国文化精神的载体

对于中国广告界所谓中国元素究竟为何的问题，当然要看其提出者究竟赋予了它怎样的意义。那么中国广告界"中国元素"的倡导者是如何理解"中国元素"的呢?

从有关资料看，中国广告界最初提出中国元素问题的，当为以高峻先生为代表的一些广告人。从有关阐述看，其内涵主要可以概括为两点：

1. "中国元素"即中国文化精神的载体

高峻先生曾在不同场合对"中国元素"的概念作过解释。

在《对话高峻：寻找失去的中国元素》中，高峻先生称："到目前为止，'中国元素'还没有一个比较权威的解释。从《辞海》上看，'元素'是一个现代用语，历史上并没有这个词语。他是今天的中国人喜闻乐见的形式，也是人们对某些事物表达自己意见的一种方

① 周颖. 高峻和他的"中国元素"[EB/OL]. [2007-01-13]. http://cci.cuc.edu.cn/Html/Cyleader/D1/2007-1/13/20070113134456926_5.html.

② 第二届中国元素国际创意大赛颁奖晚会在青岛举行[EB/OL]. [2007-10-22]. http://www.cnoth.com/sj/index03.asp? id=5&classid=28&ArticleID=4747.

式。他既是语言也是图腾，既是符号也是能让人感知的信心……”① 换言之，中国元素是一种属于“形式”或“载体”层面的东西，即中国文化精神的负载物。

在第十三届中国广告节上，“高峻在演讲中说……中国的创意人必须看到所谓的中国元素，不是一种图案，是由中国文化派生出来，用于沟通使用的素材，是体现中国文化精神的一种载体”。② 就此而言，我们既应承认“中国元素”的中国文化本质，又须看到作为中国文化载体的“中国元素”毕竟不能直接等同于中国文化。诚如阎文先生所谓“中国元素不仅仅是对中国式的视觉符号的运用，而是烙在品牌中的中国文化精神内核”③。

与此同时，把中国元素仅仅与中国传统文化相联系也是片面的。

在《对话高峻：寻找失去的中国元素》中，高峻谈道：“我们很难简单地用‘中国元素’切割什么是纯西方，什么是纯东方，中国文化已经不可能被完全切割，更不可能完全是中国过去传统的儒家、道家和法家学说。”此处着力强调了这样一点：不能狭隘地在中国元素与中国传统文化之间画等号，对于中国元素必须全面理解。

中国传统文化只是当代中国文化的源头，只是中国文化的一部分，即历史文化。近现代以来，随着中国社会的发展，随着世界各国的交流的日益频繁，中国文化也具有更为丰富的内容。

简而言之，传统的儒、释、道、法等中国历史文化对当代中国文化仍然发挥着重要的影响，其中的有益部分仍然要发扬光大。近代以来，西方文化对中国文化产生了重要影响；五四运动以后，马克思主义的引入及其与中国实际的有机结合，极大地促进了中国文化的发展，使得中国文化发生了巨大的变化，呈现出前所未有的新面貌，当代中国从精神文化到作为精神文化之表征的物质文化无不如此。

因此，对于所谓“中国元素”——中国文化精神的负载物，也应全面把握。简单地或者说狭隘地仅仅从传统文化的角度来理解显然有失偏颇。

2.“中国元素”的核心内容是中国人的价值观

社会文化的核心部分是价值观。正是价值观规定了具体的文化样态，决定了具体的文化选择。作为中国文化载体的“中国元素”，其核心部分无疑是中国人的价值观。

作为文化核心的一个国家或民族的价值观是一个有着丰富内容的体系，是有关人生、社会的是非好坏应该如何及不应该如何的一个系统化的评判标准。换言之，是关于认定人生、社会究竟应该如何的一个尺度。正确的价值观必须有利于人的全面发展，有利于社会的进步，有利于人类的幸福，符合社会历史发展的必然趋势。简单地说，就是既要“善”，又要合乎必然；既合于目的，又合于规律。当然，不同的国家，不同的时代，受当时社会历史条件的制约，“善”的具体内涵有所不同。但有一点是共同的，就是有利于特定时代的人与社会的发展与幸福，符合社会历史发展规律。

因此，所谓“中国元素”中的价值观，即是作为中国文化的核心的、有着丰富内涵的“善”。例如2008年第三届“中国元素”国际创意大奖的主题诠释所强调的“‘天人合一’的中国精神与‘有容乃大，和而不同’的中国智慧”、“人与自然、人与社会和谐共处的美好景色”。

① 对话高峻：寻找失去的中国元素［EB/OL］．［2007-01-10］．http：//finance. qq. com/a/20070110/000638. htm.

② 中国元素 中国广告创意方向．［EB/OL］．［2006-10-31］．http：//www. ecchn. com/20061031ecnews3038567. html.

③ 阎文．中国元素——支撑品牌的精神文化内核——访梅高总经理高峻［J］．中国广告，2007（4）：38-40.

"中国元素"的倡导者显然也意识到了这一点。

在《对话高峻：寻找失去的中国元素》中高峻称："其实'中国元素'无处不在，关键在于有没有一种意识去吸收、挖掘这些东西。也就是说如何用中国人的理念、价值观、思想融入世界中去，其中有看得见的、也有看不见的成分。"

高峻先生还列举了正反两方面的例子说明"中国元素"之核心内容——价值观对于广告创意的重要性："外资企业实践'中国元素'早就有先例，当年万宝路请张艺谋、陈凯歌帮忙拍的几则广告都很成功。但如果外国人只是想利用中国文化、有投机成分的话，那就一定会惨败。……'中国元素'的运用也必须遵循中国人的价值观……"

也有其他学者对中国元素的概念做出进一步的解释，可资参考。如河南大学阴雅婷认为，"中国元素并非一个封闭的民族性概念，而是一个立体式概念，具有市场、理念、产品和伦理等四个层面的含义。"① 何德珍先生把中国元素概括为："被历代中国人所认同，代表中国文化精神，体现中华民族精神和民族利益的图像、符号、文化等具象物质和抽象的精神元素。"②

三、"中国元素"运动的双重价值追求

从有关文献资料来分析，中国广告界倡导和实践的"中国元素"运动有其多重目的。

1. 促进中国广告的发展，推动中国品牌走向世界

"中国元素"运动的目的之一是把中国元素与中国广告结合起来，从而推动中国广告的发展，使得中国品牌借助于中国文化精神走向世界。在这方面，高峻先生有很清楚的阐述。他在其博客中就中国品牌与"中国元素"的关系满怀期冀和自信地提出："孕育着中国文化精神的'中国元素'将会为中国品牌走向世界奠定自信，它会承担起融入世界、影响世界的时代使命。""中国的品牌如何走向世界？我想，这正是'中国元素'创意的动力与使命！"③

现代社会，文化消费在整个消费领域占有很大比重，即使是物质消费也包含了大量的精神文化性消费成分。在全球化的大背景下，一个国家的品牌竞争力在很大程度上取决于品牌的文化内涵。所以，以"中国元素"赋予品牌的文化内涵就成为构筑品牌国际竞争力的重要途径。在《对话高峻：寻找失去的中国元素》中高峻先生亦谈及对"中国元素"价值的思考："'中国元素'应该成为文化和经济的现象，而不是落到哪一个具体的点。……中国以后要走向世界，靠什么来实现？""……就像我们现在买 LV 的产品一定想到和法国的浪漫相关，我们买的是他们的文化，而不是买那个包。我们中国能卖什么？就是中国独有的文化价值。"

2. 推动中国文化的国际传播，为全球化时代的人类文化发展作贡献

当高峻先生强调"孕育着中国文化精神的'中国元素'将会为中国品牌走向世界奠定自信，它会承担起融入世界、影响世界的时代使命"的时候，还更深入一层地自觉地意识到，中国文化作为世界文化的有机构成部分，也肩负着进一步走向世界，建设人类文化的任务："'中国元素'……不可能是西方文化的简单补充润饰，不应该狭窄地定义为宣扬民族

① 阴雅婷．中国元素助力 2008 奥运广告营销［J］．今传媒，2008（5）：53-54.

② 从中国元素看中国式广告的崛起及发展策略［J］．学术论坛，2007（7）：113-116.

③ 高峻．中国元素［EB/OL］．［2007-01-10］．http：//www.boke28.com/Article/ArticleDetail_4519_12107_yes.html.

主义的旗号。……有一种不可争辩的事实，当世界经济离不开持续增长的中国经济时，世界文化也离不开中国文化。因为中国文化是人类不可或缺的重要组成部分。”这一观点是极为深刻的。这是具有使命感的中国文化人应有的境界。

在《对话高峻：寻找失去的中国元素》中，高峻先生有一个判断，这个判断是否准确是另一回事，但它在一定程度上能够说明高先生的文化观念或文化期待：“21 世纪的经线是中国文化和东方精神，纬线是西方的科学技术。”

从产业发展角度看，在世界经济文化全球化背景下，在世界范围内文化产业迅速发展以及产品文化附加值日趋受到重视的今天，中国元素或曰中国文化理应受到战略性的重视：它既是中国品牌立足世界品牌之林的重要法宝，也是全球化时代中国对世界文化作出贡献的重要方式。

四、“中国元素”运动对中国广告人提出了多方面的要求

广告界“中国元素”运动已经对中国广告业及中国广告观念产生了重要影响。同时，这场运动对中国广告人也提出了多方面的要求：

其一，全面了解中国文化，并以全球化为背景把中国文化范式在人类文化的坐标上去认识其所处位置和价值；

其二，具体掌握体现着中国文化内涵的各种“素材”，并通过这些具体的“素材”把握其中所体现的深层的价值观内容；

其三，仔细分辨中国传统文化哪些仍具有时代意义，哪些已经不具有生命力；

其四，正确判别在当今世界发展运行中，中国文化中有哪些对于人类的发展具有积极意义；

其五，具有从中华民族复兴，从整个人类共同的终极利益出发的文化责任感和胸怀。

归结为一点，优秀的中国广告人首先必须是优秀文化人，必须是有着良好文化修养和文化责任感的文化人。仅仅靠小聪明或仅具备孤立的商业意识显然是不行的。

这是中国广告人投身“中国元素”运动的先决条件。

【参考文献】

[1] 阎文．中国元素——支撑品牌的精神文化内核——访梅高总经理高峻［J］．中国广告，2007（4）．

[2] 阴雅婷．中国元素助力2008 奥运广告营销［J］．今传媒，2008（5）．

[3] 周颖．高峻和他的“中国元素”[EB/OL]．[2007-01-13]．http://cci. cuc. edu. cn/Html/Cyleader/D1/2007-1/13/20070113134456926_5. html.

[4] 对话高峻：寻找失去的中国元素[EB/OL]．[2007-01-10]．http://finance. qq. com/a/20070110/000638. htm.

[5] 中国元素 中国广告创意方向[EB/OL]．[2006-10-31]．http://www. ecchn. com/20061031ecnews3038567. html.

【作者简介】

杨立川，西北大学新闻传播学院教授。

高小燕，西北大学新闻传播学院助教。

从“广告门”事件看电影杂志的植入式广告运用策略

杨　雪

【摘　要】“广告门”事件使电影杂志的植入式广告备受关注，内容、产品、受众、环境以及植入模式的选择影响着植入式广告的效果，制定电影杂志的植入式广告需要根据目标受众选择有一定知名度的广告产品，同时要找到杂志内容和产品个性的结合点，将植入式广告纳入企业营销战略，这样才能安全有效地植入广告。

【关键词】电影杂志　植入式广告

《看电影》杂志最近的“广告门”事件闹得沸沸扬扬，原因是《越狱》的男主角米帅登上了6月的封面，影迷们因这一张封面而掀起了大范围的抵制活动。2009年6月的《看电影》杂志是第62届戛纳电影节的专题报道，而这期专刊的封面却启用了电视明星米帅。电视明星为什么能登上电影杂志的专刊封面呢？更奇怪的是，他的旁边有一辆抢眼的红色科鲁兹汽车。广告居然占据了封面，读者怒了，在各大网站贴吧等纷纷发帖抵制这期杂志。这次“广告门”事件给我们提出了一个问题：《看电影》这类电影杂志该如何安全有效地植入广告呢？

一、平面媒体中的植入式广告

植入式广告是受众不易躲避的一种广告形式，在受众无意识的状态下将广告信息灌输给受众。植入式广告不仅运用于电影和电视，还被植入到报纸、杂志等平面媒体中。

就中国目前的发展状况而言，植入式广告运作经验不很丰富，制作者的能力参差不齐造成了植入力度的不同，CTR媒介智讯对此做了三个层次的界定：①简单植入式，它是将品牌/产品标识孤立地呈现在节目中，品牌或产品特征几乎没有与节目内容发生关联，常常使用冠名、赞助、标版的形式。②整合植入式，整合植入与简单植入最大的区别就在于整合植入的品牌/产品其特性与节目气质相符，将合适的信息放到合适的平台上传递给合适的人。③焦点植入式，品牌/产品不仅是在气质上契合了节目的风格，同时也通过节目情节的展开把品牌/产品的诉求展现出来，甚至让受众深刻感知到产品的使用特点以及品牌的精神内涵。① 这三个层次植入式广告的程度由浅入深，表达效果也不同，各有其特定的市场。

平面媒体中植入式广告效果最好的是时尚杂志，时尚杂志在期刊市场占据着重要位置，不但种类最多，而且广告收入最高，2008年时尚杂志广告额占所有期刊广告总量的43.34%。② 面对时尚杂志火热的广告效应，《看电影》杂志也按捺不住加大了广告数量，模

① 中投网．浅谈植入式电视广告效果评估体系［EB/OL］．［2007-06-14］．http：//www.ztou.com/a/c3/11701.html.

② 慧典市场研究报告网．奢侈品与时尚杂志广告分析［EB/OL］．http：//www.hdcmr.com/.

仿时尚杂志制作了大量植入式广告。有人对《看电影》2009 年 6 月上做过统计，159 页的杂志有 31 页的广告，比例高达 20%，远远领先于同类杂志。这次“广告门”事件说明简单套用时尚媒体的惯用作法是行不通的。

二、影响植入式广告效果的因素

全球广告业都追求广告效果，约翰·华纳梅克早在 19 世纪就曾发出感慨：“我知道我的广告费有一半是浪费了，可问题是我不知道哪一半被浪费了。”现代广告主在感慨之余，还要求精确计算广告回报率，用科学的方法测定广告效果，植入式广告也不例外。从目前的研究来看，影响平面媒体植入式广告效果的因素主要有以下五个方面（见图 1）：

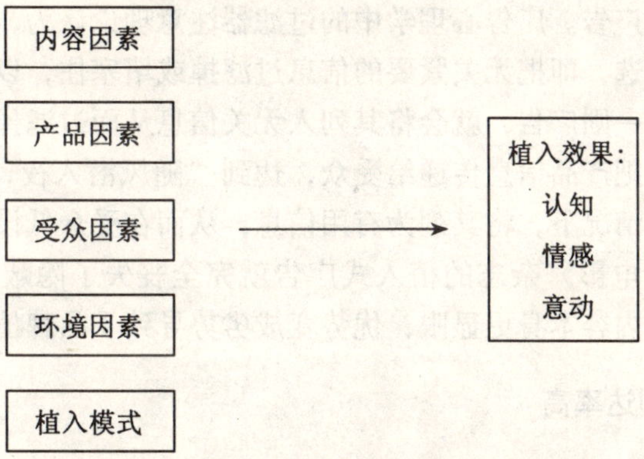

图 1 影响平面媒体植入式广告效果的因素

（1）内容因素包括平面媒体的制作力量、发行量、对受众的吸引力以及媒体本身的知名度等。在电影杂志中，《看电影》高质量清晰图片和以电影专题策划见长，尤其是生猛的电影评论深受读者喜爱；《电影世界》则以策划性强见长，对选题各个方位尽可能做最全面的报道，效果也较出色。

（2）产品因素指该产品或品牌原有的知名度、品牌特征以及企业的信誉度。不同类别的产品由于品牌差异性和购买卷入度不同，会导致消费者品牌搜索、信息加工、购买意向以及品牌态度等行为的差异。

（3）受众因素指受众对该平面媒体的关注程度、对广告植入的态度、对产品品牌的熟悉度以及受众的个体差异等。比如时尚杂志和电影杂志的受众不同，电影杂志的受众比较小众，偏向文艺青年范儿。

（4）环境因素包括平面媒体自身的报道和宣传以及植入企业的相关促销宣传活动等。

（5）植入模式的选择，主要有内容与产品、品牌的关联度，植入时间、频率以及植入深度等。也就是简单植入式、整合植入式以及焦点植入式这三种模式。

植入式广告效果的具体评估也是从“认知”、“情感”、“意动”这三个层面认定。认知指受众对品牌植入的识别和回忆，情感指品牌植入与设定的情景之间的关联性以及受众对品牌的描绘和认同感，意动指受众的购买意图或者购买行为。

三、电影杂志植入式广告的优劣势分析

植入式广告可以借助植入情节对受众情感的吸引来实现广告效果，但如果操作不当，与

受众的生活经验不一致，使受众意识到是广告行为而打破其本身对杂志内容的欣赏，就会影响广告效果。如《看电影》杂志的“广告门”事件，有关欧莱雅赞助的戛纳电影节策划特刊，化妆师背上的LOGO大过了女明星的脸；长达6页的“跑出风范特别报道”，在ADIDAS担任主角的篇幅中零散地插播着一些电影名字和海报①。这种拙劣的植入式广告使读者感到上当受骗，发出“抵制令”，导致了品牌植入的失败。所以，任何一种广告形式都有其优势和劣势，植入式广告也不例外。

电影杂志植入式广告的优势：

1. 隐蔽性

隐蔽性是植入式广告最大的优势。如今我们接触的传统广告大多是打断式模式，在报纸杂志等媒体上赤裸裸地布满了广告。作为不速之客的广告很容易引起人们的反感，受众经常会通过跳阅等手段躲避广告。广告心理学中的过滤器注意理论认为，有机体对于外界来的各种各样的刺激进行着筛选，即把无关紧要的信息过滤掉或堵塞住，以免大脑负担过重。② 如果受众直接感受到这是一则广告，就会将其列入无关信息从而过滤掉。而植入式广告采取的是一种迂回间接的方式把产品信息传递给受众，达到“随风潜入夜，润物细无声”的效果，此时受众会在不经意的情况下，将其列为有用信息，从而在受众低设防的状态下，达到预期的广告效果。这期《看电影》杂志的植入式广告就完全丧失了隐蔽性，产品的LOGO大过明星的脸，广告比杂志内容本身更显眼，优势变成劣势导致了品牌植入的失败。

2. 强制性接收，到达率高

在植入式广告中，产品是杂志栏目中不可缺少的一部分，或作为道具被植入，或作为主角贯穿始终，读者在阅读杂志的同时，必然会看到这些广告信息，因此杂志的植入式广告具有强制性接收的特点。由于植入式广告本身具有隐蔽性，在强制性让受众接受的状态下，受众不设防地接收广告信息，无从躲闪，最终能够达到较高的到达率。

3. 形成共赢局面

合适的植入式广告会形成广告主、消费者和媒介三赢的局面。企业可以完成销售目标，达到广告效果，也不用烦恼自己的另一半广告费花到哪里去了；消费者可以欣赏到质量更高、印刷更加精美的杂志；而媒介可以得到资助，做出更深入的报道贡献给读者。合适的植入式广告并不会让读者感到反感，相反，他们会产生信赖感从中寻找自己需要的广告信息。

电影杂志植入式广告的劣势：

（1）可植入产品范围相对狭窄，发挥空间小

电影杂志的读者是以学生为主的文艺青年，年纪尚轻，消费能力有限，受众范围相对狭窄；电影杂志是和电影共生存的媒体，杂志的植入式广告是和电影以及电影中的植入式广告息息相关的，这就限制了植入品牌的范围。此外，植入式广告有时受创意、制作以及平面媒体本身的限制，使得产品在栏目中的出现十分的突兀，毫无技巧性可言。所以，广告发挥的空间小是植入式广告的一个致命伤。

（2）广告“隐蔽”的尺度难以把握

植入式广告最大的优势在于隐蔽性，把产品信息隐藏在杂志中向受众传递，使受众不知不觉地接受广告信息，间接影响消费者。但是“隐”的尺度却难以把握，如果产品信息过

---

① 甘蓝．电影杂志如何“安全”植入广告［J］．现代广告，2009（7）．

② http：//www.360edu.net/html/crgk/crgkzktk/2006-7/29/09_01_42_548.html［EB/OL］．

于隐晦，广告刺激在受众隔阂之下，那受众就感觉不到产品信息的存在，从而忽略广告信息；而如果广告信息过于明显，会让受众觉得他在花钱看广告，从而引起受众的极度反感。比如《看电影》杂志曾有卡西欧手表的植入式广告，将此表植入到《生死时速》、《谍中谍》等热门电影介绍中。按说这是个不错的想法，这些电影都是急速电影，植入的核心就是"卡西欧 G-shock 系列——急速电影男主角必备名表"，可是如此明显的题目配上该表的实物照片放在正中心，读者就反感了，如此赤裸裸的广告，哪里有隐蔽性呢？

(3) 广告效果很难控制

植入式广告和传统显性广告的信息承载主体不同。面对传统广告，受众的焦点在于广告创意与产品，而由于植入式广告的隐蔽性，受众关注的更多是栏目内容，这就造成直接和间接这两种不同的品牌诉求方式。广告是服务于品牌的，而杂志栏目却不是，它有自己要达到的发行量，广告的植入与节目的利益最终可能由于利益驱动点的不同而造成创意方式、表现方式等都呈现不同的强度，从而造成受众注意力被杂志瓜分。如今有关平面媒体的植入式广告缺乏一套完整科学的效果评估系统，这不仅关系广告主是否会选择这样的传播手段，同时也决定植入式广告交易的价值体系。但目前这一领域的效果评估几乎还处在一个空白阶段，还没有一套统一的效果评估标准。

四、电影杂志的植入式广告运用策略

1. 根据目标受众选择广告产品

植入式广告是在"点"上进行操作的广告形式，这个"点"上的受众特征和目标消费者是否吻合应该是在植入之前的研究重点。也就是说，我们在选择电影杂志做植入式广告载体的时候，要根据该杂志的目标受众来判断是否和广告产品的目标消费者一致。比如《DVD 银幕内外》杂志的目标受众非常明确，从大银幕分流出去的 DVD 发烧友希望能够通过杂志了解更多的电影 DVD 信息，于是广告主投放音响设备、DV 录像机、照相机和手机广告等，恰好做到了目标受众与目标消费者的吻合。而《看电影》杂志的"广告门"事件，归根结底就是目标受众与目标消费者的不一致。冰冻三尺非一日之寒，从 2007 年连续 12 页肯德基广告到今天的科鲁兹汽车广告，拥有不同目标消费者的广告却投放在同一本杂志上。电影杂志的目标受众一般是以学生为主的文艺青年，汽车等高消费品不在其消费范围之内，这样的植入式广告即使再隐蔽也不会有良好的广告效果。国外的同类杂志抓住服装、食品等日常生活消费品为目标客户群，取得了良好的效果，广告主们相信为自己商品代言的明星，能够对看这些杂志的追星族们起到刺激消费的作用。

2. 植入的产品要有一定的知名度

从现有的经验来看，并非所有的产品都适合植入，只有那些知名度高的产品和处在市场成长期或成熟期的产品，使用植入式广告才会有明显效果。受众在阅读杂志时，重点放在杂志内容上，对于广告仅仅是一掠而过，并不会意识到广告的存在。在很短的时间内，一个人只能想起 1～3 个品牌，而受众对于没有知名度的品牌是不会到大脑深处去挖掘自己是否对此品牌有印象，更不会去主动记忆没有知名度的品牌，① 所以最终能够在受众头脑中浮现的产品品牌是那些具有一定知名度的产品。这些产品通过植入式广告加深印象，提高在受众心中的排序，巩固品牌在消费者心中的地位。如《瑞丽服饰美容》在教读者如何画夏日眼妆

① 周颖．中国植入式广告定位研究［D］．长春：吉林大学，2008.

时，植入的产品是有较高知名度的 Chanel 彩妆，加强了受众对该品牌的记忆；但如果植入的是一个不知名的品牌，读者可能就只顾着看化妆技巧而忽略了这个不知名的品牌。因此，植入的品牌或产品应该具有一定的知名度才能达到好的效果。

植入的产品除了应该具有一定的知名度外，还应该具备个性化差异。传统广告可以整版都是产品图片和 LOGO，而植入式广告不同，其特点就在隐蔽性，它不能像传统广告一样把产品作为主角频繁出现，要让读者记住它，植入的产品就必须具备差异化的视觉形象，并与同类产品区别开。比如个性化的色彩和个性化的外形等都可以帮助读者在第一眼就能将其与同类产品区别开来。

3. 找到杂志内容和产品个性的结合点

植入式广告的最高境界是将广告自然植入，将产品特性和杂志内容结合起来，二者和谐共存。这也是 CTR 媒介智讯对植入式广告做的第三层次的界定，即焦点植入式，品牌或产品不仅是在气质上要契合杂志的风格，同时也通过情节的展开把品牌或产品的诉求展现出来，使受众深刻感知到产品的使用特点和品牌的精神内涵。这需要产品与情节恰到好处的融合，产品通过情节树立和强化其品牌形象，杂志能通过情节的设置和产品个性体现自己的风格。尽管这一层次的操作对于电影杂志而言还需要长期摸索，但是可以预见的是，这种植入方式的广告不仅能让读者自然而然的接受，而且能够达到更长久深刻的影响。

4. 把植入式广告纳入企业营销战略

广告只有反复投放才能对消费者的心理产生影响，所以，要达到理想效果，与受众建立良好关系，仅靠几次植入式广告的投放是无法实现的。由于产品的知名度在一定程度上影响受众对植入式广告的关注度，受众往往能回忆起来的是那些具有一定知名度的产品或品牌，这就要求企业通过传统显性广告提高知名度，通过植入式广告吸引消费者的注意和加强记忆。在设计植入式广告方案时，一定要增强其连续性和互动性，而且要注意与企业的营销计划相配合，突破只单纯植入广告的做法，与传统广告、线下促销活动等相结合，将植入式广告纳入企业的整体营销传播战略中。

【参考文献】

[1] 莫梅锋，刘潆檑．论基于植入原理的广告融入创新模式［J］．中国广告，2009（6）．

[2] 叶欣，王文轩．植入式广告运作策略的思考［J］．媒介研究，2006（8）．

[3] 薛敏芝．植入式广告的国际运营及国内发展趋势［J］．中国广告，2007（9）．

[4] 中国传媒大学广告主研究所．新豪门盛宴——广告主电影广告运作研究报告．广告主研究，2007（3）．

[5] 李宁．电影类杂志新洗牌［EB/OL］．http：//www. ewen. cc/jiaocai/bkview. asp？bkid=75953&cid=174455.

【作者简介】

杨雪，武汉大学新闻与传播学院广告系、媒体发展研究中心 2008 级博士生。

影视中植入式广告解读

韩虎山　董保堂

【摘　要】在消费细分化、注意力稀缺化的形势下，植入式广告呈现出巨大挖掘潜力和强传播效果，成为广告主进行产品和品牌推广的薪新途径。在影视中，植入广告可归结为“一种效果”、“两种表现”、“三种类型”。但无论影视中植入广告何种表现方式，呈现出何种植入类型，其目的都是在满足现代人的审美需求下，强化商品品牌，让观众在“随风潜入夜，润物细无声”中引起注意和记忆，达到影视作品和广告利益的双赢，取得市场效益和社会效益的双丰收。

【关键词】植入式广告　效果　表现　类型

研究背景

现代社会是一个广告信息化的社会。在同质化产品竞争日益激烈的广告促销战中，消费者因长期受传统显性广告的刺激，难免在心理上对广告信息产生抵触，导致注意力成为稀缺资源。面对媒体市场化，为了最大限度吸引消费者的“眼球”，广告主也是费尽苦心，其有意识避开传统显性广告发展的局限，采取广告与影视媒介联姻的更隐性方式来进行产品广告的宣传。国产影视中以《编辑部的故事》成功植入百龙矿泉壶为开端，经过《天下无贼》、《疯狂的石头》、《疯狂赛车》、《高兴》、《夜店》等影视广告植入的高潮，植入式广告的应用折射出一种全新广告模式的冲击力。我们正从一个营销沟通的“打扰”时代进入一个“植入”时代。①

植入式广告（product placement）是指有目的地将产品和品牌植入电视节目、电影、音乐、小说和游戏等娱乐内容中的一种广告手法②，植入侧重于利用创意表现巧妙地与作品糅合，使之成为作品不可或缺的构成部分，通过场景的再现，让观众对其产品及品牌留下印象，从而达到传播品牌相关信息和形象的目的。可见，植入式广告在作品中已呈现出艺术性，成为作品生活化展现的重要构成元素。植入式广告与传媒载体相融合，共同构建受众现实生活或理想情境一部分，将商品或服务信息以非广告的表现方法，在受众无意识的状态下，悄无声息地灌输给受众。③

在消费细分化、注意力稀缺化的形势下，植入式广告呈现出巨大挖掘潜力和强传播效果，植入广告可归结为“一种效果”、“两种表现”、“三种类型”，成为广告主进行产品和品牌推广的崭新途径，难怪美国全球品牌内容营销协会分会主席辛迪·开来普斯说：“我们

---

① 薛敏芝．经济全球化时代的植入式广告［J］．中国广告，2005（6）．

② ［日］仁科贞文，田中洋，丸冈吉人著．广告心理［M］．北京：外语教学与研究出版社，2008：241．

③ 顾燕飞．随风潜入夜 润物细无声 大隐之道：植入式广告研究［M］．上海：上海师范大学，2007：8-9．

正从一个营销沟通的打扰时代进入到一个植入的时代。”①

一种效果：随风潜入夜 润物细无声

植入式广告的运用一般是根据情节安排需要，以品牌视觉符号或商品本身作为影视作品的道具、对白或场景直接嵌入在影片中，以闪现间隔方式进行传播。嵌入决定了品牌广告与作品的不可分割性，闪现间隔方式决定了植入式广告传递着非常有限的信息。因此植入式广告侧重于品牌形象宣传，在品牌知名度基础上进行提示，强化消费者对品牌的认知、态度和行为，增进品牌对消费者的持续影响。可见在影视中，因受作品本身的时间因素和情节因素限制影响，植入式广告中“产品的植入”将逐渐演变为“品牌的植入”，这也符合了当今大众消费的符号化趋势。

植入式广告在承担作品叙事的基础上传播着广告信息，与影视作品融为一体共同构成了受众对作品的真实感受。植入式广告隐藏于载体并和载体融为一体，同时将广告信息用非广告的表现方法精心编码，使受众在无意识的状态下，在一种绝佳的信息接收环境中，感受到商品和品牌信息，从而接受了广告信息的刺激。由于受众在非对抗状态下接受广告，所以这种广告效果是普通广告达不到的。②

总而言之，植入式广告是在符合剧情和服务于情节人物的前提下，巧妙性地将商品广告融入影视作品中，注重对品牌提示宣传来潜移默化的渗透，培养了受众的“消费共同意识”；传播上运用在受众无意识的状态下，将商品或品牌信息不知不觉展现给受众，进而达到广告主所期望的传播目标③，有效实现植入式广告的“软着陆”。可见，植入式广告对消费者心理产生的是“随风潜入夜，润物细无声”的长期潜在性效果，在影视角度上追求的是广告效果与受众欣赏享受的高度统一。

两种表现：声音与图像的艺术

植入式广告要成功融入影视作品中，就必须依据故事情节将商品品牌元素隐蔽性地自然展现给受众。故事情节决定了植入的商品品牌必须能够贴近节目，商品品牌价值观能与节目诉求的价值观保持一致，即植入商品品牌与影视节目要高度关联。在影视中，植入式广告通常是借用声音和图像两种表现方式来进行成功整合性植入以推动故事情节发展的。

声音：别有深情一万重

声音是影视中不可缺少的组成部分，由人声、音乐和音响三部分组成。影视中商品植入利用声音常见的是对白式植入和广告语音乐植入，并总是与画面紧密地配合在一起。在特定的情境中，声音能更准确地传达产品服务、品牌形象、生活理念等信息。

在影视《高兴》中，刘高兴为留住一双皮鞋请同村兄弟五福吃饭，饭馆两位伙计通过快板说唱向他们详细推介了西安的饮食特色：“牛羊肉泡馍是咱西安的经典传统。要想吃得好，那可讲究的繂耸（zeng song）！馍要自己掰，还要配得上辣子酱和糖蒜。料重味浓肉烂汤浓，还有暖胃功能。早饭要吃鸡蛋饼、胡辣汤跟豆腐脑，再来一个油饼，两个菜盒，三根油条；中午吃饭咱可一定要吃饱，点火锅到竹园，或者海底捞；晚饭可以去东新街桥梓口吃个夜市，几十块钱一掏，花样那可真不少。千万别忘了，烤肉烤鱼腰花涮肚，什么虾尾田螺口条，耳朵也要放开冷嚼。美美的吃，你就美美的吃，陕西美食真是嘹杂咧！舒服！过瘾！简直忒得很！……”影视《高兴》中的对白呈现的是西安特有乡土味、人情味，亲切感拉

---

① 中国策划研究院网．旅游景区的植入式广告［EB/OL］．http://www.dacehua.cn/shownews.asp?id=94447660.

② 张斌．论植入式广告的运用策略［J］．现代视听，2008（9）．

③ 苏颜军．浅析影视作品中的“隐形广告”现象［J］．中国科技信息，2008（18）．

近了受众的注意，使西安城市品牌含蓄、潜在的在受众间提升并传播开来，发挥出“别有深情一万重”。

图像：此时无声胜有声

“图像，亦即呈现在电视屏幕上的反映，它们是现实生活中具体的、动态的景物的形状和颜色的影像”。① 商品品牌元素被植入影视中，逼真生动，使得受众在陶醉于影视的同时易于在心理上接受商品，可见，影视中商品图像借视觉形式表达的形象性易于形成冲击力，有利于说服为目的的传播。

在影视中，常见的品牌图像植入有置景道具植入、情节式植入、场景式植入和拍摄地植入，表现植入商品图像视觉形象的最佳手法是特写镜头描述。如《疯狂的石头》中，当借用的面包车前窗玻璃被可口可乐易拉罐砸碎时，包哥手拿可口可乐的惊诧表情特写（图1）；《疯狂的赛车》中，墓地推介商利用“空中网”来表明“土地奇缺、地产急涨”的形势特写。这些植入商品在影视中特写时，其品牌元素在屏幕出现往往会超过一秒钟，短暂特写闪现会引起受众的注意和记忆，真正达到“此时无声胜有声”（图2）。

图1 《疯狂的石头》中可口可乐的植入广告

图2 《疯狂的赛车》中空中网的植入广告

在影视中，商品品牌往往是声音和图像兼备植入，这远远比单纯的声音或图像植入更易于被观众辨认和记忆。为了最大限度发挥植入广告在影视中的效用，必须寻求产品形象与节目品牌的相融性，正确精确驾驭声音和图像的表现，使商品品牌和节目品牌进行有机结合、和谐共存。

三种类型：“红”“笑”“山”

植入式广告跳出直白诉求的模式，以更加灵活形式将品牌元素嵌入在影视夸张、难忘的故事情节中。在受众愉悦享受影视的快感中，利用明星效应，争取认同和好感。商品品牌要素与影视情节有机结合、融为一体，在影视中植入呈现出“接天莲叶无穷碧，映日荷花别样红”、“粉面含春威不漏，丹唇未启笑先闻”、“不知庐山真面目，只缘身在此山中”三种类型。

类型一：接天莲叶无穷碧　映日荷花别样红

影视中无论置景道具植入、情节式植入还是场景式植入，都会在众多广告布置中对特别品牌进行一两个镜头特写标示或选择特定品牌本身来引发戏剧性，使得观众关注影视的焦点集中于品牌上，达到“接天莲叶无穷碧，映日荷花别样红”。

Law 和 Braun（2000）的研究表明，观众通常对植入在影视作品中的广告品牌能够更好

① 张金海，姚曦．广告学教程［M］．上海：上海人民出版社，2003：186.

地辨认和记忆。在电影中较为凸显的植入品牌比那些微妙植入的广告品牌更易于被辨认和记忆。① 影视《疯狂的赛车》中就是将斯柯达汽车作为道具进行植入的，在故事始终对斯柯达汽车进行反复的特写展示，尤其是在赛车场外围相对开放的边缘位置的特写更有利于加强消费者对品牌的认知和记忆（图3）。《夜店》中汪汪超市本身就是一个广告的聚集场所，轮胎在洗手间门口看护唐晓莲时，顺手把货架上的杜蕾斯安全套塞进了口袋的“小偷”举止无非成为焦点（图4）。斯柯达汽车和杜蕾斯安全套的运用就是成功将商品自身与影视内容建立相关性，从“接天莲叶”特写“映日荷花”的“红”，在消费者沉醉于影视带来的愉悦中潜在的实现了产品、品牌与消费者的互动，成功塑造提升了品牌形象。

图3 《疯狂的赛车》中斯柯达汽车植入广告

图4 《夜店》中杜蕾斯安全套植入广告

类型二：粉面含春威不漏　丹唇未启笑先闻

在影视中，声音是传达商品信息的有效方式，但是其必须在一定的语境中进行。语境就是言语交际的环境，它是由一系列同言语交际密切相关的主客观因素构成的。② 影视中的主人公在特定情境下能通过对白很自然地将特定信息进行了传达。这种情形下，主人公在传达品牌信息时并不能透过表情、手势等对信息内容作提前泄露，只能通过语言对白进行，即所谓的“粉面含春威不漏，丹唇未启笑先闻”。

《高兴》中造好飞机后，刘高兴与五福庆功时说“要好酒，西凤酒”，点破陕西人喜欢喝的好酒是西凤酒（图5）；《疯狂的石头》中包哥“捡个烟屁股我也捡不出个红塔山”，一语道破其现有消费水平和烟类产品嗜好红塔山（图6）；《夜店》中何三水去汪汪超市要账，与营业员唐晓莲有一段买烟的对白，受众透过买烟插曲可以得知最便宜的白沙烟价格是4.5元。对白中的品牌植入是有备而来的，目的是借明星演员是“意见领袖”代表的身份，在“粉面威颜”下借用“笑”来传达品牌，影响周围受众群体的选择行为，这也符合了现代人根据他人的眼光、社会的眼光来决定自我需求的心理。

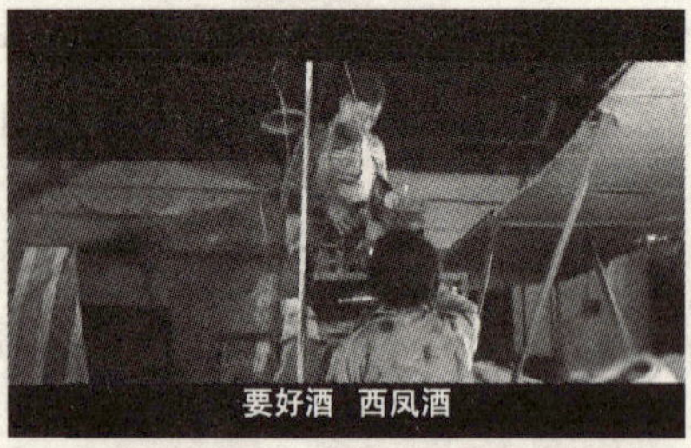

图5 《高兴》中西凤酒植入广告

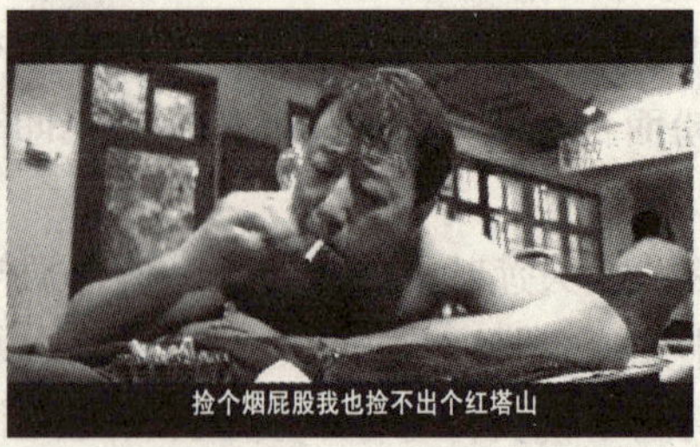

图6 《疯狂的石头》中红塔山植入广告

---

① 王秀丽，韩纲等．植入式广告对观众品牌认知、记忆和购买意向的影响——关于真人秀节目〈改头换面：家庭版〉的实证研究［J］．广告研究，2009（1）．

② 袁剑苹，关煜．西方影视对白中的语境诸因素分析［J］．湖北大学成人教育学院学报，2001（5）．

类型三：不知庐山真面目　只缘身在此山中

影视中，植入式广告还能以原有场景或新置场景为故事情节开展的主线，灵活地将某些产品特性和诉求点融入整个剧情中来推动整个故事情节发展，尽量做到“隐而不露，露而不暴”①，使得受众在欣赏完影视作品之时才意识到其在欣赏的是品牌盛宴，真正实现“不知庐山真面目，只缘身在此山中”。

《疯狂的赛车》中由Kappa、斯柯达、空中网等围成的自行车赛车道（图7），《夜店》中由伊利牛奶、青岛啤酒、康师傅、好丽派等巧布的汪汪超市（图8），这些显性广告组成的场景虽迷惑着受众的眼睛，但其品牌在剧情中的完美植入形式和高契合程度会强化受众的记忆，有利于说服引导观众的行为；而《高兴》则是西安城市的隐性广告宣传，其彻底打破了城市形象宣传在风格和表现手法上的千篇一律“橱窗式”的陈述，而是以一个乡村人对西安、陕西感受为线索，在浓郁陕北风格的主题音乐中，将西安的自然、人文、传统和现代特色融入其中，突出西安是一座现代与传统融合完美、生活氛围浓郁的城市，是一座富有激情和创新精神的城市，是一座生活环境滋润、舒适的城市，是一座人能在这里寻找到人生快乐的城市，让受众在故事情节的“山”中去感受、认识西安的“真面目”。

图7 《疯狂的赛车》中Kappa和斯柯达植入广告

图8 《夜店》中青岛啤酒和伊利牛奶植入广告

结语

在商品同质化、注意力稀缺的巨大压力下，借助影视来植入广告进行产品营销能达到商品品牌与影视内容的最大化整合，是广告主的智慧性选择。影视中的商品广告植入宣传，使得广告产品已经不再是一个简单生产和消费的问题，而变成了一种社会对话的语言。② 影视媒介负载的信息，通过口口相传，不断强化升级，不断延伸扩展，形成一种笼罩在受众周围的文化，长久地发生作用。在影视中，无论植入广告何种表现方式，呈现出何种植入类型，其目的都是在满足现代人的审美需求下，强化商品品牌，让观众在“随风潜入夜，润物细无声”中引起注意和记忆，达到影视作品和广告利益的双赢，取得市场效益和社会效益的双丰收。

【参考文献】

[1] 薛敏芝．经济全球化时代的植入式广告［J］．中国广告，2005（6）．

[2] ［日］仁科贞文，田中洋，丸冈吉人．广告心理［M］．北京：外语教学与研究出版社，2008．

[3] 顾燕飞．随风潜入夜 润物细无声 大隐之道：植入式广告研究［M］．上海：上海师范

① 陈相雨，杨杰．电影隐性广告效果优化的途径［J］．商场现代化，2008（2）．

② 任拯廷．浅议植入式广告［J］．今传媒，2006（4）．

大学出版社，2007.
[4] 张斌．论植入式广告的运用策略［J］．现代视听，2008（9）．
[5] 苏颜军．浅析影视作品中的“隐形广告”现象［J］．中国科技信息，2008（18）．
[6] 张金海，姚曦．广告学教程［M］．上海：上海人民出版社，2003.
[7] 王秀丽，韩纲等．植入式广告对观众品牌认知、记忆和购买意向的影响——关于真人秀节目〈改头换面：家庭版〉的实证研究［J］．广告研究，2009（1）．
[8] 袁剑革，关煜．西方影视对白中的语境诸因素分析［J］．湖北大学成人教育学院学报，2001（5）．
[9] 陈相雨，杨杰．电影隐性广告效果优化的途径［J］．商场现代化，2008（2）．
[10] 任拯廷．浅议植入式广告［J］．今传媒，2006（4）．
[11] 中国策划研究院网．旅游景区的植入式广告［EB/OL］．http：//www.dacehua.cn/shownews.asp? id=94447660.

【作者简介】

韩虎山，山西财经大学文化传播学院副院长。

董保堂，安徽师范大学2008级传播学硕士研究生。

论广告文字元素对消费者心理的影响

袁筱蓉　涂小璇

【摘　要】本文旨在通过分析视觉传达元素之一：文字元素，并且将它与平面广告设计相结合起来，进而研究在平面广告运用中对消费者心理的影响。通过对视觉传达元素的研究，寻找其对平面广告设计的效果有促进作用的地方，可以使我们在今后的广告设计中更好地发挥视觉传达元素的特点与优势，使广告更具影响力。

【关键词】文字　平面广告　消费者

一、视觉传达

1. 视觉传达的历史与发展

早在19世纪中叶的欧美，就已经有了美术、平面设计，但是由于当时科技、文化的限制，设计范围并不广泛。随着科技的进步，各种媒介应运而生，为视觉传达的演变奠定了基础。

视觉传达设计这一术语流行于1960年在日本东京举行的世界设计大会，内容包括：报纸杂志、招贴海报及其他印刷宣传物的设计，还有电影、电视、电子广告牌等传播媒体，把有关内容传达给眼睛从而进行造型的表现性设计统称为视觉传达设计电影海报，简而言之，视觉传达设计是“给人看的设计，告知的设计”。①

2. 视觉传达所涵盖的内容与元素

视觉传达是指利用视觉符号来传递各种信息。当中有信息的发送者、传达者和接受者。视觉传达可以分开为两个方面来理解，一是“视觉符号”，二是“传达”。

视觉符号指的是人类眼睛所看到的带有一定性质的事物。传达是指信息发送者利用符号向接受者传递信息的过程，它可以是个体内的传达，也可以是个体之间的传达，如所有的生物之间、人与自然、人与环境以及人体内的信息传达等。符号大师皮尔斯曾说过：“符号是我们通过对它的认识所知道更多东西的某种东西。”由此可知，符号其实也是一种媒介，人类通过符号可以表达出自己内心的思想及情感，通过符号达到交流的目的。

文字、图形、色彩都是视觉传达的基础要素，视觉传达主要是通过这些要素的组合传达给受众。本文着重以文字元素作为论点，探究文字在平面广告中的地位，剖析文字对消费者会产生什么样的心理影响。

二、文字在平面广告创意中的应用

也许很多人认为一幅广告当中，最重要的是图画，而文字出现在整幅广告的画面上只是

---

① http://baike.baidu.com/view/386896.htm［EB/OL］.

起到了一个构图好看的作用。大多数人对文字在平面广告中的理解，无非就是将文字理解成为只是一套书写语言而已，能有很多种书写字体，这便是文字在平面广告设计中最大的价值。然而这样的认识是个误区，文字不仅可以起到平衡构图的作用，而且还可以对广告内容进行提炼，使所传达的信息得以升华。

形美以悦目，意美以感心。广告画面是形，制作得再美，也只是让我们的眼睛得到审美上的享受，而文字则可以传情达意，无需太多笔墨，有时只有一个字就可以囊括画面中所要表达的意思。如图 1：此广告的画面并没有太多的元素，仅一个文字，却表达着深厚的意思。这是一则提倡环保的公益广告，利用形近字的特点，将创意的主题思想：选择活还是污染，集合在一个文字当中。“活”与“污”二字笔画上的接近，加之黑白两色的适当转换将二者巧妙地结合在一起，虽合二为一，却依然代表着不同的思想，将此字看成是“活”还是“污”这对受众来说是一道视觉上的选择题，而选择存活还是污染环境对每一个人而言则是一道人生的选择题。

图 1　公益广告“污”

如图 2：广告创意仍然采用形近字作为创意来源。作为一则提倡教育的公益广告，它并不是长篇大论的说教，或者是出现以往我们所常见的学校、课桌、书本等一系列与教育有关的场景或物品，而是仅仅以两个字作为主体，利用“盲”和“育”二字字形相近的特点，巧妙地将二字之间细微的差异与广告所要传达的意思结合起来。《说文解字》称：“盲”者白黑不分。“育，养子使作善也。”只此一点便成为蒙昧与教化的分野，同时也揭示出不育则盲，不盲则育的道理，将我国的教育政策通过增减之间的一点表现得淋漓尽致。“盲”字和“育”字虽然字形相近，但是字义却是南辕北辙，而广告所要表达的意思也的确是要说明之所以会出现文盲，关键就在于有没有接受教育，这是关键的一点也是重要的一点，而往往就是一点，却发生着天壤之别。

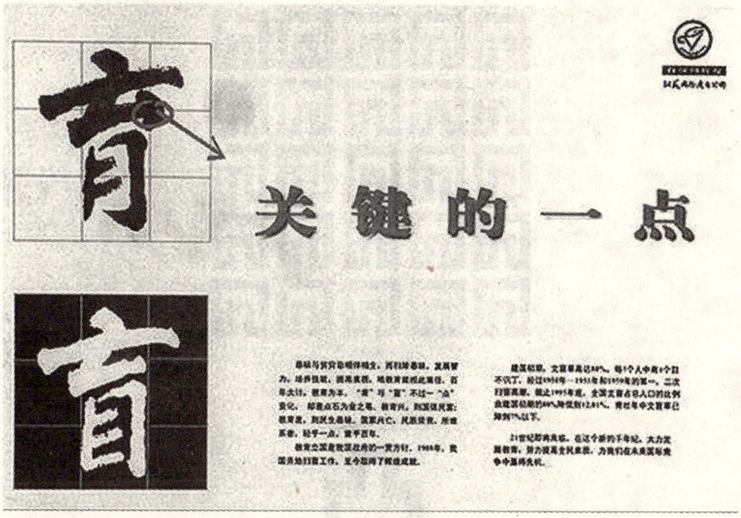

图2 公益广告“提倡教育”

文字不单是一个辅助工具，现在不少的广告都拿文字来作为创意点，既有形又有意，悦目赏心，令人眼前一亮，拍案叫绝。如图3：单从图像上而言，广告画面并没有提供太多的元素，画面简洁，没有过多的创新点，但是广告语却颇能让人玩味。“反正自有风格”的“反正”二字可以让人有多重的理解：①将“反”和“正”分开理解，说明手机的反面和正面都有自己的特性，强调的是产品本身的特质；②将“反正”当成是一个词来理解，“反正”表示无论如何、肯定的语气。现代的年轻人更崇尚个性，喜欢与众不同，“反正自有风格”贴近了年轻人的思想，迎合了年轻消费者的需求。

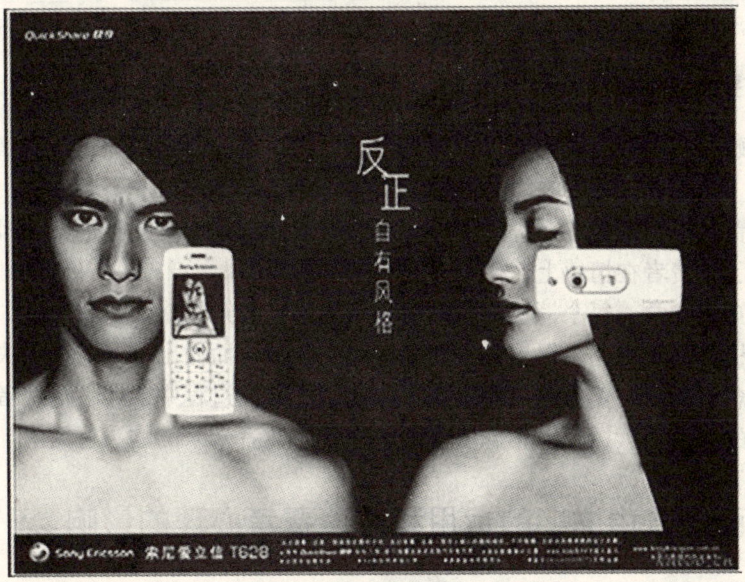

图3 广告“反正自有风格”

如图4：这是一则宣传预防艾滋病的公益广告。但凡此类题材的广告，都会涉及一个内容，那就是性，如何将这类广告制作得不露骨但又起到警示、教育的意义，的确得费尽思量。然而这则广告却能非常巧妙地运用文字，将平常难以启齿、难登大雅之堂的有关性方面的内容，通过“凹”与“凸”二字的巧妙对比，很委婉很含蓄地表达出来，让人不禁会心一笑，感叹文字的魅力。

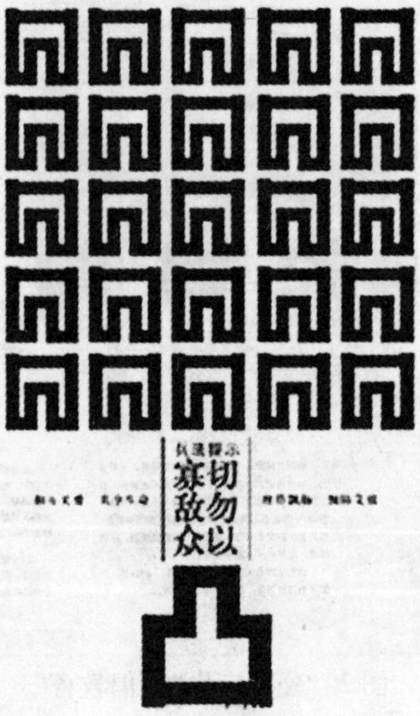

图4　公益广告“宣传预防艾滋病”

三、消费者心理

1. 消费者心理

消费者心理，是指消费者在购买和消费商品过程中的心理活动。一般是：先接触商品，引起注意；然后经过了解和比较，产生兴趣和偏爱，出现购买欲望；条件成熟，做出购买决定；买回商品，通过使用，形成实际感受，考虑今后是否再次购买。①

2. 影响消费者购买决策的心理因素

消费者在购买和消费商品的过程中，除了受个人因素的影响之外，还受诸多心理因素的影响。

首先是消费动机，消费者在进行消费活动的时候，总是受到一定消费动机的影响，这种消费动机反映了消费者在情感上、生理上和心理上的需要。

其次是感知和知觉，每个消费者在面对商品的感知和知觉是不尽相同的，即使他们有着相同的消费动机，消费者还会根据各自感知和知觉的不同而做出不同的消费决策。

再次是信念和态度，这是在消费者购买和使用商品的过程中或者在消费者购买和使用商品之后所形成的心理因素，信念和态度将会影响着消费者未来的购买行为。

四、平面广告中文字的运用和对消费者心理的影响

1. 以形美目

“形”即形状、形式，它直接诉诸人的视觉，受众通过所看从而有所想。形是设计的基础，正如鲁道夫·阿恩海姆所言：“没有一个知觉样式是只为它自身而存在的某种东西……所有的形状都应该是有内容的样式。”文字亦如此，在平面广告中，文字不单是陪衬者，更

① http://baike.baidu.com/view/1017519.htm [EB/OL].

能成为主体，如果将文字本身形状作为创意点，那么便可以把无形之意融入有形之象中。

如图5：是一幅提倡爱护环境，爱护水资源的公益广告，利用“水”与“木”二字书写结构上的相似，巧妙地将“水”与“木”二字结合起来，刚劲有力但是却又笔墨将竭，让人看着不觉心中一重，“水”若枯，“木”将朽，也只有文字才能将丰富的含义蕴藏在一个字当中。

图5 公益广告“水”

如图6：这则宣传保护水资源的公益广告的画面中，用字帖的方式代替了以往我们所常见的山、水、树、木等与水息息相关的景致，引出一个话题：没有水这个世界会怎么样？无水为患，猪羊无、鱼龙光、山木干黄、吾世末日，是为患。简简单单的画面，普普通通的元素，却让人看起来是那么的触目惊心，文字给人的感觉不仅仅是停留在表面上，受众可以透过文字的本身看到更多的内容，猪羊无、鱼龙光、山木干黄将是什么样的景象？作品留给受众更多的想象，更多的反省，让每一位受众真正的用心去体会。

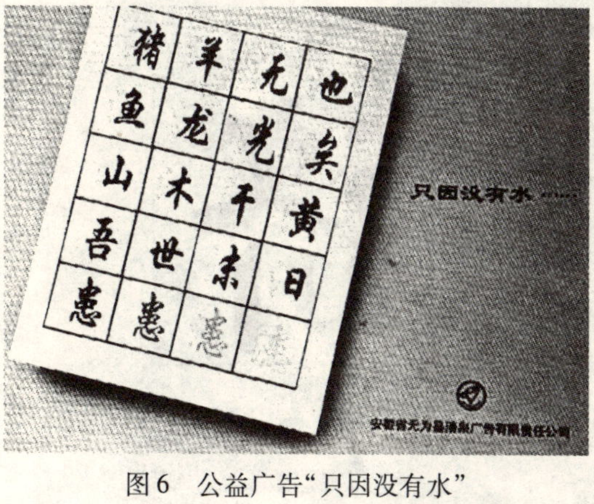

图6 公益广告“只因没有水”

2. 以意感人

国内的广告鲜有画面当中不出现文字的，可以说文字在广告当中的运用非常广泛。受众或许记不住一个产品广告的画面，但是许多产品的广告语受众是熟知于心。例如DTC钻石的广告语：“钻石恒久远，一颗永流传”，相信这句话让不少人心中奠定了钻石作为纯真情感代言物的优美印象，有时广告画面的美不足以深入人心，但是文字却可以字字触动人的心灵，一个能触动消费者心理的广告，自然会被消费者铭记于心。

再例如中国建设银行的广告（见图7），画面当中没有过多的元素，“善建者行，善者建行”这八个字的广告语却是点睛之笔，让人耳目一新。老子在《道德经》第五十四章写道：“善建者不拔，善抱者不脱……”意思是：善于建设房子的，其房子不会因根基不牢而倒塌；善于抱持某东西的人，抱持住了就不让其脱离自己。老子在这一章中讲的是修身的原则和方法以及道德给人们带来的益处，强调修身的原则是立身处世的根基，只有巩固修身之根基才能立身、为家、为乡、为天下，是谓“道”也。那么建设银行就是用行（xing）和行（hang）这个多音字的巧妙运用，通过将文字的转换拼排，使得句子有了另一个层次的含义。建行善其身从而济天下，区区几个字便将老子的思想融入自己的品牌形象当中，提升了自己品牌形象的内涵，并且更好地与其他银行区别开来，同时也让消费者对建行心生了一种信任感，为建行在这一市场中赢得了良好的竞争力。

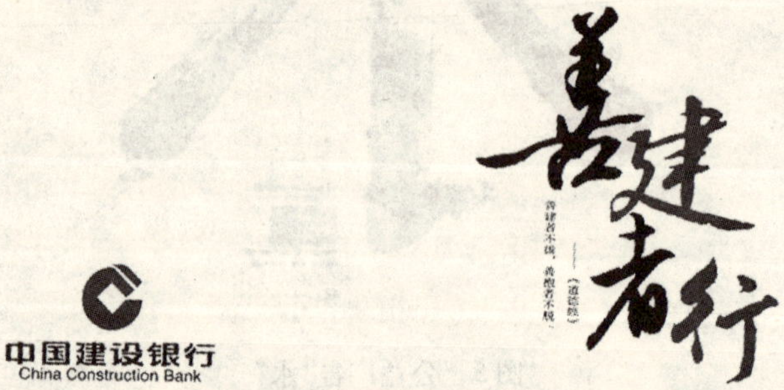

图7　中国建设银行广告

如图8：这则广告很好地运用了文字的解构和重构的能力，画面上的字，既可看作一个字“济”，又可看作两个字“汶川”。5·12大地震带给人们的创伤是深大且沉重的，全世界都为之动容。这幅广告巧妙地将两个字隐含在一个字当中，又或者说将一个字分解成两个字、三个字，把救济汶川的意思融合在一个汉字里，主旨明确，再加上用红与黑两种颜色进行渲染，使得画面更加具有冲击力。

图8

如图9：通过运用两个字的偏旁组合，便把一句警世之言罗列在世人眼前。取“诚信”二字的局部，得“成人”二字，点明诚信是做人之根本。不同颜色的字体在第一时间就能冲击受众的视觉，引人深思，令人警醒。

图9 广告“诚信”

3. 文字对消费者心理的影响

文字跟视觉传达元素中的其他元素一样，对消费者心理也有着一定的影响。

文字影响消费者心理的认知性。文字本身就是人类所创造的，那么也是人们所熟知的，中国的文字，不仅储存着中华五千年所创造的文化，而且也是我们特有的思维方式的体现。比如，我们都知道四喜丸子是一道非常吉利非常喜庆的菜式，但是外国人却把它翻译成“Four glad meatballs” （四个高兴的肉团），还有把一种名叫“猴魁茶”的茶叶翻译成“Number one monkey-tea”（第一只猴子茶），其间的韵味荡然无存，这就表明了中西文化上、思维上的差异。而我们一般都要局限在一定文字系统中去观察世界，认识世界，因此在认知方式上不得不受文字的影响。

文字影响消费者的注意力。文字是制约我们注意力的集中或分散的诸多因素之一。心理学的大量研究表明，如果给一首歌曲或一幅图画，加上一个标题，就会使听众或者读者较快地理解它们的意思或主题；同样一幅图画，对不同的人给予不同的文字提示，受众就会把同一幅图看成不同的物象，或联想起不同的事物。对于这种现象的心理学解释是，文字调节了受众的注意力，使其按照文字的提示将注意力集中在某一点之上。

文字影响消费者的情绪。当我们看一篇文章的时候，情绪很容易被文章的内容所影响，我们喜欢一位作家，也是喜欢这位作家文字的风格。格言警句常给人以力量，给人以奋发向上的鼓舞，坚定人们不懈进取的意志。人们在处于高兴、悲伤、哀愁、苦闷等心理状态时，都可以用文字宣泄出来，使不良的情绪得以缓解。

文字可以给消费者带来审美愉悦的感觉。人类是创造美、追求美的动物，时时处处总是感受着美并且依照一定的美学原理来规范自己的行为，并试图将自己的一些审美情趣注入自己的产品中来。文字既然是人类重要的交流沟通的工具之一，也是人类自豪的创造物之一，因此人们不可能不把自己的审美追求倾注于文字当中。人们不仅把自己的审美追求倾注于文字当中，而且还要利用文字去创造美。

认识文字这些影响，可以使我们明了文字在人类生活中的地位，从而在广告设计当中，将文字运用好，使文字更好地为广告服务，为广告作品增添光彩。

结束语

文字是一种古老的视觉传达元素，早在几千年前，人类就创造了文字，文字是人类内心活动的体现，表达人类的思想与情感。文字对提升广告创意的内涵有着不可或缺的帮助，同时也便于消费者理解与记忆广告内容。

好的广告不仅仅是制作得精美的广告，更应该是能打动人心的广告。文字本身承载着太多的历史文化，将文字运用得出神入化是一门了不起的功夫，作为中华文化的瑰宝，文字有太多值得我们去挖掘的地方，对视觉传达中的文字作深入的解读、设计和表现使其发挥最佳的信息传达效果是现代视觉传达文字设计与运用的真正内涵。而如何才能将文字与其他视觉传达元素结合在广告中完美地演绎，值得我们付出更多的努力去探讨去研究。

【参考文献】

[1] 许慎. 说文解字 [M]. 上海：上海教育出版社，2003.
[2] [英] B. 鲍桑葵. 美学史 [M]. 北京：当代世界出版社，2008.
[3] 尹定邦. 设计学概论 [M]. 长沙：湖南科学技术出版社，2001.
[4] 罗子明. 消费者心理学 [M]. 北京：中央编译出版社，1994.

【作者简介】

袁筱蓉，广西艺术学院设计学院副教授。
涂小璇，广西艺术学院设计学院学生。

依附定位策略在广告中的应用*

邓 敏 刘润峰

【摘 要】随着品牌市场的逐步发展，依附定位作为一种后生的定位策略，逐渐在品牌推广中崭露头角。笔者通过把握目前市场中依附定位策略的典型案例，对依附定位策略的内涵、依附定位策略在应用中的市场机会与风险进行分析研究，并针对依附定位策略在品牌推广中的具体应用提出策略性建议。

【关键词】依附定位 广告

一、依附定位的内涵

1. 依附定位的定义

依附定位作为一种新型的定位策略，是品牌市场发展到一定程度的产物，即通过依附在推广中同时出现的其他高知名度品牌（以下简称“其他品牌”），为主打品牌（以下简称“主品牌”）在消费者心目中找到一个与其他品牌类似的位置，即让消费者自然而然地将推广中的主品牌定位到与其他品牌一致的市场区隔，以此增强消费者对主品牌的认知。

2. 依附定位与比附定位的关系

说到依附定位，很容易让人联想到定位策略中的比附定位。比附定位是一种攀附名牌的定位策略。企业通过各种方法和同行中的知名品牌建立一种内在联系，使自己的品牌迅速进入消费者的心智，占领一个牢固的位置，借名牌之光而使自己的品牌生辉。依附定位与比附定位之间确实存在着一定的相似之处。比如，两者均适用于刚刚进入市场的新兴品牌，两者都需要借助于其他品牌来突出自身品牌特性。但是，依附定位与比附定位之间的关系更多地表现在两者之间的区别。

第一，依附定位与比附定位两者各有所侧重。依附定位与比附定位虽然都需要两个以上的品牌合力完成定位，但是依附定位侧重于“依”，比附定位更侧重于“比”。也就是说，在品牌的关系中，依附定位强调的是品牌间的协同关系，而比附定位强调的是品牌间的竞争关系。在依附定位中，主品牌与其他品牌不存在竞争关系，它们在推广中力求如上下文一样衔接自如、行云流水，其他品牌的出现是为了更好地衬托主品牌。而在比附定位中，主品牌通常与其他品牌处于竞争态势，其他品牌起到的是反衬作用。在推广中，往往通过将主品牌与其他品牌形成区别以突出自我的独特定位。例如，在七喜饮料上市之初，面对可口可乐和百事可乐在可乐市场上的垄断状态，把自己定位为非可乐型碳酸饮料以区别于后两者，成功锁定市场，成为碳酸饮料市场中第三大品牌。

---

* 基金项目：中南林业科技大学青年基金研究项目。

第二，依附定位与比附定位发生在不同领域。在依附定位策略中，依附关系主要发生在非同类产品中，主品牌与其他品牌基本上不存在市场竞争关系。依附定位策略的目的是借助其他领域高知名度品牌为主品牌定位出力，实现连带效应，以其他品牌的高知名度帮助主品牌确立其市场位置。而在比附定位策略中，比附关系主要发生在同类产品中，主品牌与其他品牌以竞争关系存在。比附定位策略的目的是通过对比或攀附，将主品牌与其他品牌进行区别。例如在洗发用品中，风影洗发水的广告语“去屑不伤发”，矛头直指同样定位于去屑功效的强势品牌海飞丝。

二、依附定位策略在广告中的表现

目前，依附定位策略在品牌推广中的运用主要体现在具体的广告创意与营销活动中。

依附定位策略在广告创意中运用的经典案例是在央视刊播的希努尔男装广告。在此则男装品牌广告中，世界顶级汽车品牌 Rolls-Royce（劳斯莱斯）与世界顶级白兰地品牌 Hennessy（轩尼诗）同时出现在镜头中，其目的是为了通过将希努尔男装品牌与世界顶级品牌联系起来，让消费者将希努尔男装定位到与 Rolls-Royce（劳斯莱斯）和 Hennessy（轩尼诗）相一致的高端品牌范畴，突出其“顶级”、“奢华”的品牌形象。

在营销活动中，依附定位策略的应用逻辑与其在广告创意中基本相同，即通过将主品牌与其他品牌进行联合推广活动，借助其他品牌力量为主品牌造势。以 2008—2009 年长沙市房地产市场经典营销事件为例，在对 2008—2009 年长沙楼市营销活动情况进行数据调查与分析研究中，笔者发现部分楼盘项目不约而同地将依附定位策略植入其营销活动中，通过将项目与高知名度品牌建立起对应关系，一定程度地提升了项目知名度与美誉度。代表性楼盘项目运用依附定位策略的具体情况如表 1 所示：

表 1　**2008—2009 年长沙楼市经典营销案例**

楼盘项目	联合品牌	相关活动
中信新城	凯迪拉克	购商铺　送凯迪拉克
君悦香邸	甲壳虫	购君悦香邸　就有机会获得甲壳虫
长房西郡	悦达起亚	购买长房西郡一套住宅　即送悦达起亚轿车
阳光 100 · 国际新城	LV	购买阳光 100　即有机会获得 LV 箱包
保利 · 阆峰云墅	O. P. I、Dior、Chanel	保利集团春蕾行动之“阆峰云墅——奢无界，美无限活动”

三、依附定位策略应用中的市场机会与市场风险

1. 依附定位策略应用中的市场机会

第一，有助于提升主品牌的知名度。依托其他品牌的高知名度是依附定位策略的关键。在依附定位策略中，主品牌被允许通过在推广中将自身与其他品牌发生巧妙关联，营造特定的消费场景，从而实现将消费者对于其他品牌的良好认知嫁接至主品牌上来的目的。在央视的男装品牌广告中，该品牌男装就是借力 Rolls-Royce 与 Hennessy 的高知名度为其带来良好的品牌认知。

第二，有助于主品牌在市场中快速定位。在主品牌进行依附定位之前，其他品牌不仅早

已在目标消费者心目中树立了良好的品牌形象，同时也通过其营销利器成功地实现了市场定位。尽管在依附定位策略中，其他品牌仅扮演着配角身份，但其在主品牌的推广中担当着引领者的重任。在此，我们可以将依附定位策略中其他品牌对主品牌的引导关系进行如下解读：在品牌推广中，消费者首先通过认知其他品牌在其对应品类中的市场位置，并将此市场定位复制到主品牌上，进而确认主品牌的市场定位。例如，在2008—2009年长沙楼市营销案例中，中信新城作为主品牌将凯迪拉克拉入营销推广活动中，通过凯迪拉克的市场定位使本项目中高端、国际商务化的市场定位很好地得以凸显；长房西郡作为中档楼盘项目，将悦达起亚融入其营销活动中，进一步强化其中档住宅的市场位置；而作为纯独栋别墅项目保利·阆峰云墅在2009年保利集团春蕾系列活动中直接用O. P. I、Dior、Chanel等世界顶级化妆品品牌说话。

对于竞争对手较多且市场定位较为抽象模糊的产品来说，借助已经拥有成熟市场区间的其他品牌，可以帮助本品牌快速明确自身的市场位置，同时也可以通过其他品牌的具体形象在消费者心目中建立起一个较为具象的市场定位。

第三，有助于实现目标消费者对主品牌的识别。对于广告主来说，进行依附定位策略的更重要作用在于将其他品牌的已有消费群体移植到主品牌上来。在主品牌进行依附定位以前，其他品牌早已拥有了其相对固定的消费群体。在依附定位策略推广中，消费群体很容易经由其他品牌得到身份确认，并进一步将这种品牌身份移植到主品牌上来，成为主品牌的潜在消费群体。例如，楼盘项目君悦香邸将甲壳虫抽奖活动贯穿其2008年营销活动始终。甲壳虫作为其他品牌，一方面为项目制造了足够量的公众效应，使该项目一度成为2008年上半年长沙楼市话题焦点，另一方面又通过甲壳虫吸引到年龄层次在30~40岁、追求时尚、品质生活并具有一定经济实力的20世纪70年代的人，这个群体恰好就是君悦香邸项目的目标客群。

当然，这种消费群的转移并不是对其他品牌消费群体的剥夺。正如上文所提到的，依附定位策略所侧重的是品牌间的相互依存与协作，其目标在于将目标消费者置身于充溢着不同品类却拥有相同消费者市场区隔的品牌的场景消费之中，让目标消费者宛若找到了安身立命之所。

2. 依附定位策略应用中的市场风险

第一，运用依附定位策略的推广活动易造成喧宾夺主的局面。在进行依附定位策略的广告中，其他品牌通常具有双重身份：一方面，它是依附关系中的主体，主品牌只有依托于其他品牌才能得到实际的“身份识别”；而另一方面，其他品牌只是广告中的配角，它的出现归根结底是为了衬托出主品牌的市场位置，而非彰显自身。在此类广告中，既要以其他品牌为元素强化消费场景，又要着力突出主品牌的特点。而通常情况下，其他品牌这种双重身份加大了广告中主配角戏分拿捏的难度，非常容易造成喧宾夺主的局面。特别是当其他品牌是那些脍炙人口的品牌时，消费者很容易被这些强势品牌吸引，却往往辜负了广告商“醉翁之意不在酒”的美意。如此一来，主品牌不但没有获得良好的认知，其广告投入也很有可能因此付之东流。

第二，运用依附定位策略的推广活动易沦为编码与译码的圈内游戏。消费者在解读依附定位策略推广活动时同样遵循传播过程中编码与译码的法则：第一阶段，传播者将主品牌的定位借由相应的其他品牌实现编码；第二阶段，消费者在接受到推广活动信息后，将其他品牌进行译码，把握其品牌定位与品牌形象，然后将此种定位与形象植入主品牌中。在整个信息的传递过程中，其他品牌成为主品牌信息与消费者之间的中介，它的出现很好地帮助了消费者对主品牌的理解。也就是说运用依附定位策略的推广活动成功的前提是消费者对推广中出现的其他品牌熟稔于心，能够十分清晰地把握其品牌定位。换句话说，如果消费者对其他品牌不甚了了，那么此种推广的诉求在消费者面前将会显得苍白无力。

从我国目前品牌市场的发展程度来看，大部分消费者对于品牌的认知程度仍处于萌芽阶段，能够对品牌进行精准把握的人群局限于相对小众的群体，而这个群体并不一定是主品牌的目标消费群。因此，依附定位广告将有可能仅仅成为小众群体心领神会的解码游戏，无法实现实际受众与目标消费群的有效对接，从而大大削弱其传播效果。

第三，运用依附定位策略的推广活动易招致品牌纠纷。进行依附定位的广告形式是没有得到法律许可的。在未经他方许可的情况下，此类广告就将其他品牌作为背景元素融入其中，以作商业用途，其行为本身即触犯了其他品牌的利益。而在营销活动中，尽管不存在侵犯其他品牌“肖像权”的纠纷，但同样可能因为应用不当而损害到其他品牌的利益。特别是当主品牌的市场定位、品牌形象与其他品牌不相吻合时，其行为很容易对其他品牌造成不良影响，势必招致品牌纠纷。

四、关于依附定位策略应用的几点思考

第一，把握主品牌与其他品牌的关联度。这里所提及的关联度并不是指产品类别的关联，但一定是主品牌与其他品牌的市场区隔与消费群的高度重合。选择其他品牌做佐料，首先要注意作为配角的其他品牌是否与主品牌拥有高度接近的市场区隔与消费群。此外，在产品调性、品牌形象方面，其他品牌也应当与主品牌保持一致，如此才能确保其他品牌在依附定位策略中发挥其应有的作用。

第二，注重推广活动中主配角戏分的拿捏。依附定位策略运用不当，容易招致喧宾夺主的尴尬局面。避免尴尬的首要方法是在整个推广中把握住依附定位策略的要义，即做到主次分明，明确其他品牌作为配角的身份，在广告创意中切忌过分渲染（如影视广告中时间的分配、平面广告中位置及大小的安排），在营销活动中切忌以其他品牌为话题焦点倾注过多笔墨，确保主品牌在整个推广中的主体位置。

第三，选择针对性媒体进行小众投放。结合中国品牌市场发展现状，进行依附定位策略的推广活动并不能产生妇孺皆知的效果，目前此类推广的解读率还限定在一个相对窄小的圈子。确保目标消费群在此类推广活动中既经济又有效的途径是选择精准的媒体渠道。例如，长沙楼盘项目君悦香邸将本地中西餐厅啡客咖啡作为其推广终端之一，将“购房赢取甲壳虫”活动信息投放于餐厅用餐台纸，将目标锁定经常进入中西餐厅进行餐饮或娱乐休闲的消费群，这一固定消费群表现出人到中年、注重生活品质与格调、具有一定经济实力的共性，恰恰与君悦香邸目标客群不谋而合。

此外还需指出的是，依附定位策略仅适用于新进产品或者希望调整产品定位的市场已有品牌。作为品牌推广手法，依附定位策略的攀附特征使得该策略不适合作为单一策略贯穿于整个品牌推广运动始终，产品要在市场中树立强有力的品牌形象还需在产品导入期之后通过多元化的营销传播手段为其建立起相对独立的品牌形象，逐步摆脱具有依附特征的品牌初始形象。依附定位策略只能在品牌建设中起到一时借势之用，而非屡试不爽的尚方宝剑。

【参考文献】

[1] 特劳特·维瑞金．新定位［M］．北京：中国财经出版社，2002.

[2] 王海滨．广告创意定位理论及应用策略［J］．商业时代，2007（12）.

[3] 刘竞，王小川．广告定位理论在广告创意中的运用［J］．西安民族大学学报，2005（12）.

【作者简介】

邓敏，女，中南林业科技大学环境艺术设计学院广告学讲师。

刘润峰，男，中南民族大学工商学院新闻系讲师。

昆明市楼宇视频广告投放及受众心理分析

罗 梅

【摘 要】文章通过对昆明市楼宇视频广告投放状况的观察和受众心理状况的分析，总结了目前该地楼宇视频媒体投放中存在的问题；提出应该关注电梯内部空间，调整广告时长，增加滚动频次，加强广告与投放场合的相关性等在具体操作中的几点建议。

【关键词】楼宇视频 广告投放 受众心理

楼宇视频作为一种新兴的广告载体，因其模式的创新和惊人的发展速度一直被中国传媒业和广告业所乐道。目前，分众传媒所经营的媒体网已经覆盖100余个城市、数以10万计的终端场所，日覆盖超过2亿的都市主流消费人群，业已成为中国都市最主流的传媒平台之一，效果被众多广告主所认同肯定。这种新媒体的效果是否真如分众自己所说呢？本文以昆明市楼宇视频广告投放状况及受众接触情况为例，就实地调查数据进行分析，以期能从中窥见楼宇视频广告投放规律之一二。

一、目前昆明市楼宇视频广告投放的基本状况①

（一）本次调查的内容主要包括以下三方面：

（1）昆明市楼宇视频广告投放的基本情况。包括楼宇视频的数量、广告的产品类别、广告刊播的时长和楼宇广告受众覆盖率。

（2）受众对楼宇视频广告的接触情况。包括受众对楼宇视频广告的接触频次、对楼宇视频广告的注目率、对楼宇视频广告信息的记忆率。

（3）受众对楼宇视频广告的评价及态度。

（二）调查结果与分析

昆明市楼宇视频广告的覆盖率和广告到达率都很高，几乎覆盖了所有写字楼内部，在所调查的人群中，所有被访者都注意到了楼宇视频广告，48%的被访者每天接触楼宇广告三次及三次以上；在楼宇视频上投放广告的行业大部分是一些时尚高档的产品，排名居前四位的分别是手机、汽车、化妆品、地产的广告，而生活日用品则很少；楼宇视频广告大多比较短，15秒及15秒以下的广告占了55%；受众对楼宇广告的阅读率不高，多数人都是匆匆一瞥而过，对广告内容的记忆也不深刻，只有20%的人能较为完整的回忆出广告的广告语或代言人；受众对楼宇广告的信任程度也很低，对它的存在既不反感也不喜欢，对它所发布的内容仅有4%的信任，各媒体中排倒数第一。

---

① 本文所用调查数据均来自于云南财经大学传媒学院2004级广告学专业学生的实践作业，特此表示衷心感谢。

1. 昆明市楼宇视频广告的投放情况

（1）楼宇视频的数量

几乎每座写字楼都有楼宇视频广告媒体出现，但一些商场、银行没有覆盖到。它们大多安装在写字楼第1层的电梯门旁的墙上，其他楼层和电梯内基本没有。①

（2）楼宇广告的产品类别

昆明市楼宇视频广告的产品主要集中在化妆品、汽车、家电、地产、手机、医院、保健品、家具等行业，而一些普通消费品和生活必需品则很少在楼宇视频投放广告。

（3）广告刊播时长

在实地观察并记录的46个楼宇广告中，15秒以下（5秒、10秒、15秒）的广告占了观察总数的65%，30秒以上的广告几近于零。

2. 受众对楼宇视频广告的接触情况

（1）受众接触次数

在本次调查中，有20%的受众每天接触楼宇广告1次，32%的受众每天接触2次，48%的受众每天接触3次及以上。

把受众对楼宇视频的接触情况与对电视、广播、杂志、网络、户外的接触情况进行比较发现，受众每天接触最多的广告媒体还是网络、电视等强势媒体，楼宇视频的接触率仅高于广播，与报纸持平，居倒数第二。

（2）楼宇视频广告的注目率

尽管经过楼宇视频机前的人流量很大，但由于楼宇视频强制阅读性不强，注意并仔细观看视频广告的人却并不多。在周日，视频广告的平均注目率和阅读率为39.57%和15.53%；周末这两个数字分别为48.76%和33.57%。虽然平均人流量周末低于周日，但是广告注目率、广告阅读率却是周末高于周日。

（3）受众对广告信息的记忆率②

调查显示，受众对楼宇广告的记忆度并不乐观。有26%的受众对所看过的广告一点也回忆不起来，54%的受众能回忆起广告的产品或品牌名称，仅有20%的受众能较完整地回忆出广告语及它的代言人。分析使受众记忆深刻的原因发现，38%的受众是因为经常见到某一广告，34%的受众会因广告的创意或制作而对它印象深刻，另外还有18%的受众会记住是因为自己恰好关心那方面内容。

3. 受众对楼宇视频广告的评价及态度

目前受众对楼宇视频的信任度不高，仅有4%，位居倒数第一。传统媒体广告在赢得受众信任上仍然占有优势，电视广告在受众间的信任度最高，有24%，杂志占12%排第二，报纸和户外也有10%，高于网络、楼宇这两种新兴媒体。

受众对楼宇广告的态度是中立稍偏向正面，很多人表示对楼宇视频广告没有太多感觉。楼宇视频或多或少地满足了受众打发时间的需求，但“看到”不等于“记住看到”。

（三）关于昆明市楼宇视频广告媒体质性分析的发现

被调查的楼宇视屏广告媒体中，媒体内容与产品广告相关性最大的是中国移动通信大

---

① 调查发现，分众传媒占据了昆明楼宇视频广告市场的绝对多数份额，没有可以与之抗衡的竞争对手。

② 记忆率是指受众对楼宇视频广告所传递的信息的记忆程度。调查中利用受众能否完整地回忆两则广告的产品、品牌、广告语、代言人等内容测量。

厦，该楼宇视屏共投放了属于中国移动的7个广告，为中国移动提供了聚焦点，有助于消费者和内容之间的有效沟通。其他被调查楼宇中所投放的产品广告与所在楼宇的住户行业相关性较低，甚至没有相关性。

由于受众在等待时的选择比较单一，所以楼宇视频广告可与潜在受众进行高效沟通。根据CTR 2005年楼宇液晶电视调研的结果显示楼宇视频广告传播的记忆度优于电视广告。

经过对昆明市楼宇视频广告内容的分析，可以发现广告之间的干扰度很低，相比较电视在一个广告时长内播放几个同质广告的状况而言，这样的投放策略使得广告的记忆程度大大提升。

二、楼宇视频广告受众的心理分析

达到有效的沟通一直是广告主努力的方向，了解受众的心理变化，进行适时的策略调整，才能真正做到“有求必应”。在以上对昆明市楼宇视频广告受众的行为进行归纳和分析的基础上，可以对这些受众的心理进行一番探析。

（一）尴尬处境的调节剂，漫不经心中的接触

人们可以在任何公众场合和别人进行言语的交流，唯独电梯是一个例外。在拥挤的、封闭的、狭小的空间里，人们更多的是选择沉默，即使同行的是平日里亲密无间的朋友。就连孩子进了电梯，在周围人的影响下也会变得稍微安静一些。这个特殊的环境让人们进入了一种尴尬的境地，在短暂的几分钟之内人们变得特别不知所从。所以很多人选择闭目沉思，很多人选择听mp3，很多人选择将目光停留在一个毫无意义的所在。从在电梯外等候电梯开始，人们就已经在为进入电梯的几分钟做准备了。楼宇视频无疑成为缓解这种尴尬的一种调节剂，等候是无聊的，看看广告，为进入电梯后预备点想象的空间。

当然不能期待这种接触是主动的，毕竟在等候时可能会遇到熟人，点点头、打个招呼，都会让视频广告变得断断续续。这种接触是漫不经心的，是可有可无的。虽然在受众看来，楼宇视频广告的作用不大，但实际上却在无形中缓解了人们在等待时的焦灼和无奈，其广告的产品也如“随风潜入夜”的春雨一般慢慢在受众心理产生了印象。虽然调查显示很多被访者都表现出不太在意楼宇视频广告，可是潜意识中的心理影响有可能是受众自己都无法察觉的。

（二）专业，所以忽视；专业，所以注意

作为一种专业的广告媒体，楼宇视频存在一些不可避免的“硬伤”。在目前昆明的消费者市场，缺乏高度主动关注广告的消费人群，人们对于广告往往抱着厌烦的态度，因为广告时间割据了电视剧的连续、报纸和杂志版面的完整，受众对于这些媒体的广告常常是无可奈何的接受。但同时也正是因为这些媒体是在传播电视剧、新闻和专题评论时顺带“捎上”的广告，所以广告时间成为调节节奏、改变思维和中场休息的时间。人们或许不喜欢，但并不是非常抵触。专业的广告媒体则没有其他的助力，它不能借助有趣的节目和内容首先吸引受众的注意力，和电视媒体强制性介入的广告插播方式相比，楼宇视频具有更加突出的两极“个性”，要么不吸引，要么就能让受众持续且心甘情愿地看下去。

（三）受众无法信任的楼宇视频广告

为什么受众不信任？一方面，对于安放在写字楼里的楼宇视频广告媒体来说，人际传播的可信度消解了其影响力。人们在进入写字楼时首先会看到视频广告，而在工作闲暇和同事的闲聊中提到的商品或许是广告中出现过的，但给出建议和参考的往往是同事，最终做出购

买决定时也往往更多考虑的是同事朋友的观点和实践经验，这就使得覆盖率很高的楼宇视频广告遭遇了较低的信任度。同时楼宇视频广告的投放与电视广告很相似，但却没有电视媒体特有的信息资源，受众对媒体的信任，是出于对媒体所承载信息资源的信任，例如对央视新闻频道的信任会延续到对中间广告时段的信任，这种“爱屋及乌”的情感基础是楼宇视频所没有的。

三、昆明楼宇视频广告媒体存在的问题和建议

根据调查的结果和对受众心理的分析，可以发现昆明市楼宇视频广告媒体的投放存在一些问题，下文将就这些问题进行探讨并提出相应的建议。

（一）安放位置有缺憾，应该关注电梯内部空间

前文已经提及电梯这样一个尴尬的空间需要更多转移和消遣人们注意力的方式，视频广告很显然是上佳的选择。但在调查中却发现往往只有大厦一楼安装有楼宇视频，电梯中很少甚至没有。① 电梯内安置视频媒体是提高受众主动注意的方式之一，能有效地加深受众的记忆度。在等候电梯时关注到的广告，可以在进入电梯后延续其印象，而且会因为封闭空间的原因，视频的效果更加显著。人们可以不用左顾右盼，在声音和画面的吸引下直接将目光投向视频。没有交谈者的言语打扰，没有更多有趣事物的分散，广告的影响得到凸显。

（二）调整广告时长，增加滚动频次

楼宇视频媒体能够利用人们常规的通行模式，因此它提供了大量重复传递信息的机会，这是广告能够实现高频率暴露的场合。乘坐电梯的人至少是要到达三楼以上，才会花费时间等候电梯，这就意味着从一楼到三楼的时间周期应该值得关注，太长容易被打断，太短则缺乏记忆度。纳普勒斯在其作《有效暴露频次：暴露频次与广告效果之间的关系》中对有效暴露频次与广告效果的关系提出了这样的观点：在一次购买周期内对目标群体消费者做一次广告暴露，除少数情况外，甚少影响或毫无影响；因为暴露一次通常无效果，产生良好结果的媒体计划中心目标应把重点置于提高暴露频次而非到达率；使人厌倦与太多暴露频次本身两者间并无密切关系。在本次调查中也发现，由于经常看某一广告而记住的受众占到38%的比率。所以，在电梯内播放的视频广告应该相应调整广告时长，并适当增加滚动频次，这样就能对受众进行有力且有效的接触。

但同时我们也要明确一点，并不是所有的产品都应该盲目追求暴露频次而无视自己产品的类型和受众的介入程度，例如在调查中发现有很多卫生用品广告和酒类广告大都较短，对于这些受众介入程度较低的产品，这样的设置能否起到作用呢？“15 秒广告在传递信息上的一个致命弱点，在于它们的主要功能是速成灌输作用，也就是说，对一个已知的品牌或信息进行强化加固。尽管有时它们也可以穿透市场喧嚣，但并不具备任何传递能力，它所传递的只是最简单的视觉信息。除非 15 秒广告传递的信息极其简单，或是将其安排在一个时间较长的广告之后播出，并将它看作是对先前播出广告的提示。也就是说，它传递的是那些业已被观众看到过，而且内在影响较为深刻的信息，否则 15 秒广告起不到任何信息传递作用。”马克斯 · 萨瑟兰同时还建议说，“如果广告收看对象不是高介入程度的目标观众，或广告信息不具备简单的视觉效果，则不要利用独立播出的 15 秒商业广告。”

---

① 这和本次调查有关系，调查所遍及的多是写字楼，实际上昆明的一些住宅小区的电梯是安装有液晶视频的。

（三）覆盖面加大，加强广告与投放场合的相关性

在商场、银行等楼宇中，人们可以在有关产品或服务出现的区域看见广告。因此，对受众来说，较之在其他没有相关背景的场合下看到的广告，这些媒体具有更多的意义。消费者常常已经有了购买动机，而这些广告发挥了进一步的推动作用。昆明的很多商场和银行都没有被楼宇视频覆盖到，尤其是电梯内部，应该加大覆盖面。在楼宇视频广告的投放中，应该尽量加强广告与投放场合的相关性，凸显出新型媒体的优势所在。此外，还应该注重广告的独特创意和表现形式，楼宇视频广告媒体不是电视媒体的异地而居，它应该有着自己特有的、区别于传统电视媒体的应用，才能够更好地发挥其功效。

楼宇视频广告媒体不仅仅是一道风景，要让受众记住“看到”，其意义才能得到体现。在形势一片大好的背景下，唯有关注细节，才能让楼宇视频广告媒体在媒介争霸战中独树一帜，真正奏效。

【参考文献】

［美］马克斯·萨瑟兰．广告与消费者心理［M］．北京：世界知识出版社，2002.

【作者简介】

罗梅，云南财经大学传媒学院讲师。

从“鄂西圈”战略看恩施州旅游品牌营销传播对策

张贤平

【摘　要】本文从我国旅游市场概况、鄂西少数民族地区旅游营销传播存在的问题着手，揭示旅游品牌营销传播的重要意义，进而对鄂西少数民族地区旅游实施品牌营销传播提出了改革旅游的经济体制、塑造旅游地总体形象、突出旅游地产品形象、树立强烈的品牌意识和品牌经营观念、提高服务质量，力图深化对旅游品牌营销传播的研究。

【关键词】“鄂西圈”战略　恩施州旅游　品牌传播　品牌意识

旅游业是一个“朝阳产业”①，正处于高速发展的机遇期，各地的旅游开发也蔚为壮观，旅游产品如雨后春笋般增多，旅游消费需求总量迅速增大，旅游消费渐趋理性化、个性化，国民旅游休闲的时间和机会增多。据调查，35岁以下的年轻人最为追求的4个生活内容中其中之一就有旅游②，旅游市场发展潜力非常巨大。据世界旅游组织土耳其会议《旅游业：2020年前瞻》中展望报告的结论：中国将成为世界上最大的旅游目的地国和第四大客源国。③ 在旅游业巨大发展机遇的时候，湖北省委省政府决策了《鄂西生态文化旅游圈发展总体规划》，将占湖北70%版图的8个市州区圈进了鄂西圈，这一鄂西圈，圈进了以神农架为首的16个国家级森林公园，圈住了湖北仅有的两个世界文化遗产——武当山和明显陵，圈住了长江三峡、古隆中、荆州古城、昭君故里、曾侯乙墓编钟、龙船调等诸多令人心动的文化旅游符号。省委省政府已打出了“鄂西圈”这一8市州共有的名片和共有的品牌。作为少数民族集聚地的恩施州的旅游业本来在总体上就处于小、弱、散、差的生存状态，如何在共享的“鄂西圈”品牌光环下做出自己的定位，打出一张怎样的自主旅游品牌，如何打出这张自主的旅游品牌，对这张自主的旅游品牌如何去经营传播，都是鄂西少数民族地区旅游业发展面临的严峻的挑战与机遇，也是有效融入“鄂西圈”亟待解决的问题。

一、“鄂西圈”少数民族地区旅游业存在的问题

恩施州是湖北省唯一的少数民族自治州，全州辖8个县市，380万人口，以土家族苗族为主的少数民族人口占52.6%。恩施州自古以来是我国中部与西部地区政治、经济、文化交流的桥头堡。境内长江水道和东西走向的318国道公路，是贯通我国中西部的生命线。恩施处在长江三峡库区，又是清江源头，是长江上游的重要生态屏障。唐代诗人曾以“青山行不尽，绿水去何长”的诗句描绘恩施清江的山水秀色。恩施州属云贵高原与东部低山丘陵的过渡区域，境内小气候发育，冬无严寒，夏无酷暑，雨热同期，降水充沛。独特的地理

① 张贤平．旅游广告的奥秘（CIP）［M］．广州：广东经济出版社，2004.
② 仇立华．旅游市场营销探讨［J］．企业经济，2004（7）．
③ 张贤平．旅游广告的奥秘（CIP）［M］．广州：广东经济出版社，2004.

气候环境，造就了生物的多样性。素有“鄂西林海”、“华中药库”、“中华植物基因库”、“天然植物园”、“烟草王国”的美称。恩施州处在举世闻名的神农架、三峡、张家界黄金旅游带中间，境内三峡风光、神龙溪漂流、清江闯滩和坪坝营休闲旅游等精品，自然风光秀丽，山、水、洞各具特色，绚丽多姿，令游人流连忘返。文化旅游资源也独树一帜，恩施州是巴文化的发祥地，民族文化、红色文化、抗战文化独具魅力。①

据湖北省国内旅游调查统计结果表明，2007年，全州接待国内旅游者400.84万人次，比上年增长54.3%；国内旅游收入3.74亿元，增长62.8%；累计旅游综合收入17.53亿元，增长62.3%。据恩施州旅游网资料，恩施州2009年旅游主要工作目标是：全年接待旅游者500万人次以上，实现旅游综合收入28亿元以上。② 恩施州的旅游业虽有了长足的发展，也具备了打造精品的潜质，也具备了融入“鄂西圈”的基础和一定的条件。但长期以来由于在旅游业的开发上存在着盲目追求旅游的短期效益、忽视旅游品牌形象塑造；重视短平快的产品开发，忽视旅游产品组合经营和市场开拓；重视旅游景点的前期开发投入、忽视旅游机制配套健全和旅游营销以及对外传播的投入力度。

1. 旅游资源具有品牌潜质，尚无品牌意识

恩施具有众多的旅游资源，并具有形成品牌效应的潜力，但目前缺乏市场要素的介入，尚无旅游品牌意识。融入“鄂西生态文化旅游圈”必须首先解决的是品牌意识淡薄的问题，没有大资源、大旅游、大市场、大开放、大合作的理念，就不可能实现“鄂西生态文化旅游圈”的共同繁荣发展。尽管恩施州提出了“一个中心、两条走廊”的旅游思路，确定恩施大峡谷、恩施女儿会、恩施玉露茶三张旅游名片这一中心，配以北线的清江山水画廊和南线的民族风情走廊，但这仅仅就是旅游景点的规划布局而已，它不是对内整合资源对外传播的旅游品牌。

品牌是消费者对产品整体认识的总和。营销大师菲利普·科特勒认为：品牌的精神层面更为重要，“一个品牌最持久的含义应是它的价值、文化、个性”。在市场竞争异常激烈的今天，品牌已成为营销最有力、最持久、效益最高、成本最低的利器和综合实力的象征。它是指能给旅游者带来独特精神享受的一种利益承诺，它建立在旅游资源或旅游地域的独特个性之上。一个完整的旅游品牌应包含优美的自然景观、深厚的文化底蕴、优质服务、持续可靠的承诺、良好的信誉、尊贵、对人身心的关怀以及欢乐与享受、独一无二的体验、对环保的关注等。由于旅游本身就是一种文化现象，所以它应突出文化内涵，体现文化特色。旅游品牌营销传播就是为了吸引旅游者，出于对旅游高水平身心享受的追求和对旅游产品增值消费的期望，它还可以提高知名度和美誉度，增加客源和经营收入，从而增强竞争力。

2. 投资主体不明

足够的投入是旅游业发展的重要保障。投入不足主要体现在三个方面：一是政府财政投入不足。近几年恩施州除专题解决落实恩施大峡谷大桥等14个项目6 285万元资金外，全州仅有神农溪、坪坝营等几个项目争取到旅游国债资金3 000万元。二是开发业主投入不足。尽管腾龙洞、大峡谷等项目通过招商引资落实了开发业主，但存在资金到位迟、开发进度慢等问题。三是宣传推介投入不足。旅游宣传推介活动开展不够，与加快发展的愿望和要求不相匹配，客观上影响了旅游品牌的打造，也是融入“鄂西生态文化旅游圈”的硬伤。目前恩施州在旅游配套建设上要满足“鄂西圈”未来发展需求，还有较大差距。吃要品位、

① 中国恩施旅游网 . http：//www. ESLY，COV. CN. ［EB/OL］. 2009.

② 湖北省旅游网 . http//www. hubeitour. com. ［EB/OL］. 2009.

住要档次、行要便捷、游要精品、购要特色、娱要多彩，配套建设跟不上，就难以吸引眼球、留住游客。

3. 旅游精品缺乏

融入“鄂西圈”必须要有自己的旅游精品。目前，面临两个突出问题：一是精品线路亟待科学规划。旅游线路分段割裂现象突出，不少景区景点之间是“断头”路、“回头”路，还没有一个科学的精品循环线路。二是精品景区亟待打造提升。有的旅游资源具备了丰富的内涵，但开发不够、挖掘不够、包装不够、推介不够、配套不够，特色多而卖点少，内涵好而形象差，市场吸引力不强，导致“过境游”、“接待游”现象突出。

4. 缺乏正确的旅游营销观念

品牌竞争意识不强。主要表现在品牌区分产品的观念淡薄，注重消费者的表层需要，忽视消费者对旅游产品和经营特色的需求。缺乏品牌经营观念，更谈不上艺术性和新颖性。在品牌定位中往往忽视市场调研，脱离实际。一是好大喜功，盲目追求全国闻名、世界知名。二是自惭形秽，满足现状，局限于小规模经营，没有创品牌和一流景区的定位。三是服务质量低劣，服务形式单一。四是市场知名度较高，但美誉度不佳。旅游资源缺乏震撼力的表现载体，项目设计单调，使得旅游者的体验质量不高。

二、“鄂西圈”战略中恩施州创旅游品牌的对策

从我国实现现代化三步走的发展来看，正面临着由总体小康向全面小康、由经济大国向经济强国等五个转变。因此，当今社会已经从品牌潜意识阶段进入品牌强意识阶段，创立名牌是社会的普遍愿望。恩施州在“鄂西圈”旅游发展格局中具有坚实的政治优势和强大的后发优势。但目前只是一个旅游资源大市场，还不是旅游经济大市场；需要更新观念，需要抓住湖北省政府“一带两圈”的旅游战略发展机遇，以生态优先、保护第一的科学理念，以政府主导、市场运作、和谐发展的先进运作模式，充分利用现有内部资源条件，采取各种营销手段，实施恩施州旅游名牌营销战略，大幅提升恩施州的旅游接待能力，极大地丰富和完善恩施州旅游产业链，有效地推动鄂西地区乃至湖北省的生态文化旅游产业升级和结构优化。

1. 科学规划，强化旅游促销，奠定旅游业持续发展的基础

在旅游消费日益个性化、理性化、享乐化、生态化、体验化的今天，旅游品牌国际化趋势日益明显，旅游市场竞争日益白热化，粗放的旅游开发、低水平的旅游管理和滞后的旅游品牌营销理念，已经难以满足民众不断增长的旅游消费需求，无法让旅游者获得他们所期望的陶冶情操、愉悦身心等核心价值，也无法解决旅游业发展过程中存在的深层次的矛盾。这就迫切地要求旅游企业由目前片面强调开发速度和开发数量向品牌塑造和品牌营销转变。

发展旅游产业，塑造自主品牌，科学规划是前提，景点要连成线、形成网，并具有文化性、观赏性、遗存性的特质，就必须规划先行，合理开发。在摸清家底和资源调查的基础上，借助“外脑”，聘请国内外知名机构和专家，编制全市旅游业的发展规划。规划要涵盖恩施州所有的文物古迹和文化底蕴深厚的景点以及自然资源较佳的风景名胜区，从而使州内的旅游经济、景点建设、要素配置等有一套明晰的思路、明确的要求和严格的标准，使恩施的旅游业，由以前的登山观光之游，变成景点更加密集、内涵更加丰富的人文自然融合的新格局。

旅游消费是一种可引导的高消费活动。促销是旅游营销的重要手段，一次重要的宣传促

销可能使品牌家喻户晓，从而产生旅游消费的轰动效应。同为“鄂西圈”王牌旅游品牌的三峡游，前几年推出“告别三峡游”促销活动，从而吸引了国内外游客400万人次。三峡大坝合龙后，三峡旅游随之坠入低谷。为激活三峡旅游市场，1999年以来宜昌旅游部门再次精心策划了大规模的宣传促销活动，使“高峡出平湖”又成为三峡游的热卖点。恩施州旅游同三峡旅游相比，存在差距的重要原因之一就是不重视旅游促销。

（1）解放思想，更新观念。解放思想就是要从社会发展和经济发展的本质上认识旅游经济的价值与地位，要把发展旅游上升到城乡一体化的宗旨上来，真正意识到发展旅游经济必然有助于缩小城乡差别，促进城乡一体化的发展。发展旅游实际上是发展生态经济、发展环保经济，它必然有助于两型社会的建设，有利于生态文明的建设。而生态文明从一定程度上讲就是继农业文明、工业文明之后的一个更高发展水平，发展旅游业对生态文化建设有着重要意义。发展旅游实际上在很大程度上是民生经济，有利于提高城乡居民的收入和消费水平。发展旅游实际上是富民经济、有利于增加城乡人民的收入，从而提高他们的收入水平。这就是“民本经济”观念和“民富国强”道路的重要趋势。旅游经济实际上也是娱乐经济，也是文化经济，发展旅游经济有利于四大建设的全面开展，特别是有利于文化建设、社会建设。从当今社会发展趋势来看，旅游经济实际上就是品牌经济、朝阳经济，既有利于提高地区和国家的知名度；也有利于提高地区和国家的核心竞争力。可以这样说，发展旅游就是打造旅游品牌，如果没有品牌、没有名人、名山、名水、名胜以及显著的民族文化就不能称为发展旅游经济。

发展经济主打旅游这张牌，就必须重视旅游品牌的塑造，也就需要在旅游产品的促销付出巨大投入，广告传播、公共关系、促销活动是一种投资，这种投资会给企业带来巨大的经济效益。峨眉山市（县级）自1997年以来每年市财政投入500万元用于宣传促销，目前年旅游人次已超过100万。开发仅几年的河南平顶山石人山风景区，主动邀请浙江卫视到石人山组织吉尼斯纪录现场直播活动，常年在中央电视台气象预报节目发布形象广告，使石人山风景区的知名度一下子传遍全国。

（2）政府和企业联动。旅游业是以政府主导型为主的产业，尽管恩施州的旅游资源已被市场看涨，但政府在恩施州旅游的宣传广告促销活动方面始终是低调的，动作不大，形不成促销高潮，也不可能产生轰动效应。在市场竞争中，名品后面必有名企，名企是名牌产品促销的主要载体。但恩施州旅游企业规模小，实力弱，缺乏参与全国、全省旅游市场竞争的能力，小打小闹，难成大器。所以，政府和企业应统一思想，联手行动，精心策划，加大宣传广告促销力度，参与旅游市场竞争，提高恩施州旅游对国内外游客的吸引力，促进恩施州旅游名牌生成。政府和企业联手促销，要实现宣传促销方式的巨大转变，即变单一宣传为整体宣传，变分散宣传为集中宣传，变等客上门为携景促销，将恩施州旅游产品文化内涵和产品特色，通过各种促销手段形象生动地广为传播，从而吸引更多的游客到恩施州。

2. 打造品牌，重视产品开发带动，培育旅游业整体发展的龙头

品牌是产业实力的外在表征，是具有竞争力的有效标志，也是顾客忠诚度的综合体现。恩施州旅游经济效益不佳，缺乏品牌建设意识，缺失知名品牌也是一个至关重要的原因，恩施旅游业的现状是“有上乘资源，无上乘产业”，形象点就是拿着金碗没饭吃。所以我们必须在打造知名品牌、拓展品牌效应上狠下工夫。而打造旅游品牌，提高知名度，吸纳更多游客，需要具有竞争力的核心主打产品，才能把旅游业做大做强。为此，恩施州旅游品牌的核心产品应定位在三大方面：一是民族风情园包括民俗风情馆、膳食馆等，融景区游、购、娱、吃、住于一体。二是传统文化保护开发项目。三是北线围绕清江开发和南线围绕红色旅游开发项目。与此同时，坚持举办女儿会、摆手舞节等活动。

旅游产品是旅游业的吸引物。广告促销虽能提高旅游产品的知名度，但发展旅游业的根本还在于不断提高旅游产品质量，鉴于恩施州旅游现状，可从4个方面加强产品开发。

（1）旅游产品的包装。主要指对旅游景区（点）的建筑、道路、住宿、餐饮、娱乐、通信等旅游基础设施和旅游服务设施的绿化、美化、净化和亮化，旅游产品包装必须再现恩施生态这一立州之本，方显恩施文化这一旅游之魂。

（2）旅游文化特色。恩施州以民族文化、红色文化、抗战文化名天下。恩施州的民族文化与自然山水景色体现着天人合一的境界。所以，恩施州旅游产品应在“人文生态”上做足文章，走进恩施，处处体现民族文化氛围，突出人文与自然、土、苗各民族、巴蜀交融的“和谐”特色。有特点的产品品牌才能成为真正的名牌。

（3）旅游产品创新。产品不断创新才有生命力，才有竞争力。恩施州旅游产品开发不仅在自然景观和人文景观开发上力度不大，而且在旅游服务产品开发和旅游纪念品（商品）开发上严重滞后。一是进一步挖掘恩施州土家苗寨文化与自然和谐的内涵，在新的卖点上持续做文章。二是按市场需求开发旅游新产品。如民间养身药膳（餐饮）旅游产品，山区的土特产品、中药材、农林产品开发等。三是旅游线路开发。要跳出自己的小圈子，树立大局观。四是提升现有旅游产品文化内涵，将现有景点改造成为具有吸引力的新景点。目前咸丰县将在坪坝营旅游开发的同时提出建设苗寨旅游文化村，就是一项好的创意。但思路要再开阔些，步子要再加快些。例如重建土司城，建土家苗寨文化展览馆，开办巴蜀文化研究院和研究中心；构建博物馆、植物园和盆景园或者野生动物园，吸引更多的游客光临。

（4）提高旅游服务。旅游活动之全部过程就是旅游经营者提供全方位服务的过程，而且是满足享受型消费需求的高质量服务过程。旅游服务的特色经营又会成为旅游项目的重要组成部分。恩施州旅游最薄弱的环节就在于旅游服务，至今还没有一项令旅游者赞誉的旅游服务，以至于来恩施州的旅游者一般都不会在恩施州住下来休闲度假，成为恩施州旅游实施精品名牌战略的薄弱环节。要迅速改变旅游服务落后的状况，除了加强旅游基础设施和旅游服务设施等硬件条件建设外，应着重抓好两个方面的工作。一是培育旅游名企，组建旅游集团公司。二是重视人才培养，提高旅游服务人员素质。旅游人才培养不能停留在空喊口号的阶段。恩施州旅游的主管部门应从培养企业骨干开始，对现有旅游从业人员进行轮流培训，并有计划地吸纳旅游专业毕业学生，搞好恩施州旅游的优质服务。

3. 发展旅游交通，拓展旅游业健康发展的通道

旅游交通是发展旅游业的必备条件，也是旅游者选择旅游目的地的重要因素。恩施州区位条件差，旅游交通不够发达。发展恩施州旅游交通是实施恩施州旅游名牌营销战略的一个重要组成部分，应从两个方面作出努力。

（1）抓好现有交通的科学运营和管理。恩施州旅游交通关键在旅游交通营销组合上，要以方便、舒适、省时、安全、统一为原则，抓好旅游交通的科学运营和管理。

（2）抓好恩施州旅游交通“五开发”。

一是依托中心城市武汉和重庆，开发恩施州至武汉、重庆旅游专线车。武汉、重庆市是恩施州旅游主要客源地和外地游客中转地，利用两市旅游交通对鼓励旅游者来恩施州旅游起着积极作用。

二是开发恩施州景区（点）旅游专线。游客到达恩施州，既有定线定时的旅游专线交通，又有在各景区（点）间往返的各种档次的旅游专门大小车辆为观光游客特殊需要提供各种服务。

三是开发恩施州至周边旅游热点的旅游交通。必须通过发达的旅游交通连接恩施州周边旅游热点景区或交通枢纽城市，保证游客来去方便。充分利用现有的铁路和公路，开通恩施州至武汉、宜昌、神农架、武当山、张家界、重庆等地旅游热点的旅游交通。

四是开发恩施州至全国主要客源地中心城市的旅游交通。恩施州能否成为真正的名牌，关键在于海内外旅游者的认同。为保证恩施州旅游远离全国主要中心城市的区位条件差的缺陷，恩施州旅游应着力争取交通部门的支持，通过恩施机场，开发恩施至北京、上海、广州、成都、西安等地航空专线和铁路旅游专线。

4. 统筹兼顾，实施有效管理

恩施州旅游未能成为名牌还在于缺乏科学管理，不仅存在管理体制上的问题，而且对“管理出效益、管理出名牌”也缺乏正确认识。理顺管理体制、加大管理力度，才能确保恩施州旅游的健康发展，加速恩施州旅游名牌生成。

（1）理顺管理体制。将多头管理改革成为“四权分离”体制，即资源所有权归国家，以国有资产形式进入股份公司；管理权归各风景管理处，代表政府对恩施州各风景区实施统一行政管理；经营权归旅游企业，成立恩施州各旅游景点旅游（集团）股份有限公司；监控权归政府有关职能管理部门和国家宗教、文物等有关部门，以监督恩施州旅游健康发展。

（2）加大管理力度。一是依法治旅，广泛教育。对当地城乡居民开展旅游兴州富民教育和旅游法规教育，调动全社会力量促进恩施州旅游业兴旺发达。二是科学规划，风景区各项建设必须严格按审批程序进行，对各种违规破坏行为必须严加惩处。三是成立依法治旅机构，真抓环保，保护资源，专人守护，严格执法，开展恩施州旅游绿化、美化、净化、亮化工程，把恩施州建成文明州、卫生州、环保州、安全州。四是加强旅游商品市场管理，实施定点定位有序经营。五是设立旅游服务质量监督机构。向社会公布投诉电话，设立质量监督部门，确保恩施州旅游服务质量不断提高。

（3）理顺四种关系。一是城市建设与旅游发展的关系。必须树立“大城建，优旅游”、“以旅名市，以市兴旅”的理念。二是政府主导和企业自主的关系。三是创新激活与遵规守法的关系。四是严格保护和合理开发的关系。保护是开发利用的前提，开发利用是有效保护的延续，应严格把“统筹规划，严格保护，合理开发，永续利用”原则贯穿旅游经济发展的始终，要求每个企业注意把环境保护、文物保护和旅游开发结合起来，在保护前提下开发，在开发利用中弘扬民族历史文化，产生经济和社会效益。

【参考文献】

[1] 张贤平．旅游广告的奥秘（CIP）[M]．广州：广东经济出版社，2004.
[2] 仇立华．旅游市场营销探讨 [J]．企业经济，2004（7）.
[3] 周琼．论体验经济下的营销创新 [J]．特区经济，2004（12）.
[4] 李月华．黄冈红色旅游品牌研究 [J]．黄冈师范学院学报，2008（5）.
[5] 费振家．武当山旅游品牌营销研究 [J]．十堰职业技术学院学报，2001（13）.
[6] 谭小军，黄勋．旅游品牌营销研究 [J]．江西科技师范学院学报，2007（6）.

【作者简介】

张贤平，中南民族大学教授，主要研究传播学。主持基金项目湖北省民委文化研究课题：“湖北少数民族旅游品牌核心竞争力对策研究”（QS207005）。

武当山营销传播活动中的问题及对策

徐同谦

【摘　要】武当山的旅游营销推广中，存在高投入、低产出的现象，研究发现其营销和广告传播活动中存在三大问题：STP 战略不协调、广告与渠道没匹配、传播活动欠整合。针对上述问题，文章提出了相应的对策和建议。

【关键词】武当山　营销传播　STP　销售渠道　整合

武当山是著名的道教圣地，作为自然景观与人文景观相结合的山岳型风景名胜区，旅游资源得天独厚。近年来，武当山加大了旅游营销的力度，进行了大规模的广告投放和营销推广，传播活动红红火火，然而其拉动顾客增长的效果却不尽如人意。本文在实地调研的基础上，分析其主要原因并提出相应的对策。

一、问题的提出：高“营销传播努力”，低“游客拉动水平”

（一）高速增长的营销投入

2006 年，武当山特区旅游宣传投入达到 1 700 万元；2007 年宣传投入达 2 337 万元；2008 年突破 3 000 万元；2009 年宣传投入预算较之 2008 年仍有较大幅度的提升，将突破 4 000万元。如图 1 所示。

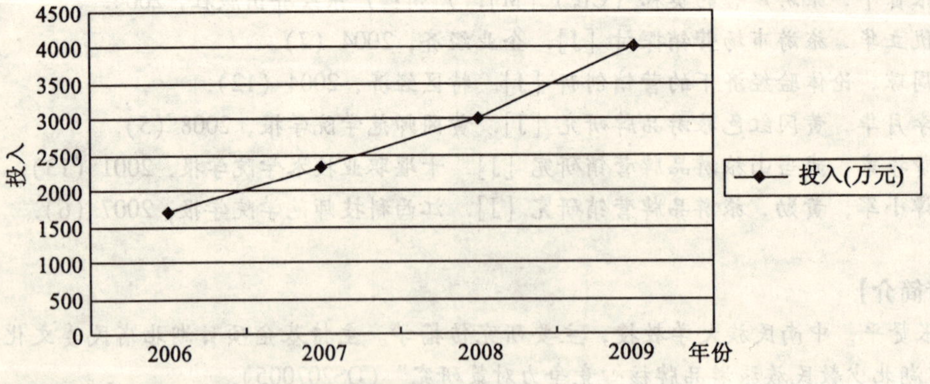

图 1　2006—2009 年武当山营销投入增长情况

资料来源：根据武当山特区旅游发展局的有关资料统计所得

（二）利用各种传播形式和渠道进行大规模的广告投放和公共关系活动

1. 以“道”为主的传播主题

武当山的营销传播活动主要围绕“问道武当山”、“武当山灵”的广告主题展开，其诉求点的核心是“道”，“道”是武当山传播活动最主要的宣传主题。武当山原有的广告语也可以充分体现这一点：

（1）问道武当山，多福多平安

（2）问道武当山，养生太极湖

（3）亘古无双胜境，天下第一仙山

武当仙山，神秘空灵　武当文化，华夏魂灵

武当武术，玄妙飘灵　武当山灵，通灵天下

（4）武当山灵

2. 传播形式多，渠道广，全面出击

从媒介的影响力上看，既有中央电视台等强势媒体，也有武当山当地电视台等相对弱势媒体；从媒介覆盖的地域上看，不仅有针对国内进行的宣传也有针对海外市场进行的宣传；从选择媒介的性质上看，既有针对普通受众的大众媒体，也有受众面较小、针对性强的媒体；从媒介形式上看，既注重传统媒体，也注重车身等各种形式的户外媒体和网络等新媒体（见表1）。

表1　　武当山营销传播形式一览表

传播形式	具体表现	
媒介传播	电视广告	中央电视台、省级卫视、武当山周边电视媒体
	报纸广告	各目标市场所在地的权威报纸
	杂志广告	各目标市场所在地的杂志及专业旅游杂志
	网络广告	新浪等门户网站上的博客平台
	软文广告	报纸、杂志
	户外广告	公交车身、电子屏
公关事件	世界传统武术节、摄影比赛、摄影展、旅游交易会、“三月三”“九月九”庙会、功夫艺术团海内外巡演、维也纳武当新年音乐会、武当武术欧洲各国巡演	
其他形式	《倚天屠龙记》、《武当》、《问道武当》等影视剧的拍摄 网站建设 针对旅行社的推介活动	

（三）收入增长低于投入增长

在营销投入增长的同时，旅游总收入和门票收入也获得了持续增长，如表2所示。

表 2　近年来武当山旅游收入和营销投入一览表

年份	总收入（万元）	同比增长	门票收入（万元）	同比增长	营销投入（万元）	同比增长	营销投入/门票收入
2005	18 000	24%	3 633	36%	-	-	
2006	22 700	26%	5 438	49%	1 700	-	31%
2007	29 800	31%	6 528	20%	2 337	37%	36%
2008	56 000	58%	7 300	12%	3 000	28%	41%
2009	—	—	-	-	4 000（预算）	33%	

资料来源：根据武当山特区旅游发展局的有关资料统计所得

其中，旅游总收入为游客六项旅游活动的总支出，为各旅游经营单位如地接旅行社、酒店等总收入，由于其收入和成本为众多经营单位支出，不易考察其运营绩效，该指标对地方旅游经济的考量更具意义。

而作为景区而言，衡量其投入和产出的，则门票收入可能更有意义。由表 2 可知，武当山的营销投入的增长要远远高于同期的门票收入增长，营销投入在门票收入中的占比连年上升。

从上述资料我们不难看出，武当山的旅游推广：投入大，产出小；内容和手段丰富，效果却不显著。

二、营销传播活动中存在的问题

这么大规模的广告投放和公关活动，为何效果却不甚理想呢？笔者认为除却经营环境的变化之外，其营销传播活动中三大方面的问题，影响了顾客流量的增长。

（一）战略上的犹疑与两难，STP 难以协调

主要体现在营销目标难以明确判断，与此适应的广告目标也随之模糊，品牌定位在是否强化道家文化上两难取舍。营销目标、市场细分、目标市场战略与定位难以协调。

1. 营销目标需要明确

到底是维持老顾客还是发展新顾客，即巩固对道教文化感兴趣者（包括香客、道家养生、道家建筑、道家武术等），还是发展自然观光和休闲游，以拉动客流量的增长。从武当山在第三届大学生广告艺术大赛提供的选题来看，其主要有两个广告目标：一是增加武当山品牌的知名度和美誉度，二是增加客流量。考虑到广告目标应与营销目标相适应，我们可以理解为上述两点是其营销目标中的组成部分。

那么问题是：上述两个目标哪个优先，同时到底要表达什么样的品牌信息，来树立品牌的知名度和美誉度？

2. 目标市场到底选择谁，主打谁

如何实现“增加客流量”的目标？是在原有的目标市场中扩大香客或游客？还是开辟新的子市场？

从武当山现有游客来看，既有道家文化爱好者，又有观光客。两个目标人群在消费动机和消费行为上是迥异的：一是体现在重复消费上，香客和一般的游客有明显的不同，他们往往会多次“问道”，重复频率不等；而一般游客在无特殊需求的情况下，很少在短期内游玩

同一旅游目的地；二是从营销成本来看，前者的顾客维持成本极低，而后者则需要营销投入；三是消费结构来看，香客的旅游六要素中的花费较少，而其支出则主要流向道观等道教组织，游客对旅游经济的拉动可能要大一些；四是两个主要目标市场群体对营销刺激的反应差别很大，香客或道教文化爱好者对于外部营销刺激（如大规模的广告投放）不敏感，而观光游客则需要外部营销刺激有反应可能。详见表3：

表3 道教文化爱好者和观光游客的差异

项目	道教文化爱好者	观光游客
忠诚度及重复消费	忠诚度高，多次重复消费	短期内无重复消费
营销成本	极低	较高
旅游支出	捐资	吃住行游购娱
营销刺激	反应低	有反应

目标人群对同一营销组合的反应呈现出差异性是市场细分的基础，上述两个细分市场，我们选其一，还是两者都要进入？从武当山的现有情况来看，是想在原有市场基础上，大力发展新的目标群体。那么现有的品牌定位和营销战略是否合适呢？

3. 品牌定位的两难选择

一方面，武当山以“道教名山”而著称，围绕这进行品牌定位有助于强化品牌印象。但是这一定位也存在一个潜在的弱势：

一是这一定位容易使自己的潜在顾客定义得过于狭窄，不能完全覆盖其目标市场。强化“道教名山”和“道教文化”不符合观光游客的需求，甚至会造成一种心理阻隔。

二是在这一定位下，武当山提出的一系列广告口号，使得自身定位有降低的嫌疑。据调查表明，大部分消费者对“武当山灵”的理解并不完全，几乎集中于简单地“许愿求福的灵验”这一点上，这种不完全的认识之下有部分消费者对“武当山灵”的宣传产生反感，认为格调不高（见图2）。

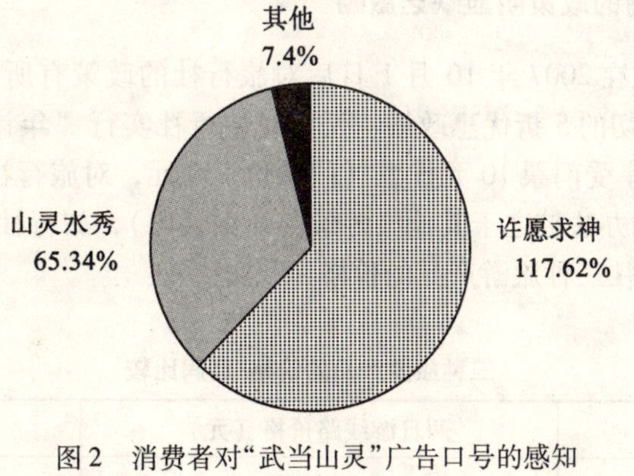

图2 消费者对“武当山灵”广告口号的感知

此外，尽管武当山反复强调“问道”，但据我们调查，武当山风景区在广大消费中的定位仍不明晰，武当山在消费者心目中的整体印象不明确、个性不鲜明，使上述两类人群对营销反应的差别如此巨大。

事实也证明，武当山现有传播活动主打“问道”牌没有达到预期效果，基本上处于“产品单一、产业链脱节、市场狭窄、销售不畅”的局面。

但是，另一方面，如果定位不再围绕“道教圣地”作文章，则又担心原有的品牌个性丧失，造成品牌价值的衰减。

（二）注重传播，忽略渠道，实现增长乃缘木求鱼

从现实来看，尽管武当山的广告传播活动力度很大，但传播活动和营销诸要素的整合则很欠缺，主要表现在产品松散、管理较乱、缺乏核心竞争力，在近边市场价格缺乏竞争力等。对于这些因素，管理者已有明确的认知，同时限于篇幅，本文不作探讨。

然而，比较致命的是，目前武当山过于重视终端的广告投放，对渠道建设乏力，这是影响其客流增长的最大障碍。

1. 缺乏旅行社销售系统支持的景点，鲜有成功先例

旅游行业有其规律，经过多年的发展，已经形成比较稳定的分销格局。从顾客端来看，有批发商、零售商，前者如美国运通等、国内的国中青三大旅行社，它们设计产品，拥有强大的招徕顾客的能力，成为批发商；零售商是各地接社，它们把游客输送到各个景点。如果以景点为主体来看，为了销售景点，则需要找本地的地接社，然后通过组团社销售本景点。

由于这个链条较长，每一级都需要利润空间，因此景点需对旅行社较大的价格折让或其他激励措施进行销售。同时在销售过程中往往会受制于组团社，因为它们控制了客源。这种情况下，一些景点会有撇开旅行社“单干”的倾向，试图减少中间环节的费用，追求更大的利润。

而事实是，这种分销格局已相当稳定，没有旅行社系统的参与，很少有景点成功。即使像黄山、庐山、九寨沟等核心竞争力很强的景点，它们在广告投放强化品牌的同时，也充分依托旅行社的销售能力。

2. 六成以上游客的旅游决策受旅行社影响

很显然，道教文化爱好者这个群体的增量有限，增长的市场应该是观光游和休闲游的顾客，这些游客或是参加旅行团或是自助游。据我们抽样调查，前去旅行社咨询的人群中，超过六成的人，其旅游决策或多或少地受到销售人员的引导和影响。

3. 武当山对中间商的政策明显缺乏激励

武当山旅游风景区在2007年10月1日后对旅行社的政策有所变化，停止原来的门票（包括观光车票）一刀切的5折优惠政策，开始对旅行社实行“年计优惠奖”政策，例如：旅行社组团10人以上享受门票10元优惠（门票价180元，对旅行社执行170元）。调整后的组团旅游优惠及奖励办法较之于其他旅游景点（如黄山），旅行社的利润空间小得多。表4反映了武汉某家组团社三种旅游产品的价格和利润比较：

表4　　　　三种旅游产品的价格/利润比较

旅游地名称	两日游线路价格（元）	利润空间
庐山	297	33%
张家界	410	35%
武当山	497	6%

由表4可知，庐山与张家界给予旅行社的优惠幅度较大，这在很大程度上激发了旅行社推介庐山和张家界的积极性；而武当山现行的优惠和奖励政策，大大压制了旅行社的推介

热情。

我们通过对国中青三家大的组团社的访谈得知，业界人士普遍认为武当山比较重视终端直销，对旅行社的重视不够，武当山调整之后的优惠及奖励办法重在采取年计奖的累加奖励办法，使得旅行社的当前利益得不到保障。它们不愿意主动推荐武当山线路。

（三）传播活动欠缺整合，力度不够

1. 单一主题不能满足不同目标市场的需求

如前所述，武当山现今的广告语“武当山灵”，“问道武当山”及其传播活动，偏重于对“道”这一主题的宣传。而事实上，武当山现有的目标市场不仅仅局限于此，还包括自然风光、人文建筑、太极武术、养生文化等多个方面。运用单一诉求而力求争取到多个目标子市场，致使传播活动效果难以达到预期。

2. 媒介选择值得商榷

（1）强媒体之弱频道的“垃圾”时段，广告到达率低

在媒体的选择上武当山倾向于选择强势媒体。以电视媒体的选择为例，武当山选择了中央电视台、湖南卫视等强势媒体，但在具体频道的选择上，却选择了 CCTV-4（中文国际频道）、CTTV-9（英文国际频道）、CCTV-7（农业、军事频道）等弱势频道。

在具体时段的选择上，大多为“垃圾”时段，到达率低。如武当山在 CCTV-4（中文国际频道）的《大好河山》节目中投放的广告，其首播时间为 16：15～16：55，重播时间为 0：15～0：55，这两个时段的受众到达率均较低。

试问，武当山想要获得的新增潜在顾客的接触是这些媒体，这些时段吗？

（2）无关痛痒的当地媒体

武当山注重在当地媒体投放广告，如十堰综合频道、《十堰日报》、《十堰晚报》、《东风汽车报》等，此外，车身广告在当地也较普遍。

尽管武当山周边市场构成了武当山的主体客源，但在该地大规模、持续的广告投放，一方面对进一步拉动游客的数量增长贡献不大；另一方面所选的当地媒体的宣传效果也不尽如人意。

3. 媒介排期僵化

在排期上，武当山旅游风景区的广告投放几乎均为持续式。杂志广告连期刊登；电视广告绝大部分为隔天播放，每期三次，只在武当山旅游淡季（9～12 月份）呈现稍密集的趋势；户外大型广告牌、公交车广告等的投放也均以全年为期。

根据武当山旅游发展的实际情况而言，现有媒介的排期过于单一和死板，没有针对旅游淡旺季的游客数量及其特征变化进行灵活调整，且缺乏专门针对武当山特有的节庆活动的广告宣传。

4. 公关活动：整合少，轰动性小

（1）公关活动整合少，深度不够

分析武当山近两年的公关活动计划及执行情况，可以看到武当山的宣传网络虽覆盖面较广，但是具体到单个区域，却明显地呈现出两大弊病：一是宣传方式过于单一，缺乏其他活动的有力配合；二是即使在一地拟举行多个活动，活动也多数各自为战，缺乏有机整合，未进行深度挖掘。

（2）公关活动吸引力有限，轰动性小

武当山现有公关活动虽然覆盖面广，但基本上处于一种“和风细雨”式的状态，缺乏轰动效应。举办维也纳武当新年音乐会、武当武术欧洲各国巡演等公关活动固然有利于开发国际市场，但是相关的广告宣传、促销活动以及通路建设等并未及时跟进。

公关活动的涉及面狭窄，无法引起广泛瞩目。以摄影比赛和摄影展为例，虽然可在专业人士及业余爱好人士中引起一定关注，但对一般公众的吸引力却十分有限。就其实际情况而言，摄影展并不失为一种较好的公关活动，但在实际操作中要注意扩大一般公众的参与面，即“摄进来，更要展出去”。

这些公关活动虽然在一定程度上扩大了武当山的知名度与影响力，但因其无法引起消费者的高度关注，难以形成轰动效应。公关花费不菲，但并未达到预期效果。

三、改进营销传播活动的建议

（一）科学地进行市场细分和目标市场选择

1. 武当山的旅游市场细分

进行市场细分时应该把握差异性、可进入性、可衡量性和可盈利性的原则：各细分市场间的顾客对同一营销组合或方案有差异性的反应；武当山旅游产品能够切实进入该细分市场；这个市场的容量基本可测同时数量应该做到能够盈利。

结合武当山旅游资源的特征，市场细分的依据应该采用双因素或三因素细分，其中最重要的是旅游动机和地域的细分，在市场足量的情况下，年龄因素或文化也可考虑在内。这样，基本的细分市场可以描述为（见表5）：

表5　武当山旅游市场细分与目标市场选择

地理细分 旅游动机	周边区域市场 A	国内中远程市场 B	港澳台市场 C	东南亚市场 D	其他海外市场 E
香客（道教爱好者）	√	√	√	?	–
观光游客	√	√	√	√	?
休闲游	√	?	–	–	–
武术	?	?	?	?	?
养生	?	?	?	–	–

注：√表示优先选择的子市场；

？表示不确定因素较大的子市场；

–表示不宜选择的子市场

2. 目标市场的选择

考虑到可进入性和足量性，建议市场的开发要有梯度，避免投入的浪费。从地理因素看，周边市场是主要的客源地，而国内中远程市场则拥有众多的潜在顾客，东南亚市场由于文化的相似性，对道家文化有着相对认同性，港澳台和东南亚的市场相对其他海外市场更易进入。由于文化差异和销售能力的影响，欧美市场的可进入性较差，不建议列为主要目标市场。

根据旅游动机细分的若干子市场，香客最为稳定，且不需要太多额外的营销投入去维持；道教文化爱好者则需要一定的外部营销刺激，其动机介于“拜山”和观光休闲之间；观光和休闲游市场很大，但竞争的旅游目的地多，是属于需要争夺的增量市场。武术市场应该有前景，少林寺的武术市场既树立了竞争，又是可学习参考的对象。养生市场目前还不太成熟，需要考虑其市场足量性。

这样，可以考虑较容易做的作为目标市场（以√表示）。

（二）品牌定位进行微调，以适应目标市场战略需要

如前所述，目前以“道”立牌的定位，可能会压制以观光、休闲为目的的旅游者，但是“道”乃武当之本，不能轻易进行定位的改变。那么定位是否有一条中间道路呢？

个人认为：在不改变根本的情况下，根据目标市场的需求，赋予“道”以品牌内涵的深化或延伸，既不伤根本，又能以新的品牌内涵吸引观光和休闲的人群。具体的定位依据是根据产品特征和消费者动机结合起来。

如：灵山秀水，大岳武当。

“灵山”和原定位“道教圣地”、“道教仙山”相联系并无定位上重大的偏移，不会引起道教文化爱好者的抵触；和当前所用的广告口号“武当山灵”一脉相承，而品牌高度比“灵验”有了显著的提升。

“秀水”，结合太极湖的规划与建设，满足了道家文化中关于水的重视和喜好。同时，也融入了风景秀丽的意境，给观光和休闲为动机的游客以想象空间。

在此基础上，结合目标市场的其他特征，该定位通过广告语及产品名称来丰富或抽象化。如对香客：“灵山秀水，道家圣地——中国武当”、对活泼好动喜欢武术的青少年：“灵山秀水，太极祖庭——中国武当”等。

（三）围绕定位，结合目标市场特征，开发营销推广方案

营销方案的开发，需要考虑目标人群的特征，如购买决策过程、营销旅游决策的因素，信息获取途径，媒体使用习惯等。

推广方案既要做产品设计和包装，又要旅游概念，还包括实施方案，如通过谁来实施，怎样实施，这要结合具体市场来进行开发。以张家界为例，它在韩国市场取得了空前的成功。成功之处在于它在树立了张家界风景优美的形象的同时，也把握住了韩国人“孝”的需求，还考虑到韩国人“尽孝道”的方式，最大程度地发挥了二次传播的效应。所以韩国老人争相“被旅游”，每年到张家界的超过50万人。

武当山在进行海外市场的推广时，应选择它接收信息的途径，而非目前所选择的CCTV-9等频道（外国人通过CCTV-9获得中国旅游信息，这是中国人想当然的看法）。比较可行的是利用国外旅行社的渠道进行宣传和销售，以免因为文化差异或认知差异而带来的致命失误。

（四）调整对旅行社的政策，做到有效激励并采取措施减少灰色市场

加强武当山旅游风景区与旅行社的良性合作，一方面借助旅行社的力量把武当山风景区品牌推向市场，以进一步扩大武当山的知名度和影响力，另一方面也有助于旅行社进一步扩大市场份额。

给予旅行社政策倾斜，激发旅行社的推介热情。调整单一的“年计奖励”政策，将“年计奖励”与“门票优惠”相结合，提高旅行社的可见直接利益，激发其对武当山的宣传推广热情，加强推介力度。

调整单一的“年计奖励”政策，还有利于旅行社间为了拿到奖励而合谋“卖团”的现象，这属于灰色市场的一种形态，原理有点类似于分销过程中的“串货”。

兼顾国内外市场，强化渠道建设。加强与国内大中型旅行社的合作，大力开辟组团社市场；加大武当山在海外市场的宣传力度，加强与海外旅行社或者有海外拓展能力的中国国旅的合作，与海外目标市场建立起方便快捷的通路。

（五）注意传播活动的有效性和整合性

根据目标市场战略和市场推广方案来规划传播活动，以保证传播活动的有效性。假如欧美市场不是主要目标市场的话，那么与此相关的维也纳演出等活动就可以减免了，这样可以节约费用，有利于集中资源，重拳出击。此外，在不熟悉市场和缺少操作经验的情况下，海外的广告和公关活动，最后和海外旅行社合作，或委托或作为销售政策的内容来操作，避免“盲人摸象”，从而提升传播活动的有效性。

各种传播工具间互相配合，不求多热闹，但求协同性和有效性。此外还要求传递的信息应清晰一致，发布时间的科学选择、媒介的合理排期等。

【参考文献】

[1] 张金海. 20世纪广告传播理论研究 [M]. 武汉：武汉大学出版社，2002.
[2] 甘碧群. 市场营销学 [M]. 武汉：武汉大学出版社，2004.
[3] [美] 菲利普·科特勒，约翰·T. 保文，詹姆斯·C. 迈肯斯. 旅游市场营销 [M]. 第4版. 大连：东北财经大学出版社，2006.
[4] [美] 汤姆·邓肯. 广告与整合营销传播原理 [M]. 北京：机械工业出版社，2006.

【作者简介】

徐同谦，男，讲师，管理学博士，武汉大学新闻与传播学院、武汉大学媒体发展研究中心工作，研究方向为市场营销、媒介经营管理。

广告市场与广告产业

中国广告产业现状与发展趋势

陈 刚

【摘 要】中国广告产业经过30年发展，已经逐渐成为我国国民经济的一个重要组成部分。2008年，成为中国广告产业发展极为关键的一年，各种趋势变得逐渐清晰可见，产业的调整和重塑也由此变得迫在眉睫。企业营销面临前所未有的压力和挑战，创新传播需求强烈，传统媒体艰难时刻到来，欧美模式广告代理制在中国加速瓦解。广告公司步履维艰，重新审视自身价值。

【关键词】中国广告产业 现状 趋势

从1979年至今，中国广告业已经走过了30个年头。30年时间里，中国广告业发展迅猛，截至2007年，全国共有广告经营单位17.26万户，广告从业人员111.25万人，广告经营额174.96亿元①，广告产业逐渐成为我国国民经济的一个重要组成部分。然而，不得不说，对于一个产业的发展而言，30年的时间仍未免太过短暂，这段时间并不够一个产业从容地扩大规模，不够在每一个阶段都发展到很充分的时候才自然地进入到下一个阶段。这就意味着，中国广告业要在不够成熟的线形发展的同时，共时性地面临高度成熟的全球竞争，不能自然地前进，而只能跳跃性地成长。可以说，2006年中国广告业全面开放以来，这种跳跃式的成长变得尤为凸显。

2006年被称为是中国广告业的品牌元年，走出迷茫的中国广告业已经逐步意识到自身的问题，但也随之进入到对如何解决产业所面临问题的焦虑期。根据CTR市场研究媒介智讯的数据显示，2007年，中国广告业相比较2006年的增幅仅为9%，首次低于GDP的增长速度，一定意义上宣告中国的广告市场进入到一个调整的阶段，进入低速增长期。

处于焦虑期的中国广告业急需找到前行的突破口，于是2008年的北京奥运会就被认为是中国企业市场升级和品牌跳跃的决定性跳板。实力传播预计，北京奥运会有可能刺激全球广告业付出多达30亿美元的资金，中国广告花费总额有望提高到184亿美元。CTR的预计，2008年中国广告业的营业额会有13%～15%的增长，其中奥运因素会导致两个百分点的增长。而据摩根斯坦利预测，2008年中国广告市场将出现增长高峰，较2007年大幅增加25%，达到2 450亿元，足见各方对奥运拉动作用的期盼。

从实际的发展情况来看，根据CTR的监测数据显示，2008年的1月至8月，各品牌电视广告投放总量超过了3 500亿元。就月度投放的变化趋势而言，各级电视媒体的广告投放量都在2008年的7月达到了一个峰值，各品牌在奥运营销的最后一公里的集中发力，使得年初受到冰灾影响以及5月地震影响而处于低潮期的中国广告业有了一个强力的反弹。然而，不得不说，奥运这种盛大的活动对一些中小型国家而言，有可能成为压倒一切的因素，刺激广告业的飙升，而中国的市场规模庞大，企业在这样一个市场必须考虑长远的战略，所以，奥运对中国广告产业发展的推动作用及其影响不会是决定性的，而只是阶段性的。从

① 中国广告协会.2008中国广告年鉴［M］.新华出版社，2008.

CTR 的数据监测来看，8 月份广告市场增长率从 7 月份的 26.86% 回落为 6.09%，8 月之后，中国广告市场发展明显放缓。到了 2009 年上半年，广告投放量前 10 个品牌中已经不见了大部分奥运赞助商的身影，特别是在户外广告投放上尤为明显，2008 年上半年，户外广告投放量的 TOP10 品牌中，奥运合作伙伴占据了 6 席，而到了 2009 年上半年，只剩下了 3 家奥运合作伙伴维持了较高的户外媒体投放。

尽管奥运的拉动作用有限，但奥运对于中国广告业确实有着不同寻常的意义，奥运作为一个标志性的事件，所激发的传播环境的革命性的变化，使得产业对一些变化达成共识，产生心理的影响力，再转化成现实的影响力，将会促使广告业面对新的环境，更明确地进行思考和创新。同时，从年初的冰灾，到 5 月的汶川地震，再到乳品行业的三聚氰胺事件，以及年末席卷全球的经济危机等种种意料之外的突如其来，都让 2008 年对于中国广告业而言，成为极为关键的一年，在跌宕起伏中，中国广告产业的焦虑燃至了沸点，中国的广告产业暗涌的种种趋势变得清晰可见，产业的调整和重塑也由此变得迫在眉睫。

企业营销面临前所未有的巨大挑战，创新传播需求强烈

如今，新的传播环境的复杂性是前所未有的。企业已经进入了一个传播透明化、多元化、海量化的时代。而在这样一个时代，企业传播的风险性极高，稍有不慎，企业就会成为传播的受害者，而如果不了解新的变化，也可能丧失非常好的传播机会。2008 年对于中国企业而言，无疑是充满巨大挑战的一年，传播的高风险性在 2008 年发挥得淋漓尽致。企业对创新传播的需求日益强烈。

5 月突如其来的汶川地震，对中国广告市场也造成了强力的震荡。在抗震救灾、公益呼吁的大背景下，媒体商业广告受到限制，广告投放大幅缩减。根据 CTR 的监测数据显示，2008 年 5 月，国内媒体广告投放陷于停顿，仅有 0.6% 的增幅。2008 年上半年整体投放经此一“缓”，投放增速明显“受阻”，同比增长仅增加 1 个百分点，由此，通过广告和消费者进行沟通，就变得难上加难。而就在此时，王老吉却通过善款事件，受益于互联网新传播环境所带来的快速口碑传播。网友们在喊出“要捐就捐一个亿，要喝就喝王老吉”口号的同时，也将王老吉买断了货，王老吉社会责任形象被快速建立，市场认同感增强，赢得了 5 月后的销售旺季的成功。这种依托于新的媒体环境的创新传播方式所带来的爆炸性传播效应是传统的广告投放所无法企及的，而同样的，王石的一句话，让万科陷入“捐款门”，一时间品牌形象大打折扣，也为国内企业敲响了警钟。企业在谨慎规避传播风险的同时，对利用新的传播环境进行创新传播的需求进一步强烈。

而 2008 年北京奥运所激发的传播环境的革命性的变化，也使企业进一步认识到，进行营销传播，需要的不只是广告，需要的是争夺传播资源，增强传播力，管理、维护、创造传播资产。根据 CTR 的研究，2004 年雅典奥运会期间，电视和报纸是首选媒体，到达率提升，广播、杂志和互联网有所下降，而 2008 年奥运中国受众的首选媒体是电视和互联网。在企业争夺传播资源的时代，企业既要利用传统媒体，又必须在互联网等新的传播形态上扩大影响力，这是 2008 年奥运营销对中国广告业最大的挑战。而互联网正在引领中国的传播产业进入一个新的时代，即超媒体的时代。它包容了传统媒体，但超越了传统媒体。传统的广告服务业是基于传统大众媒体环境形成和发展的，已经不能满足企业在新的传播环境的新需求。

乳品行业的三聚氰胺危机，是 2008 年中国企业遭遇的另一个重创，在企业面临巨大信任危机的时候，通过广告与消费者沟通就往往容易导致信任危机的加剧，这同时也使得企业积极尝试通过公关活动，终端宣传，网络口碑传播等多种方式和消费者进行沟通。

2008 年末，席卷全球的经济危机，也波及了中国的广告市场，根据 CTR 的监测数据显

示，2009年第一季度相比较2008年同期，中国传统媒体广告花费仅增2%，多年来首次出现个位数。生存压力加大的广告主，对与广告的投放更加审慎而理性，大众媒体费用的不断上升及效果的明显下降，使得广告主更多地转向新的媒体形式和新的传播方式。

可以说，2008年，一系列突如其来的大事件，给广告主传统的营销模式带来了巨大的挑战，同时，面对竞争日趋激烈的中国市场和高度复杂的媒体环境，广告主对创新传播的需求日益强烈。

传统媒体艰难时刻到来，欧美模式广告代理制在中国加速瓦解

2008年，是传统媒体发展的临界点，传统媒体的艰难时刻已经到来。我们可以看到，一方面，广告主在传统媒体投放上增长空间已经有限，进入了发展的瓶颈期；另一方面，互联网借助2008年的一系列的大事件实现了起飞，对传统媒体的发展造成了进一步的冲击。

就报纸而言，2008年前8个月新闻纸连续提价三次，成本的攀升导致报纸媒体不断提价，广告价格也相应上涨。因此，很多广告主在媒体投放中降低了对报纸媒体的分配比重。

广告主对户外媒体投放比重的减少则源于国家有关部门对户外媒体的整治。根据CTR市场研究的监测数据显示，2008年上半年，户外媒体广告投放相比较2007年同期下降了23%。

电视在2008年虽然仍有不可撼动的地位，然而，受到新媒体的冲击以及2008年底经济危机的影响，都使得电视媒体面临着淘汰式的竞争，前景并不乐观。

同时，由于媒介购买公司对电视媒体的控制加强，也使得电视媒体的广告经营一定程度上陷于被动。2008年10月29日WPP成功收购TNS，而与此同时，另一家收视率调查公司AGB尼尔森被逼出中国市场。也就是说，在一段时间内，中国电视市场只存在一家收视率调查公司，在某种意义上，WPP和媒介购买公司基本上垄断了中国电视媒体的广告经营。一是手握重量级客户的媒介购买公司，一是在中国拥有最高权威性的唯一的收视率数据调查公司，当二者成为一家人之后，媒介购买公司也就控制了与媒体议价的最重要砝码。一些弱势的电视媒体在面对掌握着重要客户资源的媒介购买公司时本就不具备议价实力，如今收视率的评价也由拥有中国最大媒介购买公司的WPP控制，更是雪上加霜。媒介购买公司对中国广告业和传媒业的影响在近年来已经受到关注，媒介代理的过度集中会使媒介购买公司更具议价实力，媒体的议价空间会越来越小，并导致利润降低。

随着传统媒体艰难时刻的到来，中国的广告产业结构也面临着变革。中国的广告业模仿的是欧美的广告模式。这种模式的特点是广告公司作为独立的第三方，以自己的服务获得广告主和广告媒体的认可，同时强调广告公司在同一个行业中只能代理一家客户，不能重复代理。1993年7月，国家工商总局发布《关于在部分城市进行广告代理制和广告发布前审查试点工作的意见》，决定从1993年下半年起在全国开展广告代理制试点。然而，目前看来，欧美的广告代理制并不适合中国的发展，在中国媒体和企业都很强势，而广告公司在博弈中始终处于弱势的一方。把广告公司单独剥离出来，而其价值尚未得到认可，导致了广告公司低经营效益和低专业水平的恶性的循环。广告代理制本应引导建立一种广告公司、客户和媒介三方相对平衡的结构，而在中国广告业的环境中，这种广告代理制却破坏并加剧了三方的失衡。

2008年，面对生存的巨大压力，强势媒体进一步越过广告公司，直接控制优势资源。尽管面临全球金融风暴和经济危机的冲击，2008年11月18日的央视招标结果却给业界预测2009年广告市场走向以一个较为光明的信号。其黄金资源招标总额达到92.5亿元人民币，与2007年相比增幅约15.4%。然而，应该看到，以往由广告公司独家买断经营的栏目广告，比如1套、2套、3套、4套、6套和10套等频道的广告中，有一部分广告时段被拿到了央视招标资源中销售，媒体自营或直接与专业的媒体代理公司合作，减少了原来以这部

分媒体资源代理为主的广告公司手里的资源，同时，许多媒体还扩展业务，侵吞广告公司的业务，为客户提供营销、创意和策划的服务，广告主越来越趋向于同媒体直接进行沟通合作，舍弃中间广告公司的环节。广告公司生存空间被挤压，进一步边缘化，欧美模式的广告代理制加速瓦解。

广告公司步履维艰，重新审视自身价值

随着媒体的高度复杂性和企业营销需求的多样性，本已在与媒体和企业的博弈中处于弱势地位的广告公司的核心价值正变得日益模糊，传统的广告业越来越无法适应新的媒介环境，无法满足企业的需求，正在走向日益边缘化的过程当中。而2008年金融危机爆发以来，各大广告公司更是压力倍增。由于广告公司的依附性较强，客户受到危机的影响也就自然波及广告公司，2008年底，全球最大广告传播集团宏盟集团裁员数千人，占其员工总数的4%～5%；全球第三大广告传播集团IPG集团也削减了2 000个职位，占其员工总数的5%。奥美北京分公司负责摩托罗拉全球广告业务，随着摩托罗拉的撤单，导致项目组70多人集体被裁。不只是奥美，另一广告巨头麦肯此前为安稳人心在亚太区曾发出不主张裁员的公函，但由于大客户Intel的全球业务部分流失，无奈之下也对项目组举起裁员大刀。不仅仅是裁员，一些广告公司的架构也在发生变化。WPP集团旗下的群邑公司有4个分公司，以前每个分公司会有不同的组负责同一个客户的不同项目，但如今，为了节省成本，群邑已打通分公司壁垒，将以前的4个组合成1个组进行项目运作①。而中国本土的广告公司尽管由于国际客户较少，受到经济危机的冲击不明显，然而，面对新的媒体环境和市场环境，以及需求日益多元的广告主，如何根据新的市场环境和传播环境下企业的需要，重新界定广告业的核心价值，就变得十分迫切。广告公司的发展，最重要的还是提升自已的核心价值，即策略和创意能力。虽然广告公司的生存环境较为艰难，但真正能生存、发展和有所突破的必定是那些有独特的研究能力和创意能力的公司。

博弈中重塑，破局加速度

广告业的发展是在广告公司、媒体以及企业之间的动态博弈中不断前行的，然而，由于在共时性的环境中，欧美模式的广告代理制的过早引入和推广，导致中国的广告公司很难正常发育，在和媒体以及企业的博弈中始终处于劣势；而互联网等新媒体的出现，使得传播环境发生革命性的变化，传统广告公司的服务模式受到挑战和质疑，服务价值严重缩水，发展空间受到严酷限制，全球性的广告业服务模式随之进行着革命性的转型。2009年7月，酝酿多时的《文化产业振兴规划》终于发布，广告被列入了第一梯队的重点文化产业，这无疑是对中国广告业的肯定，也是广告业打破现有局面的一个强有力的信号，然而，中国广告业的未来发展，归根结底，还是要经历服务模式转型的阵痛，探索和建立适应新的市场环境和传播环境的广告业的新型服务模式，重塑广告的价值。可以说，2008年一系列大事件以及金融危机的爆发，让中国广告业服务模式的转变变得日益迫切，随着广告业一系列问题的尖锐化、明朗化，相信中国的广告业将在博弈中加速自身核心价值的重塑。

【参考文献】

[1] 张金海. 全球五大广告集团解析 [J]. 现代广告, 2005 (5).

① 朱琳. 21世纪经济报道 [N]. [2009-04-10].

[2] 陈刚．从孤岛扩张型到陆地紧缩型——当前电视媒体经营战略转型［J］．广告大观．媒介版，2007（1）．
[3] 陈刚．2006 中国广告媒体：创新创造价值［J］．传媒，2007（2）．
[4] 陈刚．跨国与本土：伪问题的现实意义——兼谈本土广告公司的发展机会［J］．广告大观．综合版，2007（3）．
[5] 陈刚．结构性焦虑与转型期焦虑的交织：对当代广告公司现状的一种解读［J］．广告大观．综合版，2007（6）．
[6] 陈刚．广告需求的变化与广告服务的转型［J］．广告大观．综合版，2007（7）．
[7] 陈刚．新媒体时代营销传播的有关问题探析［J］．国际新闻界，2007（7）．
[8] 陈徐彬，叶蕾，于远娜．2007 中国广告业的春秋图［J］．广告大观．综合版，2008（1）．
[9] 陈刚．第四类广告公司 VS 创意传播［J］．广告大观．综合版，2008（4）．
[10] 陈刚．后广告时代：创意传播管理革命［J］．广告大观．综合版，2008（7）．
[11] 陈刚．2009 年中国广告业发展的阵痛与新生［J］．国际广告，2008（12）．
[12] 陈刚．奥运引领中国广告业革命［J］．中国报道，2008（8）．
[13] 陈刚．2008：变革已经开始［J］．传媒，2008（9）．

【作者简介】

陈刚，北京大学新闻传播学院副院长，教授，博士生导师。

创新的冲动与激励的缺失

——中国广告公司经营管理核心问题分析

姚　曦

【摘　要】本文通过回顾中国广告公司自改革开放以来的发展历程，提出了中国广告公司原始性成长的发展特征，并就此特征进行了讨论，指出了中国广告公司原始性的成长，高度分散、高度弱小和管理失序的生存状态，使得中国广告公司整体经营管理呈现出创新实践的不足与激励缺失的特征；并指出创新与激励机制的建构已成为中国广告公司经营管理最核心、最迫切的问题的结论。

【关键词】广告公司　创新　激励

广告公司是广告产业的核心构成要素，广告公司的创新发展是实现广告产业自主创新发展的前提和保障。找出中国广告公司①经营管理中存在的问题，是构建中国广告公司经营管理体系的前提。

一、中国广告公司的原始性成长历程

自改革开放以来，中国广告公司经过了起步、崛起、飞跃这三个阶段。1979—1991 年是起步阶段，这一时期广告业务大多是“广而告之”的宣传，对创意和人才的要求极低，可以说是一个没有关注创新和激励的原始时期。1992—2001 年是崛起阶段，这一时期的广告公司出现两种业务倾向、媒体掮客和初级创意公司。两者之中以激励刺激创新、以创新提升激励的关系还少有出现。2001 年至今是飞跃阶段，这一时期，随着外资广告公司涌入我国广告市场，行业发展遭遇“资本—专业”不均衡对抗的瓶颈，资本投入及规模小阻止广告公司专业化尤其是创新行为的发展，而缺乏创新的公司也难以向更高的层级发展。创新与激励的缺失日益凸显，成为中国广告公司经营管理的症结。

在中国广告公司成长的 30 年时间里，呈现出了三大特征。首先是原始性成长的特征，即广告公司在经营观念和管理方式上的盲目性和无序性，也就是说广告公司的经营管理没有先进的经营观念和管理理论的指导，广告公司的专业水平也没有很好的方法得到有效的提升。

其次，中国广告公司呈现出高度分散和高度弱小的特征。② 由于我国广告产业入行门槛低，导致市场上存在着大批规模小、效益差、专业水平低的广告公司，水平参差不齐；同时，我国广告产业的经营格局混乱，没有实行真正意义上的广告代理制。在广告市场中，媒体以其中国特有的垄断优势直接参与经营，形成了“强媒体、弱公司”的市场态势，导致

① 本论文所指的中国广告公司主要指在中国内地地区注册和开展营业的本土广告公司，对于港、澳、台地区注册的，以及合资性质，外资性质的广告公司不作重点讨论.

② 张金海等．中国广告产业将走向何方？——中国广告产业现状与发展模式研究报告［J］．现代广告，2006（7）．

广告公司地位尴尬，作用难以充分发挥；另外，从20世纪80年代开始，各类跨国广告公司不断涌入中国广告市场，严重挤压了本土广告公司的生存空间，使得中国广告公司无法形成产业集群的规模化发展，难以积累资本，同时也使广告公司人力资本呈现不足的状况。

最后是管理的失序。主要表现在三个方面：第一，管理缺乏针对性，没有遵循创意产业的规律进行管理。作为创意产业主力军的广告行业，在经营广告公司时，对于人力资本的积累和激励是广告公司经营管理的重点。中国广告市场进入退入门槛太低，一些管理者或经营者没有意识到人力资本的重要性，在经营管理中缺乏创新与激励的相关机制。第二，管理观念的落后。尤其是在创新和激励上的观念滞后，使得广告公司在发展过程中，未能设计或引入一套符合行业特性的管理机制，往往会忽略繁荣背后的管理、责权、激励、人才等方面的短板。第三，管理方式的缺乏，即人力资本创新和激励方式的缺失。广告公司规模的弱小和资本的不足，无力更新管理方式，所以在公司的创新和激励机制建设方面，中国广告公司还有很长的一段路要走。

二、创新的冲动与激励的缺失

在中国广告公司经营和发展的过程当中，由于巨大的发展空间，使大量的中小广告公司保持着创新的冲动：对经营范畴的不断扩张、对经营资源的创新性获取（主要是媒体）、对客户的不断拓展。尽管这种冲动是创新的原动力，但它也是一种无序、缺乏理论指导的冲动，尤其是在管理方面存在严重的脱节，而在人力资源激励上表现出假性的存在。目前，中国的广告公司的发展，基本上遵循着三种形态：

第一种是自我探索，自我创新的发展，这是本土广告公司主要的发展方式，其特点是照猫画虎，今天仍有大部分中小型广告公司这样生存着；

第二种是模仿国际4A结构形态发展。自进入中国以来，国际4A就吸引了众多眼光，对中国广告公司的发展起了重大推动作用，一些本土广告公司模仿国际4A作业方式，以借鉴国际4A的“零部件”的方式不断提升自身水平；

第三种是本土和国际4A的融合，以一些合资型的广告公司为代表，如盛世长城广告公司、北京奥美广告公司等，这些广告公司在经营和管理方面，都具有世界级水平，对本土的广告公司具有强大的冲击作用。

创新的冲动来源于创新意识和创新精神。这种创新冲动，得益于中国广告发展的良好外部环境，广告市场空间的不断扩大，使得这种创新冲动转化为创新行动。外部环境和内部组织的创新，形成了一股内驱力和外驱力的合力，形成了“创新冲动→创新行动→创新结果”的模式。

在中国广告公司的发展历程中，充满了广告公司对创新的冲动。中国广告公司选择创新是发展的必然趋势，同时，应指出，中国广告公司在创新实践的过程中存在着不足。具体来说，包括以下四个方面：

1. 理念滞后，缺乏先进理念的指导

理念创新是广告公司发展和竞争的原点。没有理念或理论上的创新，就没有今天的这些顶级的4A广告公司。理念是最根本的东西，是一个企业发展的智慧源泉，是在洞悉之后的精到见解，是企业愿景的集中体现。理念具有支配性、先导性、战略性和前瞻性。理念创新是任何企业生生不息的源泉也是企业血液的再造，没有它，企业就缺乏原始驱动力。但是，由于中国广告产业的门槛很低，这就造成了广告公司管理层或经营层的人员结构素质参差不齐，缺乏基本的知识基础，来接受先进的公司管理理念，使公司的经营管理缺乏先进理念的指导。

2. 无法有效建立核心竞争力

核心竞争力创新是广告公司竞争的关键。核心竞争力是在组织内部经过整合了的知识和技能，尤其是关于怎样协调多种生产技能和整合不同技术的知识和技能。它是企业持续竞争优势的源泉，然而它本身不会自动转化成竞争优势。培育和提升核心竞争力，并把它转化成竞争优势的机制，是任何一个企业都应该完成的，包括企业的组织结构和流程制度、管理风格、企业文化和资源状况等方面。对我国的广告公司而言，主要表现在人力资本、知识资本、基础结构资本、客户资本及市场资本等方面。中国广告公司的小规模、低资本水平的发展状态，使得广告公司无法获取足够的人力资本、知识技术、基础结构资本等公司发展的必要资本基础，从而缺乏了广告公司有效地构建核心竞争力的基础。同时，由于规模的弱小，资本水平的不足，中国的广告公司也缺少能力去构建自身的核心竞争力。

3. 过分强调个人的声誉，很少注意组织的品牌声誉的建设

声誉创新是广告公司发展的必然选择。声誉管理的核心是企业的"准确决策"。国际顶级的4A广告公司兴盛的秘诀之一就是对自身声誉的经营和管理：一方面能为自己带来声誉的客户，另一方面做能够带来声誉的广告，而且往往是双管齐下。中国广告公司在组织决策的结构上多以个人为主，重视个人声誉的发展，忽视组织的品牌声誉的建设，是现阶段中国广告公司在声誉创新方面存在的问题。另外，中国广告公司的小规模和低资本水平，导致公司经营管理水平不高，组织人员的个人素质也不高，从而没有意识到组织声誉建设的重要性，以及个人声誉建设与组织声誉建设之间的关系，也是影响声誉创新的重要原因。

4. 没有建立以创新和激励为核心的经营管理体系

管理创新是广告公司发展的动力源泉。广告人是最具活力、最具创造性、最具时代性和最具个性的一个群体。广告公司的管理就是要为广告人创造一个环境，让广告人能够自由地进行广告的策划、创意、创新和运作。中国广告公司规模小、资本水平低下的发展状态，决定了中国广告公司建立以创新与激励机制为核心的公司管理体系的艰难。规模小，使得建立以创新与激励机制为核心的公司管理体系，缺少建构和完善的组织平台；资本水平低下，也使在建立体系所需的资源和资本方面无能为力。

广告公司是一种特殊的企业形态。广告公司的员工属于知识型员工，对待知识型员工必须采取以行为激励为主的策略。在知识经济时代对知识型员工应摒弃传统管理模式，有针对性地采用积极主动的激励方式，才能充分发挥广告公司知识型员工的工作积极性。激励的滞后和缺失是中国广告公司发展中的一个重要问题，总体表现在对于激励的认识不足，而且运用激励的方法欠佳。具体表现在以下五个方面：

1. 对员工的物质激励和精神激励存在双重不足

当前，我国广告公司的管理水平仍然停留在泰罗的"胡萝卜加大棒"的"科学管理"水平。许多企业经营者仍然把员工当作"经济人"来看待，缺乏与员工的感情交流，单纯地、简单地通过物质利益的满足对员工进行激励，忽视了对员工的精神激励。在有些企业中，即使是物质利益的激励，也常常由于企业经营者的失信而难以实现，员工的合法权益得不到保护。

2. 管理者或经营者忽视组织环境的激励作用

环境激励是指通过改善政治环境、工作环境、生活环境和人际环境等来吸纳和稳定人才。环境宽松，人际关系融洽、氛围温馨、生活安定、心情愉悦，人的创造潜能就能得到充分发挥。良好的企业环境是能够让企业员工获得与其贡献相适应的回报。只有当企业给予员工的回报让其感到物有所值时，才能达到留住人才的目的。

3. 公司对知识型员工缺乏了解和认识

在绝大多数企业中，包括广告公司等知识型企业，在对待知识型员工的管理上，完全采用传统的方法，导致大批知识型员工得不到真正的激励，作用自然得不到发挥。有些知识型员工甚至因对企业不满而变成企业的“负资源”。企业领导者和管理者在管理理念上，把知识型员工假设为完全为自己的利益而工作的人，而对知识型员工内心深处对事业、组织的责任感和理想追求，以及由此形成的工作动力，缺乏深刻理解。

4. 公司对激励的系统性认识不足

有些广告公司对于激励的系统性认识不足，将激励问题简单化，为了激励而激励，未能结合企业发展的战略目标和员工个人的职业发展来设计和实施知识型员工的系统化激励机制。公司一旦发现某个激励问题或员工的某种需求，就单纯的就事论事，采取某种激励措施来进行解决，治标而不治本。其实，激励的目标在于让员工有持续、长久的工作积极性，而不是追求昙花一现的短期效果。因此激励的有效性取决于完整而良好的系统性和过程性。

5. 公司在人力资本的管理理念、方法与技术把握的滞后

中国广告公司经过创业的激情过后，随着公司的发展，公司的管理开始出现了责权不清、利益纠纷、激励缺失、人才流失等困扰企业的“痛”，在竞争十分激烈的广告行业，如果不构建起具有竞争力的经营发展模式，就将在市场中逐渐平庸和弱化。许多广告公司在经历了多年的艰辛创业之后，创始人在领导团队、在公司中具有绝对的权威地位。特别是许多私营性质的广告公司，往往更强调“领袖”的核心作用，从而使得的“人治”之风盛行。因此，当广告公司强调创始者对企业的巨大贡献和领导作用的时候，往往会忽略繁荣背后的管理、品牌、工具、服务、人才等方面的短板，也忽视了这些短板已经把公司逼向了平庸状态的现实。如何最大限度发挥出企业员工的工作积极性，成为平庸企业向优秀企业迈进的一道门槛。

三、创新激励是中国广告公司经营管理的核心问题

1. 资本形态和产品形态决定了创新与激励是中国广告公司经营管理的核心问题

一般来说，作为创意型企业，广告公司的资本形态是人力资本，产品形态是创意性产品。广告公司的核心资源是创意资产，而创意资产的积累，产生于人力资本的增值，同时，创意型产品的生产也依赖于人力资本的转化，因此，归根结底，广告公司的核心问题就是如何促使人力资本增值。人力资本的增值是公司员工实践创新行为的结果。所以，通过解决公司员工实践创新行为的手段，就可以解决广告公司经营管理的核心问题。建立以人为本的创新和激励机制应成为广告公司经营管理的工作核心。然而，中国广告公司规模小、资本水平不足的现状，使得广告公司无法拥有建立完整的创新与激励机制的平台和能力。面对日益激烈的竞争，广告公司的资本形态和产品形态，决定了中国广告公司经营管理的核心问题，就是要使人力资本的增值最大化，以获取创意资产的积累。这是中国广告公司摆脱“高度弱小、高度分散”的生存状态的有效手段。

2. 高度分散和高度弱小束缚了中国广告公司创新与激励机制的建构

（1）规模小，缺乏建立创新激励机制的平台。

中国广告公司高度分散、高度弱小的发展状态，造成了其在规模上的弱小，出现了在整体上中国广告公司以中小型居多，而且许多广告公司维持在5~10人的水平上，如此小的公司规模，无法支撑制度的建立，创新激励机制的建立需要一定数量的员工作为平台基础，单纯几个人之间的激励关系达不到机制形成的条件，所以在中国广告公司的小规模，使创新激励机制失去了建立的平台。

(2) 资本不足，缺乏建立创新激励机制的能力。

中国广告公司资本实力上的弱小，使广告公司创新和激励机制的构建，没有强大的资本作为改革的后盾。小规模决定了其人力资本的不足，从规模上不能提供平台，同时人力资本的充足是创新的必要前提，资本实力弱从根本上阻碍了广告公司创新行为的产生。同时，中国广告公司小规模的物质资本，不能为广告公司建立创新激励机制提供足够的资本支持，在资金、技术方面都是如此。所以，广告公司的小资本状态，使它缺少建立创新激励机制的能力

(3) 观念落后致使创新与激励假性存在。

除了缺少建立创新与激励机制的平台和能力外，中国广告公司还缺少创新和激励观念。中国广告公司的管理层或经营层还没有能深刻地理解广告公司的属性、资本形态和产品形态，以及它最核心的问题。因此，创新和激励在中国广告公司中只是一种假性存在，这造成了许多广告公司都在宣传创新，但是鲜有公司能够作出真正具有创新性的作品之类的情况发生。从激励方面来看，广告公司虽然有奖金制度、休假制度等员工的福利制度，但是这些广告公司仅仅将公司的激励固定在几种行为之上，而不去深究何种激励才会真正激发起员工的创新行为，这不仅从概念上将激励误读，而且也是一种资源的无效配置。因此，对广告公司经营观念问题的落后导致了创新与激励的假性存在。

(4) 产业结构高度分散导致专业高度不够，而缺乏对创新激励机制的关注性。

中国的广告产业结构处于高度分散的状态，这其中的一个重要原因是过低的进入壁垒和退出壁垒。这种“低进低出”的行业壁垒，造成了中国存在大量的专业度不够的广告公司，他们没有意识去了解广告行业是创意产业的一大分支，它的经营管理必须以人为本，取得竞争优势的核心在于创新，所以造成了对创新激励机制关注性的不足。

(5) 创新与激励机制的建构是中国广告公司实现自我超越的重要手段。

中国广告公司对建立以人力资本为核心的创新与激励机制表现出普遍的无意识。对于广告产业来说，这种对创新与激励机制建立的无视，将会严重影响中国本土广告产业的结构，致使广告产业结构继续向高度分散的方向发展。然而，即使现在中国的广告公司处于高度分散与高度弱小的状态中，但应该看到中国的广告市场正处于发展时期，尚有许多市场机遇留给本土广告公司，所以无论为了自身的发展需求，还是为了中国整个广告行业的发展壮大，都要建立创新与激励的机制，从而实现广告公司的发展超越，壮大中国的广告产业。

四、创新与激励机制的建构成为中国广告公司经营管理最迫切的要求

在今日中国的广告市场中，不仅有众多的本土广告公司，而且还面对着国际大型广告集团的严峻挑战，与后者相比，中国广告公司缺少科学和创新性的经营管理制度，专业性广告人才十分缺乏，很难形成强有力的竞争，唯一的一点优势——即对本土市场的了解，也随着国际公司的本土化战略而逐渐丧失，这就让我国的广告公司面临着丢失发展机遇的危险。另外，由于世界广告市场的发展已不局限于单纯的广告，而扩展到整个营销传播范围，由于多年的原始型经营，在公司制度上现有创新，不能够提拔人才；在人员结构上，缺少其他领域的专业人才，所以面对如此庞大而又利润颇丰的大广告市场，我国的广告公司表现得力不从

心。尤其是在国际大型广告集团均处于转型过程中的今天，我国原始型的广告公司的发展模式正在使本土广告公司丧失发展壮大的机会。

公司经营的最大目的就是为了盈利，其利润的来源就是公司做拥有资产的价值。广告公司产品具有高价值的人力资本依附，具有创新的产品和方案是广告公司获取利润的来源，而人才是创造这些具有高附加值的创意性产品的基础。创意资产的兑现就是广告公司将人力资本价值转化为利润的过程，它从两个方面为公司经营取得了最大的获益，一是在物质层面，创意资产的兑现，为公司带来了真实利润的增加，为公司进一步改革和发展提供了保障；另一方面，广告公司创意资产的兑现，对人力资本具有肯定作用，在一定程度上对员工具有激励作用，为进一步创造利润提供行动动力，同时创意资产的兑现为公司奠定了良好的社会关系，为公司的进一步发展提供便利。

创新和激励从两个层面促进和提升了广告公司专业经营和运作的能力，为创意资产的兑现提供了核心驱动力。

在个人层面，人力资本的价值增加将会直接影响公司创意资产的增值和实现的程度，同时人力资本的增值有赖于个人的努力，而个人的程度又受到广告公司激励机制的影响。在公司层面，广告公司整体的创新表现，将直接为公司带来声誉资产和直接利润，这为公司创造了实现创意资产的社会关系力量和物质实力，进一步提升了广告公司运作的能力，同时社会的激励体制也会给予公司足够的支持，以促使公司进一步增长其创意资产和实现创意资产的动力。

2005 年后，中国已依照加入 WTO 时所作的承诺，允许外资直接投资我国的广告市场，开设国外资金控股的广告公司，同时世界广告市场形式正急剧变化，单纯的广告公司越来越少，国际大型广告公司纷纷进行并购重组，形成大型的营销传播集团，涉及的经营范围从广告、公关，一直到商业咨询。面对强有力的国际竞争者，中国广告公司需要从两个方面做好准备，一是公司的专业性水平方面，一是公司的资本积累方面。在激烈的竞争态势面前，中国广告公司一方面要增强自身的专业性建设，另一方面又要注重其资本的积累，这样就迫切地有建立一套机制以满足两个方面的需求。系统化和制度化地构建科学合理的广告公司的创新激励机制，是突破中国广告公司在综合实力上规模小、资本实力不足和专业化不足的瓶颈保证。因而，有针对性地构建一套适合中国广告公司经营管理的创新激励模式成为迫切之举。

【参考文献】

[1] 张金海，黄玉波．现代广告经营与管理［M］．北京：首都经济贸易大学出版社，2006.

[2] 杨剑．激励导向的薪酬设计［M］．北京：中国纺织出版社，2002.

[3] 刘光明．企业文化［M］．北京：经济管理出版社，2002.

[4] 何海明．广告公司的经营与管理［M］．北京：中国物价出版社，2002.

[5] 冯仑．野蛮生长［M］．北京：中信出版社，2007.

[6] 陈伟．创新管理［M］．北京：科学出版社，1996.

[7] 唐锐涛，劳双恩．智威汤逊的智［M］．北京：机械工业出版社，2005.

[8] 张建华．创新、激励与经济发展［M］．武汉：华中理工大学出版社，2005.

[9] 廖秉宜．自主与创新：中国广告产业发展研究［M］．武汉：武汉大学出版社，2008.

【作者简介】

姚曦，武汉大学新闻与传播学院教授。

我国广告产业核心竞争力的消解与重构

刘　芳

【摘　要】 本文运用产业核心竞争力的相关理论，针对我国广告产业存在的“泛专业化”问题进行了分析，认为我国广告产业面临核心竞争力消解的危机。广告产业必须进行战略转型与升级，重新建构核心竞争力，具体发展路径是专门化—专业化—集群化—规模化。

【关键词】 广告产业　广告公司　核心竞争力

自1979年我国广告市场重新开放以来，我国广告产业一直保持高速增长的态势，增长速度远远高于国内生产总值的增长速度。但总体来看，我国广告业发展水平仍然较低，处于低级发展阶段。多年来我国广告产业高度分散和高度弱小的状况仍然没有改观，跨国广告公司在华扩张态势愈演愈烈，广告公司面临双重挤压而生存日益艰难。广告代理业的价值遭遇挑战，广告产业的核心竞争力备受质疑，广告业依然面临着不容忽视的深刻危机。重构广告产业的核心竞争力，成为广告产业改造与升级的当务之急。本文将借鉴核心竞争力理论的相关研究成果对该问题进行分析。

一、核心竞争力理论与广告产业核心竞争力

企业核心竞争力的概念是1990年普拉哈拉德和哈默尔在《企业的核心竞争力》（*The Core Competence of the Corporation*）一文中提出的，该文正式确立了核心竞争力在管理理论与实践上的地位，其主要观点“企业核心竞争力是持续竞争优势之源”也被世人广泛接受和传播。根据普拉哈拉德和哈默尔的定义，核心竞争力是“组织中的积累性学识，特别是关于如何协调不同的生产技能和有机结合多种技术流的学识”。这是一种基于技术观的企业核心竞争力观点。①

综合近年来核心竞争力理论的研究成果，可以将核心竞争力定义为“整合企业各种资源（包括物质资源、技术资源、人力资源、知识资源、财务资源与组织资源）与多种能力（包括生产能力、管理能力、营销能力、技术能力、员工能力）所形成的一种能够确保本企业在市场竞争中获得竞争优势与可持续发展的独特能力”。它并不是指某项单独的能力（如生产能力或营销能力），而是企业多种具有竞争优势的能力集合体。②

企业核心竞争力理论是在微观层面上对企业能力的研究，在产业这个中观层面上，对产业竞争力的研究主要体现在产业竞争力理论体系的相关研究成果中。1990年，美国哈佛大学教授 Michael E. Porter 提出了全新的产业竞争力研究框架，即“钻石模型”。该理论的提出标志着产业竞争力理论的正式形成。“钻石模型”为产业竞争力研究提供了一个比较完整的分析框架，强调了企业价值链与外部环境的适应性，但忽视了企业内部因素在战略制定中应有的决定性作用，没有分析企业内部结构与竞争优势的关系以及内部结构的影响因素。而

① 陈根．核心竞争力理论渊源、局限性和研究展望［J］．商业时代，2009（17）：43-45.

② 盛小平，孙琳．企业核心竞争力理论透视［J］．经济问题探索，2006（11）：81.

经济发展环境的变化使得产业外在竞争要素对产业发展所起的作用发生变化，产业国际的竞争逐渐演变成产业的内在竞争要素之间的对抗。

那么，如何来评价产业的内在竞争优势？我们试图将企业核心竞争力与产业竞争力的概念相结合，提出“产业核心竞争力”的概念。产业核心竞争力与企业核心竞争力是相互关联的，对于产业而言，其核心竞争力的形成和提升有赖于企业核心竞争力的培育和发展，需要从企业角度去研究。如果企业有着较强的核心竞争力，产业的核心竞争力就较容易形成。同样，产业核心竞争力的形成和提升，有助于推动企业加强核心竞争力的建设。根据普拉哈拉德和哈默尔以及后来学者提出的判断核心竞争力的标准，即：价值性、复杂性、不可见性、难以模仿性、持久性、独占性、不可替代性、优越性、延展性、异质性、动态性①，我们可以将这些标准应用在对产业核心竞争力的评价中，建立“产业核心竞争力”的概念。产业核心竞争力必须具备这一系列要素，在本质上是一个复杂的能力体系。

因而，我们可以将广告产业核心竞争力定义为“广告产业整合各种资源（包括媒体资源、客户资源、消费者资源、知识资源、人力资源、技术资源、资金资源与组织资源等）与多种能力（包括专业能力、学习能力、创新能力、组织管理能力以及产业文化等）所形成的一种能够确保广告产业获得竞争优势与可持续发展的独特能力”。

那么，广告产业的核心竞争力究竟是什么？我们可以通过回顾世界广告产业的两次转型与升级的过程来找出问题的答案。

早期的广告代理，是应媒介自身发展的需要，以媒介代理者的身份出现的。由最初的依附媒介发展到独立经营，虽然是一个重大进步，但其性质仍然是单纯的媒介代理。这种单纯的媒介代理只是一种媒介掮客，并非专业化代理，具有可替代性。

由于市场的拓展和日益复杂化，企业间的竞争加剧，企业营销意识与广告意识的不断提升，到19世纪中后期，广告业开始由单纯的媒介代理向不仅是独立的，而且是多样化的专门化代理演进，广告公司开始为广告主提供广告调查、广告策划、创意等综合性服务，现代意义上的广告代理制度真正确立起来。其标志就是综合型广告代理公司的出现。与早期的单纯媒介代理相比，这种综合性代理体现了广告公司的专业价值，广告业开始走上专业化道路。这是广告产业的第一次升级。

自20世纪70年代以来，全球市场环境与传播环境发生了剧烈变化，任何单一的营销传播方式都不足以成功地执行营销，广告传播进入“有限效果时期”，使得企业产生了对包括广告、促销、公关等在内的整合营销传播代理的需求。整合营销传播要求打破广告与咨询、营销策划、公共关系、媒介购买等营销环节之间彼此隔离的松散状态，加强沟通与合作，因而国际大广告公司业务范围不断扩大，开始出现组织和运作上的整合，成为涉足咨询、调查、公关、信息服务的整合传播集团。由此，广告产业完成了第二次升级，即由综合型广告代理向整合营销传播服务代理过渡。这一趋势早在20世纪后期就已在西方出现。近年来，世界各大传播集团的业务范围不断拓展，多元化的业务组合保障了集团持续的增长能力，其业务增长更多的是由信息咨询、公共关系、客户关系管理、健康传播、专业化传播等业务带来的。在我国，整合营销传播的则是在20世纪末、21世纪初兴起。

回顾世界广告代理业的产生发展过程我们可以认识到，代理业的产生是市场经济中“成本原则”和“买卖双方的增长”原则作用下的结果，它的生命力就在于专业化，通过提供专业化的服务，为交易各方节约成本，实现“买卖双方的增长”，达到利己—利他的双赢格局。如美国广告协会把广告公司定义为：“一个能创造性地致力于广告获得成功的行家组

① 盛小平，孙琳．企业核心竞争力理论透视［J］．经济问题探索，2006（11）：81.

织”①，正反映了广告公司的专业地位，广告业存在的根本价值就在于其专业性，高度专业化的服务是广告业核心竞争力的根本所在，核心竞争力的能力体系正是围绕这一核心建构起来的。

二、广告产业核心竞争力的消解

广告产业的第二次转型与升级使得广告公司的业务领域与盈利空间得到新的拓展，推动了广告公司的规模化和集团化进程，但同时也造成了广告产业新的困境和严重问题。在当前营销、传播环境日益复杂化的背景下，广告业的专业化面临极大挑战。

在传统业务领域，调查、策划、创意、设计制作以及媒介购买、媒介策划，这些本是广告公司在激烈竞争中的安身立命之本，但在当前广告主对传统广告的效果愈益产生质疑，并对广告公司提出更高要求的背景下，广告公司的专业化水平显然已经滞后于广告主的要求，显得越来越力不从心。

“创意”是广告公司最为独特的属性，“创意制作水平”多年来一直是广告主选择广告公司时最看重的首要要素。《2008 年度中国广告业生态调查报告》显示，2008 年，有 56.4% 的被访者也把“创意制作水平”列为选择广告公司时最重要的标准。但我们必须注意到，有 43.6% 的广告主未选择这一因素，这意味着，在选择广告公司的时候，其他因素也开始起到更大的作用。②

在媒介购买领域，广告公司的价值正遭遇前所未有的质疑。连续 5 年的《中国广告业生态调查报告》数据显示，越来越多的广告主与媒介直接进行沟通并进行媒介购买。2008 年被访广告主通过广告公司投放的媒体广告费用只占总媒体购买的 38.5%③，多数广告主认为媒介已成为广告市场的主导力量。媒介为广告主提供的服务有越来越专业化的趋势，能够很好地配合广告主的营销需求，这对广告公司的媒介运作与整合能力提出了更大的挑战。

在整合营销传播领域，广告主也对广告公司的运作能力提出了更高的要求。2008 年的广告业生态调查报告显示，整合营销传播已经成为紧随“创意制作能力”之后的广告主选择广告公司的第二大要素，有 27.4% 的被访者选择了这一项。这表明广告主对广告公司整合营销传播的能力越来越重视。

在整合营销传播的浪潮下，广告公司纷纷进行战略转型，即由传统的广告代理领域拓展到整合营销传播代理领域。这一趋势本身是不错的，但许多广告公司往往盲目跟风，贪大求全，以为什么都可以做，实质上什么都不可能做到高度专业化。在整合营销传播领域的每一个环节，其专业化要求都非常高，对广告公司的人才储备和培养、组织结构、管理机制等都是极大的挑战。许多广告公司往往缺乏相关的人才储备与培养，同时，在转型过程中，许多广告公司的组织机构并没有做出相应的实质性的调整与变革，这导致了目前普遍存在的广告业的“泛专业化”问题。

按照迈克尔·波特的观点，企业的核心竞争优势具有无可替代性。广告公司以“创意广告”为其核心竞争力，本身是具有无可替代性的，但盲目拓展业务领域之后，广告公司的核心竞争优势却渐渐丧失。同时，广告公司还面临各类专业化公司对广告市场的强力争夺，如管理咨询公司、公关公司、媒介购买公司、促销公司、网络营销公司、事件行销公司等。在传统广告效果备受质疑的背景下，公共关系、事件行销等营销方式正越来越多地取代广告而受到广告主的青睐。

---

① 陈培爱．中外广告史［M］．北京：中国物价出版社，1997：254.

② 2008 年度中国广告业生态调查报告广告主篇［J］．现代广告，2009（1）：38.

③ 2008 年度中国广告业生态调查报告广告主篇［J］．现代广告，2009（1）：38.

根据迈克尔·波特的“五力模型”，新加入者的威胁、客户的议价能力、替代品或服务的威胁、供货商的议价能力及既有竞争者这五种作用力综合决定着产业的盈利能力①。广告业服务的可替代性正成为挤压广告公司利润空间的重要因素。广告服务本应不属于同质化商品，其价值恰恰在于差异化和专业性，而“零代理”、“负代理”现象的出现，正是广告公司服务同质化、核心竞争力缺乏的必然结果。在价格战的背景下，市场有可能屈从于价格优势，一些原本重视服务的公司由于价格原因会被挤出市场，“劣币驱逐良币”，将进一步导致广告市场的萎缩。

广告公司的“泛专业化”直接导致了广告公司核心竞争力的模糊和丧失，广告代理业的价值遭到重大质疑，广告产业的核心竞争力也面临被逐渐消解的危机。

三、重构广告产业核心竞争力

那么，我们应当如何来重新建构广告产业的核心竞争力，推动广告产业的可持续发展？

我们认为，广告产业必须进行战略转型与升级，在具体发展路径上，应当是专门化——专业化——集群化——规模化。

迈克尔·波特指出，企业构建持久性竞争优势的主要竞争战略有：成本领先，即低成本战略；标新立异，即差异化战略；目标集聚，即专门化战略。目标集聚战略着眼于在产业内一个狭小的空间内做出选择，选择产业内一种或一组细分市场，并量体裁衣使其战略为它们服务而不是为其他细分市场服务。通过对其目标市场进行战略优化，集聚战略的企业致力于寻求其目标市场上的竞争优势，尽管它并不拥有在全面市场上的竞争优势。②

广告产业必须致力于实现传统业务领域及整合营销传播领域的专业化，其途径就是发展高度专门化的组织，通过提供专业化、个性化的服务，在激烈的市场竞争中建立独特的竞争优势，寻得生存发展空间。如在广告创意领域出现了许多 Hot-Shop 这样的专门致力于为客户提供独特广告创意的公司。除了朝创意制作、市场研究、企划咨询、媒介策划购买、效果评估等类型发展外，一些新兴的专业服务类型如媒介顾问公司、互动行销公司等也可以是广告公司努力的方向。

在各领域建立高度专门化组织的基础上，广告产业方能实现高度专业化，重建广告产业的核心竞争力。这是广告产业通过专业领域的水平细分而实现的专业化。

但是，仅仅实现了专业化并不能解决中国广告业产业化、规模化不足的问题。我国广告产业长期以来小规模、零散化的运作方式严重制约了广告产业核心竞争力的提升。我们认为，在专业化基础上建立产业集群是较恰当的战略选择。

按照迈克尔·波特的定义，产业集群（即产业簇群）是在某特定领域中，一群在地理上邻近，有交互关联性的企业和相关法人机构，并以彼此的共通性和互补性相连结。产业簇群的范围，应该包含所有紧密连接的厂商、产业和机构，不论它们是水平、垂直与上下游的关系。就是在同一地区内，那些联结性不大或没有关系的产业或厂商，则不属于产业簇群。产业簇群的范围比产业要大，其要点是相互关联的产业之间的互补性。这种互补性和相互联结，是竞争、生产力、创新以及新事业形成的基本要素。

产业集群有利于降低交易成本，有利于吸引投资，是一种更有效率的组织形式，可以产生滚雪球式的集聚效应，吸引更多的相关企业到此集聚，扩大和加强集聚效应，产生规模经济。如美国的麦迪逊大道、日本的东京、英国的伦敦，已经成为广告业的代名词，为整个广

① ［美］迈克尔·波特著．竞争优势［M］．陈小悦，译．北京：华夏出版社，2005：8.

② ［美］迈克尔·波特著．竞争优势［M］．陈小悦，译．北京：华夏出版社，2005：12.

告产业发展带来的“聚变效应”是非常巨大的。

在广告市场中，广告代理公司、广告主、媒体、相关行业、广告协会与教育科研机构等，构成了具有共生关系的广告产业集群。如图1所示：

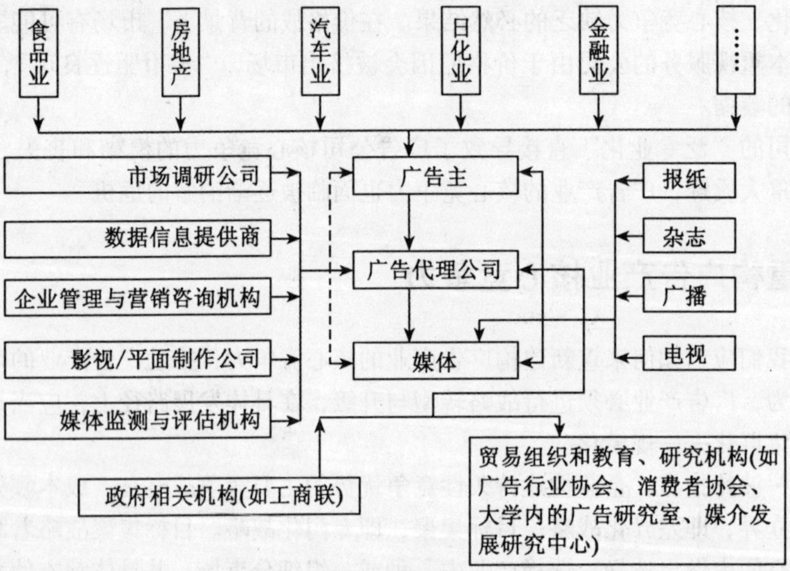

图1　广告产业集群生态构成图①

广告产业集群对广告产业价值链的集聚与张大意义重大。传统广告产业的价值链主要集中在广告专业代理领域，而营销传播环境的巨大变化以及广告主对整合营销传播需求的增长促使广告产业必须进行转型，延长其产业价值链。广告产业集群通过对产业价值链上下游的垂直整合，可以实现资源优化配置，形成规模经济，提升产业集群的竞争力。广告产业集群的垂直整合行为具体表现为广告业对价值链上游媒介的整合和对价值链下游相关行业的整合。

广告产业对媒体的垂直整合表现为广告业朝其价值链上游延伸，进入媒介领域。广告公司凭借其长期积累的客户代理、媒体代理、市场调查等方面的经验，可以为媒体提供增值服务，如经营、定位、培训、管理咨询、策划、创意等，与媒体形成战略性伙伴关系。另一种方式是广告公司对媒体资源的垄断性占有与自主开发。一些具有雄厚资金实力与媒体关系背景的广告公司可以通过买断媒体时段、版面和栏目等方式，深度介入媒体的内容经营和广告销售层面，并凭借其所获得的媒体资源垄断优势，赢得较大的发展空间。②

广告产业向价值链下游的延伸和整合可以实现广告业向整合营销传播方向的发展。广告公司可以通过新组建或并购专业的营销传播公司，如公关公司、媒体监测机构、顾问咨询公司等，或与其他专业营销传播公司建立战略联盟等方式实现资源的整合和优化配置，从而实现广告产业的规模效应。

【参考文献】

[1]［美］迈克尔·波特．竞争优势［M］．北京：华夏出版社，2005.
[2]［美］迈克尔·波特．国家竞争优势［M］．北京：华夏出版社，2002.

① 邓敏．我国广告产业集群现状分析［J］．当代传播，2008（1）：94.
② 邓敏．我国广告产业集群现状分析［J］．当代传播，2008（1）：95.

[3] 张艳. 产业竞争力的相关理论及其模型分析 [J]. 经济研究导刊, 2009 (15).
[4] 杜纲, 崔婷. 企业核心竞争力的层次——维度结构及其评价判定模型研究 [J]. 科学学与科学技术管理, 2005 (1).
[5] 陈根. 核心竞争力理论渊源、局限性和研究展望 [J]. 商业时代, 2009 (17).
[6] 盛小平, 孙琳. 企业核心竞争力理论透视 [J]. 经济问题探索, 2006 (11).
[7] 张明明, 刘志锋. 核心竞争力理论再探讨 [J]. 兰州商学院学报, 2006 (4).
[8] 张金海, 黄迎新. 广告代理的危机与广告产业的升级与转型 [J]. 广告大观. 综合版, 2007 (6).
[9] 丁建辉. 区域集群: 创意产业时代广告业的升级之道 [J]. 中国集体经济, 2007 (9).
[10] 邓敏. 我国广告产业集群现状分析 [J]. 当代传播, 2008 (1).

【作者简介】

刘芳, 青岛大学文学院广告学系讲师。

我国广告产业三大主体制度失衡对我国广告产业发展的制约①

曾兰平

【摘　要】我国广告产业制度安排在对广告产业三大主体的制约方面存在着差异，表现出明显的制度失衡。这种制度失衡不仅导致了广告产业发展竞争中媒介强势地位的长期存在，而且还导致了广告产业三大主体之间的不公平竞争、交易费用增加和资源浪费。之所以会出现广告产业三大主体制度安排的失衡，究其因，政府“过度干预”和“干预不足”是制度失衡的关键。

【关键词】制度　失衡　广告产业　三大主体

传媒在我国是一个非常特殊的产业，自20世纪70年代末开始探索产业化发展道路以来，我国传媒至今仍保留着“双重角色”下的体制特色，在运营过程中表现出高度的政策导向，如市场进入与退出方面、市场游戏规则的建立、传媒之间竞争活动的开展以及传媒产业利润性获得等方面，都受到政府直接的控制与干预；而同样作为广告产业活动主体的广告公司和广告主却是在完全市场化和非完全市场化的制度安排下进行着经营活动的。我国明显表现出对广告产业三大主体不同的制度安排，同样是市场活动的主体，一方享受着国家的相对垄断的资源配置，一方却要在市场竞争中以获得资源，这种制度的失衡给我国广告产业的发展带来了不良的影响。

一、对媒介制约制度的缺失导致媒介强势垄断地位的长期存在

由于我国社会经济发展的特殊性，我国对广告产业三大主体采取了不同的体制安排：对广告主采取的是非完全竞争的制度安排，广告公司则是在一个完全竞争的制度下进行着经营活动的，媒介作为广告产业的重要环节却享受着相对垄断的制度安排，在制度保护下进行着经营活动。这是我国具体现实状态的一种必然选择，而同一市场中不同体制主体之间存在制度制约程度的差异，必然导致制度的失衡，而明显对媒介偏袒的制度安排所带来的媒介强势地位的长期存在也就在所难免。

1. 行政单位的定位导致媒介资源的垄断

西方国家媒介从一开始就是以商业活动的主体而存在的，其商业属性在市场经济的发展过程中得到了充分彰显，媒介的垄断是随着市场经济自由竞争过程中不断兼并扩张而形成的，其资源配置基本上由市场机制来调节，因此，其经营方式、经营模式都由市场化来决定。

①　本文为湖北省教育厅人文社科重点项目“中国广告产业制度安排现状及对策研究（项目编号：2009B340）”的阶段性成果。

如韩国的报纸完全独立经营，政府对报纸的广告业务不加干涉，报社完全根据市场情况和客户要求刊登广告。一般情况下，客户要求在哪一版登，就必须在哪一版登，即便是头版也不例外；如果做不到，就要耐心解释，通过协商拿出让客户满意的办法。不但韩经社（韩国经济新闻社），其他综合类报纸也都可以在头版刊登广告，只不过头版广告价格昂贵，只要客户肯出高价，仅留下报头的整版广告也照登不误。此外，报刊刊登广告版面数量完全由报社自主决定，基本原则是新闻报道与刊登广告兼顾，在这一原则下，报社可自主安排。保证广告内容合法、杜绝虚假广告也是一个大问题。通常，报社广告部发现明显危害公共利益、进行人身攻击、煽动工潮等广告，有责任拒绝；但对于商业性广告，一般做法是按照客户要求及时刊登。至于广告内容的审查，除了政府消费者保护机构专门负责外，还有行业协会对所属企业督察，民间广告自律审议机构及消费者保护团体监督，综合形成比较严密的监察网络。①

与西方国家媒介不同，我国媒介长期以来一直作为国家宣传党的政策的“喉舌”和“工具”，意识形态属性长期处于绝对的强势地位。随着经济体制改革浪潮的推进，媒介也逐步进行着体制改革，但是改革的步伐并不是很大，虽然在经济改革中我国媒介的商业属性也在逐步显现，从开始的“事业单位、企业化管理”到目前传播集团的大量出现，但是，媒介的意识形态属性仍然处于强势地位。我国媒介在经营方面尚不能完全自主，其行政单位的定位使得媒介在资源配置方面仍然处于垄断地位，因此，在与作为市场经济产物的广告公司、广告主的议价方面处于绝对的优势地位。

2. 对媒介制约制度的缺失导致媒介的强势地位存在

对媒介制约制度的缺失主要表现在两个方面，一方面是现有制度中，如《广告法》、《广告管理条例》及《实施细则》中对媒介制约的内容缺失，另一方面是媒介发行量审核制度的缺失。

首先，在以《广告法》为代表的我国法律制度中，明显地表现出对媒介的偏袒。如广告法中规定“大众传播媒介不得以新闻报道形式发布广告。通过大众传播媒介发布的广告应当有广告标记，与其他非广告信息相区别，不得使消费者产生误解”（第十三条），对违反者，“由广告监督管理机关责令广告发布者改正，处以一千元以上一万元以下的罚款”，同时也规定“广告中对商品的性能、产地、用途、质量、价格、生产者、有效期限、允诺或者对服务的内容、形式、质量、价格、允诺有表示的，应当清楚、明白。广告中表明推销商品、提供服务附带赠送礼品的应当标明赠送的品种和数量”；如有违反则“停止发布、公开更正，没收广告费用，处以广告费用一倍以上五倍以下的罚款”。此外，如“广告主提供虚假证明文件”、“伪造、变造或者转让广告审查文件的”，“由广告监督管理机关没收违法所得，并处以一万元以上十万元以下的罚款。构成犯罪的，依法追究刑事责任”。尽管广告法中也明确规定，“广告发布者向广告主、广告经营者提供的媒介覆盖率、收视率、发行量等资料应当真实”，但是却没有规定对提供虚假覆盖率、收视率、发行量的媒介进行怎样的处罚，显然，这是广告法中存在的一个漏洞，同时也反映了国家对媒介的保护。

其次，作为确保市场公平竞争的媒介发行量审核制度缺失，更彰显出国家对媒介的保护，可以说这是媒介发行量审核制度迟迟不能出台的一个重要因素。对于此，本人已有专门文章进行了详细的论述。

① 曹世功．韩国报纸超过一半是广告［N］．环球时报，［2005-07-04］．

二、对广告公司、广告主市场化的制度安排导致广告公司、广告主的弱势地位

CTR 市场研究最新监测数据显示，2006 年，中国广告市场花费总额为 2 875 亿元人民币，较 2005 年增长 18%，增幅与去年持平。而美国广告市场 2006 年的增幅仅为 3.8%，日本、英国则出现了负增长。TNS 媒介智讯的数据也显示，2006 年中国广告市场花费延续了 2005 年的辉煌，继美国、日本之后与英国并列排在世界第三位。① 尽管如此，由于我国广告产业制度中对广告公司和广告主的制度安排与媒介不同，因此，广告公司、广告主与媒介相比较，仍然处于一种绝对弱小的地位。

1. 对广告公司的完全自由竞争制度安排导致本土广告公司的相对弱小

广告业作为社会经济的重要组成部分，属于我国的第三产业，并且是我国第三产业中的先导产业，为中国经济的发展作出了重要贡献，但是政府鲜有从产业的角度为广告业提供政策扶持，在这方面与国外有很大的不同。一些学者认为，虽然广告市场全面开放，但是媒介先于广告业发展，政府对媒介产业的开放态度与对广告业的开放态度不尽相同。国家不像组建媒介集团那样急于组建广告集团，对组建广告集团的政策也不像对媒介那样优惠。

此外，目前国家对广告产业地位和性质认定模糊，广告产业的发展缺乏国家政策的引导和扶持。它在税收上被视同于餐饮业和娱乐业，一般从事“三产”企业营业税为 5.5%，餐饮业、娱乐业和广告业却同为 8.5%。②

对广告公司完全自由竞争制度的安排主要表现在：多种经济成分广告公司的存在，以及广告市场的低准入标准。多种经济成分广告公司的存在带来广告公司之间的非公平竞争；而广告市场的低准入标准不仅带来广告公司的自由竞争程度的加大，而且在我国市场经济并不完善的时期，外资广告公司在我国广告业的强力扩张的情况下，必然导致我国本土广告公司的无序竞争和极度弱小，严重阻碍了我国广告产业的升级，对于此，本人已在其他文章中有较为详细的论述。

2. 对广告主非完全自由竞争制度安排下制约着广告主的发展

之所以说是非完全自由竞争，主要表现在以下两个方面：一方面，国家对特殊行业如烟草、酒类、避孕套、女性卫生用品、男性或女性内衣，以及有关性的知识宣传和药品等商品广告的限制政策；另一方面，是我国家对广告投放量的限制政策。如 2000 年 5 月 16 日，国家税务总局公布“企业所得税税前扣除办法”，对企业广告费支出作出规定。规定从 2001 年起，企业每年的广告费不得超过销售（营业）收入的 2%；超过部分可无限期向以后纳税年度分摊结转；对非媒体的广告性支出和业务宣传费，规定不得超过销售额的 5%；粮食类白酒广告费不得在税前扣除。纳税人因行业特点等特殊原因确实需要提高广告费扣除比例的，须报国家税务局批准。2001 年 6 月 15 日，中国广告协会、北京广告协会在京召开了座谈会，听取业内各界对国家税务总局 2000 年发布的《企业所得税扣除办法》（即 2%）的意见。8 月 5 日，国家税务总局发文调整部分行业广告费用税前扣除标准。将制药、食品（包括保健品、饮料）、日化、家电、通信、软件开发、集成电路、房地产开发、体育、文化和家具建材、商城等行业的企业广告税前扣除标准由 2% 改为 8% 以内。

---

① 今年中国广告市场可望增长 20% [N]. 广州日报，[2007-02-12].

② 刘凡，南平. 中国广告的规范与创新 [J]. 现代广告，2005 (12).

三、政府“过度干预”和“干预不足”是制度失衡的关键

不同层次制度失衡和不同主体制度的失衡是广告产业内部复杂博弈的结果，而我国广告产业三大主体之间的这种制度安排的失衡，一方面是制度缺失所必然造成的后果；另一方面，政府的“过度干预”与“干预不足”也难辞其咎。

以广告代理制为例，广告代理制是一个不断发展的过程。在不同的阶段有不同的代理制模式。欧美的广告代理制也是从早期的媒介代理模式逐渐过渡到广告业成熟阶段的第三方独立代理阶段的。中国广告业在尚不成熟的时期，直接搬用欧美成熟阶段的模式，其后果实际上是拔苗助长，是政府“过度干预”的最佳体现。

在中国广告业中，强行推广欧美模式的广告代理制的直接后果，是加剧了广告公司的边缘化。由于中国的广告业处于较为原始的状态，尚未成熟，所以在广告业的客户、广告公司和媒介三方的博弈中，首先是媒体强势，媒体是稀缺资源，只要在媒体上投放就会产生效果，广告公司专业服务能力较弱，而且其价值在这个阶段也无法体现出来。其次是客户强势，客户本来在博弈中处于主导地位，当媒介开始激烈竞争的时候，对客户的争夺使客户的价值更加突出。而广告公司在博弈中始终处于弱势的一方。把广告公司单独剥离出来，而其价值尚未得到认可，导致了广告公司低经营效益和低专业水平的恶性循环。广告代理制本应引导建立一种广告公司、客户和媒介三方相对平衡的结构，而在当今中国广告业的现实环境中，这种广告代理制不仅没有实现以上功能，却破坏并加剧了三方博弈力量失衡的程度。

因为，在我国政府强力推行广告代理制的同时，却忽视了与之同配套的媒介发行量审核制度的制度安排，导致我国媒介发行量审核制度安排的严重缺失。这一制度缺失现象的出现无疑是政府对媒介的偏袒的结果，但更多还是表现出一种政府的干预不足。

四、三大主体的制度失衡必然带来不公平竞争、交易费用增加、资源浪费

在市场经济环境中，作为广告产业的三大主体，应该在同一的竞争环境下进行公开、公平、公正的竞争，然而，由于我国广告产业制度对三大主体的不同制度安排，使得在政府保护下，占强势垄断地位的媒介跟处于非完全或完全市场竞争环境中的广告公司和广告主进行着一种不公平的竞争，形成广告产业三大主体不同力量的复杂博弈状态。

这种不公平的竞争环境又必然地导致交易费用的增加。交易费用分为两类：一是由制度或体制的差异引起的交易费用。不同的制度下交易费用是存在差异的。二是由测量商品或劳务的标准及技术变化引起的交易费用，如货币、国家度量衡的统一，政府制定的产品标准等，但是在这当中质量的问题及所需要的时间和费用总是存在的，如信息成本等。① 科斯在证明交易费用存在的同时认为，制度安排对资源配置及经济表现是相关的，解决市场失败的关键在于制度安排，“没有适当的制度，任何有意义的市场经济都是不可能的”。② 因为它必然会导致交易费用的增加。

在国有产权下，由于权利由国家所选择的代理人来行使，作为权利的行使者，由于他对资源的使用与转让以及最后超过的分配都不具有充分的权能，就使他对经济绩效和其他成员的监督和激励减低，而国家要对这些代理者进行充分监察的费用又极其高昂，再加上行使国

---

① 卢现祥主编．新制度经济学［M］．武汉：武汉大学出版社，2004：39.

② Coase, R.. The Institutional Structure of Production［J］. Economic Review, 1992 (9).

家权利的实体往往为了追求其政治利益而偏离利润最大化动机，因而它在选择代理人时也具有从政治利益考虑的倾向，故国有产权下的外部性是最大的。相比在私有产权下，私产所有者在做出一项行动决策时，他就会考虑未来的收益和成本倾向，并选择他认为能使他的私有产权的现期价值最大化的方式，来做出使用资源的安排，而且他们为获取收益所产生的成本也只能由他个人来承担，因此，在共有产权和国有产权下的许多外部性就在私有产权下被内在化了，从而产生了更有效地利用资源的激励。① 我国的媒介，作为国家宣传的“喉舌”、“工具”，其国有产权是导致资源浪费的一个因素。

有实力媒体和中广协电视委员会提供的资料显示，2000 年，中央电视台广告价格的平均折扣为63.9%，省级卫视台的平均折扣不到 3 折，省会城市台和一般地市台的平均折扣一般都在 1 折到 2 折之间，有些电视台的广告时间甚至连 1 折都卖不到。事实上，包括电视台在内的四大媒体在广告经营中都存在着这种价格跳水的现象，这无疑是媒介资源的巨大浪费。

【参考文献】

[1] [美] 思拉恩·埃格特森. 经济行为与制度 [M]. 北京：商务印书馆出版社，2004.

[2] [美] 哈贝马斯. 公共领域的结构转型 [M]. 北京：学林出版社，1999.

[3] [美] 柯武刚，史漫飞. 制度经济学：社会秩序与公共政策 [M]. 北京：商务印书馆，2000.

[4] [美] Rajeev Batra, John G. Myers, David A. Aaker. 广告管理 [M]. 北京：清华大学出版社，1999.

[5] [美] 布鲁斯·G.，范登·伯格，海伦·卡茨. 广告原理：选择、挑战与变革 [M]. 北京：世界知识出版社，2006.

[6] [美] 林德布鲁姆，C. E.. 市场体制的秘密 [M]. 南京：江苏人民出版社，2002.

[7] [美] 埃里克·弗鲁博顿，[德] 鲁道夫·芮切特. 新制度经济学——一个交易费用分析范式 [M]. 上海：上海人民出版社，2006.

[8] [美] 杰克逊·李尔斯. 丰裕的寓言 [M]. 上海：上海人民出版社，2005.

[9] 崔保国. 中国传媒产业发展报告 [M]. 北京：社会科学文献出版社，2005.

[10] 刘小兵. 政府管制的经济分析 [M]. 上海：上海财经大学出版社，2004.

[11] 卢山冰. 中国广告产业发展研究——一个关于广告业的经济分析框架 [M]. 西安：陕西人民出版社，2005.

[12] 罗云辉. 过度竞争：经济学分析与治理 [M]. 上海：上海财经大学出版社，2004.

[13] 张曙光. 中国转型中的制度结构与变迁 [M]. 北京：经济科学出版社，2005.

[14] 卢现祥. 新制度经济学 [M]. 武汉：武汉大学出版社，2004.

【作者简介】

曾兰平，博士，武汉体育学院新闻与外语系副教授，硕士生导师，主要从事广告学、体育传播、媒介经营研究。

① 卢现祥主编. 新制度经济学 [M]. 武汉：武汉大学出版社，2004：95.

形象符号：动漫产业的价值核心

曾 光 朱 岳

【摘 要】动漫形象符号作为研究动漫产业的一个线索，从动漫产业结构中核心层、衍生层和关联层分析形象符号的最初构建到向外延伸的过程，可以看出动漫产业本身就是一个不断产生和传播形象符号的产业。在动漫消费者与动漫商品互动的过程中，动漫形象的符号价值得以形成，动漫消费成为典型的符号消费，动漫形象符号成为承载动漫文化特质和产业价值的核心介质。

【关键词】动漫产业 形象符号 价值核心

动漫产业以其增值迅速的盈利模式、广泛且强有力的跨行业辐射能力被誉为21世纪的朝阳产业。作为一项融艺术、科技、出版、玩具制造、商业、旅游和传媒为一体的现代综合产业，动漫产业不仅引起了实业界的高度重视，学术界的理论研究也在不断深厚。由于动漫产品的“商业性”与“文化性”息息相关，动漫的文化精髓是通过动漫形象提纯，将某种文化内涵附着在动漫形象上，视觉形象符号成为动漫作品中的主体符号，动漫产业是以视觉为显著特征的产业，其价值链的构建，完全依赖于对动漫形象产业价值的开发和对大众视觉消费需求的满足。因此，动漫形象符号对于动漫产业链的延伸起着至关重要的作用。

一、以形象符号为核心的动漫产业链

当今世界的动漫产业格局呈现出美国、日韩、欧洲三足鼎立，全球范围遍地开花的态势。总体上看，欧美动漫产业起步早，产业链完整，商业运作模式成熟。迪斯尼就是欧美模式的典型代表，其商业运作是以大制作的影院动画带动图书、音像制品发行和相关娱乐产业，通过授权生产周边获得大量盈利。与日、韩相比，目前欧美动漫产业的主要优势集中在动画电影、大众动漫形象主题娱乐产业及衍生产品上，其基本模式可概括为：影视动画片的创作生产→电视台和电影院的播出和放映→动漫图书出版发行→音像制品的发行→形成版权的授权代理→衍生产品开发和营销。

在漫画出版、动画电视剧和动漫游戏领域较为发达的日韩，动画和漫画联系得更加紧密，产业结构层次也更加复杂。以日本为例：日本在动漫产业的发展中，将动画片、电子游戏和漫画视为一个经济整体——ACG（Anime，Comic，Game），齐头并进、共同发展。进行简单的归纳，一个完整的动画产业链衔接形式应当如下：在动漫期刊上连载→选择优秀作品出版单行本→改编成影视动画片→电视台和电影院的播出和放映→动漫图书出版发行、音像制品的发行和游戏产业→形成版权的授权代理→衍生产品开发和营销。

将欧美和日韩的模式加以总结，就能概括出动漫产业的基本结构。一般来讲，比较成熟的动漫产业由几个层次的内容组成。第一个层次，也是最为核心的层次，是动漫作品本身的产品市场，例如，动画片、漫画书、漫画杂志、音像制品等，我们称为核心层；第二个层次，是依靠动漫作品的市场向外衍生的市场，与动漫作品具有很强的关联性，例如以动漫作品形象为主要特征的玩具、文具、日常小用品、服装、食品、手机图片等，以及越来越占据重要地位的动漫游戏，我们称为衍生层；第三个层次，是借助动漫作品的创意而形成的相对独立的市场，与动漫本身具有一定的关联性，例如以动漫作品为主题的儿童乐园、动漫主题公园、动漫博览会、虚拟代言人、COSPLAY 秀、动漫咖啡（茶坊）连锁店等，我们称为关联层。

因此，动漫产业链可以表示为以下形式（见图 1）：

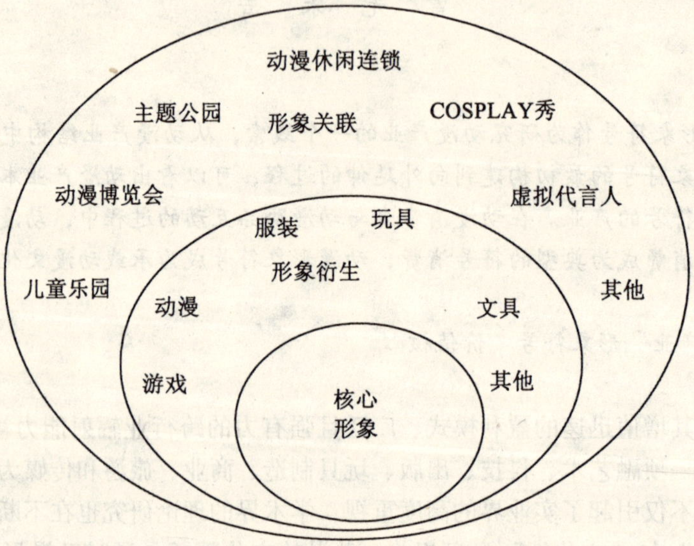

图 1　动漫产业链形式

当动漫产品进入市场后就开始了动漫形象符号的传播过程。动漫作品的内容核心层通过大众媒体与动漫迷群体接触后，便会拉动外围产业的运转。当动漫形象进入延伸产品市场后，受众因为需要消费形象符号的文化特质，而成为动漫产品的消费者，他们的购买和使用使得动漫形象符号得到了进一步的传播。越是动漫产业成熟的国家或地区，产业链的延伸和带动能力就越强，传播的范围也更加广泛，产业利润也随之暴涨。由动漫核心层构建的核心形象符号，通过衍生、关联等方式，或者附着于实体性器物，或者与某种服务相结合，辐射到多种行业和不同层次的人群，动漫产业链的延伸过程正是动漫形象符号不断传播的过程。

二、动漫形象符号的构建与传播

一切能表示自身之外的事物或意义的东西，都可以称为符号。符号构成了人类的意义世界，是人类创造的一种普遍工具。符号包括能指、所指、意指三个要素。“能指”即“符形”（representation），符号的物理形式，代表某一事物；“所指”即“符号对象”（object），就是被代表的那个事物，是符形所指的对象；“意指”是“符义”（interpretant），即符号传达的意义，也称为解释项。理解这三个要素对于我们剖析动漫产业的形象符号具有很大的帮助。

对于动漫形象符号而言，炫目的形象是表层能指，在第一时间抓住受众的眼球，其所指的文化内涵才是能够长久影响受众，使动漫观众转化成为动漫消费者，动漫产业价值由此产生，经历产业链的延伸之后，辐射到各个领域，在不同的领域与消费者中产生接触，从而实现符号价值的不断更新与增值。动漫作品中的各种形象符号和环境属于视觉符号；对话、旁白、音乐、音响则属于听觉符号。叙事符号则是把人物、事件等名词性符号故事化，即把他们编排到一定的时间顺序中，从而虚拟出一个世界。这种虚拟性使得视听符号的现实工具性被抽离，从而使娱乐性得到强化，这种现实工具性是指认知功能和传播功能，当这两种功能被弱化后，符号的娱乐功能就凸显出来。动漫中的视觉形象之所以不同于现实中比比皆是的形象，而具有极高的艺术价值和娱乐价值，就在于它把形象符号化了，动漫形象的虚拟性、夸张性和抽象性都更加决定了它是形象符号的集合体。形象不再是客观的物体外观，而是一定意味的体现，是一定情感、情绪的寄托。一个角色、一种图形、一种手势或一个道具，都可以通过情节的渲染和画面氛围的营造，使之具有超越本身价值，构成具有象征或隐喻意味的符号，表达一定的情感、情绪或意味。动漫的文化精髓正是通过动漫形象提纯，将某种文化内涵附着在动漫形象上，观众喜爱这个动漫形象，实质上是接受了动漫形象传播的那个文化特质。动漫形象和文化特质之间是一种符号的联系。因此，动漫形象符号在动漫产业核心层中是处于核心地位的。

动漫产业的核心层是形象符号构建的起点。动漫作品的完成会经历前期市场调查、提出项目选题、定位目标市场、确定操作方案、制定投资方案、评估预期收益和风险、选题报告和故事大纲、剧本创作、美术造型、场景和风格设计、划分镜头剧本、设计放大稿、原画设计、动画及背景制作、动画拍摄、剪辑和后期音效合成等多个步骤，动漫制作的过程可以看作是一个编码的过程。社会存在是本体，动漫作品是喻体，各种动漫形象都是隐喻的符号，动漫形象符号的生产和传播就在作者的编码和读者的解码中进行。动漫迷对动漫作品的文本解码过程只是动漫形象符号价值的初步生成，在漫迷群体的交流互动过程中，动漫形象符号价值得以扩散和进一步发展，在超社会互动的过程中，解码者因为自身不同的知识结构和认知能力产生了半码或全码甚至反码的理解，动漫形象作为隐喻的符号实现了社会本体的转向。由编码的隐喻到解码的转向并“不是平面的从起点又回到终点，而是立体形式的圆圈：螺旋上升的过程，在此过程中社会本体完成了符号的解读。”① 受众就是在这样的解码过程中感受到了快乐，获得了属于自己的独特意义。《符号学》杂志前主编 T. 谢拜奥克曾指出：“符号是一种信息，而符号学所研究的课题正是各种各样信息的交换”。② 在动漫形式的形象符号生产与解读中，社会文化信息和产业价值得以交换。M. 托马斯·英奇（M. Thomas Inge）在他的《连环画文化》艺术的结论中写道：“卡通将一代代人们带到用符号方式表达的持续不断的社会问题和哲学问题面前，我们的视觉情感赋予生命以各种戏剧冲突使我们能够替代地解决内心得不到满足的欲望”③。人们在想象中狂欢着，这是各式各样的形象符号游戏，人们靡靡地快乐着，得到了暂时的满足而无需思考关于意义和深度的问题。正如斯图亚特·霍尔所说，“含义是一种社会生产、一种实践。世界必须意有所指”④。动漫迷将自己的实践与生产融入群体互动中，不断丰富和完善着动漫形象符号的意义，这些意义共同构成了动漫形象符号的价值基础，其符号价值也正是在这种群体互动的过程中得以进一步形成和扩散。

三、动漫形象符号的价值实现

当动漫形象符号被动漫创作者生产出来，并进入流通之后，形象符号的价值便开始逐步形成并如涟漪一般扩散到产业链的各个环节。动漫形象符号的价值是伴随着观众欣赏动漫作

① 李涛．动画形象的符号生产与传播［J］．西南民族大学学报：人文社科版，2007：8.

② 吴风．艺术符号美学：苏珊·朗格符号美学研究［M］．北京：北京广播学院出版社，2002：31.

③［美］保罗·M. 莱斯特著．视觉传播形象载动信息［M］．霍文利，等译．北京：北京广播学院出版社，2003：264.

④ 约翰．斯道雷著．文化理论与通俗文化导论［M］．杨竹山，郭发勇，周辉，译．南京：南京大学出版社，2001：174.

品，并逐步接触到产业链上各种产品的过程中产生的。产业链的延伸完全是根据动漫受众的需要，因势利导而形成的，一般情况下，形象符号价值的产生是由观众欣赏核心层动漫作品开始的，创作者通过文化创意手法编码动漫形式的符号集合，受众通过自身文化的前见解读符号的文化内涵。动漫形象自身就是符号信息的产物，这种符号生产的原则性自然而然地会转换到观众的意识中。动漫角色的形式扮演者是由编码者运用动画手段替代，实际扮演者则由观者承担。在观看动漫作品的过程中，受众“承担着行动角色、主题角色和角色投入、转换的场所。主要在于获得关系、失去关系、替换关系、价值关系。”① 观看动漫作品时，受众的意识在社会客观存在与动漫符号存在两个世界之间滑动。当受众的意识滑向社会存在时，他们作为动漫角色扮演者的体验与作为社会存在的个体之间将会形成沟通对话关系，最终形成对社会存在产生影响的一定行为。② 这也就是霍顿和沃尔（Horton and Wohl，1956）提出的“超社会互动”，意为在观看影视作品时“观众可以通过观念行为而置身剧中，并不需要与之认同就能形成社会互动。他们可以体验到与剧中角色之间的相互作用，就像它们自己加入进去一样，同时又保持它们自己的身份而与剧中角色进行交流，选择不同的立场，动情地与角色应答。”③

在典型的符号消费中，商品的价格将不再与它们的自然价值有必然的联系。相反，广告、包装、展示、时尚、大众传媒和大众文化以及商品的增长，都导致了符号价值的增长。符号消费表明人们对商品的选择和消费超越了实用性转而追求一种意义消费，消费一种产品就是在消费它的符号和意义。基于这样的理论思考，鲍德里亚就将商品与价值的关系用符号分析模式表述为：商品的价值=符号价值+使用价值+交换价值。对于动漫产品而言，商品的价值更多地并不是体现在其物质性和功能性上，而是体现在商品的象征性和社会性上。以鲍德里亚的表述方式为基础，动漫产品的交换价值构成应表述为：商品的交换价值=使用价值+符号价值。动漫衍生产品的价格比同类的非衍生产品高出几倍。一个普通的保温杯只要几十元，而由迪斯尼出品则要一百多元；一个普通的电脑包只要几十元，而由迪斯尼出品则要数百元。这种差价的悬殊表明，动漫产品的价格很大程度上是符号价值，使用价值的比重相对较小，甚至在有些产品上微乎其微。动漫关联产品则是物质性商品、服务商品和符号商品（动漫形象）的有机融合。这种融合更使得关联产品价值产生了1+1+1>3的效果。由此可见动漫形象的符号价值进一步提升了第三产业的附加值，从而成为动漫产业链中增值幅度最大的下游产品。

要弄清形象符号价值对于整个动漫产业的意义就必须进一步分析形象符号价值的实质。鲍德里亚是最早提出“符号消费”概念的学者，他指出“消费不是被动的吸收和占有，而是一种建立关系的主动模式。”④ 也就是说，人们所消费的并不是物品本身，而是物品所指涉的某种与消费者相关的关系。人们在消费当中，对物品有了种种投射与意识形态，逐渐转变成符码记号，存于物体的抽象层次。“符号化的物品被消费时，消费的不是它的物质性，而是它个性化的差异性。”⑤ 人们对动漫产品的占有，很大程度上不再是为占有消费品的功用性，而是以炫耀消费品的符号价值为主要目的，也就是说动漫产品的消费是典型的符号

① ［法］尤瑟夫库尔泰著．叙述与话语符号学［M］．怀宇，译．天津：天津社会科学出版社，2001：97.

② 常炜．“动画系统”研究［D］．清华大学，2004：31.

③ ［英］Sonia Livingstone著．理解电视——受众解读的心理学［M］．龙耘，译．北京：新华出版社，2006：85-86.

④ 孔明安．从物的消费到符号消费——鲍德里亚消费文化理论研究［J］．哲学研究，2002（11）：69.

⑤ ［法］让·鲍德里亚著．物体系［M］．林志明，译．上海：上海人民出版社，2001：22.

消费。

通过对动漫产品符号价值实质的分析我们发现，动漫形象符号作为动漫符号体系中最具代表性的符号，在动漫产品符号价值的实现过程中充当了核心介质的角色。正是由于形象符号的生命力，动漫产业链才得以延伸。动漫产业的核心层产品并不是产业盈利点，只是为实现产业价值打前锋的沟通系统的一部分，产业价值是在产业链由衍生到关联的不断延伸过程中逐渐增值的。这样的产业结构是由符号消费这一产业价值的实现方式决定的，而动漫形象符号就是动漫产业价值实现的核心。

【参考文献】

[1] 吴风．艺术符号美学：苏珊·朗格符号美学研究［M］．北京：北京广播学院出版社，2002.

[2]［美］保罗·M. 莱斯特．视觉传播形象载动信息［M］．北京：北京广播学院出版社，2003.

[3] 约翰．斯道雷．文化理论与通俗文化导论［M］．南京：南京大学出版社，2001.

[4]［法］尤瑟夫库尔泰．叙述与话语符号学［M］．天津：天津社会科学出版社，2001.

[5]［英］Sonia Livingstone. 理解电视——受众解读的心理学［M］．北京：新华出版社，2006.

[6]［法］让·鲍德里亚．物体系［M］．上海：上海人民出版社，2001.

【作者简介】

曾光，南昌大学广告教学研究室主任，从事广告传播研究。

朱岳，传播学硕士研究生，从事品牌传播研究。

新媒体与广告传播

消费者信息来源结构的历史演变与数字时代广告传播的转型

钱广贵

【摘　要】论文对消费者的信息来源结构进行了一个历史的考察和分析，同时分析了这种来源结构变化的根本影响因素即经济生产形态的变化，以及随着消费者信息来源结构的变化引起的不同时代的广告传播的演变。当经济生产方式进入信息经济时代，论文主要分析了在数字化传播时代，随着主导性生产形态的变化和消费形态的变化，广告传播未来发展和生存所面临的转型。

【关键词】消费者　信息结构　数字传播　广告传播　转型

一、消费者的消费决策与消费信息结构

对于消费者的消费行为决策过程的研究是消费者行为学的一个关注重点。在决策过程中消费信息的获取始终是一个重要的环节。所有的消费者行为的研究都基于一个理论假设：一般消费者的消费行为都是理性的，都通过了从获取信息到最终购买的一个过程和诸多阶段。消费者行为学的研究中提出了各种消费者决策过程模型（Consumer Decision Processing, CDP），各种模型一般把消费者决策分为若干个过程，并且认为消费者是重视思考和处理信息的。① 我们来介绍两个比较典型性的模式。

第一个模型是消费者决策的五阶段模型，如图1所示②：

图1　消费者决策的五阶段模型

在这个模型中，消费者被看成是理性的问题解决者，并且将消费者的购买决策分为五个阶段，即认知问题——搜寻信息——评价备选方案——选择和决策——购买评价五个阶段，构成一个基本模型。

第二个模型将消费者决策分为了七个阶段，如图2所示③。

这个模型其实本质上和五阶段模型没有区别，不过将其中的“选择和决策”阶段变为购买和使用两个阶段，同时增加了一个处置阶段。

① 卢泰宏等著．消费者行为学——中国消费透视［M］．北京：高等教育出版社，2005：10.

② ［美］John C. Mowen & M. S. Minor著．消费者行为学［M］．黄格非，等译．北京：清华大学出版社，2003：148.

③ ［美］罗格·D. 布莱克韦尔著．消费者行为学［M］．第9版．北京：机械工业出版社，2003：52.

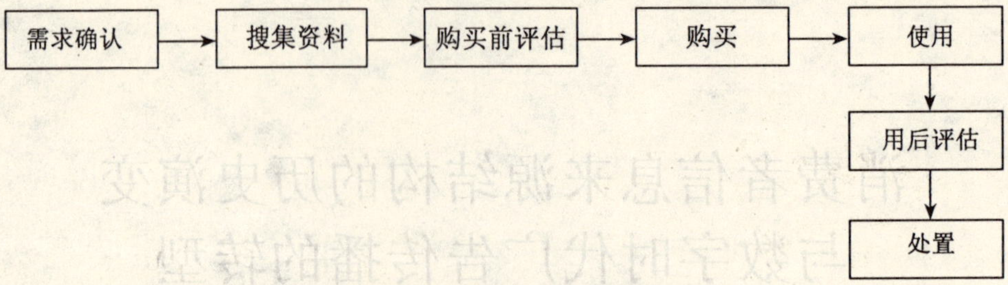

图 2　消费者决策的七阶段模型

消费者的消费决策过程不是本文研究的对象。但我们从两个代表性消费者决策模型可以看到，其中一个基本过程是消费信息的获取阶段。消费决策中的消费信息获取至关重要。本文以广告研究的理论视野，分析消费者的信息获取在不同的时代和不同的经济生产方式下的不同的来源结构，这种来源结构一方面受到一个重要的信息来源点广告的影响，但同时反过来决定广告的传播形态和生存形态。在数字技术传播的背景下，消费者的信息来源结构和广告传播都将产生巨大变化。

二、消费者信息来源结构的历史演变与广告形态的变迁

在《当代广告学》中，威廉·F. 阿伦斯从经济发展形态的角度将广告发展历程划分为 4 个时期——前工业化时期、工业化时期、工业时期和后工业化时期。这 4 个时期其实可以分为前工业化经济时期、工业化与工业化经济时期和信息经济时代。不同的时代有不同的主导经济生产模式，对于消费者而言的消费环境和消费模式可以相应的分为三个历史阶段，即农业经济时期、工业化与工业经济时期和信息经济时期。

不同经济时期的不同的生产形态，决定了消费者信息来源结构的变化和不同的广告传播和表现形态。下面具体分析：

（1）前工业化经济时期消费者信息来源结构和广告形态

在前工业化经济时期，占主导地位的是自给自足的自然经济形态，但商品交换已经发展起来。经济性商业广告是随着商品交换的产生而产生的，商品交换是与生产的社会分工和专业化同时发展起来的。商品交换在游牧时期后期就已经产生和经常进行，进入到农业经济时代后占主导地位的是自然经济生产，社会生产力发展，社会分工和专业化生产更加深化。这一方面是可以提供更多多余产品进行交换的形态，另一方面是专门从事交换的商品生产的手工业和小家庭作坊已经在生产领域广泛和普遍存在。

商品交换成为一种社会现实存在特别是发展成为一种专业化的经济形态和行业，客观上需要进行商品信息的传播和扩散，以促使商品交换的完成，这导致早期广告和广告活动的产生。前工业化社会的广告形式包括最早的叫卖和实物陈列，稍后出现的广告形式是货摊和货铺的招牌。整体上我们可以看到这样的演进轨迹①：

叫卖→各行业特定的吆喝→各行业特定的叫卖代替音响→歌曲、音乐；

实物陈列→实物模型→象征性实物标志→象征性图画标志；

招牌→店铺字号→店铺字号的形象标志。

在前工业化社会，上面形式多样的广告活动肯定也是消费者的信息来源之一，但不应该是消费者的主要信息来源。根据整个时代的经济生产和消费特征、传播特征和前工业化时期的社会特征，我们可以看到，人际传播途径是消费者的主要消费信息来源。所谓经济生产和

① 张金海，姚曦主编．广告学教程［M］．上海：上海人民出版社，2003：9．

消费特征，是指商品的生产和消费是在同一个时间空间领域之内发生的，生产者和消费者之间的信息不对称并不是非常严重。同时，由于传播技术发展和媒体发展的限制，这个时期主导性的传播类型是人际传播，“人际传播是媒体的自然属性，大众传播是媒体的社会属性”“从人际传播到大众传播的拓展是传媒的进步，也是社会的进步。”① 从前工业化时期的社会特征来看，传统社会是菲迪南德·腾尼斯所谓的“礼俗社会”。礼俗社会是指典型的乡村生活的社区。在这种社会形态下，每个人拥有相似的背景和经验，社会交往范围受地域限制，几乎所有人都彼此认识，人们互动亲密而团结，维持人们关系的纽带是地缘、血缘和亲缘。② 礼俗社会即费孝通先生所谓的“熟人社会”。在礼俗社会，人际传播是频繁的和占据主导地位的。因此，在这个社会的消费者的信息结构无疑是主要来自于熟人即人际传播的。整体结构如图 3 所示：

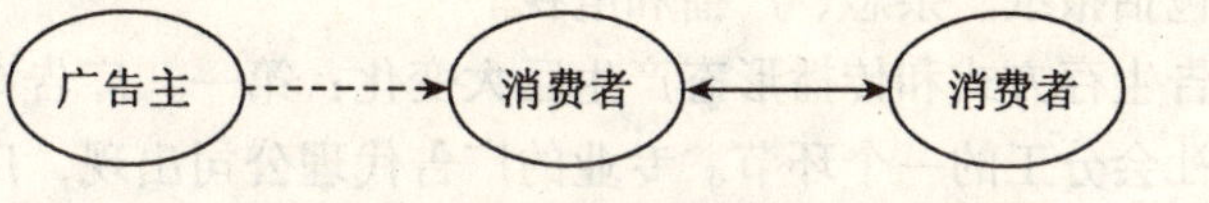

图 3　前工业化经济时期消费者的信息结构图

（注：实线箭头表示主导性过程，虚假箭头表示非主导性过程，下同）

我们可以分析一下这个结构图的具体内涵：第一，消费者的信息来源包括消费者之间的人际传播和广告主的广告传播，但消费者之间的人际传播是主要来源；第二，广告主的广告活动都是自发的、自主的，没有形成专业分工和对应的广告代理，是从属于商品交换者的活动，是商品提供者自发的一种信息告知活动，从本质上说，古代的“广告”都是广告主自身从事的一种营销传播活动；第三，从传播特征来看，受生产规模、交换领域和传播工具的限制，古代的广告传播是小范围的、零散的、自发的。

（2）工业化与工业经济时期消费者信息来源结构和广告形态

工业化的发展是随着工业革命的完成而逐步发展的。工业革命带来巨大的冲击，以美国为例：大规模生产促进经济增长、内战刺激消费经济、城市化改变零售业面貌、杂货商进入规模经营。③ 同时由于铁路交通运输的发展，大规模消费成为可能；大众化传媒的出现，大众性广告具备传播载体。随着工业化的深入和完成，工业经济开始取代自然经济形态占据主导地位。工业化生产取代家庭小工业和手工作坊成为商品生产的主要形态，大量生产、大量消费成为商品经济运行的主要形态。这导致生产与消费在时间和空间上无限分离，生产者和消费者之间面临着巨大的信息不对称问题，亟须一种新的传播手段和载体来进行信息的传播。大众传播媒介的发展（以本杰明·戴在美国纽约于 1833 年 9 月 3 日创办的便士报《太阳报》的发展为代表）恰好扮演了广告传播所需载体的角色，这是开始。整个工业经济时期的大众传播媒介主要是基于印刷技术发展起来的印刷媒介报纸和杂志，以及 19 世纪末基于模拟信息技术发展起来的广播媒体和后来的电视媒体。这时的传媒主要扮演一种“大众传播”的功能，大众传媒通过广告提供的消费信息成为消费者的主要消费信息来源。对应而言，这个时候的社会转型成为“法理社会”。人与人之间不再熟悉，人们之间的关系主要依靠法律、规章和制度来维持。

① 熊澄宇．从大众传播到分众传播［J］．瞭望新闻周刊，2004（2）：60.

② ［美］理查德·谢弗著．马戎，杨文山审阅．社会学与生活［M］．第9版．刘鹤群，房智慧，译．北京：世界图书出版公司北京公司，2008：139.

③ ［美］朱丽安·西沃卡著．肥皂剧、性和香烟——美国广告200年经典范例［M］．周向民，田力男，译．北京：光明日报出版社，1999：26-36.

因此，这个时候的消费者的主要信息来源如图 4 所示：

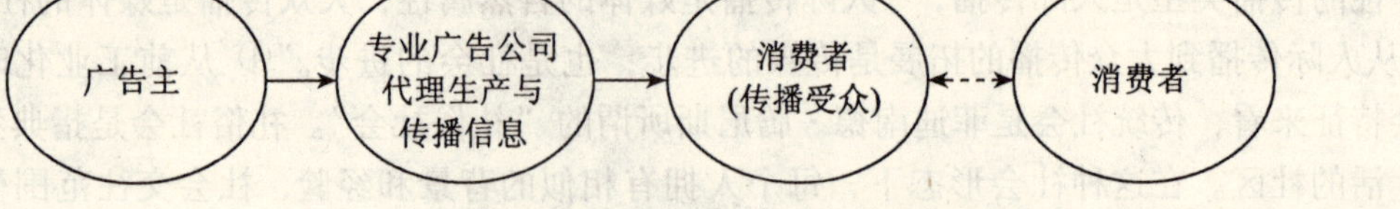

图 4　工业化与工业经济时期消费者的信息来源

我们可以看到，这个时候由于整个经济生产方式、消费状态和整个社会转型的背景，消费者的主要消费信息来源不再是“礼俗社会”的人际传播和口碑效应，而是广告主委托的专业广告公司进行专门化生产和传播的广告信息。这种广告是以大众传播媒介为载体进行传播的，其中最主要包括报纸、杂志、广播和电视。

这个时代的广告生存方式和传播形态产生巨大变化：第一，广告专业化，广告运作进行专业化发展和成为社会分工的一个环节。专业的广告代理公司出现，广告成为一个独立的产业；第二，这个时候的广告运作是系统的、规范的和专业化的，专业广告代理公司以其在广告传播领域的专业水平为广告主提供包括市场调查、广告策划、广告创意与表现、媒体选择和组合以及效果评估一整套系统流程的广告代理服务，广告信息的生产和传播实现专业化和规模化；第三，受传播媒介的限制，这个时候的广告主要是大众的、单向度的广告传播，广告主主导生产传播的广告信息成为消费者消费信息的主要来源。

（3）后工业化时期的消费者信息来源结构和广告形态

后工业化时代的整个经济生产方式、消费方式和传播生态都发生巨大的变化，直接导致消费者信息来源结构和广告形态的变化。具体为：第一，经济生产方式的变化以及随之而来的消费方式的变化。工业化时期确定的大规模生产、大规模消费是现代社会的基本经济生产方式，虽然现代企业不断导入诸如细分、定位的市场策略，但这种市场细分和策略还是以大量生产和大量消费为前提的。后工业化社会的来临，个性化生产、定制化生产甚至一对一生产慢慢地成为现实，消费者的消费主导权和消费个性得到充分彰显和保障。第二，传播生态的变化。数字技术的发展和数字化传播时代的来临，“数字化传媒是新媒体的显著特征。这个特征改变了以往大众传播的特点，更加适应受众需求的多样化和受众市场的细分化；以往媒体单向传播的特点，变成了具有双向互动的功能，信息接受的主动权越来越向受众方面转移……”同时“阅众参与、去中心化和平等化是新媒体的两大关键词”。① 数字化传播时代的最大转型是受众（在消费领域就是消费者）的传播主权的彰显。消费者在信息传播活动中的主动权、表达权、媒介接近权和选择权得到充分的实现，特别是随着数字技术发展起来的网络媒介，交流和共享更成为媒介受众（在商品消费领域为消费者）的习以为常的行为。因此，日本电通公司提出以 AISAS 模式取代传统的 AIDMA 模式（见图 5）：

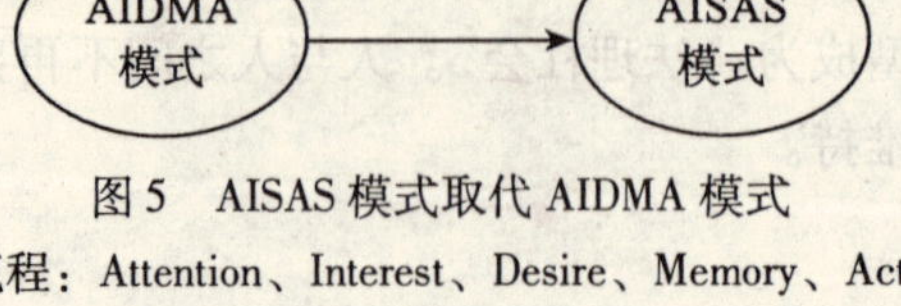

图 5　AISAS 模式取代 AIDMA 模式

（注：AIDMA 模式即一个系列流程：Attention、Interest、Desire、Memory、Action；AISAS 模式即另外一个系列流程：Attention、Interest、Search、Action、Share）

① 喻国明．解读新媒体的几个关键词［J］．广告大观．媒介版，2006（5）：12-13.

我们可以看到，传统的AIDMA模式的基本逻辑是营销传播者居于主导地位。而基于数字传播和网络时代的市场特征而重构的AISAS模式，相比AIDMA，渴望和记忆环节被更加广泛的受众的主动搜索取代，并且增加了信息的分享与再传播环节。该模式将消费者在注意商品并产生兴趣之后的信息搜集（Search），以及产生购买行动之后的信息分享（Share），作为两个重要环节来考量，凸显了消费者在数字传播时代的主体地位和能动性。从消费者的信息来源结构来看，广告已经不是最重要的消费者的信息来源，基于网络共享的信息开始取得和广告同等重要甚至更为重要的地位。①

在这个宏观背景下，我们可以看到，消费者的信息来源结构发生巨大变化，如图6所示：

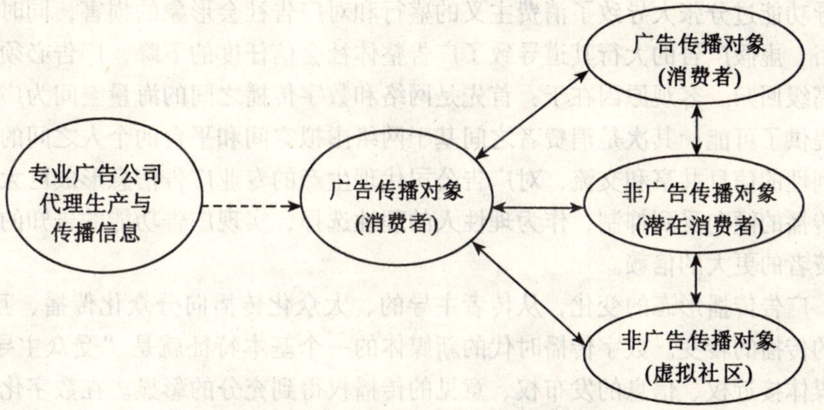

图6 后工业化时期消费者的信息来源结构图

从图6我们可以看到：第一，在数字技术和网络传播时代，作为大众传播的广告信息依然是消费者的主要信息来源之一。第二，消费者的信息来源已经不再是传统技术时代的单纯和主要以由专业广告公司代理生产、由大众传播媒介传播的广告信息。第三，消费者基于虚拟网络而形成的社区的非功利的信息分享与交流成为更为重要的信息来源。专业广告公司代理生产的信息，很多时候只是消费者在虚拟空间和社区的二次传播和多次传播的一种信息源，受到虚拟社区的严格的、无形的审查。这种状态将对广告传播和生存形态产生巨大影响，下面专门分析。

三、数字传播技术时代的广告传播的转型

消费者的信息主导权和主动权在数字传播时代得到充分彰显和保障。为了更有效地进行广告传播，广告传播必须转型。具体而言有以下几个方面：

第一，传统的大众传播广告依然存在，但广告表现手段和风格娱乐化与戏剧化，同时广泛利用新的传播渠道，以最大效果的获取消费者（目标诉求对象和群体）的关注和注意力资源。在一个信息爆炸的时代，在一个广告等各类资讯泛滥成灾的时代，任何信息和资源对比有限的媒体受众的注意力资源，已经不是稀缺。广告传播如何在信息爆炸和注意力资源紧缺的时代赢得消费者的关注和信赖？在当下的传播语境下，广告表现手段和风格的娱乐化、戏剧化是一个有效的战略。广告在给受众提供充分的娱乐过程中完成商业信息的传播是当代广告的一个基本趋势。百度公司上市之前，推出了一组以“百度，更懂中文”的系列小电

① 钱广贵．从分众传播到分众类广告传媒：基于传播转型的批判反思［J］．新闻界．2009（2）：23.

影广告。系列之一的《唐伯虎篇》是在一种周星驰式的风格中展开的，巧妙的创意、夸张的表演与搞笑的风格，主题鲜明传达。① 整个广告调性风格、幽默、富有创意，具有强烈的戏剧性和感染力。相比于许多品牌动辄聘请知名导演以千万级的费用拍摄宣传片，百度的三个短片通过网络平台下载链接等方式扩散开来，在一个月之内就达到了 4 000 万人次的下载流量，体现了娱乐性和戏剧化的广告的巨大传播效果和冲击力。

第二，广告营销传播的功能的变迁，从诱导到告知的高级回归与转型。广告商品信息传播的功能，大体上经历了如下几个发展阶段：最初的商品信息的告知功能→广告即“有关商品或服务的新闻”→20 世纪 30 年代至 50 年代的说服功能→60 年代以来的诱导功能→90 年代以来的沟通功能。② 广告从告知向说服、诱导的变迁是市场竞争的激烈程度的提升的背景下广告主必然的理性选择，同时消费从功能性消费向符号性消费的转型也是其重要原因。但广告诱导功能过分张大导致了消费主义的盛行和对广告社会形象的损害，同时在诱导名义之下的恶俗、虚假广告的大行其道导致了广告整体社会信任度的下降，广告必须实现从诱导到告知的高级回归。客观原因在于：首先是网络和数字传播之间的海量空间为广告实现完全信息传播提供了可能；其次是消费者之间基于网络虚拟空间和平台的个人之间的广泛的、普遍的非功利性的信息共享和交流，对广告公司代理生产的专业广告信息形成巨大压力。其选择性信息传播的倾向受到抑制，作为理性人的理性选择，实现广告功能的告知的高级回归可以赢得消费者的更大的信赖。

第三，广告传播形态的变化，从传者主导的、大众化传播向分众化传播、互动性传播、受众本位的传播的转变。数字传播时代的新媒体的一个基本特征就是“受众主导”，受众的表达权、媒体接近权、信息的发布权、意见的传播权得到充分的彰显。在数字化传播的背景下，广告传播各要素发生巨大的各方面的演变：“广告媒体由分离到融合、广告对象由大众到小众、广告形式由明确到消融、广告效果由达到到互动、广告核心由创意到策划。”③ 在数字传播时代，“广告是受众主导的而不是传者主导的；是平等交流的而不是强行灌输和宣传；是寻求对话的而不是传者强势的独白；是为了丰富、满足人的全面发展而不仅仅只是为了商品的销售和企业利润的获取；是个性化彰显而不是大众化传播的‘群氓’状况的。广告传播必须尊重传播对象、满足传播受者，而不是企图进行强制性灌输和收视，因为这种方式只会得到受者的唾弃和无声的冷漠。”④

第四，广告生存形态发生变化。关于广告的生存形态，一种是现实的广告传播从区隔性、专业性的生存形态向去区隔性、社会化的生存形态转变，这是形式层面的变迁，具体表现为两个方面：第一个方面是广告将与其他社会资讯形式结合和融汇。比如植入式广告，其实就是广告广泛的融入电影、电视剧、电视节目、短信、游戏甚至新闻节目等各种其他信息和资讯形式中间去。根据市场研究公司 PQ 媒体公司估计，1974 年，美国植入式广告业务的价值为 1 740 万美元，到 2006 年已经增至 35 亿美元。第二个方面是广告与其他营销传播手段工具出现融合化趋势，即广告公关化、活动广告化等融合的趋势，广告与公关、新闻、活动等在传统媒体时代界限分明的区隔开始消泯，传统广告向大广告演变。另一种关注是广告的未来生存形态。张金海教授的研究认为，专业数据库将成为数字技术与网络传播背景下未来广告生存的终极形态，原因在于：①数据库充分张大了数字技术的特征；②高度专业和丰

---

① 资料来源 http://hi.baidu.com/yunzhanqiang/blog/item/73d691131a68f3035baf5353.html [EB/OL].

② 张金海，廖秉宜．网络与数字传播时代广告告知功能的回归 [J]．广告大观．综合版．2006 (7)：48.

③ 舒咏平．数字传播环境下广告观念的变革 [J]．新闻大学，2007 (1)：99-101.

④ 钱广贵．从分众传播到分众类广告传媒：基于受众本位与经济交易原则的批判研究 [M] //罗以澄，张金海主编．中国媒体发展研究报告（2009 年媒体卷）．武汉：武汉大学出版社，2009：124-130.

富的广告信息数据库本身就是有价值的、可以产生利润的；③专业数据库将最大限度上消解广告传播中的信息不对称问题。① 这样，广告的专业数据库形态与消费者之间的非功利的基于网络的信息分享与交流，成为消费者获取消费信息的两大主要渠道。

【参考文献】

[1] [美] 埃冈·纽伯格，威廉·达菲. 比较经济体制——从决策角度进行的比较 [M]. 北京：商务印书馆，1984.

[2] 卢泰宏. 消费者行为学——中国消费者透视 [M]. 北京：高等教育出版社，2005.

[3] 张金海. 20世纪广告传播理论研究 [M]. 武汉：武汉大学出版社，2002.

[4] 张金海，姚曦. 广告学教程 [M]. 上海：上海人民出版社，2003.

[5] 陈培爱. 中外广告史——站在当代视角的全面回顾 [M]. 北京：中国物价出版社，1997.

【作者简介】

钱广贵，华中农业大学文法学院广告系讲师，主要从事广告传播、传媒经营管理研究。

① 张金海，王润珏. 数字技术与网络传播背景下的广告生存形态 [J]. 武汉大学学报：人文科学版，2009 (7)：496.

营销传播融合：我国数字电视购物的频道运营

罗书俊

【摘 要】营销传播融合始终是广告生存和电视媒介生存的核心。在不同的技术条件和电视媒介发展的不同阶段，营销传播融合的方式方法必然会发生变化。由隐性营销传播融合走向显性营销传播融合、由单一的二次售卖生存走向多元营销传播平台的构建是广告及电视媒介数字化生存的基本趋势。以购物频道为代表的数字电视商务平台是应这一发展趋势而产生的新生事物，关注其现实的运营困境和未来发展的品牌化规模扩张对于我国广告与电视媒介的生存转型无疑有着极其重要的意义。

【关键词】营销传播 数字电视 购物频道 运营

伴随计算机及网络诞生而深化的数字技术革命改变着人类的文化和生存状态，作为信息受众或消费者而存在的人类生命个体拥有更多的自由话语权。数字传播技术的发展、受众主导地位的确立、营销传播理念的变化深刻影响着包括电视在内的媒介生存形态和未来的广告生存形态。

一、营销传播融合：广告及电视媒介数字化生存的核心

尽管对于“什么是广告”的争论从来不曾停止，但广告围绕商务信息传播而进行商品或服务营销的基本功能是不容否定。无论广告内涵抑或广告外延发生何种变化，但其集营销传播于一身的实质并没有改变，发生改变的仅仅是营销传播融合的方式方法。同样，无论媒介技术发生何种变化，对于依靠“二次售卖”生存的电视媒介而言，数字时代的付费收看抑或电视购物等形式并没有改变其作为信息传播载体的基本功能，发生改变的仅仅是信息传播盈利的方式方法，基于数字电视平台化发展而产生的营销传播融合（如电视购物等）成为其在数字时代盈利的主要形式之一。

1. “隐性营销传播”走向“显性营销传播”的广告发展历程

随着社会经济的飞速发展和传播技术的日益丰富，与商品交换相伴而生的广告经历了一个动态的发展过程。从简单的信息告知到不完全的信息劝服或诱导、再到完全的信息告知，从客户主导的单向传播到受众主导的双向互动或多向互联，从单一的声音、文字或图像到各种表现元素的多元组合，超越传统的现代广告转型具备现实可能和成为现实必需。究其原因，无非有两点：一是数字技术与网络平台所带来的海量传输和海量存储使得商务信息传播超越传统广告的内容限制、形式限制和时空限制，它大大降低了广告的传播成本；二是受众主权意识的觉醒使得广告信息接受的自主选择和基于完全商务信息传播的理性消费成为时代主流，从“4P”到“4C”再到“5R”的营销传播理论不断赋予“沟通”一词新的内涵。

对于主体和受众而言，广告始终是“一种功利色彩十分浓厚的应用性传播活动，人们

对它的实践关注和理论阐发首先考虑的是通过广告要达到什么目标及如何实现目标。"① 无论在何种媒介环境中，广告的终极目标就是要在价值认同的基础上促进商品或服务交换行为的发生。然而，由于传播媒介的广泛运用、信息接收的自主选择、传播主体的非固定化、商务信息的完全传播、支付信用系统的完善（如支付宝、网上银行）等因素的影响，广告目标的实现形式因媒介环境的不同而存在一定差异。

在传统的媒介环境下，广告目标的实现主要表现为一种隐性营销传播融合，广告信息流传播与作为"物"的商品或服务交换行为的发生往往具有延时性，即信息流与物流之间的结合②通常是间接发生且不宜考量。

在数字媒介环境下，广告目标的实现则常表现为一种显性营销传播融合，基于数据库的广告信息流传播与作为"物"的商品或服务交换行为的发生通常具有即时性。信息流与物流之间的结合不仅将商品或服务交换行为与作为交换渠道的物流配送融为一体，且这种结合往往是直接发生和可量化的。

2. "单一二次售卖"走向"多元营销传播"的电视媒介生存

在传统的传播环境下，广告已成为各大电视媒介的主要经济来源，即使是在部分经营比较全面的城市电视台，广告收入在全部经营收入中的比重仍高达70%以上。因此，传统电视媒介往往通过"单一二次售卖"的商业模式得以生存。

无论是在传播模式还是在表现形式上，数字时代的电视广告传播形态和生存形态都有了较大的变化。根据相关研究与实践，我们可以归纳出数字时代电视广告形态可能的五种基本方式：一是传统电视广告，在提供免费信息的同时仍强行插播一定数量的广告，主要存在于公共频道之中。二是广告与付费频道信息的关联播出，通过广告收看获取一定数量的付费信息或降低付费信息的获取成本；三是植入式电视广告；四是集合分类广告的广告专业频道；五是集合商品信息的购物频道。前三者属于传统广告的延续和创新，广告信息与节目内容的接近性、广告传播的隐性化及广告播出时间的长短等相关要素在新的媒介环境下得以强化。后两者则体现了数字时代广告整合营销传播发展的新趋势，信息流和物流直接结合的商务运作成为新的亮点。

在数字技术和网络传播飞速发展的背景下，单纯依赖于广告的电视生存形态必将发生改变，数字电视赖以生存的经济来源至少存在四种基本渠道：一是入网用户的基本收视费；二是特色功能的付费收入，如付费专业频道、视频点播、家政服务等业务的提供；三是传统广告的播出收入，主要体现为数字技术条件下的"N次售卖"；四是数字商务平台的运营收入，如将信息传播与销售终端融为一体的广告专业频道和电视购物频道等。

总体看来，数字时代的电视媒介生存开始由单一的"二次售卖"转向多元的"营销传播"，体现营销传播融合的传统广告创新和数字商务运营成为数字时代电视生存所要解决的核心问题。

二、购物频道运营：我国数字电视购物的主流形态

电视购物作为一种电视媒介与商品零售相结合的"无店铺销售模式"，其主要面向家庭市场，集信息传播、宣传推广、组织销售于一体。电视购物既迎合了受众消费模式的创新趋

① 张金海．20世纪广告传播理论［J］．武汉：武汉大学出版社，2002：88．

② 张金海，王润珏．数字技术与网络传播背景下的广告生存形态［J］．武汉大学学报，2009（7）：493-497．

势，又与数字时代的电视媒介特征相吻合，融营销与传播于一体的电视购物不仅是商业零售领域内更是电视媒介发展史上的又一次重要变革。

1. 购物频道运营已成为我国数字电视购物的主流形态

从欧美发达国家电视购物的发展历程与我国20世纪90年代初以来的电视购物发展实践来看，国内电视购物主要有两种经营模式：一是以橡果国际和七星购物为代表的购买时段进行广告型播出的电视直销；一是以湖南快乐购和上海东方CJ购物领衔的自办购物节目并通过固定频道连续播出的数字商务平台。

由于市场进入门槛过低、产品质量虚假宣传、产品价格虚高、售后管理混乱等因素的影响，曾经盛极一时的以产品直销为主的传统电视购物日渐衰落。2003年以来，由广电系统主办的电视购物频道已发展到20余家。根据中国电视购物研究与发展中心统计数据①显示，我国2008年的电视购物销售额超过了100亿元，与其相关的附属产业规模则达300多亿。其中，湖南快乐购销售额为19亿元，和橡果国际以17%的市场份额并列第一。东方CJ购物销售额已接近16亿元，顾客家庭数也从2004年的13.5万上升到近200万，占上海600万家庭中的1/3。此外，河南欢腾购物和中视购物的销售额也分别达10亿元和6亿元。以上数据充分表明，以频道运营为主的家庭电视购物日益成为数字时代电视营销传播的主流。究其原因，无非有四点：

一是家庭电视购物市场本身极具增长空间。根据CTR的相关数据，韩国和日本的电视购物占零售市场总额的10%，美国占8%。且从全球来看，电视购物的市场规模每年还在以20%以上的速度增长。而我国2008年的零售市场总额已突破10万亿元，112亿元的电视购物仅占我国零售市场总额的0.11%，故我国电视购物市场今后的发展空间极为巨大。

二是家庭电视购物迎合了数字时代商品营销的创新需求。以频道运营为核心的家庭电视购物既为相对完全的商品信息传播提供了沟通平台，又通过减少流通环节、降低销售成本而使消费者和生产者双方获利。其高效、便捷的销售渠道既突破了商品销售的时空限制，又迎合数字时代受众生活方式变迁的需要。

三是购物频道运营的生存形态与数字电视的媒介特性相符。作为商业营销与资讯传播结合体而存在的电视购物频道，既改变了电视媒介的盈利结构也充分显现了海量信息存储、海量双向传输的数字媒介特性，既反映了我国电视产业对于范围经济的理想追求又让富余的数字电视频道得到充分利用。

四是经过多年的实践探索，我国电视购物频道的运营模式相对成熟。自2004年2月上海东方电视台开设东方CJ购物以来，我国电视购物频道的运营逐步趋向专业化，在产品选择、节目制作与播出、客户服务、物流配送、资金结算等环节日益完善和规范，一定区域范围内的电视购物产业链初步形成。

2. 我国数字电视购物频道运营的现实困境

虽然电视购物频道作为一种零售业态在我国有了很大的发展，但由于认识局限、多头管理、频道资源区域划分、物流配送及资金结算、基础设施欠发达等原因，我国电视购物频道的未来发展仍然面临诸多的现实困境。

一是传统电视直销影响下的诚信困境。传统电视直销透支了电视购物的行业诚信，消费者信任度低严重阻碍着电视购物频道的进一步发展。据央视发布的《2008—2009中国电视购物行业发展报告》显示，仅有17.65%的观众信任电视购物。在2009年3·15期间，国

① 叶文添．电视购物暗战［N］．中国经营报，［2009-04-09］：8.

家工商总局发布的3 992件非现场购物申诉中，电视购物投诉竟达1 731件。假冒公司多、质量没保障、宣传虚假夸大、价格离谱、售后服务差、维权难度高等电视购物“乱象”严重地损害了消费者的合法权益，电视媒介和电视购物的社会公信力均受质疑。尽管2003年开始运营的电视购物频道在商品质量、节目内容及服务规范性方面均与传统电视直销存在极大差异，但相似的流通渠道和两种不同电视购物模式的共生共存使得大多数消费者难以辨别。传统电视直销业已形成的负面传播效应必将成为阻碍我国电视购物频道发展的坚固壁垒。

二是基于对电视购物认识模糊的管理困境。无论是经营者、消费者还是管理者，既对电视购物这一新生事物的本质属性（究竟是电视节目、电视广告还是商品零售）缺乏统一的认识，又对数字条件下包括电视购物在内的非现场购物市场的蓬勃发展缺乏预见。因此，在我国电视购物16年的发展历程中，除了《广告法》、《价格法》、《消费者权益保护法》及《广告管理条例》中的某些笼统条文外，国家相关部门或行业协会并没有针对电视购物的市场准入及其运营制定相应标准。尽管从2006年开始，国家广电总局联合相关部委先后三次对电视购物节目的播出进行集中整顿，但这种运动式且带有一定随意性的政策性规范对追求经济利益最大化、以属地管理为主的电视媒介和电视购物公司缺乏应有的威慑力，随之而来的是电视购物商品、购物节目内容和播出形式的创新层出不穷，法律空白、行业监管不力使得我国电视购物行业管理的无效和混乱成为一种常态。

三是基于电视频道资源区域划分的规模化困境。传统电视直销的衰落和家庭购物频道的兴起标志着我国电视购物行业由“广告为主”向“物流为主”、由“暴利”向“微利”的悄然转变，这既在一定程度体现了电视购物在本源（商品零售）上的价值回归也预示规模经济是未来家庭购物频道的发展方向。然而，我国电视媒介条块分割的管理体系和我国物流发展的滞后极易导致电视购物频道运营的区域垄断抑或是区域限制，高昂的“落地费”也极大地提高了商务信息传播和流通渠道建设的成本，电视购物频道的规模化经营面临现实障碍。

三、品牌化规模扩张：数字电视购物频道发展的路径选择

数字时代的广告生存形态和电视生存形态转型为我国电视购物频道的发展提供了新的契机。同时，在美国、日本、韩国等媒介产业发达的国家，作为媒介基本生存形态之一的电视购物业已成为国民经济发展的重要力量。综合考量我国电视购物频道的发展现状和充分借鉴电视购物产业发达国家的成功经验，从构筑电视购物产业链的角度来看，品牌化规模扩张将成为我国电视购物频道未来发展的基本战略，“一体两翼三网”是实施品牌化规模扩张战略的三项主要内容。“一体”，即要构建弘扬品牌化的诚信管理体系；“两翼”，即要强化与商品供应商和物流服务商两者之间的合作联盟；“三网”，即要推动电视、电信及网络等营销传播平台的多元整合。

1. 诚信管理是品牌化规模扩张的战略核心

2006年以来，无广电背景的橡果国际和七星购物等电视直销公司的业绩大幅下跌乃至出现巨亏，有广电背景的湖南快乐购和上海东方CJ等电视购物频道的经营业绩却呈现高额而快速的增长趋势，这种强烈的对比差异和橡果国际2009年首推先行赔付模式的举措在一定程度上体现了品牌公信力在电视购物产业规模化扩张中的核心作用。

其实，电视购物的品牌诚信不仅是一种观念，更是通过具体措施而构建起来的一种管理体系。电视购物产业的诚信管理至少应包括四个层次的具体内容：一是提供诚信产品，严格商品选择的质量审核程序，充分重视品牌对于产品质量的影响力；二是制定诚信价格，作为

一种无店铺模式的销售终端，即应通过规模化经营降低其商品流通的成本并制定合理的商品价格；三是倡导诚信宣传，追求商品信息传达的真实与完整；四是推广诚信服务，建立反应迅速的售后服务机构，确保商品免费退换、售后调试与维修服务的切实可行。

当然，由于商务信息的不对称和市场主体的有限理性也使得电视购物产业诚信管理体系的构建不仅仅依赖于市场主体的行为自律，更依赖于相关制度规范而进行的行为监管。国家相关部门或行业协会至少应就电视购物节目的播出、电视购物公司及电视购物频道的运营、电视购物的产品供应等制定相应标准，并构建独立权威的诚信评估机构。这一评估机构不仅要根据相关标准进行决定电视购物市场准入的信用等级评估，更要推动多元传播平台下的信用信息共享，尤其是消费者投诉属实的负面信用信息的共享，使之真正成为整个社会信用信息援助和电视购物运营监管的诚信平台。

2. 合作联盟是品牌化规模扩张的有力保障

基于电视媒介数字化生存和产业化生存的现实需要，品牌化规模扩张是我国电视购物频道发展的必由之路。基于我国电视媒介行业的特殊性，电视购物频道完全有实力将与电视购物相关的生产营销、信息传播、物流配送整合成跨行业、跨媒体、跨地区的产业价值链，问题是采取何种方式？整合并购必须有利于降低电视购物频道的运营成本，发挥其规模经济效益并最终提升其市场占有率。

如果暂时放弃社会公信力低和行业管理混乱这两大重要影响因素，制约我国电视购物频道规模化发展的瓶颈则具体体现在四个方面：一是产品瓶颈，即如何寻求到高质量且适合电视购物频道销售的特色产品；二是服务瓶颈，即如何为地域分散的大量同类、同品牌产品销售提供专业化的服务；三是物流瓶颈，即如何提升物流配送的时间效率和突破物流配送的区域限制；四是资金瓶颈，即如何解决大规模的资金占用和缩短资金周转时间。较为有效的解决方案是通过与产品供应商、物流服务商之间的合作性经营联盟来构建“商品流、信息流、资金流”三流合一的产业价值链。

首先，电视购物频道通过与品牌产品供应商的合作经营联盟来保障产品的高质量。据统计，国内所有知名家用电器品牌都与湖南快乐购有合作，甚至包括某些来自法国、日本的知名电器品牌供应商；其次，通过自建24小时免费电话呼叫中心来实现与消费者、产品供应商及物流服务商之间不间断的信息沟通，以完成信息链循环和保证售后服务质量；最后，通过与物流供应商的合作来收取消费者价款，支付供应商货款以及物流配送费用，并最终完成资金流的循环。

当然，合作经营的形式千差万别，主要方式有产权整合、运营整合和产品整合等三种。

3. 多元整合是品牌化规模扩张的基本渠道

作为因应电视媒介生存转型而推出的数字商务平台之一，电视购物频道运营的终极目的是为了促进商品销售。这一数字商务平台的具体运作必然以电视媒介为核心，但也不应受限于单一的电视媒介模式，而是要在电视购物频道运营的基础上充分整合各种媒体资源和销售渠道。通过立体式的全媒介流通方式来强化与消费者的沟通、塑造品牌形象和实现电视购物频道运营的规模化扩张。

在媒介资源或销售渠道的多元整合方面，江苏好享购的做法或许可以给我们某些启示，其运营过程中所推出的营销传播渠道主要包括六个平台①：一是电视平台，每天电视播出共

---

① 杨猛．诚信是电视购物生存之本——访江苏好享购物有限公司董事长范星［J］．广告大观．综合版，2009（4）：38-40.

达33.5个小时；二是网络平台，配送范围覆盖江苏全省，并拓展到北京、上海等大中城市；三是杂志平台，每月出版《好享购购物杂志》，同时还在《东方文化周刊》开设“好享购专版”，覆盖追求时尚的消费人群；四是报纸平台，与《扬子晚报》、《南京日报》合作开设“纸上商城”；五是活动平台，与江苏省外经贸厅开展“彩虹行动”等有权威色彩的活动；六是将在机场、火车站等设立展位，展示好享购品牌。

好享购这种全媒介流通模式反映了数字电视商务平台多元整合的基本趋势但也存在很大的局限性，即电视营销传播的重点不突出。高清晰度的视频互动是电视商务信息传播的核心特征，计算机网络、包括手机等移动终端在内的电信网络才真正具备与这一核心特征密切关联的相似属性。同时，计算机网络和电信网络也是现代社会最具发展前景、受众规模扩张最快的营销传播媒介。因此，在电视购物营销传播通路的多元整合中，计算机网络和电信网络才是需要重点整合的辅助媒介，尤其是电信网络中的免费电话呼叫中心和以手机等为终端的移动电视频道。

总的来说，提升电视购物的社会公信力和完善电视购物产业链构建无疑是我国电视购物频道发展的当务之急，但我们也并不忽视跨区域电视频道播出、信用支付手段的创新和社会信用系统完善对我国电视购物频道发展的重要意义，我们将在以后的研究中对此加以重点探讨。

【参考文献】

[1] 张金海，王润珏．数字技术与网络传播背景下的广告生存形态［J］．武汉大学学报，2009（7）：493-497.

[2] 余晓莉．广告营销功能观的历史变迁与现代转型［J］．武汉大学学报，2009（7）：498-501.

[3] 程明，姜帆．整合营销传播背景下广告产业形态的重构［J］．武汉大学学报，2009（7）：502-507.

[4] 陈红梅．家庭购物：电视消费时代的新亮点［J］．新闻知识，2008（4）：67-69.

[5] 吴维海．打造有行业竞争力的电视购物品牌［J］．当代财经，2007（10）：77-82.

[6] 邓文卿，张小峰．当代电视购物及其社会发展价值［J］．山东经济，2007（7）：44-48.

[7] 刘臻．电视购物的冷思考［J］．视听纵横，2009（4）：39-40.

【作者简介】

罗书俊，武汉大学媒体发展研究中心媒介经营与管理专业在读博士，江西财经大学人文学院副教授，主要研究方向为媒介经营管理、广告传播理论。

从"信息推送"到"信息经营"

——网络广告信息运作思路的检视与思考

王润珏

【摘　要】网络广告是网络媒体发展的产物。信息技术的革新和网络媒体的发展导致传播环境的变化。"如何适应和利用这些变化"是当前网络广告发展所面临的重要问题。我们认为，网络广告将由传统的"信息推送"向"信息经营"转变，这一转变将使广告信息的价值得到发掘和张大。

【关键词】网络传播　网络广告　信息推送　信息经营

媒介是广告信息的载体，新的技术催生新的媒体，也必然促使广告信息的传播方式发生改变。网络，这一数字技术催生的新媒介仍然随着数字技术的发展而不断变化，那么，站在广告信息传播的角度，我们该如何理解这些变化呢？广告又该如何适应这些变化呢？

一、网络传播环境的变化与"广告"概念的重新审视

自20世纪90年代，互联网开始普及至今，网络技术的发展速度和人们对网络的认知程度的变化远远快于以往任何一种媒介形式。今天，互联网已成为媒介系统的重要组成部分。不断提高的网络普及率和网民数量，正使网络广告的传播环境发生着巨大的变化，同时也使"网络广告"的商业价值日益彰显。

调查显示，2009年6月，我国网民人数达3.38亿，是1999年的84.5倍。网络用户的规模正急速增长，覆盖人群更加广泛，网民身份构成也更加多样化。网民的年龄结构呈现成熟化趋势，30岁以上网民规模增长明显。

从对网络的认知程度来看，84.3%的网民认为互联网是其重要的信息渠道，48%的网民对互联网的信任程度比电视更高。同时，77.5%的被调查者表示"生活离不开网络"，81.6%的被调查者认为"网上办事节省时间"。① 由此可见，网络的公信力正在逐步提升，网民对网络依赖性也已开始显现。这也意味着网络对社会生活的介入程度正不断加深，其影响面的拓展和影响力的增强，也正是网络广告商业价值的核心所在。

另一方面，网站数量爆发式增长、网络信息量激增。根据CNNIC发布的《中国互联网络发展状况统计报告》，1999—2009年6月，十年间，仅我国网站的数量就由9 906个，增至306.1万个，增长了309倍。而网络中信息的传输与储存均基于技术的虚拟空间，并伴随计算机存储容量和虚拟技术的发展不断扩大。互联网上传播的信息每月增长10%以上，年增长率可达200%以上②；信息技术在创造信息高速公路的同时也造成了信息过剩。以几何式增长的信息量正不断提高着人们辨别、处理信息的难度和成本。生活环境的高度不确定性

① 数据来源CNNIC第二十四次．中国互联网络发展状况统计报告［R］．［2009-07］．

② 刘素心，王汝芳，张广森．论网络环境下"信息控污"［J］．大众科学，2007（5）：40-42．

使得人们既受困于信息过剩的烦恼，又无法摆脱对媒介信息的高度依赖。

当前，在网民使用率居前五位的网络服务依次是，网络音乐、网络新闻、即时通信、搜索引擎和网络视频①。从信息获取到休闲娱乐、即时通信，网络功能呈现多元化趋势，它正成为人们生活中越来越重要的多功能媒介。这一特征是以往的大众媒介所不具备的。

数字技术的飞速发展使互联网的更新速度要远远高于其他传统媒介。从 Web1.0 到 Web2.0，从 2G 到 3G，网络技术的升级不断挑战着既有的市场格局，也不断创造着新的市场机遇。这就为网络广告信息提供了多样化的传播思路，也要求网络广告不仅应符合网络媒介的基本特征还应随着网络的发展而不断调整、更新。

然而，在当前网络传播与数字技术的背景下，现有的关于广告的理解所指涉的广告的表现形式和承载方式，已显得过于狭隘，表现出诸多的不适应。许多新的形式都难以被纳入广告的范畴，广告的发展方向受到制约。事实上，实际操作中，我们已经将许多网络推广方式纳入广告策略中来，并随着数字技术的飞速发展不断更新。以搜索引擎广告——AdWords（关键词）广告为例。最初，谷歌只是用文字链接形成广告主与受众之间的直接通道，进行双方需求匹配。今天它已从文本广告发展到图片、视频互动广告等形式，并将广告平台拓展到移动手机上。② 谷歌的互动广告传播已不再是一种具体的媒体广告形式，而是具有文字、动画、声音和视频的复合传播方法。

因此，我们对“广告”的理解不能再囿于传统的概念和思路，应在新的媒介环境和传播背景下对其内涵和外延进行重新审视，这也是进一步讨论广告信息运作方式的基础和前提。我们认为，付费的，公开传播的，有关生产与消费、供应与需求的所有商务信息都属于广告的范畴。其介质、形式不必拘泥。对网络传播而言，在网络上发布的所有商务信息都是广告，并不一定有固定的形式。③ 那么，我们应该思考的是，现有的广告信息传播方式是否仍然适用？是否还有其他的信息传播方式可供选择呢？

二、信息推送：传统广告信息传播思路的延续与创新

梳理当前网络广告信息的传播思路，主要有以下三种类型：一是大众传播，以门户网站页面广告为代表；二是分众传播，以 SNS 网站广告为代表的分众广告；三是互动传播，以人机互动的页面小型互动游戏为主。尽管具体方法有所差异，但这三种传播思路的共同特点是，尽可能地将广告信息放到受众面前，并引起他们的注意，即信息推送。信息推送是传统媒体常用的广告信息传播方法。网络媒体与传统媒体存在一定的共性，面对的受众存在重合，信息接触习惯也有相同之处。因此，传统的信息推送广告仍将在一定程度上发挥作用。

从网络广告的表现形式来看，主要有两类，一是直接脱胎于传统广告形势的视频广告、页面广告、插页广告等；二是互动广告、关键词广告等依托新的网络概念或网络技术产生的网络媒体所特有的广告形式。然而，现状是，前一类广告更像报纸、杂志广告的电子版，或是修改版，仍然带着浓重的强制色彩。而后者也在一系列的实践中遭遇挫折。2008 年，宝洁公司尝试在世界最大的社交网站 Facebook 上进行品牌推广。结果发现在社交网站进行品

① 1999 年，网民最常使用的五项网络服务排名依次是，电子邮箱、搜索引擎、软件上传或下载服务、各类信息查询、网上聊天室。参见 CNNIC 第五次．中国互联网络发展状况统计报告［R］．［2000-01］；CNNIC 第二十四次．中国互联网络发展状况统计报告［R］．［2009-07］．

② 刘允．互联网：引领广告的创新［N］．互联网周刊，［2008-05-20］．

③ 张金海，王润珏．数字技术与网络传播背景下的广告生存形态［J］．武汉大学学报：人文科学版，2009（4）．

牌推广困难重重。社交网站的会员更愿意同朋友聊天，而不愿将宝贵时间浪费在浏览广告上。① 谷歌的关键词广告和百度的竞价排名也遭遇了搜索引擎最佳化（Search Engine Optimization）和点击欺诈的棘手问题。在我国，网络广告价值的增长还远远低于网络流量的增加，这意味着现有的广告模式并未使网络流量的真实价值得到应有的体现。

媒介系统演进的历程提示我们，当我们面对一种新的媒介技术和媒介形态时，依然沿用传统的媒介传播方式，一定不是其合理化的运作方式。广告的变迁与媒介的发展密不可分。每一次传播技术的重大进步不仅要求原有的媒介形态和传播方式进行改进以适应新的媒介环境，还催生新的传播方式和媒介形态，广告信息的传播方式也往往随之发生改变。一个基本的判断标准是，广告形式是否适合新的媒体，应取决于其能否实现对新媒介特征的充分张大。

与传统媒体相比，网络媒体具有信息海量、储存海量传输、传播空间的无限延伸和"无限链接"的特征。与传统传播方式相比，网络变单向传播为双向互动。Web2.0 提供了"可读、可写、可交互"的媒介接触方式。注重"用户体验"是网络媒体设计的重要原则。那么，在新的媒介形态面前，广告信息的推送也应力求借助新的媒体技术发掘出更加多样化的信息表现方式，并改进信息本身的选取、组合和分析能力。网络广告应借助和张大网络媒体的这些特征，自觉地适应网络传播的规律。对传统广告信息传播方式的"创新"成为必需。

国外的网络广告投放模式经历了三个阶段：一是内文匹配模式（Context Buying）；二是人口数据匹配模式（Demographic Buying）；三是行为定向匹配模式（Behavior Target Buying）。② 尽管前两种模式仍是网络广告市场中的主要投入模式，但越来越多的广告主开始倾向于行为定向匹配模式的网络广告。这是一项新的潜在客户发掘、让广告正中目标客户群的服务模式。这一模式能够利用网页特性，准确地把握用户的特征，使广告直达目标受众。

"在合适的时间、合适的地点，把合适的广告送给合适的受众"是理想的广告信息推送状态。网络技术为一对一传播和个性化信息传播提供了可能，比其他媒介形式有更大的优势实现这一目标。行为定向匹配是基于技术的广告投放创新，事实上，网站还可以基于自身积累的资源进行投放创新的尝试。我们认为，对受众定位准确性的追求应是网络广告投放的重要趋势，在内容脱离固有的广告形式的束缚，更加偏重实际的、对消费者有用的信息。

三、信息经营：网络广告运作思路的开拓与发展

依据我们对广告发展规律的把握，数字技术与网络传播的背景下，广告必然产生新的生存方式和新的生存形态，那么广告信息传播的思路也必然发生与之相适应的改变。

第五次信息革命正将我们带入信息经济的时代，深刻地改变着人类的生产、生活、学习和思维的方式。信息经济正是以现代信息技术等高科技为物质基础，基于信息、知识、智力的一种新型经济。随着信息化进程的不断深入，掌握和使用信息的能力已成为当今经济竞争的重要因素。如何能更好地实现信息资源的开发和利用的结合，是当前信息产业发展的重要课题之一。

如前所述，我们认为，在网络上发布的所有商务信息都属于广告的范畴，广告的本质即是信息。广告信息是网络庞大信息的重要组成部分。在传统大众广告时代，受媒介广告刊播资源的限制，在有限的篇幅和时间内，广告信息只能突出和强调对消费者最有诱惑力的信

① 参见纽约时报．社交网站的广告困局［N/OL］．［2009-07-20］．http：//www. sina. com.

② 内文匹配模式是根据产品属性或品牌特色，来选择网页内容能够与之匹配的媒体网站；人口数据匹配模式是根据目标客户群的人口数据特征（如性别，年龄，婚姻状况，居住地区），来选择用户特征能够与之匹配的媒体网站；行为定向匹配模式是按照网友的网络行为习惯、兴趣偏好进行精准定向投放广告。

息，这是造成企业与受众之间信息不对称的根源，也由此导致了广告公信力的削弱。数字技术和互联网的发展使媒体资源获得了极大的丰富，商品完全信息的传播成为可能，这也将带来广告告知功能的回归。

事实上，对消费者而言，广告信息并非垃圾信息，它涉及社会生活的方方面面，能为生产、生活提供新的信息，为消费者提供参考。市场的高度繁荣和产品同质化使消费者不得不依靠更多的信息帮助决策。网络恰好为人们高效、便捷地获取信息提供了渠道。随着网民网络使用能力的提高，通过网络上搜集消费信息和资讯习惯的逐步养成。值得关注的现象是，越是汽车、房产等高档大宗消费，人们越倾向于从网络上搜集相关信息，而企业是否拥有自己的网站也成为人们判断企业资质的要素之一。种种迹象表明，通过信息经营，对广告信息进行开发和利用，实现信息增值将为网络广告运作提供更大的空间，企业和网络媒体都应给予网络广告的发布和信息经营以更多的关注。

广告信息经营可从两个方面着眼：

一是广告信息的选择与组合立足于受众需求，提高信息的实用价值。

产品信息的选择应尽可能详细和实用。网络广告并不是产品推广中唯一的手段和方法，而是与其他方法相互搭配、组合实施。不同的推广方法在营销活动中，往往也承担着不同的责任。如，电视广告适宜提升品牌的知名度，POP 广告则适合传递现场促销信息。网络广告则应承担为受众提供尽可能多的产品信息的责任，应成为消费者了解产品和品牌信息的主要渠道。

应注意产品信息与相关生活信息的结合。这里所指的信息组合是区别于软文类广告的。选择相关生活信息的出发点是消费者的现实需求，而不是推销商品。这些信息应尽量弱化生活信息的功利性，而强调生活信息的实用性。如，在同一页面上既提供汽车商品信息的链接又提供省油窍门、汽车维修保养方法等信息的链接。这些信息不仅是产品性能和生产信息，还包括售后信息。因此，售后信息也应纳入其中。以上两种信息的组合有助于提高品牌的亲和力，提升消费者对品牌的信任度。

厂商信息与第三方信息相结合。一般的广告信息都是由厂商（广告主）提供。但现实中，其他消费者的评价和行业组织的专业评价往往更具说服力。口碑营销是当前普遍运用的一种营销手段。在网络上，可在提供厂商信息的同时，提供第三方的评价信息。同时应注意对真实的负面评价的保留。这一做法能在很大程度上缩小企业与消费者之间的信息不对称，为坦诚的“沟通”奠定基础。

二是信息的加工与发掘立足于技术更新，提高信息使用的效率。

“网络”最初便是以技术形态进入人们视野，其本质是计算机之间的互联互通。今天，它可以为人们提供多样化的、简单快捷的通信与信息检索手段，更重要的是为人们提供无穷的信息资源和不断丰富的网络服务。可以说，网络已成为重要的技术、内容和资源的集成平台。那么，网络广告的信息加工与发掘就应充分张大网络的这些特征，以实现网络广告信息效用的最大化。

广告信息的加工与发掘至少包括以下两个方面的工作：

第一，当前网络广告形式的改进与新技术的及时利用。

目前，我们所使用的许多网络广告形式并未完全张大相应技术的特征。以页面广告为例。每个页面广告都被设置为超链接，通过点击广告，页面内容可以跳转到提供产品或服务相关信息的企业商务网站。事实上，网络传播中的超链接不仅能起到内容联系作用，还具有无限性的特征。页面广告应充分发挥超链接的无限性特征，进行广告信息的深度传播。如，以一则新闻信息或引人注目的广告标题、图片、动画作为起点，通过超链接设置，聚合来自不同渠道的产品、品牌相关信息、不同购买途径、消费者评价等多层次不同类别的信息，形成与广告对象相关的“信息簇”或“信息链”。在表达方式和链接层次的设计上应注重符合受众网络使用习惯，注重提升用户的体验度。页面广告与超链接相结合将使页面广告传达的信息量和关联范围都获得相当程度的拓展。

此外，还应时刻保持对新技术的高度关注。随着3G网络的商用，移动互联网营销在技术的推动下获得巨大的施展空间，不断增长的用户数量为移动互联网带来了庞大的用户群体。历次技术革新提示我们，对一种具有普适性的新技术而言，其扩散的过程中，商业价值也同步凸显。移动定位营销是借助移动定位服务，以用户的位置信息、时间信息为基础，结合用户个人信息，虚拟再现用户现实状态、分析用户需求，针对性地发送商业信息（或是引导消费者发现信息），促进消费行为发生的营销方式。因此，移动定位营销则能了解用户即时需求并即时提供满足用户需求的相关信息，减少广告费用的同时还可在很大程度上减少用户的反感和抵触情绪。

第二，以专业数据库为目标的长期数据建设。

高度专业和丰富的广告信息数据本身就是有价值、可以产生利润的。从技术层面来说，数据库是存储在一起的相关数据的集合，这些数据是结构化的，无有害的或不必要的冗余，并为多种应用服务。在数据资源的使用和传输过程中，又通过信息的重新组合，不断实现信息价值的再造。专业的广告数据库，既包括与商品、消费相关的各种资讯，又包括消费行为的大量信息，如特定消费群体或个体的兴趣、习惯和消费需求等。因此，它能为受众提供足够数量和多元的商务信息，降低信息搜索成本，满足客户的个性化需求；还能为企业提供制定广告战略和推广策略的营销数据，节省营销成本，提高营销效果。

广告数据库不是一个孤立的数据集合体，而是一个庞大的数据系统，其中包括许多相互连接的小型数据库和多样化的数据应用和收集终端。广告数据涉及的内容非常广泛、繁杂，数据库的建设也必然是逐步实现的过程，可根据当前数据需求情况，选择优先建立的数据内容。由于广告数据库的使用对象具有多样性的特征，在设计数据库的使用页面和方法时应根据不同类型用户的需要和信息使用能力进行差异化设计，提高用户使用信息的便捷性。同时，数据库还应考虑到多种终端接入的可能。随着移动互联网的普及，越来越多的用户将通过手机搜索信息。对广告数据库而言，没有永远的买家或卖家，每个人都可能同时扮演商品信息的发布者和接收者的角色。①

以数据库为基础，将建立起“在合适的时间、合适的地点，把合适的广告送给合适的受众，并得到受众合理反馈”的理想广告信息交互模式。

【参考文献】

[1] 李游．SNS的传播学特征及价值解析［J］．当代传播，2009（3）．

[2] 陆建国．Facebook转身 SNS价值回归［J］．互联网天地，2008（9）．

[3] 张金海．网络与数字传播时代广告告知功能的回归［J］．广告大观．综合版，2006（7）．

[4] 张金海．20世纪广告传播理论研究［M］．武汉：武汉大学出版社，2002．

[5] 张金海，王润珏．数字技术与网络传播背景下的广告生存形态［J］．武汉大学学报：人文科学版，2009（4）．

[6] 张志弘．用科学方程式来解析网络广告发展问题［J］．广告大观．综合版，2009（5）．

【作者简介】

王润珏，武汉大学媒体发展研究中心博士生。

① 参见张金海，王润珏．数字技术与网络传播背景下的广告生存形态［J］．武汉大学学报：人文科学版，2009（4）．

点制与集成传播："三屏合一"传播背景广告主的媒介战略取向

刘　琴　张贤平

【摘　要】基于终端融合的"三屏合一"在中国已经由概念演变成现实，这种集合了大众传播、聚众传播、小众传播等媒介价值优越性的传播新形态为广告主的营销战略带来了新的价值点，这必将是互联网发展的未来趋势。本文从广告主的立场角度切入，分析探究在融媒时代受众媒介观的改变，所带来的广告主战略调整的核心，提出以点制服务为立足点的集成式媒介传播战略图景，希望对新媒体与新广告的关系发展作出有益探索。

【关键词】三屏合一　点制　集成传播　广告主　媒介战略

一、缘起："三屏合一"从概念到现实

2009年8月，激动网宣布启动电脑屏、手机屏、电视屏的"三屏合一"工程，将视频网络内容同步在手机媒体、电视媒体上播放，成为"三屏合一"结合的典范。而从去年开始激动网就整合了旗下原有业务，将门户网站、付费VOD（视频点播）、移动增值三大块业务统一到一个内容平台，形成了一个媒体（www.joy.cn）、两种商业模式（B2B、B2C）、三条产品线面对三块屏幕的格局，即门户广告业务指向电脑，高品质内容付费品牌"激动派"面向电视机，以原创视频联盟"赳客"为品牌的短视频针对手机。

在国外，2009年2月，微软和澳洲电信（Telstra）共同发布了Windows Mobile终端设备上的Telstra专用的手机界面，用户可以通过一系列触摸式菜单和滚动程序，便捷地实现"一键式"访问其Windows Mobile手机主屏，将手机作为一种调解器使用。基于终端融合的"三屏合一"满足了行业间的相互渗透，同时又使得媒介之间相互支撑与互补，这必将是互联网发展的一大趋势。这种媒介融合的趋势直接受益于两大群体：用户与营运商，而对于需要借助媒介传播自身营销战略的广告商而言，"三屏合一"形成了新的传播平台与广告语境，对于广告主的广告营销产生了新的价值点。

二、改变：融媒时代受众的媒介观

广告传播既是一项复杂的经济行为也是一种多元的社会活动，其核心部分取决于两大关键：广告信息的编制与广告媒体战略的选择。选择何种媒体，如何向不同人群发出不同的声音，往往决定着广告运动的成败。我们现在已经进入混媒时代，四大传统媒体依然强势，但是以互联网为代表的新媒体正日益崛起，由边缘媒体逐步走向主流媒体，互联网的出现改变了受众的信息接受模式。

1. 不相信单一的信息来源

现在是一个信息过剩与泛滥的时代，信息渠道的多元化导致受众不再相信单一渠道的信

息来源，他们往往习惯于在互联网上获取最新的信息动态，满足新奇感，但是，他们又对网络媒体海量信息的可信度持怀疑态度，这就导致大部分受众还是会通过报纸、电视等传统媒体佐证或者强化所接受信息认知。同时他们喜好从正反两个方面接受好消息与坏消息，对信息的识别能力加强，非常在意其他受众的比较意见，通过跟帖来传达自己的观点，从不同角度理解信息，倾向于形成“社区意见”。

2. 接触媒体的转换频繁

混媒时代也是传播乱象时代，广告市场已经由粗放走向集约迈步多元化，传播媒体由稀缺到过剩到混乱，而消费者也由少见多怪到多见少怪演进为多见不怪。信息量的空前增多，导致分摊在单一媒介上所消费的时间有限，人们以极短的时间浏览媒介的大致信息，只有在海量信息中与他们关系度密切，并能满足他们某种信息欲时，受众视觉才会比较长时间的聚焦，同时，太多媒介可供选择从而导致他们接触媒体的转换频繁。

3. 接受信息的方式从被动到主动

大众传播时代，虽然也强调以受众为中心，注重信息的双向交流，但是，这种意念受大众媒体自身传播特性的制约，所以从根本上还是一种单向的、直线式传播。而网络媒介的点制服务恰好可以修正与弥补大众媒体的缺陷，从而让受众参与成为现实。受众对信息的接受逐步从被动收看到主动收看，从被动接受到选择定制，亲身参与信息的传播、制作、发布与推广。而网络媒体呈现的社区化特征，使得媒介受众不满足自身个人收看，还喜好通过超级链接与其他人分享自己的信息资源。这种信息接受方式的改变带来媒体功能的相应变化，人们选择媒介并在其中消费、投入时间精力成本，不只是满足消除信息的不确定性，放松自我，休闲娱乐，媒介的功能承担了交流的作用。

4. 信息渠道偏重网络与口传

众所周知，我们已经进入全面的广告传播 3.0 时代，这是一个泛媒介时代，其最大特征就是“一切皆为媒体”，除了传统的四大媒体外，一切新崛起的网络、手机等新媒介以及一切能够与广告受众沟通的平台、接触面，如口碑、流言、事件等都可以成为媒介，以各自的传播特性影响着信息接受者。“全世界 100 篇公关稿还抵不上一句抱怨”，非正式传播的效果远远超过广告主们冥思苦想的广告创意。网络媒介具有信息传播及时、海量以及互动即时的特征，可以让受众在共享时参与，已经成为获知信息的主渠道，媒介呈现的海量信息，又需要人际传播来识别与判定，所以，网络与口碑成为受众信息来源的重要选择。

三、核心：共享、联动与关系渗透

数字传播时代，消费者正在寻求一种供应商，能够为他们提供日常生活中常接触到的个人计算机、电视、移动设备等三大主要终端界面间相互切换的单一捆绑服务，这种跨终端、跨平台体验能最大化节省用户搜索成本，并能将逆向广告最大限度发挥。“三屏合一”作为媒介融合的新形态，其主要意义在于集中了视觉媒体的资源优势形成互补与相互渗透，这样的影响力可以促成受众视觉注意力的高度整合，达到信息传播效果的最优化。

1. 跨平台的信息共享

广告非完全信息传播的特点是其与生俱来的缺陷，这种缺陷不仅受到广告形式的制约，同时也要受到媒体使用的限制。广告要实现利销功能的一个突破口就是需要信息不断重复传播，实现从认知—理解—记忆—行为之间的内在演化。而基于电视屏、电脑屏、手机屏

"三屏合一"的终端选择，在某种程度上可以实现错位的立体广告战。通过电视媒体占领制高点，利用手机媒体小众化的特点，实施定制传播，再借助视频媒体互动的特点，实现从大众、分众到小众的各点突破，广告信息的重复交错传播所引起的叠加效果必定能更好地冲破受众的心理防线。

2. 与广告受众联动

麦克卢汉曾经发出过著名的论断"媒体即人体的延伸"，如果说传统媒体如电视、报纸、杂志、广播等延伸的是人的眼睛和耳朵，那么新媒介包括网络、手机等意味着对人的"嘴巴"（mouth）的延伸，为什么这样理解是因为新媒体创造了"共享平台"，人人可以参与，可以发言，可以作为信息的创造者。一句话，新媒体释放的是对人体器官的束缚，从思想上释放了人们的思考力，从而使我们进入到一个"无限的生产"、"无限的传播"、"无限的需求"并发的时代。以媒介为本，必然导致以受众为本，从而走向以社会为本的未来发展态势。

广告一直以来奉行的是单向、直线的传播模式，在混媒时代这种模式受到挑战，"让消费者参与"、"让消费者去影响消费者"成为广告主开展广告活动的愿景与归宿点，兼容了大众传播、分众传播与小众传播特性而形成的媒体融合传播平台可以实现广告主的心愿——让渡权利，让消费者参与并形成联动，在这种背景下，一种新的广告形态——逆向广告出现。所谓逆向广告不同于传统广告，它是指由广告受众设计、制作、发布广告的一种广告运动，对逆向广告的运用有两种形式：一种是置入式，也就是将已有的由商家提供的广告信息置入到用户自制传播的信息环境中，如视频网站。一种是自创式，让用户参与广告的创作，然后通过网络获取营销沟通效果。

3. 新型的关系建构

社会交换理论认为，人们使用投入与回报来评价他们的关系，所有的关系都需要当事人投入时间和精力，也就是与交换双方有益的各类资源，金钱乃至情感。广告传播是一种经济行为，也是各种活动主体关系建构的场域，所谓广告场域就是通过广告信息交换而引起的关系总和，是广告主、广告制作者、媒介拥有者、广告受众之间由信息、资源的博弈引发的经济关系建构。其中，广告制作者、媒体拥有者都是广告主的代言人，他们之间的利益一致，共同希望以小成本投入获取大规模的受众影响力，所以，广告活动博弈的主体落脚于广告主与广告受众之间，其关系交换与渗透的黏着力决定着广告场域运动的强弱与持续性。

我们知道，关系的建构是一个动态的、系统化的过程，浅层次的信息交流是关系建构的初级阶段，关系要推进与维系还要有赖于交换双方情感的渗透，只有进入情感交换阶段的主体才是亲密的朋友关系。在这一阶段，沟通完全是自发的，决策反应快，经常不必通盘考虑对整个关系的影响。① 而且感情交换阶段对彼此将承担更多的义务，互动中双方的感觉将是舒适与愉快的。以终端融合为标志的"三屏合一"所呈现的混媒传播环境为重新建构广告主与广告受众之间的关系提供了条件。

（1）降低了双方交换的经济成本

大众传播最大的特点就是信息传播的非对称性，作为一种单向、直线式传播，广告主以及为其代言的广告公司拥有着绝对的话语权力，权利的倾斜与掌控导致广告受众只能在部分的权利让渡中分享信息资源。这种不平衡使得被动接受信息的一方不得不支付更多的交易成

① ［美］理查德·韦斯特，林恩·H. 特纳著. 传播理论导引：分析与应用［M］. 北京：中国人民大学出版社，2007：188.

本，才能维系交换双方的关系。而渠道的终端融合给予受众真正的权利共享，参与的双方既是信息的接受者又是发布者，双方都可以根据自己需要获得的回报率与希望维系关系的密切程度支付交换成本。所以，信息的开放性与同等性可以降低广告活动参与方交换的经济成本。

（2）为关系的渗透提供了可能

现代社会已经全面进入关系营销时代，关系营销取代了交易营销，但是，关系的建立并不意味着关系的持续，只有交换双方付诸情感的关系交流才可以获取关系的渗透。我们知道广告之所以能够影响广告受众，是在于传播的广告信息中蕴含着文化的成分，能引发受众的共鸣，“广告实际上是根植于文化，并利用文化去影响文化的一种传播行为”①，学者王菲曾经做过实证研究考量广告与文化之间的机理关系，得出结论是广告接触情况不能直接预测文化影响的状况，但是通过“谈论广告”这一中介交易的人际扩散因子即人际传播才会增强对文化的影响力。融媒背景下，跨媒体的信息共享和媒介平台的开放，使得人际传播、大众传播相互交融，文化的传播与渗透在对等、互动、开放语境中将广告主与广告受众紧密联系在一起。

四、点制：集成化的媒介传播战略

我们知道不同的媒介形态与传播形态会产生不同的广告形态，在数字传播时代，广告主的媒介投放策略和广告经营理念正发生着根本性的变化，广告传播的功能开始由告知并力图促成消费转而指向品牌建设，保证消费者的忠诚，促销的功能转移到通过终端推广来实现了。基于手机屏、电脑屏、电视屏“三屏合一”的核心是一种业务融合，就是要充分利用现有的平台和相关资源，打造以用户为核心，利用三种媒体同时兼容了小众传播、分众传播、大众传播各自的价值特点，通过点制信息，实现广告主对广告受众的贴身服务（见表1）。

表1　　　　三种媒体表现

媒　介	特　点	优　势	不　足	功能价值
电视屏	传播范围广，属大众传播	影响力大	效果稀释	引起注意
网络视频	传播范围较广，属聚众传播	渗透力强	技术制约，费用高	建立关系让受众参与广告信息设计制作与发布
手机屏	传播范围窄，属小众传播	点制服务	成本高	形成联动

从现实来看，电视屏和电脑屏是“三屏合一”的主体，互联网从业务设计来讲是管理屏，是为 IPTV 和手机电视服务的，电脑屏是一个强终端，对“三屏合一”业务进行管理；手机屏是次强终端，是对部分业务的展现，配套有一些专门为手机屏设计的业务模式。

三种不同媒介兼容了大众传播、聚众传播与小众传播的各自价值优越性，他们在广告主的营销战略中如何占位，我们尝试勾勒基于三屏融合的媒介占位图（见图1）。

如图1所示，广告主可以首先利用企业的网站发布信息进行预热，同时在大众媒介上广而告之，其后，将广告的内容要求告之受众，让他们参与设计、制作并发布广告，选取手机媒体，利用其点对点的传播特性，制造广告话题，还可以力邀他们以短信的方式参加广告作

① 王菲，倪宁等．广告与文化之间的作用模型——基于实证研究的视角［J］．国际新闻界，2008（4）．

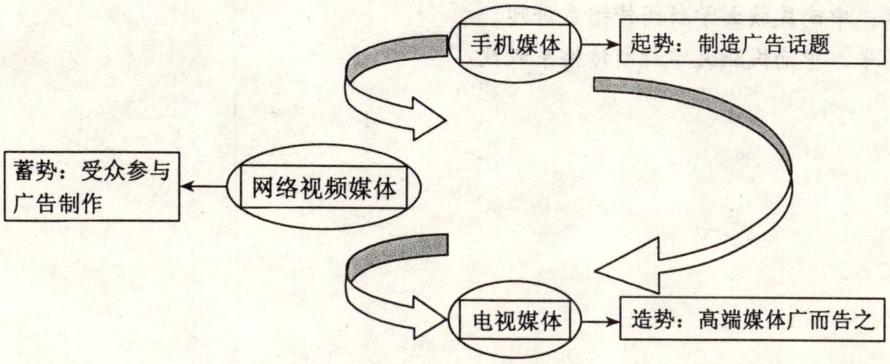

图1 三屏合一的媒介传播战略图景

品的评审，最后，再利用大众媒介的高辐射、强影响力将事件营销推向高峰，聚合成强势传播力。2009年戛纳广告大奖将“最佳公关奖”、“最佳网络奖”和“最佳直效奖”授给了澳大利亚大堡礁事件——“世界最好的工作”，打破了戛纳广告节上一个作品的得奖数目最多的纪录。昆士兰旅游局今年1月开始发布招募一名“大堡礁”看护员的消息，全球各大媒体几乎同步报道了此事，很快便成为网上最热话题，全球200多个国家34 700多名应聘者自荐视频60秒的短片上载YouTube网站，网民还在Facebook等社交网站自行推广。同时，全世界的海选计划通过手机媒体的投票与电视媒体的新闻跟踪，形成了强大的立体传播网。昆士兰旅游局表示，仅花了170万澳元便收到了1.1亿澳元的效益，全球有3万多人参与。① 大堡礁营销传播被认为是“引爆了旅游策划的一颗原子弹”。在混媒时代，单一媒体的广告传播战略能力已经被挑战，多媒体的集成化战略才能实现广告主以小搏大，事半功倍的经营宗旨，未来的广告战实质上就是一场媒介营销战，谁能善用媒介，针对不同人群发出不同声音，并能培养他们对媒体的忠诚，广告主才能真正抓牢受众，赢得成功的营销战役。

基于电视屏、电脑屏和手机屏终端融合而形成的业务融合在中国刚刚拉开序幕，但是，未来良好的发展态势吸引了越来越多的传媒大鳄如上海文广集团、央视网等开始进军视频网站，最终视屏网将凭借影视、综艺与新闻等核心内容打造成互联网中的电视台。武汉大学媒体发展中心张金海教授说过，数字与网络传播背景下，广告面临着两种选择，要么让广告消融在整合营销传播的体系中，要么以广告为工具实现对营销传播的整合。广告的未来如何发展，一方面取决于广告市场多种因素集合的广告内容，另一方面取决于广告传播环境的变迁，我们必须与时俱进，“三屏融合”的媒介新生态只是为这种战略转型拉开了序幕。

【参考文献】

[1] 李泊霆，段淳林．声浪传播：破解品牌密码［M］．广州：南方日报出版社，2005.
[2] 舒咏平，陈少华，鲍立泉．新媒体与广告互动传播［M］．武汉：华中科技大学出版社，2006.
[3] 罗子明．广告主研究［M］．北京：机械工业出版社，2009.
[4] 冈特利特．网络研究：数字化时代媒介研究的重新定向［M］．北京：新华出版社，2004.
[5] 尼葛洛庞帝．数字化生存［M］．海口：海南出版社，1998.

① 张晰．最好的工作如何成为最好的广告［N］．中国经营报，［2009-08-10］.

【作者简介】

刘琴，中南民族大学新闻传播系讲师。

张贤平，中南民族大学新闻传播系教授。

第三方点评网站口碑信息的可信度分析

彭 策

【摘 要】网络口碑是否具有价值首先取决于它的值得信任度如何。本文以大众点评网为对象，采用文本分析的方法，在商家、用户及网站三个方面的互动中探讨影响网络口碑值得信任度的问题，并针对打分系统和点评帖两种信息类型分别提出了提升值得信任度的对策。

【关键词】第三方点评 网络口碑 值得信任度 文本分析

引 言

通过人际交流获得的口碑是影响消费者态度和购买行为的重要因素。口碑作为非正式的人际传播的信息，具有较高的影响力和说服力。随着互联网的发展，口碑的形式和传播范围都得到了扩展。如同 Dellarocas 指出的那样：由于网络独有的特性，口碑传播被赋予了新的意义①。在网络环境下，互联网成了产品口碑和意见交换的主要平台，互联网所具有的转载和复制便利性，使得网络口碑在传播和再传播的过程中，被不断扩散和放大。

较早关于口碑（Word of Mouth，WOM）的定义是由哥伦比亚大学教授 Arndt 给出的：它是指“一个具有信息感知能力的非商业传播者和接收者关于某个产品、品牌、组织或服务的非正式信息沟通行为”②。该定义实质上是从口碑传播的角度来进行的。由于这种口碑传播一般是朋友亲人之间一对一的信息交流，相互之间非常了解，传递的信息被认为是客观和无利害关系的，更容易得到接收者的信任。

互联网出现以后，口碑的传播从面对面和一对一变得既可能一对一，又可能一对多的情况，这种互联网环境下的口碑被称为网络口碑。Westbrook 给出了相应的网络口碑（Online Word of Mouth，OWOM）定义“通过网络技术来传播的，消费者之间关于特定产品、服务和供应商属性的非正式交流”③。这一定义从字面上与口碑传播的定义仅有数字之差，但网络口碑的传播已经与传统意义上的口碑传播有了显著的区别。

网络口碑的传播规模是空前的。Riegelsberger 就认为：一个人可以向无数的人表达自己的意见，一个人也可以搜索到其他许多人关于产品或地方的意见；这种网络口碑的沟通有可能是直接的，更多的可能是间接的④。由于网络口碑与传统口碑相比具有更多的不确定性和风险性，此时如何维持口碑信息的值得信任度就成为口碑信息产生效用的重要前提。

---

① Dellarocas, C.. The Digitization of Word-of-mouth: Promise and Challenges of Online Reputation Mechanisms [J]. Management Sci. 2003, 49 (10): 1407-1424.

② Arndt, J.. Role of Product-Related Conversations in the Diffusion of a New Product [J]. Journal of Marketing Research, 1967, 4 (1): 291-295.

③ Westbrook, A. R.. Product/Consumption-based Affective Responses and Postpurchase Processes [J]. Journal of Marketing Research, 1987, 24 (3): 258-274.

④ Riegelsberger, J., Sasse, A. M.. Trust Builders and Trustbusters: the Role of Trust Cues in Interfaces to E-commerce Applications [C]. Paper Presented at the 1st IF IP Conference on E-commerce, E-business, E-government., 2001.

第三方赞助型的网络口碑由具有特定的爱好群体（special interest groups ）所组成的在线口碑行为，一般是以提供信息分享和搜集、活动搜寻、问题解决等服务为目的而设立的网站，让用户通过此网站相互分享消息，从而帮助消费者做出更好的购买决策。

这种基于第三方平台的网络口碑传播主要关注的形式有两种。一种是直接让消费者在网上对于某种产品或者服务的打分（rating），以使消费者向其他人传播自己对于该产品或服务的意见，这种网络口碑的形式简单，可形成量化的数据；而另一种形式是消费者在网络上发布的文字性的评价，与他人分享其看法和经验。它们本质上是消费者之间在网上就某产品或者服务的特性进行非正式的沟通。此类网站也被称为第三方评论性网站。

一般而言，第三方评论性网站一般以若干个特定消费主体为评论对象，以结构化的形式吸纳网友对其评论，聚合网友的观点与点评，在广泛传播时，还可以在归纳成代表性的观点后在线下向公众提供评论信息。

信任理论基础

信任是一个具有丰富内涵的概念，按照 Mayer 的定义：信任是信任者是否愿意给予对方以信任而使自己处于易受攻击地位的属性，它是信任者的属性。信任者信任被信任者的一个重要前因就是被信任者值得信任度的感知，因此值得信任度是被信任者的属性①。

对于值得信任度的评价，McKnight 等采用了“对象友善、能力、诚实和行为可预测”②等属性来定义。它强调了对方应该具有行为遵守约定规则、具有足够的专业能力以及致力于双赢的意愿等方面的特性。而 Gefen 将影响值得信任度前因归为四个来源：双方相互熟悉、存在有效的制度保障、具有可感知的声誉体系以及具有反馈机制、口碑信息或类似的其他社会线索③。这一陈述强调了相关的外界保障因素。我们对于第三方点评网站口碑信息的值得信任度讨论将围绕这些方面进行。

Duhan 等将口碑传播的信息类型分为两类：一类提供工具性（instrumental）线索：即技术参数、性能等客观信息，它有利于消费者决策。通常消费者更信任网上的工具性信息。另一类提供情感（affective）线索：即外观，审美及利益感受等外围方面的主观感受的信息④。较早的研究发现，信息性的口碑（informational WOM）往往来自于弱连接关系，而具有影响力的口碑（influential WOM）往往主要来自于强连接⑤。Basso 等的研究也证实了网络口碑传播者或者其存在的网站如果提供越多的互动机会来增强连接关系，信息搜集者对网络口碑的信任度就越高⑥。

Dellarocas 研究发现有两种原因会使得网站的口碑信息失真，一是商家有可能操纵评论

---

① Mayer, C. R. , Davis, H. J. , Schoorman, D. F. . An Integrative Model of Organizational Trust [J]. Academy of Management Review, 1995, 20 (3): 709-734.

② Mcknight, H. D. , Cummings, L. L. , Chervany, L. N. . Initial Trust Formation in New Organisational Relationships [J]. Academy of Management Review, 1998 (23): 473-490.

③ Gefen, D. , Karahanna, E. , Straub, W. D. . Inexperience and Experience with Online Stores: The Importance of TAM and Trust [J]. IEEE Transactions on Engineering Management, 2003, 50 (3): 307-321.

④ Duhan, F. D. , Johnson, S. D. , Wilcox, B. J. , Harrell, D. G. . Influences on Consumer Use of Word-of Mouth Recommendation Sources [J]. Journal of the Academy of Marketing Science, 1997, 25 (4): 283-295.

⑤ Granovetter, M. . The Strength of Weak Ties [J]. American Journal of Sociology , 1973, 78 (6): 1360-1380.

⑥ Basso, A. , Goldberg, D. , Greenspan, S. , Weimer, D. . First Impressions: Emotional and Cognitive Factors Underlying Judgments of Trust E-commerce [C]. In proceedings of the 3rd ACM.

以提升评级（如使用付费来影响口碑），二是先期消费者的评论未能代表后期广大的消费者的消费品位。对于前一原因，进一步的研究发现当声誉系统影响相当显著的情形下，系统中的操纵（manipulation）行为往往也会大幅增加。这些操纵行为中较常见的有如下几种：有的企业匿名发布网络评论鼓吹自己的产品，或者打压竞争对手的产品；有的给在网络论坛发起有利于企业的话题的网民以酬劳；有的企业则长期在网络上关注寻找意见领袖，然后尝试通过产品试用或参与一些特殊活动来说服他们进行有利评论。随着网络口碑的重要性得到广泛认识，将会出现更多的网络口碑操纵行为①。

在本次主要讨论第三方点评网站口碑信息值得信任度问题时，借助于 Heath 等研究发现的五因素框架：是否有亲身经历（Experience）、是否具有专业眼光（Expertise）、是否具有共同的评价标准（Affinity）、是否有特殊利益企图（Impartiality）以及采用者是否曾有成功采用该信息源的体验（Track Record）② 以及作者补充提出的因素。

研究对象、问题与研究方法

第三方点评网站面临的问题其一是如何获得大量可信的点评信息源问题，其二是网站与资深点评者能否顶住外界的利诱和外界压力而保持信息的公正性。其三是网站是否有足够能力提供用户所需要的服务，并在面对一些攻击时保护网站和网站用户的正常活动秩序。其四是网站需要有不影响口碑信息价值的正当合理赢利来源来支撑其生存与长远发展。在这些问题中，信息的值得信任度是核心问题。

此次研究选择大众点评网（上海站）为研究对象，选择的原因是作为第三方点评类口碑传播类网站，其在中国国内同类网站中非常具有影响力的，得到了网民、媒体和商家（尤其是餐饮行业）的广泛关注。

本文的研究问题确定为第三方点评网站中口碑信息的值得信任度评估因素。具体为：①大众点评网中影响点评信息值得信任度的主要表现有哪些？②大众点评网如何建立信任机制？

本次研究采用了文本分析（text analysis）的方法来进行研究，研究样本主要来自于该站的站务论坛。该论坛建于 2005 年 9 月，至今已有 8 000 多个主题帖论坛，其主要作用是提供网站站务管理团队与用户、商家间互动的平台。该帖建立于 2007 年 2 月，迄今为止已有 2 400 多条评价。研究者根据所发帖子与研究主题是否相关性、用户过去点评记录是否存在争议、用户意见的代表性及反映的商户网站活动类型等进行样本选择。

研究发现

网站发展过程中出现的主要事件

2004 年将网络口碑聚合整理成书出版向公众传播。此种网络媒体信息通过传统媒体进行传播的形式迅速扩大了大众点评网在公众中的影响。网站作为第三方扮演了推动网络口碑

---

① Dellarocas, C.. Strategic Manipulation of Internet Opinion Forums: Implications for Consumers and Firms [J]. Management Science, October 2006, 52 (10): 1577-1593.

② Heath, T., Motta, E., Petre, M.. Person to Person Trust Factors in Word of Mouth Recommendation [EB/OL] //Proceedings of the CHI2006 Workshop on Reinventing Trust, Collaboration, and Compliance in Social Systems (Reinvent06), Montréal, Canada. 2006, http: //eprints. aktors. org/446/01/heath-motta-petre-reinvent2006-person-to-person-trust-factors. pdf.

的线下传播角色。

2005 年与上海数家餐馆就负面口碑涉嫌侵犯商家名誉打官司。这些官司一方面向网站提出了如何把握用户理性合理地使用公众评论权和保护被评论对象名誉权之间的关系问题；另一方面用户正常的负面点评可能带来的商家压力也成为用户和网站需要面对的压力。客观上众多媒体的参与报道大大提高了大众点评网的知名度，点评网的用户量得到了大幅增加。

2006 年获得风险投资，改版扩大点评范围。风险投资的介入对于点评网的功能和定位提出了新的要求，以此为契机，大众点评网扩大了点评信息的种类。

2007 年点评网中商家活动增多。随着点评网用户量和点评量的急剧增加，网络口碑的影响力得到越来越多的商户的认识，许多商户在点评网上寻找趋利避害的途径。各种不当的商家行为也多了起来。

2008 年为了吸引用户积极点评，尤其是提高新用户参与的积极性，点评网推出了月度之星激励机制，用户量和点评量都大幅上升，同时也出现了一些单纯追求数量的“灌水帖”。而随着用户数量的增加，站内广告帖也随之大量出现。

2009 年 8 月出现大量的诈骗站内短信。诈骗短信的出现对于网站的应对能力提出了新的考验。

商家影响下点评信息的值得信任度

商家影响下点评信息的值得信任度主要影响到的是信息的公正性（Impartiality）。研究发现：迄今为止，网站中商家活动的主要形式有：

1. 商家发布自己或竞争对手的点评帖

如 2007 年一“用户”疑似 S 面馆的，在点评了自己面馆好评以后，在竞争对手的面馆的点评里发广告帖，结果被其他用户举报。更多的是短期内注册多个新“马甲”，集中点评单一商家，且全为好评以操纵口碑分值，此种手法短视拙劣常被用户举报。但是，此种现象发生的相对还比较多，常常有些新用户上当的反映。

商家点评在大众点评网是明文禁止的，但是在利益驱动下，时有发生。商家点评多为短期行为，往往目标指向单一、明确，力度往往较大且集中，重点针对评分（Rating）系统其评分值会偏高，而对手评分极低且量多意图影响总分值。这些特点决定了这些行为对于有经验的用户来说相对易于识别。

2. 用户与商家联手

普遍的情形是点评网用户和商家之间联络组织免费试吃活动。对于这种活动，点评网担心会影响点评信息的真实公正形象，从而发布公告将此类活动纳入管理范围，并要求凡是试吃活动后的商家点评需标注“试吃”标志，以供其他用户识别。如果点评者不主动标注，点评网将代为标注。常有用户不承认自己的点评是试吃后的点评而产生争议。

3. 因为负面口碑对商家造成不利影响而产生诉讼官司

有影响的负面口碑广泛传播有可能给相关的商家带来很大的打击，同时也可能招来商家的报复行为。这种报复行为可能指向点评者和可能针对网站，尤其是被报复者并非无可指责时。虽然，点评网一致强调确保公正、真实的口碑信息是其追求的目标，但是仍有一些用户感觉在外界压力下，在点评网发布负面口碑的帖子相对要困难一些。

4. 辱骂、恐吓发布负面点评的用户

此类现象表现得较为恶劣，常见于针对发布负面口碑的较为资深用户。其特点是常常持

续较长时间，给用户带来很大的压力。许多用户都将其辱骂恐吓帖公示出来。

综合以上四种形式对于网站点评信息值得信任度的影响，第一、第二种为正面口碑信息操纵，第三、第四种为负面口碑的打压。消除这些现象的影响以提高在此背景下点评信息的值得信任度，在网站视口碑信息质量为生命的前提下，前者需要网站具备足够的网站信息管理能力并能约束用户利用影响力的寻租行为；后者既需要社会良好的商业秩序做保障，也需要网站具备足够能力保护自己和用户的正当活动。

用户在不同激励下产生的点评信息值得信任度的判断

要想发挥点评信息的影响力，不断保持点评更新量是一个基本要求。研究表明，常见的点评激励为消费者自身因素和外界激励因素。而后者可能的来源有第三方激励（如网站）或者是商家激励（主要表现为一是用户消费感到强烈的满意或不满意时，二是商家直接资助点评者或甚至于直接组织点评）。当激励来自于第三方时，点评通常无倾向性，但可能出现单纯凑数的“灌水帖”。

1. 灌水贴现象

月度之星评选的推出对于提升用户发帖积极性有明显的正面作用，声誉的提升和实际的礼物刺激使得会员量和发帖量都大幅上升；同时，也容易出现一些点评抄袭、拼凑和橱窗式点评（指单纯拍拍照并谈谈印象的点评形式）等非真实消费点评。此类点评无参考价值，增加了网站中的垃圾信息量，点评的可参考性在逐渐下降。

2. 商家激励点评帖

商家激励点评帖往往是由所谓较具影响力的“意见领袖”发出，有的资深用户对于个别商家的点评帖详尽的程度异乎寻常，图片配得特别多，还经过 PS（Photshop）处理，且大张旗鼓地多期点评，因此被其他用户质疑是替商家点评的“广告贴”。

当用户识别水平较低的时候，口碑操纵的水平也相应较低；随着用户水平的提升，商户口碑操纵行为也会不断改变。网站应该使成熟用户的口碑信息使用经验得以集中整理、记录、保留和传播，以使新用户提升信息使用效率与鉴别能力，减少上当受骗的可能性。

网站对于点评信息值得信任度的影响

此方面与网站价值取舍与能力相关。网站一直在强调口碑信息是用户真实消费感受表达的重要性，在具体措施上主要体现在会员发帖资格限制、发帖显示延迟机制、举报机制和人工审核制等方面。

据观察网站在点评资格的控制未能有效阻止商家多“马甲”注册快速发帖。对于违规帖，网站采取专职编辑人工审核与会员举报相结合的方式应对，但由于主观动力和客观能力方面的欠缺，使点评信息的品质有失控的危险。

此外，网站中一些破坏站内环境的不当商业行为（如大量发布广告贴、站内诈骗短信等）的泛滥，虽然不直接影响点评信息的质量，但会影响用户对于网站控制能力的信任，进而间接影响点评信息的值得信任度。

最后，网站的基础设施能力无法满足用户的信息和交互动需求。搜索出的大量信息比照有利于提高点评信息的总体值得信任度；而以前的研究也表明，用户间的互动有利于提高口碑信息的值得信任度。

讨论

打分体系信息值得信任度的提升

打分系统属于 Duhan 口碑信息分类中的情感线索，此类口碑信息主观性强，商家点评也常常属于此种类型，大多以影响打分均值为目的。因此重要问题是如何避免口碑利益相关者的点评信息发布、若允许其发布如何与其他正常口碑信息进行区隔。

打分系统是一种简便反映用户总体看法的方式，但是需要避免分数系统被人为操纵是一个重要问题。值得考虑是记录、显示商家点评值的过去点评移动平均值，并列出具有事实基础的主要优缺点。

打分系统直观、简单易用，对于新用户的影响非常大，但上当的可能性也相对较大。因此，除了应注重新用户的使用指导之外，有必要加强对于打分系统的动态监控，针对点评值均值异动明显的商家予以排行榜的方式列出，并对于相应点评帖没有事实依据的纯“冲分值”帖予以过滤。

评论帖体系信息的值得信任度

提高点评信息值得信任度的一个途径是对于点评帖的评价机制的建立，网站目前建立的有用/没用评价，由于没有有效的激励机制，绝大多数没有回应。需要注意的是即使是对于灌水帖也没有没用的评价，而进行有用/没用评价应该是点评信息具有启发性，告知消费者以前不知道的信息时的一种反馈，这种参与反馈是需要额外付出的，一种适当的补偿有利于提高反馈的主动性。基于正常反馈的前提下，证实是有用的点评信息的帖子可采用检索排序提前的方式方便用户使用。

网站的点评信息对于他们的经营和发展无疑会有正面或负面的影响。一方面，有报道显示网站上已有 3 000 多家商户客服在做互动服务，这是一种良性互动，但是还是非常初步的，应该还有很大的发展空间。扩大商户的良性影响，减小商家的恶意操作空间是提高点评信息值得信任度的一个重要途径。

其一，网站可以列出网站商家客服榜，并且还可有网站具有一定资历的用户为他们的回应活动品质打分形成另一个口碑排行榜。此种影响扩大将会引导更多的商家采用这种积极的口碑传播方式进行有效的口碑营销。商家客服的用户名应该明示出来，他们的客服活动应该记录下来，便于搜索查询，作为评价依据。用户也可以通过站内直接和他们沟通形成良性互动。

其二，应该利用网站人气影响，有限度地提供商家展示宣传自己的专用平台，同时收取一定的维护及服务费用，引导商家正面口碑行为，形成网站与商家、用户多赢的局面。

其三，口碑信息传播毕竟不是美食榜传播，对于负面口碑信息，网站应该根据点评帖中负面事实具体、反映问题集中，无外界操纵痕迹的点评信息聚合成较为客观的动态黑榜，并且允许用户进行黑榜再评价，及商家公开申诉性互动。经过时间检验的黑榜逐渐沉淀为静态榜。

总之，商家点评的规制需要从打分系统和点评帖两方面进行，而处理好用户、商家与网站间的利益平衡关系对于提升点评信息的值得信任度具有重要意义。

结论

研究结果表明：大众点评网中影响点评信息值得信任度的商业因素是商家对于正面口碑

的操纵和对于负面口碑的施压。正面口碑主要是以商家点评和与资深用户联手的形式完成，而对于负面口碑的打压既有针对网站的也有直接针对用户的。网站的能力和用户的激励方式也会产生影响，采取有针对性的措施可以提高两类点评信息的值得信任度。

【参考文献】

[1] Dellarocas, C.. The Digitization of Word-of-mouth: Promise and Challenges of Online Reputation Mechanisms [J]. Management Sci. 2003, 49 (10): 1407-1424.

[2] Arndt, J.. Role of Product-Related Conversations in the Diffusion of a New Product [J]. Journal of Marketing Research, 1967, 4 (1): 291-295.

[3] Westbrook. R. A.. Product/Consumption-based Affective Responses and Postpurchase Processes [J]. Journal of Marketing Research, 1987, 24 (3): 258-274.

[4] Mayer, R. C., Davis, J. H., Schoorman, F. D.. An Integrative Model of Organizational trust [J]. Academy of Management Review, 1995, 20 (3): 709-734.

[5] Mcknight, D. H., Cummings, L. L., Chervany, N. L.. Initial Trust Formation in New Organisational Relationships [J]. Academy of Management Review, 1998, 23: 473-490.

[6] Gefen, D., Karahanna, E., Straub, D. W.. Inexperience and Experience with Online Stores: The Importance of TAM and Trust [J]. IEEE Transactions on Engineering Management,2003, 50 (3): 307-321.

[7] Duhan, D. F., Johnson, S. D., Wilcox, J. B., Harrell, G. D.. Influences on Consumer Use of Word-of Mouth Recommendation Sources [J]. Journal of the Academy of Marketing Science, 1997, 25 (4): 283-295.

[8] Granovetter M.. The Strength of Weak Ties [J]. American Journal of Sociology, 1973, 78 (6): 1360-1380.

[9] Dellarocas, C.. Strategic Manipulation of Internet Opinion Forums: Implications for Consumers and Firms [J]. Management Science, October 2006, 52 (10): 1577-1593.

[10] Heath, T., Motta, E., Petre, M.. Person to Person Trust Factors in Word of Mouth Recommendation [EB/OL] //Proceedings of the CHI2006 Workshop on Reinventing Trust, Collaboration, and Compliance in Social Systems (Reinvent06), Montr é al, Canada. 2006, http: //eprints. aktors. org/446/01/heath-motta-petre-reinvent2006-person-to-person-trust-factors. pdf.

[11] Basso, A., Goldberg, D., Greenspan, S., Weimer, D.. First Impressions: Emotional and Cognitive Factors Underlying Judgments of Trust E-commerce [C]. Proceedings of the 3rd ACM.

[12] Riegelsberger, J., Sasse, A. M.. Trust Builders and Trustbusters: the Role of Trust Cues in Interfaces to E-commerce Applications [C]. Paper Presented at the 1st IF IP Conference on E-commerce, E-business, E-government, 2001.

【作者简介】

彭策，武汉大学新闻与传播学院副教授，主要从事广告传播与新媒体研究。

网络社区广告研究

张合斌

【摘　要】随着网络用户规模持续扩大，网络社区已经成为互联网主流应用之一，而社区用户较强的互动性和分享性，使社区信息已经成为影响消费者消费决策的重要因素，从而使网络社区日渐成为网络广告主要载体。本文以网络社区为载体对网络广告分析研究，分别对网络社区广告的载体品牌建设、定位、形式、运作、监控等五个方面进行具体阐述，并与其他形式的网络广告进行比较，同时分析了其发展中存在的问题并提出相应对策。

【关键词】网络社区　网络广告

一、引　言

据中国互联网络信息中心（CNNIC）数据显示，截至2009年6月30日，中国网民规模达到3.38亿人，普及率达到25.5%。① 据2008年艾瑞咨询调研数据显示，2007年中国网络社区用户已经达到1.05亿，截至2008年6月，中国有191万家独立网站，从门户到行业，从地区门户到个人站点，80%以上网站均拥有独立社区。网民访问社区网站时间在总体上较2007年有所提高，其中以在6小时以下居多，占78.5%，其中在4至5小时段所占比例最高，达到24.2%，社区的深度用户所占比例也较高，每天访问时间在6小时以上，达到30.5%。社区网民每周至少登录3次的论坛数在5个及5个以上占比最高，达到30.5%，用户登录4个的占比最低，仅占8.7%。其中登录5个以上社区的用户比例较高，达到25.9%。② 另外，数据还显示，登录3个及3个以上论坛的网民比例有所下降，表明随着网络社区在内容建设、功能构建等方面的成熟，网民更加专注于自己喜欢的网络社区。

目前中国互联网广告的发展已经进入快车道，基于互联网特性的广告形式不断创新，广告经营模式多样化，网络广告活力无限。尽管如此，业内外对网络社区广告尚存在许多误区，网络社区广告还没有得到充分开掘，其广告价值在全行业内还没有得到充分认知。

二、网络社区广告的载体品牌

网络社区广告载体主要集中于网络社区提供给网民的各种网络应用方面，也正是网络社区的各种应用形成的社区的品牌特色吸引相对固定的用户群体长期访问。因此，网络社区在作为广告载体的角度上首先要加强社区自身的品牌建设，针对目标群体进行定位，突出品牌个性，形成网络社区的独特文化品牌。

个性鲜明的网络社区均有明确的用户群体，为用户提供特色的产品和服务，形成鲜明的品牌印象。国内网络社区如西陆是老牌社区的代表，用户基数庞大、话题广泛、分类明确、受众清晰，用户看重的是社区提供的功能性利益，形成功能性品牌的印象；西祠是中期崛起

① 中国互联网络信息中心．第24次中国互联网络发展状况统计报告［R］．［2009-07］．

② 艾瑞市场咨询（iResearch）．中国网络社区发展研究报告［R］．精简版，2007．

的社区，强调社区的人文特色，可以视为形象型品牌；猫扑是新兴社区的代表，成员以年轻的个人用户为主，网站的主要特色是为用户提供娱乐、互动的体验，成为体验型品牌的代表。

网络社区在品牌建设的过程中，同时形成了独特的社区文化，吸引着相对稳定的受众群体，这些群体也是实现广告精准而有效投放的重要依据。社区的本质是用户之间的互动关系，而用户又是内容的重要贡献者，用户与社区内容相融合，所形成的就是构成社区特征与差异的社区文化。与之相应，凭借自身独特的社区文化聚拢用户，并以此为导向构建社区的不可替代性，将为社区创造独具特色的商业模式，最终提高网络社区的广告价值。

三、网络社区广告的定位

网络社区通过对各式各样的应用服务的使用情况汇总分析，了解用户群体的网络应用基本规律，从而了解用户群体的访问习惯、访问偏好和现实社会的潜在需求，进行网络虚拟应用与现实需求的互馈策略，尽可能创设广告营销的个性化、提高广告投放的定位精准性。

网络社区广告要专注服务时尚品牌商品，专注青年群体及富裕起来的中产阶层，专注于新媒体形式的广告。网络社区广告一直专注于服务时尚品牌商品，2006 年是世界杯年，2006 年 2 月耐克与 Google 共同推出了一个足球迷社交网站，140 多个国家的会员都能在上面交流，围绕他们最爱的球队、球员组建球迷社区，组织临时的竞赛，下载视频，或者表达各自的独特想法等。这种满足了球迷的多种需求的社区，当时受到了极大的追捧，而耐克也取得了很好的商业广告效果。挖掘用户信息，能够帮助企业更有效地接触潜在顾客，进行有效的广告投放与营销活动，从而提高广告效果。类似西祠胡同的网络社区专注于青年群体，例如占座网，校内网，青年群体较宜在此拥有适合自己的表述平台，与其他网友进行交流。而 2008 年崭露头角的开心网，开心网主要适合富裕起来的中产阶层，让其在社区中买车买房，还加入游戏的组建，使白领们觉得坐在电脑前不上开心网就觉得空落，无形中对所在城市的房产市场和车市有一定的了解，从而对其现实的该类型的消费倾向有所影响。同时，网络社区广告不再围绕门户网站的广告进行设计，所有的广告在表现形式上力求遵循 Web 3.0 模式下表述规则，尽可能构建用户核心的界面，以自然形态感受的模式显现广告及其内容。

四、网络社区广告的形式

目前，主流门户网站采用跳出式广告，漂浮式广告等用户体验式广告形式，来吸引受众的注意。对网络社区广告而言，应该适当采用用户体验式广告，大量采用软性广告，整合营销式广告等形式进行广告展示。

网络社区广告可以少量采用传统网站的广告形式，但软性广告更是社区广告的一种重要形式。如兰蔻在开心网作营销时候，利用礼物和群组结合的方式进行。它就是利用交互建立产品和品牌的群组，在润物细无声中让用户接受产品和品牌的概念。同时，网络社区广告形式更应该多样，围绕软性广告，必须形成自己的独特风格，有吸引网民的核心凝聚力和持久黏性，就需要经过整合营销，传达给目标受众新颖的信息，整合营销式广告形式也是发展的必然趋势，例如中粮集团在开心网的对其产品悦活果汁广告就采用线上线下整合营销的形式进行。

五、网络社区广告的运作

网络社区广告需要制定良好的运作计划，依据计划执行并对此计划的效果进行评估，才能发展更快，赢得更多利润。网络社区广告运作就是制订和执行广告媒体计划的过程。广告媒体计划是根据广告目标的要求、在一定的费用内、把广告信息最有效地传达给目标消费者，而为此所做的策划。网络社区广告媒体计划可以与营销全面结合，其最大的特点就在于它的定向性，它不仅可以面对所有网络用户，而且可以根据受众用户确定广告目标市场。

开心网作为最大的SNS社区，中粮集团将悦活果汁的品牌推广植入到用户游戏的过程中，举办线上的种植大赛吸引用户参与，从2009年5月16日开始仅半个月的时间，参与活动人数超过40万，虚拟榨果汁次数8 300多万，送好友果汁超过6 000万。

早于开心网诞生的悦活产品，在上市之初并未急于推广，主要是希望找到更合适的推广平台和手段，用精准营销方式将效果最大化。为了做到精准营销，中粮集团研究了目标群的生活习惯：城市白领每天接触时间最多的媒体就是网络。同时，开心网初创阶段较注重用户体验，不想商业味太浓，而悦活也是从玩家的角度设计活动，比较巧妙地将品牌与关注点带进花园，不但不会引起反感，反而受到追捧。中粮集团认为开心网消费者定位符合，用户黏性强，从内容上进行深度合作会产生事半功倍的效果：用户亲自种地，体验收获乐趣，亲自榨汁，灌输无添加的理念，游戏道具场景卡又让网民了解悦活的天然产地，符合悦活产品的理念。2009年2月，开心网花园的人气飙升，大部分的开心网用户黏在上面种地、偷菜，忙得不亦乐乎，可两个月之后，大部分用户已经升到最高级别，重复种植已经没有兴趣，花园组件兴趣减弱，一些社区论坛上出现了“你最可能因为什么厌倦开心网花园游戏”的投票，绝大部分投票者都选择“没有新作物”，“钱多了就变成数字，没有意义”，通过对投票调查的分析，中粮和开心网都了解到开心网用户的活动轨迹和喜好程度，迅速选择合适时间进入，从2～5月，开心网花园的玩家需要新东西来刺激兴趣，而恰巧把产品转化为新亮点，将虚拟的种植辅以现实的奖品刺激。活动一上线就受到大批用户追捧。新建的悦活粉丝群仅用一天半的时间就超过10万用户，大家都在讨论如何收获最快，如何得到实际赠送的果汁等，与活动相关的各种话题受到追捧。截至5月底，用户群已经超过40万。中粮创新拿出一万套礼盒作为奖品，在现实中赠送礼盒。除此以外，在游戏当中还可以抽取牧场小白兔，这一举动吸引了大量用户参与。把虚拟变成现实，不但通过排名达到心理上的满足，还可以在竞争中得到奖品，这是开心网从来没有的。这一举动，开心网不仅黏住了要退出的用户，也让开心网的游戏重新焕发了活力，中粮产品销售业绩节节提升。

六、网络社区广告的监控

网络社区广告的监控在形式上有网络社区自身监控，广告主监控，第三方监控等。

目前，网络社区采用部分监控控件，对投放在各种网站上的文字、图片、Flash等广告内容进行访问情况监控。例如，对网络社区自身的PV（Page View，访问量，即页面浏览量或点击量，用户每次刷新即被计算一次）、UV（Unique Visitor，独立访客，即访问您网站的一台电脑客户端为一个访客。00：00-24：00内相同的客户端只被计算一次）、IP（Internet Protocol，独立IP，00：00-24：00内相同IP地址只被计算一次）。其次，对广告自身访问情况的监控，例如对千次广告成本CPM（Cost per Thousand Impressions）、每点击成本CPC（Cost per Click）、每次行动成本CPA（Cost per Action）等相关参数的量化记录与分析。

广告主在进行广告运作中，要充分考虑目标群体在网络社区对网络应用的使用情况，随时修正广告规划，对广告投放后进行实时监控，了解各方的反馈情况，及时调整部署，加强网络虚拟环节与现实用户体验融合度，从而达到广告投放的目的。

目前，第三方监控的数据是广告投放者更客观地了解网络社区在目标群体中影响力的重要数据，例如iResearch艾瑞市场咨询、AC尼尔森eNetRatings.com公司、Jupiter Media、NetValue、Alexa等网络监测机构均可以在利用互联网用户样本组及其开发的基于互联网

TCP/IP 协议的信息测量软件，提供互联网用户（行为）的全景测量，例如更为详尽的 iUserTracker（网民行为连续研究）、iAdTracker（网络广告监测分析）、iUserSurvey（网络用户调研分析）、iDataCenter（网络行业数据研究）等面向具体行业具体网络社区的监控数据。它们是监测广告效果和进行广告投放的最具有参考价值的数据。

七、与网络广告的其他形式比较

网络社区广告进军网络广告，势必会对门户网站、百度和 Google 等搜索引擎广告、博客广告等造成冲击，因此网络社区要成功地抢滩相对固定的网络广告市场，就必须拥有其无法比拟的优越性和创新性的盈利模式。

目前，门户网站可投放广告类型主要有横幅广告、按钮广告、Logo 广告、悬浮广告、弹出广告、Flash 广告、对联广告、文字链接广告等，目标群体定位范围很广，广告位都有专业的代理公司代理，费用较高。互联网进入 2.0 时代以后，本身对门户网站模式就是一种挑战，门户大而全的模式已经不太符合网民的口味。而网络社区广告经过市场细分之后，目标群体更加精准，广告位费用较低或免费。2008 年 7 月美国网络出版协会研究报告指出，网民对各社区网站品牌内容的喜爱上升了 27%，门户网站的得分下降了 17%。在经济恶化的情况下，社区网站的原创广告效果更好，高质量的内容始终更具有吸引力，打造了更好的广告环境。经过市场细分的网络社区广告模式与门户广告的大而全的模式相比，用户更加依赖于网络社区广告。

搜索引擎广告的典型是百度和谷歌。百度通过对广告位竞价排名形成的关键词广告，谷歌的广告联盟等是搜索引擎广告的典型模式。百度主要采取竞价排名盈利模式，从盈利模式的角度，需求方即竞价排名购买者需要让自己的网址占据更好的“广告位”，也就是搜索结果靠前，而互联网上巨量的搜索人次保证了竞价排名的广告价值，供方百度以此为基础，创建竞价排名事实上是建立了供需平衡点。但从网民的角度，作为信息检索的需求方，他们最需要的是严格按照相关性排序的搜索结果，以便更快地搜索到自己想要的信息，百度竞价排名这一盈利模式显然伤及了网民的利益。谷歌的广告联盟一直是中小站长界存在很大争议的市场，它存在绝对有它的价值，广告联盟的价值就是通过一个简单的方式养活了一大批的站长，但是它又存在都扣量经常拖欠不支付，盈利模式单一，信息过滤和有效性控制难度大以及作弊问题上难以解决的点击欺诈缺陷。以搜索引擎主要模式的互联网营销模式，已经暴露了其先天性的缺陷。传播人群难以定位，广告投放精准性难以估计，传播模式老套，一些传统技术的算法，正在被一些机构所攻破，这让诸多的网络卖家极为困惑。但是网络社区广告就克服了这些缺点，以一种精准定位的态势将其优势尽显。

一般网民免费注册博客，当其浏览量达到一定数量时，博客主和博客即可根据兴趣在博客上投放广告，即为博客广告，对博客广告而言是根据浏览量的大小进行收益。博客广告注重博主所携带的特定身份、形象、气质、受众人群和影响力等因素，尤其注重博主的个人品牌同广告主自身品牌的契合度，因此博客广告更需要做出深入细致的探索。然而在社区网站市场上，两者的广告位的费用，目标市场定位及广告形式上都可相提并论，但是网络社区上的用户对交互性的需求将更加强烈，对博客空间是一种强烈的冲击。

八、存在的问题及对策

网络社区作为人们社会互动关系得以发生和扩展的虚拟化的场所，其广告模式仍存在许多问题：网络社区类型多样化带来对广告客户严重分割弱化，同质化广告内容与形式，网络社区对受众的核心吸引力及影响力无法客观度量因此削弱广告效果因素过于复杂化等。

网络社区广告的内容非常丰富，并且以图、文、声、像等多种形式，生动形象地将产品或市场活动的信息展示在用户面前，使得网络社区类型多样化。广告客户面对多样化的网络社区类型，选择媒体形式也分散，使得其严重分割弱化。在网络社区广告内容与形式上，相当多的网站相互模仿，导致同质化极度严重。如2008年，崭露头角的校内网和开心网，它们都复制了国外的Facebook游戏插件，如“朋友买卖”、“抢车位”、“竞猜”、“调查”、“投票”等。网络社区通过其丰富的内容吸引众多的受众，但是其核心吸引力及影响力无法客观度量，使得影响广告效果的因素简单化。同时，资金缺乏仍是网络社区发展的最大难点，60%以上的社区站长认为资金缺乏是其发展的难点和瓶颈，使得网络社区的管理和技术受到阻碍。市场推广能力不足和运营经验的缺乏使广告营销得不到充足的发展，也是社区发展中需要重视和解决的主要问题。另外，网络介质的特殊性也导致了大量的违法行为，虚假广告、欺诈性广告、不正当竞争广告等充斥网络社区，严重影响了交易当事人、消费者的合法权益，破坏了正常的经济、社会秩序。这样给网络监管造成了一定的难度，国家对网络广告市场的监管机制还不完善。

针对网络社区类型多样化带来对广告客户严重分割弱化，网络社区需要适度整合或合并，适度调整社区规模，整合社区资源，以达到资源的有效利用和节省经费，同时将网络社区的管理技术加强，并学习运营经验。在网络社区广告模式与理念上，要做到形式上的创新。在社区内，让企业与社区的用户自然地融合在一起，要将产品或服务以功能性服务的形式展现出来，社区用户拥有足够的选择权，通过体验建立对企业产品、品牌更加深刻、生动的印象。同时，企业入驻在社区，拥有信息发布权，通过促销活动，调研问卷等活动收集到来自用户的第一手信息回馈，使用户与企业直接互动。这样口口相传，非常容易实现一种病毒式营销的扩散，从而使商家，用户和社区三赢，可大大提高广告投放效益，为企业带来直观的经济效益。网络社区还要始终保持对受众的核心吸引力并要坚持培养社区的持久黏度能力，才能更好地、长远地发展。另外，要建立更加健全的网络广告管理法律体系，网络监管机构和网络交易制度也要更加规范。从网站本身而言，网络社区广告管理也趋向规范化和完善化，网站人员的素质、管理经验都要进一步加强。

九、结束语

网络社区广告在形成自我优势的同时吸收其他网络广告之优点，以精准广告的市场目标和受众目标为主要利器迅猛扩大网络广告市场的份额，势必对新的网络媒体的理念与形式形成冲击。随着个别网络社区模式日渐成熟与完善，急剧扩张步伐将加快，其他中小型网络社区消亡或被收购，网络社区广告出现鼎足而立，争霸称雄的情景。

【参考文献】

[1] 艾瑞市场咨询（iResearch）. 中国网络社区发展研究报告 [R]. 精简版，2008.

[2] 艾瑞市场咨询（iResearch）. 2008—2009年中国网络广告联盟行业发展报告 [R]. 简版，2009.

[3] 代琳. 网络社区营销——2.0时代的成功营销模式 [J]. 广告大观. 综合版，2008 (7).

[4] 刘大浪. “天涯”升级网络社区传统营销模式 [J]. 市场观察. 广告主，2008 (10).

【作者简介】

张合斌，河南工业大学新闻与传播学院讲师，硕士，研究方向为网络媒体管理与网络广告。

广告教育与人才培养

论企业广告人才素质培养

罗子明　高丽华　丛　珩　赵妍妍

【摘　要】研究发现，只有1/4的企业广告人才在独立的广告/品牌/公关部门承担广告业务管理职能。用因子分析技术显示，企业广告人才素质包括创造性与责任、策划实施能力、企业经营管理素质、办公能力等4个主要因素，企业广告人才培养的重点是创造性思维和责任感。

【关键词】企业广告人才　创造性思维　责任感

自1983年厦门大学首次开设广告学专业，有关广告人才的研究一直是学术界的重点，国内专家学者有关广告人才的研究已经积累了相当数量的研究成果。比如2003年10月北京广播学院组织实施"中国当代高校广告教育系列研究"课题项目①②③，2004年受国家工商总局广告司委托，中国广告协会学术委员会组成课题组对北京、上海、广州三城市广告人才状况的调查④，2007年《现代广告》杂志社与中国人民大学新闻学院推出了《中国广告高等教育现状调查报告》⑤等。

在过去的研究成果中，对企业内部广告人才的关注较少，这一直是广告人才研究中的难题。

企业（即广告主）是广告活动的始发点，企业推销产品并支付广告费用。企业广告费用占媒介经营收入的大部分比例，对于新闻传播及文化创意产业的发展起着极为重要的作用。企业在整个广告行业当中处于制高点的位置，企业的言行态度和观念对整个广告行业有着重大影响。

2007—2008年，北京工商大学广告系以问卷调查的方式调研企业广告人才的有关问题，通过访问员直接进入企业取得一手资料，调查内容涉及企业广告人才的管理归属、广告人才的素质需求与培养等内容。

2007年的调查费用由电通·教育部留学基金资助，发放调查问卷1 200份，每家企业1份问卷，得到有效问卷543份。其中每年广告费用大于5万元的企业266家（A卷），每年广告费用小于5万元的企业277家（B卷），样本主要侧重于中小型企业，覆盖北京、山东、湖南等18个省/自治区/直辖市，之后又完成了一些样本的深度访问，以补足广告人才培养方面的具体信息。2008年调查费用由作者支持，发放调查问卷1 200份，每家企业1份问

① 北京广播学院广告学院．中国当代高校广告教育系列研究（上）聚焦：广告新兵训练营——系列数据报告之高校篇［J］．国际广告，2004（7）：128-131.

② 北京广播学院广告学院．中国当代高校广告教育系列研究（中）关注：广告学习进行时——系列数据报告之学生篇［J］．国际广告，2004（8）：118-121.

③ 北京广播学院广告学院．中国当代高校广告教育系列研究（下）透视：广告公司的人才培养观——系列数据报告之公司篇［J］．国际广告，2004（9）：120-122.

④ 陈永，丁俊杰，黄升民等．2004年中国广告公司生态调查专项综合报告［J］．现代广告，2005（3）：14-38.

⑤ 中国人民大学新闻学院．中国广告高等教育现状调查报告［J］．现代广告，2007（3）：16-20.

卷，取得有效问卷635份，样本没有限定企业规模大小，但要求广告/宣传等费用在每年5万元以上，样本覆盖安徽、北京、山东、湖南、浙江等24个省/自治区/直辖市。

一、企业广告业务与人才的归属管理

2007年A卷调查数据显示，超过1/3的企业拥有独立的广告/品牌/公关/宣传部门（36%）。2007年的B卷调查数据显示，由于企业广告与宣传费用较小，不到1/7的企业拥有独立的广告/品牌/公关/宣传部门（13%），其余一半企业的广告由正副总裁、总经理或其办公室管理（46%），1/4企业由营销运营部门管理（25%）。

2008年的调查数据更具代表性，与两年的数据合计平均值更为接近。从表1可以看出：1/4的企业有独立的广告/品牌等部门，亦即企业由独立工作的广告人员管理广告业务；1/4的企业由运营部门管理广告；近1/4的企业由正副总裁/总经理管理广告业务；1/4由办公室/战略部门/其他部门等管理广告业务。目前国内广告书籍有关企业广告业务管理的内容，往往偏重于介绍拥有独立广告部门的企业，这一组调查数据可以完善企业广告业务管理的内容描述。

对于广告公司（广告经营者）或广告媒体而言，与广告主（企业）的沟通对话仅局限于"广告"领域显然是片面的，甚至是幼稚的，一半以上的广告业务由总裁、总经理，或其办公室，或战略规划部门来管理，这些人员的话语绝不可能仅仅是"广告"范围内的概念，而是包括了企业历史、竞争背景、营销战略、品牌战略等方面的综合性语言。这一结果与后面讨论的广告人才素质也形成了逻辑上的一致，为什么企业对广告人才的创造性思维和责任感要求很高？因为企业广告人才要承担企业战略与企业经营等方面的责任，必然要求对应的素质。

表1　企业广告业务与广告人员的归属

企业广告业务与广告人员归属	2007A卷	2007B卷	2008调查	三组数据平均
有独立的广告部门/品牌部门/公关部门/宣传部门	36	12	26	25
由总裁/总经理管理	14	23	13	17
由副总裁/副总经理管理	6	9	6	7
由总裁/总经理办公室管理	9	14	12	12
由营销/运营部门管理	25	24	25	25
由战略/规划部门管理	5	4	10	6
其他	5	11	7	8
未回答	–	2	–	1
小计	100%	100%	100%	100%

二、企业广告人才素质培养的重点是创造性思维和责任感

企业广告人才需要哪些素质？这些素质的重点或关键点是什么？

研究人员在归纳了相关专家学者研究成果的基础之上，并咨询了人才测试研究方面的专

家，最终筛选了16类知识和11类个性特征作为编制调查问卷的依据，其中16类知识与广告专业的课程体系相通，11类个性特征与广告人才聘用的背景要求接近。知识结构分别是：对本公司业务/产品的熟悉程度、传播学知识、广告媒介知识、品牌知识、公共关系知识、企业经营管理知识、市场营销知识、企业财务知识、平面设计、影视表达、美学、广告策划、广告管理、广告法规、电脑办公软件（邮件、演示等）、数据库软件、综合性业务背景知识等。个性特征分别是：积极的工作态度、勇于承担责任、对他人的宽容、鼓励同事的成长、良好的语言表达及沟通能力、创造性思维、充沛的精力、举止仪表良好有修养、良好的人际关系资源、个人的发展规划与目标、对公司理念/目标的认同。

在数据处理过程中，采用了因子分析技术提炼企业广告人才素质因子构成。因子分析方法可以从不同指标之间的数据关系，分析指标群之间的内在逻辑关系，具有较强的科学性和严谨性。通过SPSS程序运行数据，企业广告人才的素质构成可以提取6大因子，其中前4种因子具有较大的应用价值，累积贡献率56.74%（见表2）。

表2　　企业广告人才素质因子分析

因子	原始值			提取值		
	累计	因子贡献率	累积贡献率	累计	因子贡献率	累积贡献率
1	9.666306	35.80113	35.80113	9.666306	35.80113	35.80113
2	2.476644	9.172756	44.97389	2.476644	9.172756	44.97389
3	1.860939	6.892367	51.86626	1.860939	6.892367	51.86626
4	1.316603	4.876309	56.74256	1.316603	4.876309	56.74256
5	1.115625	4.131945	60.87451	1.115625	4.131945	60.87451
6	1.027556	3.805762	64.68027	1.027556	3.805762	64.68027
7	0.876461	3.246151	67.92642			
8	0.821925	3.044165	70.97059			
9	0.772530	2.861224	73.83181			
10	0.653840	2.421628	76.25344			
11	0.629340	2.330887	78.58433			
12	0.594783	2.202899	80.78722			
13	0.552815	2.047462	82.83469			
14	0.511553	1.894639	84.72933			
15	0.487171	1.804336	86.53366			
16	0.465345	1.723499	88.25716			
17	0.417963	1.548010	89.80517			
18	0.397672	1.472859	91.27803			
19	0.376054	1.392794	92.67082			
20	0.315823	1.169716	93.84054			
21	0.305417	1.131173	94.97171			
22	0.285652	1.057971	96.02968			
23	0.270617	1.002286	97.03197			
24	0.225255	0.834277	97.86625			
25	0.214790	0.795518	98.66177			
26	0.193867	0.718025	99.37979			
27	0.167456	0.620209	100			

因子1占35.8%的分量，包含的变量依次是：创造性思维；勇于承担责任；广告管理；

积极的工作态度；对他人的宽容。其中特征比较鲜明的是创造性、责任感和积极的工作态度，因子 1 命名为“创造性与责任”。

因子 2 占 9.2% 的分量，包含的变量依次是：广告策划；平面设计；广告媒介知识；影视表达；美学，因子 2 命名为“策划实施能力”。

表 3　　企业广告人才素质 4 种因子构成

因子 1：创造性与责任贡献率 35.8%		因子 2：策划实施能力贡献率 9.2%		因子 3：企业经营管理素质贡献率 6.9%		因子 4：办公能力贡献率 4.9%	
因子构成	载荷	因子构成	载荷	因子构成	载荷	因子构成	载荷
创造性思维	0.7213	广告策划	0.4629	企业经营管理知识	0.6871	数据库软件	0.4884
勇于承担责任	0.7041	平面设计	0.4553	企业财务知识	0.5490	电脑办公软件	0.3354
广告管理	0.6999	广告媒介知识	0.4512	市场营销知识	0.4461	企业财务知识	0.2900
积极的工作态度	0.6929	影视表达	0.4405	公共关系知识	0.4435	影视表达	0.2815
对他人的宽容	0.6825	美学	0.3867	个人的发展规划与目标	0.2140	平面设计	0.1805

因子 3 占 6.9% 的分量，包含的变量依次是：企业经营管理知识；企业财务知识；市场营销知识；公共关系知识；个人的发展规划与目标，因子 3 命名为“企业经营管理素质”。

因子 4 占 4.9% 的分量，包含的变量依次是：数据库软件；电脑办公软件；企业财务知识；影视表达；平面设计，因子 4 命名为“办公能力”（见表 3）。

从数据上看，由于因子 5、因子 6 的变量构成与前面存在一定的交叉重叠现象，这可能与企业广告人的素质之间本身存在交叉融合特征有关，在未来的研究中将进一步完善研究方案及指标设计。

在深度追踪中，企业对广告人才的素质描述更为翔实。

海信电器股份有限公司的员工认为，要注重培养学生的创造性思维开发，学习境外创新型的广告理念，同时注重培养学生的实践认知的重要性。

英特尔（中国）公司前品牌经理谈到，好的品牌传播者不仅知道方案怎么写，更要有判断行业趋势的能力，能看到商业环境中竞争、合作、发展、创新等方面深层次的话题。

包头钢铁（集团）有限责任公司广告部经理谈到广告人的素质时，认为广告人要熟悉行业规律，有些是潜规律，有些是暗规律，有些是明规律，要学会承担责任，承担压力，需要提高心理素质……

内蒙古小尾羊餐饮连锁股份有限公司的广告人员认为，最重要的前提是能吃苦，做餐饮的（广告人）必须在一线，要入店的，要亲眼所见，可能中午在那盯着，晚上还在那盯着，回来后还要汇总，所以很辛苦，需要很强的责任感……

北京今典鸿运房地产开发有限公司认为，要放眼国际，广告作为一门边缘性学科，必须具备国际化视野，培养学生的思维方式而不仅仅是一项技术。要脚踏实地，让理想落地的过程需要耐心和坚持。

三、小结

企业的广告人才虽然是广告行业的宠儿，但他们在企业内部的角色比较尴尬，他们承受着企业太多的期望，也承受着市场回报方面的巨大压力。如果广告效果反应良好，广告人才的心态就会轻松愉悦；如果市场效果反应不佳，企业内部的脸色是比较难看的。本研究显示的企业广告人才素质构成，对于企业广告人才的培养具有参考意义，这4种因子分别是：创造性与责任、策划实施能力、企业经营管理素质、办公能力。

从企业广告人才培养的角度上讲，应当注意如下两点。

一是要继续完善复合型广告人才的教学体系，培养学生开拓创新的能力。创新思维是广告人才首先应当具备的专业素质，从知识面上讲，加强行业经济、微观经济、企业背景等方面的知识比重，有助于开阔学生的视野，为创新思维打下基础。从学生的角度看，策划、创意之类的课程操作性强，课程生动精彩，而行业经济、企业背景方面的知识可能相对枯燥一些，所以，加大后者的知识比重，还要克服师生在认知方面存在的误区。考虑到我国企业的战略目标将由制造型向创新型转变，品牌战略知识是企业广告人才开拓思维的一个新领域，广告人才需要强化品牌战略方面的知识。

二是提供系统的职业责任感训练，培养企业广告人才良好的职业责任感。在发达国家，大学本科课程的结构中，职业道德与责任感教育占了相当大的比例。当前，国内创造性思维训练的课程已经深入教学课堂，但责任感与职业道德方面的系统训练并没有在课堂教育中全面推开，这是未来广告人才培养体系中必须重视的内容。

【参考文献】

[1] 黄合水．广告调研方法［M］．厦门：厦门大学出版社，2006．
[2] 张树庭．广告教育定位与品牌塑造［M］．北京：中国传媒大学出版社，2005．
[3] 李彬彬，李琴，王丽文．创新型广告人才培养模式的实证研究［J］．江南大学学报，2006（6）．
[4] 崔银河等．广告学高等教育发展现状与专业设置调查报告［J］．中国广告，2007（6）．
[5] 罗子明，高丽华．企业广告人才素质研究［J］．广告大观．理论版，2009（3）．

【作者简介】

罗子明，教授，硕士生导师，北京工商大学艺术与传媒学院副院长、广告系主任，研究领域为广告经营、消费者心理行为。

高丽华，北京工商大学艺术与传媒学院副教授，硕士生导师，研究领域为广告经营、新媒体广告。

丛珩，北京工商大学艺术与传媒学院广告系讲师。

赵妍妍，北京工商大学艺术与传媒学院广告系讲师。

国际化广告人才能力培养的实证分析

姜智彬　王　毅

【摘　要】本文以广告业界对广告人才的需求为基础，通过特斐尔法和问卷调查法，对国际化广告人才能力培养进行了实证研究。通过采集广告学界与广告业界对问卷中态度的指数，利用 SPSS11.0 对其进行差异性分析，得出广告业界的人才需求和广告人才培养单位在人才教育上的异同，并对其分析结果进行讨论分析。

【关键词】国际化广告人才　能力结构　SPSS 分析

中国广告行业自 2005 年年底对外全面开放后，面临了全新的挑战，同时对广告人才的质量提出了更高的要求，市场呼吁新型、高质量的国际化广告人才。高等学校人才培养单位应根据市场的实际需要适时且恰当地调整人才培养方向，培养大批具备国际意识、国际知识和国际交往能力的国际化人才也成为现代高等教育的一项重要任务。本文对国际化广告人才培养进行实证分析。

一、本文采用的研究方法

1. 外部参照需要分析法

本文采用学习需求分析理论中的外部需要分析法，根据市场和机构之外社会（或职业）的要求来确立对学习者的期望值，揭示学习者学习现状与社会需要之间的差距。市场需求和社会需求是外部需求，是教育的外部功能，通过调查分析广告业界对广告人才的需求来确立广告学人才的核心能力，这是本文的出发点。

2. 特斐尔调查法

本文在文献研究的基础上设计国际化广告人才相关指标体系，并采用特斐尔法对专家进行意见征询，根据专家的意见对其进行反复修改，最后确立国际化广告人才能力指标体系，并将其作为问卷设计的基础，从而进行后续的实证研究和分析。

3. 问卷调查法与数理统计法

本文对广告学人才能力进行了认知和态度的调研。设计“国际化广告学人才能力培养研究”问卷，通过采集广告人才培养单位（高校）和用人单位（广告公司，公关咨询公司）对问卷的态度指数，利用 SPSS11.0 对其进行差异性分析。得出广告业界的人才需求和广告培养单位的人才培养上的态度指数差异性；探究国际化广告学人才的能力结构。

二、本文的实证研究设计

1. 调查样本

本研究采用专家分层抽样调查法。调查样本分为两部分，被试按照广告学界（高校广告专业组）和广告业界（用人单位）分成两组。其中高校培养单位的被调查人员是利用2007年8月深圳大学举办"第二届中国广告人才培养研讨会"期间实施，对与会者进行调查。被试是我国近260所高校广告专业负责人及从事广告专业教学的骨干教师。其中另一部分广告业界的被试者是来源于上海地区4A广告公司的广告主、客户主任、部分广告从业人员以及部分广告媒体的广告部主管。由于被试层次高，抽样结果的反馈比较权威，因此本次实证研究的问卷回收数据可信度较高。

2. 调查方法

制定统一的调查程序，所有问卷均由被试在充足的时间条件下填写，分别用1、2、3、4、5这5个数字表示其对问卷各项目所持"不符合"、"不太符合"、"有点符合"、"比较符合"、"符合"的态度。本次问卷调查共发放问卷138份，其中共回收有效问卷91份。回收后数据录入社会科学统计包SPSS进行统计分析。进行SPSS样本均值差异性分析检验（$P<0.05$），分别对广告人才类型需求、国际化广告人才素质和能力结构和广告专业课程设置各部分的认知差异显著性进行分析。

3. 国际化广告人才能力指标的建构

本研究设计了国际化广告人才的能力指标，按特斐尔调查法选择5名专家进行调查，了解高校专家对国际化广告人才能力的要求。根据专家的意见对原设计方案进行修改，最后初步建构国际化广告人才能力指标体系。本文设计了国际化广告人才的能力指标，将其能力结构分为四个维度：国际广告策划能力、国际广告运作能力、国际广告设计能力和数字技术应用能力。国际广告策划能力包括跨文化消费心理与消费意识把握能力、国际社会意识与时事分析能力、国际社会热点与生活方式感受能力、国际流行产品特征的把握能力、国际社会热点问题的分类和评价能力；国际广告运作能力包括国际客户行业背景的把握力、国际企业经营管理的能力、整合营销策划和传播能力、CI策划的基本能力、国际广告策划能力、国际市场调研的计划组织和实施能力、多种解决方案的创造能力、国际广告创意能力、评价跨文化广告作品能力；国际广告设计能力包括注意细节的能力、广告文案写作能力、中英文语言文字组织能力、艺术鉴赏能力、美术设计能力、摄影、录像和绘画能力；数字技术应用能力包括多媒体应用能力和计算机及网络传播能力。

三、调查结果的分析和讨论

本研究对用人单位（广告业界）和培养单位（高校广告教育界）进行独立样本检验，得到显著性差异值反映广告业界和高校在对国际化广告人才能力上的认知差异实态。用SPSS（11.0）进行数据统计分析，用人单位（广告业界）和培养单位（高校广告专业组）对国际化广告人才能力认知差异的独立样本显著性检验结果如表1。

表1　　国际化广告人才能力各项因子认知差异的显著性检验结果

国际化广告人才能力	因子项	高校专家均值	用人单位均值	均值差	P值（双侧检验）
国际广告策划能力	BB3：国际社会意识与时事分析能力	4.22	4.37	0.15	0.267
	BB4：跨文化消费心理与消费意识把握能力	4.37	4.84	−0.47	0.002*
	BB5：国际社会热点与生活方式感受能力	4.15	4.81	−0.66	0.000*
	BB6：国际流行产品特征的把握能力	3.90	4.68	−0.78	0.000*
	BB7：国际社会热点问题的分类和评价能力	3.97	4.48	−0.52	0.012*
	BB8：多种解决方案的创造能力	3.95	4.52	−0.57	0.005*
国际广告运作能力	BB9：国际客户行业背景的把握力	4.29	4.10	0.19	0.334
	BB10：国际企业经营管理的能力	4.68	3.90	0.78	0.000*
	BB11：整合营销策划和传播能力	4.08	4.58	−0.50	0.008*
	BB12：CI策划的基本能力	4.17	4.52	−0.35	0.042*
	BB14：国际广告策划能力	4.12	4.84	−0.72	0.000*
	BB15：国际市场调研的计划、组织和实施能力	4.65	3.88	0.77	0.001*
	BB13：国际广告创意能力	4.17	4.77	−0.60	0.001*
	BB17：评价国际广告作品能力	4.17	4.65	−0.48	0.011*
国际广告设计能力	BB18：注意细节的能力	4.71	4.12	0.59	0.003*
	BB19：广告文案写作能力	4.55	3.60	0.95	0.000*
	BB20：较强的中英文语言文字组织能力	4.35	3.90	0.45	0.033*
	BB16：艺术鉴赏能力	4.35	4.03	0.32	0.097
	BB21：美术设计能力	4.13	3.82	0.31	0.192
	BB22：摄影、录像和绘画能力	3.87	3.47	0.40	0.135
数字技术应用能力	BB23：多媒体应用能力	4.19	3.47	0.72	0.010*
	BB24：计算机和网络传播能力	4.39	3.27	1.12	0.000*

1. 国际广告策划能力的分析和讨论

BB4要求广告人才需要从国际客户需求导向的角度进行广告策划，从跨文化消费者的角度、用消费者的观点来分析公众的需求，定位广告。消费者是广告信息的接受者，广告宣传活动是一种心理影响活动，通过引起公众的注意，刺激公众的消费欲望来引发公众的购买行为，并强化公众的记忆。因此，在整个广告的设计过程中，首先要准确了解公众的消费需要，分析其心理特征；而后积极诱发公众对企业、商品产生合理需要，使公众感到缺乏并期望得到某种东西；及时引导公众把需要心理转化为行为动机并可以通过新一轮的广告宣传不断刺激消费者产生新的需要。根据心理需要和消费意识，制定出科学的心理影响策略，有效提高广告宣传的科学性和艺术性。

BB3、BB5、BB6、BB7和BB8这几项说明了广告业界需要广告人才能够利用国际时势和时尚策略深入消费者的心理，实现广告宣传效果。国际时势是某种社会热点问题、事件造成的局势，具有社会性、轰动性、深刻性和阶段性的特点，其本身是公众普遍关注的问题，因此利用国际时势及时地策划广告宣传活动，也就是利用公众的普遍性时势心态进行商业性宣传，有利于提高广告宣传的心理渗透力。同样的，有意识的运用创造时尚策略，直接作用于公众的群体消费心理，公众时尚可以是在较短的时间里在人们之间发生连续性感染，使之追求某种消费行为方式。广告业界对人才的这种需求要求高校顺势对人才进行培养。在学校的基本课程之外，安排广告行业优秀广告人讲课，使学生接触到最新的行业动态和市场需求，还可以通过对优秀广告作品的案例分析，形象地为学生介绍优秀作品的策划出发点等。

国际社会意识与时事分析能力（BB3）这项因子双方认知显示无显著性差异，在此类别中，已经不具有讨论意义。

2. 国际广告运作能力的分析和讨论

在这个维度中，除了一个因子“广告服务客户行业背景的把握力”（BB9）不产生显著性差异外，其余各项因子均呈现显著性差异。在这个维度中，从高校培养单位和广告业界对BB9因子的态度均值没有产生显著差异性，表明高校培养单位和广告业界同时认为这点是广告人才的一项重要的能力。

“整合营销策划和传播能力”（BB11）、“CI策划的基本能力”（BB12）、“广告创意能力”（BB13）、“广告策划能力”（BB14）和“评价广告作品能力”（BB17）这几项因子都呈现出显著性差异，而且从均值差来看，高校人才培养单位的均值比广告业界要低，说明高等院校对这些能力的认识程度不足，相对落后于广告业界对其的需求。所以高校培养单位应该关注广告行业需求的新动态，以提升对国际化广告人才能力培养的调整。

“国际市场调研的计划、组织和实施力”（BB15）因子项，双方呈现出显著性差异，广告业界在这项打分偏低（3.88）。说明广告业界对市场调研人才的需求不大，这一方面是由于样本局限，这类公司占总体比重不大；另一方面，是随着分工的细化，这类人才需求更集中于专业的调研公司。

3. 国际广告设计能力的分析和讨论

在广告艺术设计相关能力中，“艺术鉴赏能力”（BB16）、“美术设计能力”（BB21）及“摄影、录像和绘画能力”（BB22）因子项上，广告学界和业界的态度均值不存在显著性差异，也就是双方对这三项能力的认知趋于一致，即双方都认可广告人才应该具备一定的艺术鉴赏能力和美术设计能力，能够制作出具有美学特征的广告才是需要。以上两点异同恰好说明，广告业界在广告设计制作上对于单纯性的语言写作性的文案人员需求已经从广告业兴起的初始阶段发生了变化，转而提升到了一个较高的层次，即艺术性。

对于另外三个因子项，注意细节的能力（BB18）、广告文案写作能力（BB19）和较强的中英文语言文字组织能力（BB20），广告学界和广告业界在态度均值上呈现显著性差异。高校学界的态度均值要高于广告业界，而且从均值差区间［0.45–0.95］来看，广告业界尤其对文案写作能力（差值0.95）的态度均值打分偏低。其次，从样本态度均值的离散程度（见表2）来看，我们可以清楚地看到对于这三个因子，广告业界的态度均值离散值区间为［1.020–1.210］，要明显高于广告学界在这三个因子上均值的离散程度［0.461–0.798］。这显示出，广告业界对这三项因子的认识程度实际上是存在差别的，这说明广告业界对基本的文案写作人才不满意，这正契合了广告业界对前三项能力因子态度均值的实际状况。

表2 **因子 BB18、BB19、BB20 均值及离散程度**

Group Statistics

	GROUP	N	Mean	Std. Deviation	Std. Error Mean
BB18	1	31	4. 71	. 461	. 083
	2	60	4. 12	1. 027	. 133

Group Statistics

	GROUP	N	Mean	Std. Deviation	Std. Error Mean
BB19	1	31	4. 55	. 768	. 138
	2	60	3. 60	1. 210	. 156

Group Statistics

	GROUP	N	Mean	Std. Deviation	Std. Error Mean
BB20	1	31	4. 35	. 798	. 143
	2	60	3. 90	1. 020	. 132

4. 多媒体网络技术能力的分析和讨论

广告学界和广告业界在“多媒体应用能力”（BB23）和“计算机和网络传播能力”（BB24）这两项因子的态度均值上都呈现出显著性差异。广告业界在这两点上的态度均值偏低，尤其是计算机和网络传播能力因子项，广告业界的态度均值为 3. 27，比高校人才培养单位低 1. 12。说明在问卷调查样本中的广告业界对网络广告人才的需求不是很大。原因一是样本来源大多是全面服务型广告公司，而广告设计制作公司仅有为数不多的 7 家，所以单从问卷调查的结果来看，对广告人才的计算机、网络传播能力需求不高。二是网络广告处于起步阶段，同时具有相关专业技能的自由职业者分流了这部分市场，也是广告业界对这部分人才需求量较小的原因之一。

【作者简介】

姜智彬，上海外国语大学广告传播学院院长。

王毅，上海外国语大学广告传播学院博士。

我国高校本科广告人才培养现状解析

商超余

【摘　要】高校肩负着为广告产业输送生力军和后备人才的社会职能，在轰轰烈烈的高校广告教育“造人”运动中，令人赧然的事实是高校供应的“产品”无法有效地满足市场需求，从人才供应链的源头——高校究其原因，一个值得深思的现象氤氲在高校中，即产学研的失调和潜规则下的慢节奏运行。

【关键词】广告教育　人才培养

前言

笔者2008年10月参加了在南京举办的“第三届教育部·电通广告人才培养研讨会”，这是一场囊括目前国内高校广告教育师资的盛会。与会的高校有二百多所，按其学科背景设置分别隶属于新闻传播类、师范类、艺术类、工商类。就与会的四百多名高校代表，笔者做了一份抽样问卷调查，调查的内容有五项：学科背景、有无广告实践从业经历、所在院系广告专业课程的设置、学生实习的时间分配、对本次研讨会议题的兴趣程度。调查结果显示：63%的广告专业设置在新闻传播类、17%设置在艺术类、15%设置在师范类、5%设置在工商类；90%的教师没有广告实践从业经历；广告专业课程门类齐全、大同小异；大部分学校把学生的实习时间安排在大三的暑假及大四下学期；对本次研讨会的议题普遍感兴趣。通过与部分高校教师的沟通，结合2007年笔者在武汉地区对7所开设广告专业院校的实地考察，笔者深感目前国内高校广告教育普遍存在着产学研失调现象及潜规则运行的不合理机制。

一、“产、学、研”失调

目前国内高校广告教育都言之凿凿地宣称走“产学研”一条龙的培养路线。何谓“产”？即培养广告专业学生；至于“学”和“研”，就其本质而言，无非是教学和广告研究，无论是哪个层面的研究（宏观的广告产业、微观的教学实践）都应当是服务于具象的日常教学、服务于生产制造合格的产品（学生）。就其排列顺序，应是：研、学、产，它是一个动态的非直线循环过程，但遗憾的是国内广告学人对“产学研”的关系和目的在认知上存在着偏差。

1.“研”的立意取向

对广告的研究，目前国内学人大致上取向为三类：①广告理论的研究；②广告实务的研究；③广告衍生研究（广告文化、广告符码、广告伦理等）。就广告理论而言，目前学术上的著作、论文颇丰，但除极少数的能站在广告学科的高度对广告理论进行前瞻性和系统性的研究外（如武汉大学张金海先生的《二十世纪广告传播理论研究》），毫不客气地说很多人的研究是拾人牙慧、低规格的重复。曾听见国内一知名院校广告学系主任说：广告哪有理论而言。在这样的导向下，无怪乎从新闻传播的视角出发，过度研究传播理论和范式的论文汗牛充栋。广告是营销传播，背离了营销的传播对广告主有何意义？广告是营销和传播的“孪生双胞胎”，在营销的背景下谈论传播，广告才能彰显其内在价值（拉动销售、塑造品牌）。

广告实务的研究多见于各种广告教材中，近年来学院派的教材不一而足，长江后浪推前浪，看上去很美，但后浪往往死在沙滩上，究其原因，市场（含学生）对学院派的广告实务研究反应冷淡，纸上谈兵的说教太多、八竿子打不着的案例要么太遥远、要么太陈芝麻烂谷子，试想，在营销传播环境纷繁复杂的态势下，躲在小楼成一统的广告学人何以以不变应万变？以八股文式的刻板成见解析不同经济体下的市场有何价值？而与之形成鲜明对比的是来自广告实务界的经验之谈或实务操作手法，或由于作者曾长期在市场中摸爬滚打，或因为公司在无数个项目中所历练的“必杀剑谱”，对广告人有很强的昭示和借鉴，颇受欢迎，如台湾杨朝阳的广告实务系列和《方法：国际著名广告公司操作工具》。

广告衍生研究是构成广告学科体系中的一部分，对其进行探析有助于广告人在市场经济的条件下理解广告的多重属性（如商业性、文化性等），如 *Soap*，*Sex*，*and Cigarettes*、《广告符码》。而国内的广告学人在梳理、解构广告现象或广告文化时，更多的是浅尝辄止的描述，习惯将广告现象无限扩大化，如关于广告史的研究，很多人把史前人的结绳记事或古代君王的碑文视为广告媒介和广告现象，广告等同于传播，文化史等同于广告史。

目前国内对广告学人的评定，以著作为瞻，万般皆下品、唯有论文高。教师职称的升级、科研的认定，论文的多寡、刊发级别为硬指标，高校教师忙着写论文、忙着发论文，到底论文对广告教学有多大益处，当局者迷、旁观者清，但有一样是肯定的：为人师者在课堂上又有忽悠学生的本钱了。

2. “产”与“学”的对立

高校到底要培养什么样的广告人？答案只有一个：就是市场需要什么样的广告人？2001年4月在美国得克萨斯州立大学举办的“广告教育高峰论坛”上，许多广告主对广告教育提出了自己的看法：第一，广告教育应该告诉学生品牌的价值、如何创建品牌以及广告在品牌发展中扮演的角色；第二，教育学生能够理解并使用所有可能的广告创作工具；第三，熟练把握定位、战略、媒介、制作、调查、策划互联网、促销、产品设计、预算管理等；第四，教育学生理解广告只是营销沟通计划中的一部分；第五，尽可能更多地让学生接触广告操作的实际环境；第六，帮助学生建立他们对于广告代理公司和客户的独特价值；第七，告诉学生一定要用功，因为这是创建品牌和创作伟大广告作品的前提。国内的广告教育，由于广告专业设置在不同的学科背景下，导致培养侧重点各异，如新闻传播类型的院校注重从战略层面培养学生的广告策划能力；美术设计类型的院校侧重于从执行层面上培养学生的广告设计能力；工商类注重培养学生的广告市场意识和营销理念。四年下来，培养的学生大多成了瘸子，只会一条腿走路。国内一位资深的广告人提出：中国需要的广告人应该是能面对不同企业的不同问题，提出不同的解决方案，能够解决实际问题的人。他们不但要有好的文字能力，长于文案写作；好的设计表现能力，精于震撼性的设计；好的语言表达能力，善于沟通；好的策略分析能力，勤于思考，而且能进行策划、营销、设计、管理等工作；最关键的一点就是要具有创新的能力。

高校广告教育到底能制造出什么样的产品（学生）？这与教育者自身的专业素质密切相关，一直困扰我们的是：从事广告教育的教师究竟需要什么样的专业素质？高学历（博士、硕士）是否是高素质的代名词？检视一下目前国内高校从事广告教育的教师的从业经历就不能不让人怀疑高校出炉的“产品”是否是市场所需。第一代广告学人基本上是中文出身，文字功底扎实；第二代、第三代广告学人大多数是学而优则仕（教师），从学校到学校，新闻传播或视觉表现理论功底深厚，从中文到新闻传播完成华丽转身，智威汤逊东北亚区总裁唐锐涛说："从事广告的人很多，但是很可悲，只有20%的人真正懂广告。"作为从事广告教学的教师又有多少人真正懂广告？笔者并不否认广告的理论依存性，但任何一个理论的创建都是构筑在大量的实践基础上，没有实践谈何理论？放眼国内广告实务界，指点江山的枭雄，无不是实践砥砺而成，如广东省广告有限公司的丁邦清，前为大学哲学老师，1995年加入广东省广告有限公司，功成名就后，现闲暇之余客座多家大学教授；浙江大学的卫军英，从娃哈哈的广告实务到教师的蜕变；南京研讨会电通的两位讲师，虽是建筑和中文的学科背景，但在实战中百炼成精，从实践到理论，理论不再是虚无缥缈，试问如果广告教师能遵循"理论——实践——理论"的良性循环，又哪会有实务界之"只懂理论"的诟病？

二、潜规则游戏下的慢节奏运行机制

高校广告专业的课程阵线长，这是现行高校教育体制下的潜规则。从大一到大四，学生包围在各种名目的课程中，学习实质上是一种"挣学分"的行为，学生在毫无实践检验的"真空"学习中，越学越迷惘。为了应付教育部本科教学评估及消化现有师资，各高校开设了大量的通识课和专业课，但课程设置缺乏系统化，或偏向于广告策划（战略层面），或侧重于广告设计，或倾斜于市场营销，曾经担任清华大学校长长达17年之久的梅贻琦先生认为大学教育观的核心在通才教育，学生应朝着"通识"和"知类通达"的目标培养，很多高校在诠释梅先生的此番言论时比较教条，"宽口径、厚基础"本无可非议，广告学作为新兴的综合性边缘交叉学科，涉及经济学、社会学、新闻学、传播学、心理学、统计学、文学和艺术等诸多领域，开设上述课程有助于培养学生的通识博学，积累深厚的人文底蕴，但广告是一门实践性极强的应用型学科，学生如果在四年的本科学习中没有大量的广告实践，学习就失去了动力和目标，而现行的高校广告教学在学生课程学习和社会实践的时间安排上比例失衡，重理论、轻实践的倾向在国内很多高校普遍存在。

2004年秋，中国广告协会与中国传媒大学联合开展了一项中国广告教育的专项调查，广告界反映，国内广告教育办学中存在的主要问题：学生水平一般，无专业经验；教学严重落后于实践，应加强专业技能课，重视案例教学；笔者在南京研讨会期间与众多高校的教师交流，发现大部分院校都是从大二起才陆续开设广告专业（或核心）课程，专业课一直持续到大四上学期，一门课程贯穿一个学期，这种零散的教学进程一方面使学生对课程的理解缺乏系统性和整体性，另一方面剥夺了学生整块的参与实践的时间和空间。其实很多学校也意识到了问题，但明知培养的方向只是一厢情愿的"意淫"，但还是硬着头皮一如既往，究其原因，不外乎两个方面：一是学校没有合适的实习基地，难听一点就是没有或很少有广告公司或媒体愿意接收实习生；二是专业教师没有业务项目，除国内几所"211"、"985"类高校广告专业有供教师与市场零距离接触和实战的机构外（如北京大学之现代广告研究所、中国传媒大学之IMI市场信息研究所、武汉大学之媒介发展研究中心、厦门大学之广告公关事务所等），很多教师由于既无广告从业的经历、又无理论和实践结合的平台，对广告研究和教学只能从理论到理论，长期在"象牙塔"中著书立说，鲜于外界（广告业界）联系。

笔者认为，关于广告的纯理论只够一本书的容量（如武汉大学张金海先生的《二十世纪广告传播理论研究》或Julian的*Soap*，*Sex*，*and Cigarettes*）；学习广告专业知识，研读Arens的《当代广告学》、Russel&Lane的《克莱普纳的广告教程》就足够了；广告实务操作的技能看看几本书也就管窥一斑而见全豹了，如《广告金典》、《国际4A广告公司品牌策划方法》、《奥美的观点》、《百年麦肯》、杨朝阳的广告实务操作系列，教师可以安排学生集中时间（如大一寒暑假）自学消化这些书目，而课堂时间可进行理论和实践的专题讲座和讨论，人文知识通过校际选修课或专题讲座集中在大二，这样一方面加快了教学节奏，另一方面可留有两个学年的时间带领学生进行系统而有针对性的专业实践。

潜规则还反映在理论课程和实践技能的教学取向上，中国传媒大学副校长丁俊杰指出，现在广告教育存在的问题，不是理论和实践脱节的问题，而是要么是纯理论的教学，要么是完全教一些技巧，这两个趋向是最可怕的。新闻传播类院校是纯理论教学的代表，而美术类院校一直延续着技能教学；纯理论的教学培养出来的学生理论素养高，但这种理论对于当下中国广告市场太过前卫，笔者曾在广告公司从事过多年的广告实务，每年会接触来自不同学科背景下的广告专业，就我的观察，新闻传播类毕业的学生文案、策划基本功尚可，但最大的缺陷是广告表现能力弱，在项目操作时虽能提出策略，但策略的表现手段单一，如不能将idea转化为视觉语言，与美术设计人员无法形成沟通上的一致；广告设计类的学生视觉表现技能熟练，但营销战略和广告策略欠缺。国内很多中小型的广告公司需要懂策略会表现的毕业生，在两者不可得兼的无奈下，多倾向于设计类的学生。国内很多高校广告专业近几年来分别开设了广告学和广告设计两个方向，从短期来看，似乎满足了市场（如广告公司）功利性的用人要求，但从中长期看，不利于国内广告业整体素质的提高和学生的职业成长，在美国密歇根州立大学获得大众传播学博士学位的哈晓盈女士在体悟美国的高校广告教育时认为，注重学生的广告实务技巧培训，而忽视了从企业的整体管理和营销策略上来把握广告的作用，结果是学生虽然能够胜任基本工作，但若升到较高的职位上或面临较高层面上的挑战，就显得后劲不足。

结语

国内高校广告教育从1983年厦门大学开先河以来，发展迅速，但在量的扩充的同时，如何提高办学质量和水平，如何实现“高速”向“高质”的软着陆，如何在有效地满足市场需求的同时，培养出高素质的专业人才，这是摆在每一个广告学人面前的课题。笔者认为，没有坚实的塔基（如优秀的师资、合理的培养机制等），没有正确的产学研认识论和实践观，为广告市场充当智库和人才输出的“象牙塔”——高校，会依旧在整个广告行业丧失社会话语权，会继续泛滥“广告教育普遍存在专业理想黯淡、专业精神失落的现象，专业形象在一定程度上被社会扭曲，广告教育界的专业使命出现弱化”的悲情。

【参考文献】

[1] 中国人民大学新闻学院．中国广告高等教育现状调查［J］．现代广告，2007（3）．

[2] 陆斌．中国高校广告教育　正是欣欣向荣发展期［J］．现代广告，2005（9）．

[3] 丁俊杰．我国广告教育存在的几个问题［EB/OL］．http：//yish. cnc. edu. cn//index. html．

[4] 商超余．探析美术院校广告学创新性培养方案和课程体系［M］．重庆：重庆大学出版社，2008．

【作者简介】

商超余，四川美术学院广告学专业讲师，重庆市广告协会学术委员会副主任委员，研究方向为广告策划和实务、地产广告传播效果。

广告学专业艺术审美课程研究

吴文瀚

【摘　要】艺术审美教育是广告教育的重要一维，但通过对开设广告专业的各高校的调查显示，各高校对艺术审美课程普遍重视不够，广告教育中的艺术教育存在重艺术技能教育，轻艺术审美教育的现象。健全广告教育，重点在于均衡学科发展，具体措施包括：注重艺术审美教育与广告教育的结合；加强相关课程、师资、教材的准备；培养高素质专业教师队伍；改进教育和考核方法；采用现代化教学技术。

【关键词】广告教育　艺术审美　课程

广告学作为一门新型交叉学科，从知识构成看，包括传播学、市场营销学和艺术学等，其专业课程设置的重点在于培养学生创新能力、综合能力与艺术能力。广告教育作为艺术与技术结合的教育形式，随着社会的不断发展，其艺术化、技术化与商业化间的矛盾正日渐凸显。在此背景下，从探讨当前各高校广告专业艺术教育的现状入手，总结分析广告学专业中艺术审美课程的作用以及建设方向，就成为一个有意义的研究向度。

一、广告学专业开设艺术审美课程的意义

对于广告学专业来说，开展艺术审美教育与艺术技能教育既有区别又有联系：艺术技能教育主要是一种工具式教育，其目的在于使学生掌握进行艺术创作的技巧和理论知识，而艺术审美教育是涵盖美术、音乐、文学等在内的综合教育，旨在引导学生艺术创作的方法；其联系在于艺术审美教育和艺术技能教育两者都以艺术为手段，提高学生实践能力。所以，对于二者进行区分，有助于正确认识艺术审美教育的特点和独特教授方法，避免因对二者的混淆，使艺术审美教育流于纯粹的功能性诉求，而这一点，也正是当前许多高校广告专业开展艺术审美教育的误区之一，那么加强艺术审美教育的意义何在？

第一，艺术审美课程的开设，有利于提升广告专业学生的综合素养，塑造健全人格。艺术素养是个人对于艺术的解析、判断与表现能力的综合体，生活中衣、食、住、行，凡与艺术美感有关者，就必然涉及个人的艺术素养。艺术审美教育除具有提高学生艺术素养的功能外，还具有工具性功能，即包括艺术本体以外的生活素养，这点对于广告专业的学生尤其重要。

第二，艺术审美课程有助于提高广告专业学生的创意思维水平。广告创意行为是根据产品广告定位而进行的，是广告主题的新型构思；是创作人员在创作过程中联想思维的具体表现；也是广告节目的内涵和灵魂。广告创意的好坏，创意人艺术素养的高低是决定性因素。以广告词的创意为例，广告词的写作注重文采与想象，文采与想象离不开创意人开阔的视野和对语言艺术的驾驭能力。艺术审美教育为学生广告创意行为提供了广阔的视野与语言文字审美经验，使他们可以从审美的角度思考广告创意。

第三，艺术审美教育能促进广告专业学生创作设计能力的提高。艺术审美教育能够培养广告专业学生敏锐的观察力和判断力。在艺术审美教育的过程中，广告专业学生受到自然

美、生活美、艺术美的熏陶，激发他们对这些领域的思考和探索，从而提高他们的想象力、思维能力和创造力，同时，艺术作品中美的元素也是广告创作的一大重要的资源，艺术作品的创作过程为广告作品的创作提供更丰富的借鉴，从而促进学生创作设计能力的提高。

以上，艺术审美课程对广告学专业有着重要的意义，那么，目前国内广告专业艺术审美课程的情况如何呢?

二、高校广告学专业艺术审美课程调查

为了解高校广告专业艺术审美类课程的情况，我们对2008年国内开设广告学专业的17所院校的广告专业学生，进行了问卷调查（见表1)。调查院校类型包括综合类大学、财经类院校、艺术类院校等，其广告专业依托专业分别为新闻传播、经济管理、艺术设计、人文社科，访问对象为一年级和四年级的本科生及该院系近三年来的本科毕业且在当地从事广告实务的毕业生，其中一年级学生358人，四年级学生119人，毕业生105人，共获得有效样本582人，年龄分布为18~26岁，为了便于统计，我们根据专业依托对这些院校进行了分类，一类为综合类大学，二类为艺术类院校，三类为财经类院校。

对抽样调查的结果分析显示，在针对艺术审美类课程的调查中显示，学生对艺术审美课教学评价不高。调查结果还显示，目前广告人才培养与广告学知识构成要求和广告教育的目标是有一定差距的，尤其在广告艺术教育方面更是如此。广告艺术教育包括以艺术审美课程为支撑的艺术审美教育和以艺术设计为支撑的广告艺术技能教育，但就业的压力使学生一方面对于未来职业的选择模糊不清，另一方面也使学生忽视了艺术与技术的差异，学技术只为找工作，而失去了对广告艺术美的追求，即使学生最终从事了广告行业，也无法为这个专业向更高层次发展提供有力的支撑（见表1)。

表1 高校广告学专业艺术审美课程调查

年级	综合类大学			艺术类院校			财经类院校		
	一年级(%)	四年级(%)	毕业生(%)	一年级(%)	四年级(%)	毕业生(%)	一年级(%)	四年级(%)	毕业生(%)
认为最有用的课程									
创意	22	35	32	21	21	31	36	35	21
营销	12	21	12	13	14	14	39	31	43
软件操作	45	36	34	44	46	37	13	10	11
文案	15	5	21	11	13	12	10	12	15
艺术审美类	6	3	1	11	6	6	2	12	10
工作中最重要的能力									
专业理论	15	5	6	7	8	3	12	8	9
专业技能	42	43	44	42	44	46	45	45	46
创新能力	15	30	31	30	33	38	24	25	22
沟通能力	21	15	16	19	11	11	13	15	16
艺术素养	7	7	3	2	4	2	6	7	7
对艺术鉴赏教材的满意度									
非常满意	5	4	4	1	2	2	1	3	2

续表

年级	综合类大学			艺术类院校			财经类院校		
	一年级(%)	四年级(%)	毕业生(%)	一年级(%)	四年级(%)	毕业生(%)	一年级(%)	四年级(%)	毕业生(%)
满意	16	11	10	6	13	10	19	18	17
基本满意	60	68	70	78	64	69	70	68	66
不满意	19	17	16	15	21	19	10	11	15
对院系艺术审美教学的评价									
非常满意	9	15	16	5	6	6	12	9	11
满意	12	21	18	7	11	9	9	16	7
基本满意	21	22	21	5	18	12	14	14	16
不满意	58	42	45	73	65	76	65	61	66

三、关于加强广告学专业艺术审美课程建设的几点建议

通过对目前高校广告学专业艺术审美课程设置情况的调查可以看出，多数高校对艺术审美课程重视不够。首先，社会转型、服务行业扩大及对广告专业人才需求的增大为这一专业在高校的发展开辟了有利的土壤，但一些高校在申请开设广告专业时没有充分的分析和准备，艺术审美课程表面上与专业关联性不强，使得许多高校在课程设置方面往往不加以重视，而一些新开设专业的院校，所开专业课程往往模仿其他院校，就使得艺术审美教育在广告专业普及的过程中，被很自然地抛弃了；其次，广告学在很多人眼里仅仅是高校扩招的一块土壤，学校在资金和管理的投入上力度不够，使一些艺术审美类课程因为缺少必要的条件无法开设；此外，相关师资力量薄弱，在学生不断增加的同时，师生比例失调，相关教师数量更显不足。综上所述，我认为应当抓好以下几个方面的工作：

第一，注重艺术审美与广告教育的结合。

如何将艺术审美教育与广告专业教育结合起来，寻找广告教育和艺术审美教育的契合点，是广告专业开展艺术审美教育的重中之重。广告是通过各种文学和艺术手段来达到广告宣传的目的，它与文学艺术有着不可分割的关系，因而，更要在广告教育中强化艺术渗透，在艺术审美中突出广告特色。

第二，加强相关课程、师资与教材建设。

高校广告专业应适当增加艺术审美必修课程的设置数量，加强师资与教材建设。当前广告学专业教育过分注重“专业化”课程，一些院校对艺术审美课程的设置范围狭窄，课程形式多为单一化的选修课，课程内容缺少系统性，很多院校都没有将之科学地纳入教学日程安排中，使得广告专业学生视野局限于狭窄的知识领域，难以有新突破。现代社会，各行业之间的联系越来越密切，局限于某一狭窄专业的孤陋寡闻者难以适应现代社会，而创新往往产生于各专业之间的交叉处。因此增设艺术审美必修课程符合现代科学协同化和综合化发展的趋势，也是加强广告学专业艺术审美课程文化层面建设的前提条件。

教育质量取决于教师水平，应通过多方面培养训练，形成一支熟悉艺术文化、教学方法多样的教师队伍。在教材建设方面，近年来，教育部已将艺术审美教育列入“新世纪高等教育教学改革工程”项目，有关出版部门先后编写出版了《艺术教育概论》等书籍，但对于广告学专业，还应在此基础上，集中有经验的学者在对现有教材进行分析的基础上，尽快编写规范化的针对广告专业特点的艺术审美教材。

第三，改进教育和考核方法。

合适的教育、考核方式对广告专业艺术审美教育意义重大，主要可从以下方面加以改进：首先应改变以往过泛的教学内容，加强专题讲授，因为艺术文化资源内容丰富，若要在有限的时间里面面俱到是不可能的，只有通过专题讲授，才能将优秀的艺术文化讲深讲透，才能将优秀的艺术文化更有效地介绍给学生，在专题讲授过程中，还要更注重文化精神层面的要求。这种“授人以渔”而非“授之以鱼”的教育方法，不仅能把专题讲授内容引向深入，而且有助于激发学生的强烈求知欲与自学兴趣，为他们的思想创造提供广阔的空间。

考试是对整个教学过程和效果的总结和检验。艺术审美课程应多采取以学生撰写读书报告和专题论文的形式进行考试，应注重考查学生能力而非记忆。以中国传统艺术为例，“孔子与仁”、“老庄与道”、“魏晋玄学”、“宋明理学”、“中国山水画的流派”、“中国古典音乐的精神内涵”等，由学生按各自所选门类为单位选题，要求学生提供充实的资料，独到的见解，这就促使学生自己去广泛搜集材料，研读经典著作，发现问题，分析问题，解决问题。这样，考试就能为培养学生独立思考与写作能力提供良好途径。

第四，采用现代化教学手段。

要使艺术文化焕发青春活力，必须以现代化的标准为参照物，对之进行创造性转化，赋予新的时代精神与内涵，使之成为现代化的积极因素和推动力量。重视传统艺术文化与现代教育教学手段的完美结合，教师不仅要用无懈可击的理论向广告专业学生展现它们的逻辑魅力，而且还要利用现代化手段，通过实物形象、图片、声音、画面等制作成多媒体课件，来展现传统艺术文化的形象魅力，诠释传统艺术文化的深刻内涵。

四、结语

今日之花，明日之果。从长远来看，通过加强广告学专业艺术审美教育，建立较成熟的艺术审美课程设置、传授体系，将为我国广告行业形成自身特色和广告从业者素质的整体提升，提供巨大而长期的推动力。

【参考文献】

[1] 张欣，汪青云. 我国高校广告学教育现状的几点思考 [J]. 江西广播电视大学学报，2007 (1).

[2] 良亚琳，曲艳. 我国广告专业教育的调查分析 [J]. 西安工程科技学院学报，2006 (8).

【作者简介】

吴文瀚，硕士，河南工业大学新闻传播系副教授。

广告学专业研究性教学及其应用*

周 辉

【摘 要】研究性教学以小课题或项目研究为教学的导入点，教学过程始终围绕问题的探究和解决展开，有助于培养学生的问题意识和创新能力。教育者需要更新对师生角色、学习任务、过程和结果的传统认识。基于研究性教学的广告学课程教学设计应包含创设项目研究选题、组织合作、研究展开及阶段性反馈、召开模拟提案会等几个环节。

【关键词】广告学专业研究性教学 研究性学习 教学设计

中国广告协会学术委员会于2006年对我国广告业最发达的北京、上海、广州三个城市不同类型的广告公司进行了问卷调查。结果显示，在“目前困难”的排行中，居首位的是缺乏广告专业人才，占77.9%；在对各种广告专业人才的需求中，整体策划人才和广告创意人才的需求则居于首位，分别占76%和74%。多数广告公司认为目前大学广告教育的最大缺陷就是“广告实践不充分”。① 在广告专业学生的大学学习阶段，怎样弥补师生实践经验的不足？怎样使学生的学习更贴近广告市场的实际运作状况以缩短与未来职业之间的适应期？问题的解决需要大学广告学教育者们思考和创新教学方法，改变教育观念，教师应有意识地培养学生的问题意识、积累意识，培养学生的广告思维、辩证思维和创新能力，为他们进行学术研究和解决实际广告问题打下良好的基础。②

一、研究性教学释义

所谓“研究性教学”，就是以小课题研究或项目的设计为教学的切入点，创设一种类似研究的情境或途径，把方法的获得、能力的提高融入获取知识的过程中，教学过程中教师通过引导以及适当的归纳与总结，将支离琐碎的知识和隐含的学科方法有机结合起来。

从表面上看，它属于教师的教学活动；而实际实施中，它是教师与学生“基于研究”共同展开学习，研究的内容可以是问题的研究或者项目的研究；教学目标上，它是以学生为主体，通过学生在教师指导下的研究活动，培养学习者解决实际问题能力和创新能力的教学形式，而不是一种简单的知识传递与接受的教学形式。培养学习者的问题解决能力、分享与合作能力、增加情感体验是研究性教学的首要特点。

二、广告专业教学实施研究性教学的必然性

随着现代科学技术的迅猛发展，电视广告、手机广告、互联网广告、电影、游戏中植入

---

* 武汉科技学院教学研究项目（2009001，项目负责人：周辉）和教育部与日本电通公司“电通·中国广告人才培养基金项目”——《“三合一”多元集成式广告人才培养模式研究》资助的课题。

① 刘慧磊．中国目前广告业最缺什么人才？——创意人才［EB/OL］．［2006-07-22］．http：//www.chinaadren.com/html/news/2006-7-22/2006 722183640.htm.

② 张金海，姚曦，黎明．广告学学科建设与学术规范化［J］．广告大观．理论版，2005（5）：8.

式广告等新型广告形式不断涌现，广告行业的发展快速、追求效益，重视创造性的特征日益鲜明。尽管广告行业挑选人才并不以学历为最高标准，但一个事实是，目前国内 300 所左右的院校开办有广告学专业，每年将有大批广告专业毕业生涌入这些行业实现就业。① 市场和行业的双重需要，规定了大学广告学专业应当培养至少具备下列特征的人才：其一是来之能战、战之能胜的战斗力；其二是创意策划能力；其三是广告研究能力。

然而，我国大学广告教育的现实状况难以乐观。大学的教学，包括广告教育教学，仍然保持着传统的理性主义教学模式：强调理论陈述的确定性，追求理论的普遍性和体系的宏大严密，期望通过对已成为历史的知识的讲解、剖析和应用，达到能力的提高，实现创新意识的形成和实践能力的培养。其结果是重视了传承、忽视了创造；重视了接受性学习，忽视了基于研究的学习；重视了学习知识的认识过程，忽视了发现知识的认识过程。上学即“上课”，读书即“听书”。学生已经习惯于接受，而不习惯于怀疑和考证、不习惯于探索、调查、发现，不习惯于书面或者口头表达观点或思想，这样教育出来的学生是难以适应市场需要和行业要求的。

尽管大学以传承和研究高深学问作为基本职能，但是对于广告教育来说，高深的学问既有确定性，更有不确定性和创造性。因此，广告学教学既要使学生掌握已有的知识结论，更要探索未知的领域。研究性教学以问题或项目研究展开教学的过程体现出了探索性的基础：把实际问题的呈现放在前面，以解决问题——研究性小课题为教学的导入点。这不是教学顺序的颠倒，而是教学观念和教学目标的更新。将学习置于研究性小课题情境中，教学活动自始至终围绕着问题的探究和解决展开，通过实际问题的解决，掌握概念、原理和策略，促进知识的提取和训练学生的广告技能。只有教学过程体现探索性，学生才能在战斗性、创造性和创意能力、策划及广告研究能力上学有所成。

三、研究性教学方式对广告专业教学观念的影响

1. 教师观：由真理的持有者转变为学习的顾问

德国教育学家第斯多惠曾说：“教学的艺术不在于传授本领，而在于激励、呼唤。”所以教育的效果应该是让受教育的人产生某种学问的兴趣，或者把他对于某种学问原有的兴趣加深加厚。在广告专业研究性教学实践中，教师的职责应是越来越少地传递知识，越来越多地激励思考，他将越来越成为一位顾问，一位意见交换者。② 当研究性小课题问题情景激发起共同的学习目标时，教师的作用则在于：参照目标，更好地监察小组的进步情况，及时纠偏等。刚开始，教师可能会更多地引导，随着研究的深入，学生能更多地理解他们的学习要点，真正实现由“学会”到“会学”的转变，教师就可以慢慢地“隐退”为学习的顾问。

2. 学生观：被动的接受者转变为研究性学习的主体

实施研究性教学必然带来的结果是学生主体把研究性学习作为一个课堂教学的重要辅助环节加以发展。在传统的广告学教学中，学生往往处于知识的被动接受者的地位，其主体性难以得到真正的体现。学生固然不甚成熟，但他们缺少成见、勇于探索，研究性教学为他们充分发挥主体作用提供了机会和平台。学生通过选择研究课题，应用已经获得的正规和非正

---

① 陈培爱．现阶段中国广告学专业设置的标准与教学改革［C］//广告与文化传播国际学术会议（2008）论文集．武汉，2008（4）：37.

② 联合国教科文组织国际教育发展委员会编著．学会生存——教育石阶的今天和明天［J］．华东师范大学比较教育研究所，译．北京：教育科学出版社，1997：108.

规的知识去完成一件具有个人或社会文化价值的广告作品；学生要学会在教师的引导下独立分析问题、搜集和查阅资料、提出问题和解决问题，教师教的方式和学生学的方式都获得了改变。

3. 学习内容和任务：由单纯的“知为行先”到“以行促知”

哲学家涂又光先生认为，一般认识论是“行——知——行——知……”，教学认识论是“知——行——知——行……”① 教学认识过程的起点以知为基础，但是又必须培养学生从行为起点的一般认识能力，即探究和发现未知的能力。因而，教学内容既以接受性学习来获取间接经验，又要通过研究性学习环节实现知识的自主发现。一方面，研究性教学内容立足于教材，以教材中蕴含的科学方法和学科思想为核心；另一方面，教学内容应当具有相对开放性。将社会生活中的各类广告现象、问题和广告领域新动态的研究纳入教学内容，最终以学生生成的新知识和完成课题任务的能力为主要成就目标。

4. 学习的结果：个性化与开放式

在研究性教学中，教师通过对项目进行验收来评定学生学习的效果。和传统应试教育使学生形成“题目都是有答案的，对错由老师说了算”的评价观念不同，学生针对某一个广告课题进行的研究性学习的结果是完全开放的，研究的结果并没有一个统一的答案，完全由学生自己做出结论，这个结论可能存在、可能不存在、也可能有多种存在。

四、研究性教学在广告专业教学中的设计

依据广告专业课程的实际教学要求，研究性教学主要可以采用两类方式：课题研究类和（综合）项目设计类。课题研究以认识和解决某一问题为主要目的，（综合）项目设计以解决一个比较复杂的实际广告活动策划为主要目的。具体的教学设计应当包含如下环节：

1. 创设项目研究选题

以小课题研究或项目的设计为教学的切入点。选题的内容既可以是广告学教学内容中某个重要知识点的探究与运用；可以是一门课程或者多门课程内容相结合的综合项目研究，以达到综合专业技能训练的目的；也可以让学生凭借现有知识水平讨论、质疑、批判教科书上现有的结论，提出并验证自己的新方案、新观点；还有一些则是教师研究项目的子课题；或者是企业委托的实战项目。

如课程《广告与消费心理学》，采用课题研究进行研究性教学。师生设计的选题诸如：“网络实时通信工具的选择与消费者自我观念的匹配”、“品牌的忠诚性与易变性——‘掉渣儿’品牌实证分析”等。课程《广告策划》研究性教学中，则主要以综合项目设计为研究性教学的主要方式。研究选题有企业委托的实战广告项目选题，如“三江泉矿泉水武汉市场推广策划”、“武汉侨亚颐乐园老人村的市场营销推广策划案”等。也有些选题是学生在本课程学习伊始，通过观察、访问等市场信息搜集手段，以及师生作了项目可行性论证之后，学生小组选定的研究课题，如“边走边吃烤饼武汉市场广告策划”项目。通过调查，学生发现武汉市场上各类烧饼、烤饼种类较多，“边走边吃”尽管有自己“烤饼”的独特产品特色，但市场知名度却不如“土家”、“掉渣”。通过进一步思考探究，学生确定“边走边吃”的市场问题是没有一个体现产品差异性的和主要对手相抗衡的品牌形象，于是开始树

① 张建林著．大学本科研究性学习及其实施［J］．武汉：湖北人民出版社，2006：116.

立产品品牌形象的广告实践，完成包括市场细分、产品定位、广告定位、创意与设计等一系列品牌策划知识在现实问题中的应用。

2. 组织合作

小组合作解决问题是研究性学习的一个重要特征。通过模拟广告公司项目组构建、组建5人广告工作室，以项目小组为单位，按照广告公司业务实际运作方式来组织学习和研究。同时，由学生根据自己的特长相互搭配合作者，既优势互补，又相互学习。实践表明，异质分组有利于任务的完成，也有利于不同特长学生间的相互促进。

在学生的研究小组中，每个成员都被赋予某个特殊的角色，但在学习的过程中，角色的界限又是不分明的，要求学生成为整个研究性学习过程的参与者，以利于学生的全面发展。每个成员既集体行动、又独立探索，形成自己的解决方案，然后在小组内交流，最后形成集体的研究结果。

3. 研究的展开和阶段性反馈

研究展开阶段，尤其是综合项目设计的研究，学生要独立进行文献资料的搜集和查阅、市场调研与统计分析、广告活动分析与策略形成、广告的创意与设计等。由于它的每一个子课题贯穿起本课程所有课堂教学的知识点，所以研究展开的过程中，阶段性的反馈对于学生领会专业课程教学实质显得十分必要。

项目研究过程中，教师要求每位学生在项目研究期间内坚持撰写研究报告（日志），要求学生记下头脑中闪过的想法或者思维的过程，既便于教师即时掌握学生学习的动态，也可能引发学生独立的反思过程。同时，教师要对学生每一个阶段需要完成的任务和完成的目标作出规定，比如市场调查环节，学生首先要依据课题需要解决的问题设计调查问卷实施调查，然后需要通过数学统计方法对问卷进行统计分析，得出科学结论。在学生这一阶段的研究中，教师需要跟进其进程，监察小组的进展情况，及时纠偏，或提醒学生是否需要调整目标，或者在解决问题时还需要某方面的信息，并且适时提供给学生获得文献、资料、数据的渠道和方法等。每一个阶段的工作完成之后，学生要汇报研究的结果。教师依据学生的阶段性反馈进行引导、归纳与总结，将支离琐碎的知识和隐含的学科方法有机结合起来。

此外，教师要帮助学生突破教室和课本的限制，将外部世界作为教学的场所和内容。广告研究课题不可能局限在校园范围内完成，可能有一个时期需要深入相关市场获取信息。在调研外部环境时产生的新的想法、思路、方案显然不能都等到调研结束再来进行师生的讨论和设计，因而，教师要鼓励学生利用新的 e-learning（网络化学习）、m-learning（移动学习）等非正式学习形式。师生之间在网络上建立不同广告选题的课题讨论组，实现网络资源共享、信息交流和及时评价反馈。这样，学生可以使用便捷的网络技术、移动技术来随时、随地学习知识，协作讨论，提高学习效率；另一方面，教师也可以在任何时间，任何地点及时更改教学设计、反馈教学评价等信息，以弥补课堂作为主要教学场所的不足。

4. 召开模拟提案会

主要以模拟提案的形式，要求每个小组在课题研究结束后，在班集体中汇报研究结果。这既是成果与经验的共享与交流，也是对教学过程中学生研究性学习效果的评定。这一环节，将充分展示学生们的知识积累、研究成果和思辨才智。小组成员必须集体接受教师和其他同学的提问，评议其成功之处，讨论其不足及改进措施。对于企业委托的项目，则邀请企业相关人员参加模拟提案会，共同讨论方案或者结论的可行性和改进建议。提案会进行中，要求学生记录提案会上出现的新颖观点和创新性做法，教师要对发言中的知识性错误及时纠正。

至此，学生这一阶段的研究性学习仍没有结束。通过模拟提案会上的陈述与答辩，学生的研究结果会暴露出较多问题，所以，鼓励学生从失误中学习，反思研究结果与设计，并作出方案的二次修改，是研究性教学的进一步深入。

【参考文献】

[1] 孙立仁. 教学设计——实践基础教育课程改革的理论与方法 [M]. 北京：电子工业出版社，2004.

[2] 刘电芝. 学习策略研究 [M]. 北京：人民教育出版社，1999.

[3] 张建林. 大学本科研究性学习及其实施 [M]. 武汉：湖北人民出版社，2006.

[4] 张金海，姚曦，黎明. 广告学学科建设与学术规范化 [J]. 广告大观. 理论版，2005 (5).

[5] 徐红. 模拟实战式教学在广告学学生专业技能培养中的运用 [M] //杨洪林等编. 教学研究新论. 北京：中央文献出版社，2006.

[6] 陈培爱. 现阶段中国广告学专业设置的标准与教学改革 [J]. 广告与文化传播国际学术会议 (2008) 论文集，2008 (4).

[7] 周辉. 研究性教学在广告学专业人才培养中的应用 [J]. 广告大观. 理论版，2009 (1).

[8] Zhou Hui. Practice of Advertising Specialties' Education Via Problem-based M-Learning [C]. Second Pacific-Asia Conference on Web Mining and Web-based Application，2009.

【作者简介】

周辉，硕士，武汉科技学院人文社科学院教师。

广告创意三阶段教学模式的探索与实践

余晓莉

【摘　要】长期以来，广告创意一直是我国高等院校广告教学的主干课程，广告创意能力的培养也是广告专业学生能力培养环节中关键的一环。由于广告创意课程对创新思维能力以及实践能力的强调，在创意课程的教学设计中存在一些难点。结合广告创意课程的特点以及学生的特点，作者在教学实践中尝试搭建了广告创意教学的三阶段教学模式。广告创意的三阶段教学模式应当包括预热环节、创意实战训练环节以及评估环节。在教学设计中，还应注意教学中心的合理切换和脚手架的搭建。

【关键词】广告创意　教学设计　教学模式

2008 年，国家工商管理总局和发改委联合出台的《关于促进广告业发展的指导意见》指出，“十一五”期间，广告业发展的主要目标和任务之一是发展广告创意产业集群；并以创意产业为增长点，促进区域广告创意基地的形成，培育和发展具有特色的优质广告创意产业集群。产业发展的需要从某种意义上标注了广告高等教育发展的重点。重视并提高高等学校广告学专业学生的创意能力是时代和产业发展的必需。事实上，广告创意一直是我国高等院校广告学教育的一门主干课程，对于学生而言，创意能力的培养也是一种基本素质的养成。广告创意能力的培养是创新思维能力的培养过程，同时也是学生将所学广告学知识融会贯通，转化为技能并灵活应用的实践过程。广告创意的这些特点从某种意义上决定了这门课程本身在教学过程中存在着一些难点。

一、广告创意教学的四个难点

难点之一：案例教学设计难以深入

案例教学，是广告教学的重要手法，随着网络时代的到来，广告作品资源变得非常丰富而且易于获得。这时，案例教学中的一个重要问题却凸显出来，那就是广告案例教学往往流于表面，难以深入。

诚然，在教学过程中让学生大量接触广告作品对学生而言是有益处的。但是，大量的案例教学仅仅着力于呈现出创意的结果，学生只是走马观花；对于教师而言，想从创意的结果逆推出创意的过程也非常困难。而且，广告创意的案例教学与策划、媒体等课程颇有不同。策划和媒体的案例学习能使学生获得富有规律性的技巧，同时，案例中的操作模式和套路也是可复制的。创意则有所不同，创意对创新和求异思维的要求非常之高，即使是成功的广告创意，对于后来者而言，也具有一定的不可复制性。因而尽管大量的案例展示能够帮助学生开阔眼界，但是这种流于表面、仅仅呈现结果的案例教学对于学生而言，仿佛是授人以鱼，而非授人以渔。

难点之二：创意方法教学比重低，实践环节设计困难

在大多数广告创意教学课堂中，创意方法和创意理论往往被归入理论教学的范畴。学生

在课堂完成理论教学的课时之后，就进入实践教学的环节。但是，对于学生而言，广告创意教科书中呈现的创意方法大同小异，如头脑风暴法、二旧化一新以及水平思考法等，这些方法事实上提供的是一种创造性思维的路径。然而，了解这些方法并不等于熟练掌握，对这些方法的灵活运用也很难一蹴而就。特别是对于我国长期在应试教育背景下成长起来的学生而言，他们的思维方式对聚合思维的模式已经驾轻就熟，这也使得发散思维、创新思维能力的培养变得更为困难。

同时，从教师的角度来看，创意课程的课时有限，利用宝贵的课堂教学时间带领学生进行方法的实践较为困难。而且，很多学校的创意课堂往往人数众多，这也给教师试图进行方法训练的尝试增加了重重障碍。现实情况往往是学生随便应付组成创意小组，创意小组人员搭配不合理，难以建立高效率的工作机制，小组成员热情不高，再加上没有合适的个人考核机制，小组中就易出现有些学生勤奋工作，有些学生消极怠工的“社会性懒惰”状况。最终的结果是学生为应付作业草草完成创意作品。

难点之三：专业知识掌握片段化

对于广告专业本科生而言，他们刚刚从高中走进大学校门，对广告除了兴趣之外几乎一无所知。有些学校在大学阶段采取大类招生的模式，在大一阶段学生通常也较少接触专业技能训练，因而在广告创意课程开设过程中，大多数学生的状态还只能被界定为初学者。

对于初识创意的学生而言，他们很难将广告专业课程当中的知识模块进行系统的架构和组接。例如，在广告概论课程中他们已经获得了关于广告的实质是一种营销传播活动的认识；同时，在广告创意课程教学中，对广告创意概念和内涵的分析当中，教师也会强调广告创意应当与营销策略相配合等内容。在另一个知识模块中，教师会集中讲述关于创意方法的知识。然而，在课程较早的几次实践练习中，学生大多无法将上述两个知识模块组接起来，创意训练往往会成为一种思维天马行空的产物。从某种意义上说，这是由于初学者在学习专门知识的过程中，很难建立有意义的知识组织模式，也很难进行顺畅的信息提取并在运用过程中灵活运用技能和策略。① 如果教师不能把握学生的这些特质，那么，广告创意实践环节将大打折扣。

难点之四：评估环节设计较为困难

对于广告创意这门实践性很强的课程而言，只有将创意技巧的学习与社会情境、评估环节紧密结合，学生对自己的知识掌握、技能运用以及实践能力的发展清晰把握，并取得较快的进步。

但事实上，广告创意课程的评估环节往往较为薄弱，一般就是在学生创意作品展现之后由老师进行简单的点评，再加上期末的理论知识考试。这两个环节的评估活动完成之后，一个学期的课程即告结束。学生本应从评估环节当中使知识的掌握更为牢固，同时也获得更大的提高，在这种评估方式之下创意课程的学习演变成了死记硬背对考试的应付。另一方面，很多广告专业老师事实上并未进行过真正意义上的广告实践，他们在完成评估环节的过程中也显得底气不足，力不从心。

面对上述广告创意课程教学过程中的种种难点，我们有必要审视广告创意课程的特点，并在此基础上搭建符合课程规律的教学模式。

---

① ［美］约翰·桑切克著．教育心理学［M］．第2版．周冠英，王学成，译．北京：世界图书出版公司，2007：277-280.

二、广告创意课程的特点

1. 广告创意课程的实质是培养广告专业学生的创新思维能力

广告创意需要求异思维，或者说，在广告创意课堂上，我们需要培养学生的创造力。吉尔福特将思维划分为聚合思维和发散思维，前者是指找到唯一正确答案的思维方式，是传统智力测验所要求的思维类型；后者是对一个问题给出多种答案，具有更多创造力的特点。①创意教学的困难之处恰恰在于其对创造性思维的强调。创造性思维对于长期受到应试教育的学生而言，其方法的掌握很难一蹴而就。因为学生逻辑思维能力较强、聚合思维能力较强，突破已经形成的思维习惯和模式的难度可想而知。那么，如何能够使习惯聚合思维的学生尝试发散思维的方法，并通过发散思维获得具有创造力的思维成果，也即是获得具有创造力的点子，这是广告创意课程中必须关注的部分。

2. 广告创意课程的终极目标是提升学生创意实践技能

广告是一门实践性很强的学科，广告创意课程也同样如此。广告创意课程的设置并不是为了纸上谈兵，使学生能够识记概念、创意理论和方法，并在考试中熟练回答。广告创意课程的设置，是为了使学生能够掌握创意方法并在实战情境下可以合理应用。为了这一终极目标的实现，在广告创意课程设计中需要加强方法训练的比重，同时策划有效的创意实战情境已完成知识迁移。

3. 创新思维能力和实践能力的提升需要基本知识搭建框架

广告创意课程重视思维的训练、实践能力的提升，但这并不意味着可以忽视基本知识和理论学习的环节。恰恰相反，对于初学者而言，创新思维能力的培养和实践能力的提升需要系统的基本知识来构建框架。这就提示教师，在专业知识传授的过程中应当更多地采用结构图和提纲的形式，而不是片段化地进行知识传授。这样能够帮助学生在掌握知识的同时建立完整的知识结构，并能够系统化地把握各种技能。

要解决广告创意课程中的几个难点，就需要从分析广告创意课程的这些本质特点出发，来进行教学设计。当然，我们搭建的教学模式还必须充分考虑到学生的特点以及教学规律。

三、广告创意课程的三阶段教学模式

从近年的教学实践出发，笔者设计了符合广告创意课程和学生特点的三阶段教学模式。如图 1-1 所示，广告创意课程三阶段教学模式由预热环节、创意实战训练环节和评估环节三个部分组成。在预热环节中，教学设计主要通过理论知识学习、建立异质小组以及思维方法训练三个板块使学生完成进入实战训练的准备工作；在实战训练环节中，教师则通过模拟实战的情境以及指导学生参赛来构建知识迁移的环节；最后，在评估环节中通过多层次的评估方法实现巩固知识、强化技能的目标。通过三个环节的学习，使学生在思维能力、实战技能等方面受到充分的锻炼。同时，在广告创意教学的三个阶段中，为了实现更好的教学效果，需要在以教师为中心的教学设计和以学习者为中心的教学设计中进行合理的切换。

---

① ［美］约翰·桑切克著. 教育心理学［M］. 第 2 版. 周冠英，王学成，译. 北京：世界图书出版公司，2007：306-307.

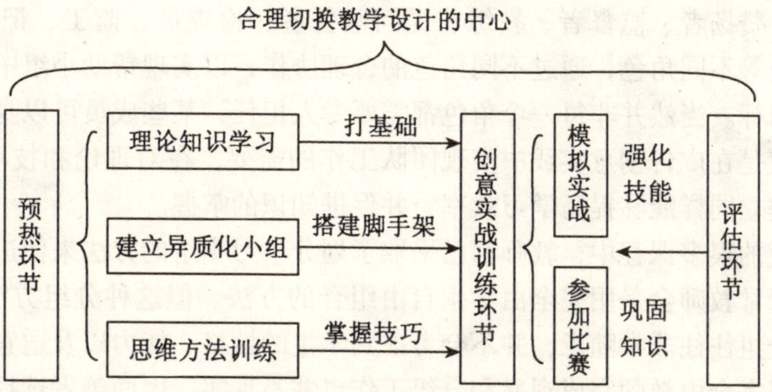

图 1-1　广告创意教学三阶段教学模式图

1. 建立教师为中心与学习者为中心相结合的模式

长期以来，广告教学课堂上“满堂灌”的教学模式如今饱受诟病，而以学习者为中心的教学模式受到广泛的重视。以学为中心的教学设计原则强调以学生为中心；强调“情境”对意义构建的重要作用；强调“协作学习”对意义构建的关键作用；强调对学习环境的设计；强调利用各种信息资源来支持学；强调最终目的是为了完成意义构建。这与以教为主、以知识为中心的传统教学模式有根本上的区别。但是，以教为主的教学模式和以学为主的教学模式各有其优势和不足。并不能简单地用一种来否定另外一种。以教师为中心的教学设计有利于教师主导作用的发挥，便于教师组织、监控整个教学活动进程，便于师生之间的情感交流，因而有利于系统的科学知识的传授。① 而以学习者为中心的教学设计则存在有时偏离教学目标的可能性。再加上广告创意课程的学生是初学者，他们很难像专家那样将片段化的专门知识按照经验架构起来，这往往成为知识模块零散化的重要原因。因而在理论教学阶段进行以教师为中心的教学设计是更为科学的。但是在思维训练、技巧训练以及实践的阶段，构建以学习者为中心的教学模式，显然更有利于学生创造力的发挥。广告创意课程教学既强调思维方法的锻炼，又强调知识系统的搭建；创意还是实践性很强的课程，这些特点都使得传统单纯以教师为中心的教学模式设计捉襟见肘。

因此，广告创意教学应当建立教师为中心与学习者为中心相结合的模式，并且以后者为主，合理切换教师为中心与学习者为中心的两种教学模式。在课程前期的理论教学过程中，以教师为中心的模式效率较高，而在技能训练和实践阶段，应当采纳学习者为中心的学习模式。应当注意的是，在前期集中理论教学阶段完成后，学生的理论学习阶段还远未结束，对片段化专业知识的系统化认知需要在技能训练和实践阶段继续完成。

2. 预热环节需要精心设计，为实践环节打下坚实基础

在预热环节中，理论知识的学习非常重要，其目的是为思维能力的训练和技能的获得构建合理的知识框架。

异质小组的建立在广告创意实践教学中，能够起到搭建脚手架的作用。脚手架方法是指改变学习中帮助水平的技巧。教师或能力较强的同伴调整辅导的量以适应学生当前的表

① 刘华山，程刚等编著．高等教育心理学［M］．武汉：湖北人民出版社，2006：267.

现。① 所谓异质小组，是指在团队组建过程中，注重团队建设技巧，构建团队互动，在团队中设立鼓励者、赞扬者、监督者、教练、提问监督者、检查员、监工、记录员、噪音监督者、材料管理员等不同角色，通过不同角色的合理协作，以实现帮助小组中成员更好的学习和掌握知识的目标。当然并非每一个角色都需要专人担任，某些成员可以身兼数职。建立异质小组，不仅仅是在广告创意实践中实现团队工作的需要，在对理论和技巧的学习过程中，异质化小组的建立同样能够提高学习效率，并促进知识的掌握。

在广告专业的很多课程中，教师都已采取了划分学习小组的方法来促进学习。在小组建立的过程中，通常教师会采用完全由学生自由组合的方法。但这种分组方法并不十分科学。因为学生自由分组往往非常随意，并不会考虑到学生的性格、能力以及适宜在小组中扮演的角色等方面。但完全由教师完成观察和分组工作也并不现实。因而笔者选择的方法是将组建异质小组的原则详细解释，再由学生在此原则的指导下，有目的地选择合作伙伴（小组的人数为 2 到 6 人不等）。为了避免学生在团队中有“社会懒惰”的现象存在，教师采用小组奖励和个人工作评估测验相结合的方式，评估小组的工作。学生不应当是一个孤立的、被动的学习者，而应当是一个充满热情和积极性的，在团队中找到适合自己角色的创造者。他清楚自己在整个创意实践中所处的位置。

在创意方法训练的方面，为了更好地提升学生的创意能力，教师需要在创意方法训练方面投入更多的实践。以头脑风暴法的训练为例，笔者发现，如果采取课上讲授方法和注意事项，由学生课下练习操作的方式，学生并不能很好地使用这一方法来进行创意练习。为了改变这一情况，笔者在课堂实践中，抽取了一个小组在课堂进行头脑风暴法的训练，教师和其他小组的学生在过程中观看、记录、并总结过程中的问题。头脑风暴会议结束后，由观察的学生首先对头脑风暴会议获得的成果进行评估，同时指出存在的问题，最后由教师进行总结。一般通过理论知识的讲授和一次实践操作或观摩一次实践操作，学生都能够对方法的掌握达到较为熟练的程度。

3. 通过创意实战训练环节创造社会情境，帮助学生完成知识迁移

一个人将以前在学习或问题解决时获得的经验及知识应用于新情境时即为迁移。根据迁移理论，通过为学生所学的知识提供社会情境，所学的知识会更有意义。在目前国内高校的广告教学实践中，通过创造社会情境以及提供实践机会帮助学生完成知识的迁移已经成为共识。这种社会情境的创造有几种手法：一是在课堂上模拟实战，如给学生提供广告创意的命题进行训练等；二是通过实习等方式，给学生提供进入实战的机会；三是通过参加广告创意比赛的方式。

一般而言，在学生以一个初学者的身份，刚刚接触广告创意知识的阶段，实习机会较难获得，即使能够有机会，学生也会因为所学的不足，感觉捉襟见肘。而课堂模拟实战的方式所提供的情境与真实社会情境尽管有较大的差别，但是往往是学生进行创意实战训练的第一步。相比之下，鼓励学生参加比赛能够给学生创建有压力同时也有激励的较好的社会情境，而一般的模拟社会情境难以达到各种广告创意比赛带来的实战感觉，所以尽管创意比赛的标准并不能完全取代现实营销环境对广告评价的标准，但仍然能够帮助学生较好地完成知识的迁移。笔者在开设广告创意课程的过程中，曾指导学生参加各种类型和级别的广告创意比赛，学生在比赛过程中，积极同广告主沟通，了解广告主的意图和产品相关信息，并力图做出符合广告主要求的创意作品。这种参赛的经历能够为学生未来的实习打下良好的基础。

对于教学而言，实战训练的环节可以帮助教师积累教学案例，由于教师在学生实战训练

---

① ［美］约翰·桑切克著．教育心理学［M］．第2版．周冠英，王学成，译．北京：世界图书出版公司，2007：53.

的阶段全程参与指导，这样的案例就不同于一般意义上的创意作品案例，而是包含了创意全过程特别是思维过程的案例。这些案例不管是否属于成功案例，对于在之后开展多角度、深层次的案例教学都将有极大的帮助。

4. 评估环节的完善巩固学生的知识和技能

评估环节的完善对于整个课程的设计至关重要。

评估环节主要有两部分组成，一是由教师主导的评估环节。这包括对知识掌握情况的书面考察，也包括教师对学生在课堂模拟实战中所作创意作品的评估。二是通过参赛的方式评估学生的学习成果。

在目前的教学模式中，很多高校仍然将考试作为对学生进行评估的重要方式。但考试也不局限于传统的形式，教师可以通过创新考试形式等途径改变文科考试对学生死记硬背方面的强调。在对学生创意作品进行评估的过程中，教师一般可以采用对学生创意进行点评的方式。教师在点评创意本身得失的同时还应当指出学生在创意实践中暴露出来的存在的知识模块的缺失或知识结构不连贯等问题。

参与各种类型的广告创意赛事也是对学生知识、技能以及创意实战能力进行评估的很好的方式。在广告创意课程授课期间，积极鼓励学生参加各种广告赛事，并指导他们完成作品。在学生参赛过程中，及时发现其知识模块掌握零散化的问题，提示帮助学生调用储备的理论知识，在比赛过程中对社会情境进行了很好的预演。

完成了预热、实践、评估三阶段的教学设计之后，广告创意教学并不应戛然而止，当然，这需要在整个专业的课程设计和规划上，形成一个课程之间相互呼应的整体，以帮助学生在一个更大的平台之上，进一步巩固所学知识、完善实践技能，使学生在真正进入广告业之前，得到充分的、完备的能力训练。

【参考文献】

[1] 刘华山，程刚等编著．高等教育心理学［M］．武汉：湖北人民出版社，2006.
[2] 张巨才．把握三个基点，实现我国广告教育的提升与创新［J］．中国广告，2006 (10).
[3] ［美］约翰·桑切克著．教育心理学［M］．第2版．周冠英，王学成，译．北京：世界图书出版公司，2007.
[4] 陈先红．论中国广告教育的TRC模式［J］．广告大观．理论版，2006 (3).

【作者简介】

余晓莉，武汉大学新闻与传播学院广告系讲师。

新媒体时代广告人才培养研究

祝玉华　张合斌

【摘　要】目前，新的媒体技术和媒介经营理念在迅速地革新，在此影响下传统的广告人才培养面临着机遇和挑战。本文以此为切入点，从新媒体时代到来所带来的四种变化入手，系统地分析变化所带来的学界业界应对措施和人才培养新要求，并提出具体思路和方法。

【关键词】新媒体　广告人才培养　培养模式

一、引言

据 CNNIC（中国互联网信息中心）2009 年 7 月发布的《第 24 次中国互联网络发展状况统计报告》表明：截至 2009 年 6 月 30 日，中国网民规模达到 3.38 亿人，普及率达到 25.5%，中国网站数量为 306.1 万个。自 2005 年以来，中国互联网络发展正式进入到 Web2.0 时代，网络应用与网络服务日益多样化和人性化，更是催生广告的新载体——网络媒体——日益多样化和深度化，尤其是广告媒体的形式和广告媒体经营理念方面的革新。2007 年 9 月 15 日晨 8 点，随着公众新闻视屏 i-street 第一条消息的发出，新媒体大家族中又增添了新成员——上海街头看不到实时新闻资讯的历史被改写，解放日报报业集团主办的这种全新媒体在繁华闹市亮相。至此，解放集团旗下一系列四个新媒体项目已经陆续亮相，除新闻视屏 i-street 之外，还有手机报 i-news、数码杂志 i-mook、电子报纸 i-paper。2007 年 8 月 12 日，阿里巴巴集团启动了阿里妈妈网络广告分销网站，全面进军网络广告领域。这不是一个简单的发布平台，而是一个“交易平台”，广告已经打造成一种商品的概念，作为商品来交易，阿里妈妈的出世对于阿里集团和整个网络广告业界产生了巨大影响。

同时，新媒体的主要载体 Web 技术及理念从 Web1.0 到 Web3.0，其核心体系有较大改变。Web1.0 盈利基于巨大的点击流量，发展出现了向综合门户合流的现象，同时还形成了主营与兼营结合的明晰产业结构。Web2.0 的核心是以人为中心，为用户提供更方便的织网工具，鼓励提供内容，Web2.0 根据用户在互联网上留下的痕迹，组织浏览线索，提供相关的服务，给用户创造新的价值。Web2.0 技术主要包括：博客（Blog）、RSS、百科全书、网摘、社会网络（SNS）、P2P、即时信息（IM）等。Web3.0 的媒体形式以 SNS 网站、个人门户、RSS、个性化搜索等为主，Web3.0 以微单元（即微应用模块或单元组织）构成，用户完全自主创建自己需要的信息单元模块，个人将根据用户需求，智能化整合处理互联网上的海量信息，并最终聚合用户个性化的需求。

网民数量持续高增长，新媒体形式的涌现及新的媒体经营理念产生，激发了媒体市场的急剧膨大，导致数字媒体人才骤然短缺。然而，由于我国至今尚未有任何大学开设相关新媒体专业，绝大部分网络传媒从业人员都是从广告等传统媒体或者相关行业转入的，因为缺乏系统的新媒体应用和管理知识，严重制约了媒体的发展。传媒人才主要来源之一的广告专业是否能很好适应新媒体时代的巨大变化，培养出符合新媒体时代需要人才对学界业界是一个必须面对和亟待解决的重大课题。

二、新媒体时代带来的四种变化

在Web时代，由于多媒体技术的普遍应用，报纸、广播、电视等大众传播时期相互区别的传播媒介将相互融合在一起，形成各种多媒体传播媒介，你中有我，我中有你，你即我，我即你，无法再区分开来，如报纸与广播、电视的融合，个人媒介与大众传播媒介的融合等。由于媒介的融合，各媒介之间失去了因符号、感官通道、性能上的差别而形成的垄断优势，一种媒介就可以传播各种符号的信息。由此，新媒体一词应运而生。新媒体主要是指传统媒介如报纸、广播、电视等和计算机技术和互联网为代表的新媒介的整合，形成的宽带、广播、电视、手机等共同组成的媒介环境。在新媒体中，旧媒体借助网络大众传播的优势继续发展，新旧媒体之间的界限日益模糊，融合趋势加强。

新媒体的多样化与迅速推陈出新

从最初单一的网络、手机，发展到数字电视、网络电视、移动电视、楼宇电视、手机报、电子杂志等，再加上数字电视标准、手机电视标准的即将确定，让人们看到了一个加快步伐前进的数字新媒体产业。在Web2.0诸多的形式中，博客、播客、维客、互动多媒体网络杂志、新型虚拟社区、社区搜索聚合等在技术和内容支撑下，用户数量不断攀升，市场规模持续扩大，呈现出良好的发展态势。

Web3.0改变了用户获取信息的方式和行为习惯，同时也改变了网络广告营销模式，使得网络广告营销再次重新定义，比如精准营销、嵌入式营销、Widget营销、数据库营销和口碑营销等，都在做着新的尝试。真正的Web3.0时代不仅仅是按照用户需求提供综合化服务，创建综合化服务平台，更关键的是提供基于用户偏好的个性化聚合服务。Web3.0网站既是工具又是平台，它在节约用户大量时间的同时，也将慢慢培养一批新生用户的上网习惯，最终它将取代网址导航类、门户新闻类网站等大集会一类的网站，而改由用户自己选择上网的方式和关注的方向，Web3.0的个性化将会是用户最喜爱的上网方式。因此，Web3.0时代真正能够赢得用户青睐的互联网模式，一定是基于用户行为、习惯和信息的聚合而构建的互联网模式。无论互联网怎么变革，它永远是服务于用户的，随着Web3.0的来临，个性为王的时代即将爆发，基于Web3.0和SNS理念，以实名制注册应用为基点的校内网和开心网的成功就是最为显著的案例，随后腾讯也开始提供类似Web3.0应用服务来分割市场。

新媒体的标准统一化与运营合作化

无论是哪种新媒体的推出，必然会以标准化为使命进而扩大自己的市场份额，赢得技术的主动权，但是就运营的层次看，技术与市场的二元世界，使运营的合作更像建立在利益共同体上的利益博弈。Web2.0网络电视和手机电视由于市场分割纠葛和技术标准不统一，以及硬件平台搭建滞后等因素，目前仍处于探索发展阶段。也许在不远的将来，这两种形式将是广告载体中最为广泛应用的形式。

新媒体的媒体经营理念蓝海化与长尾化

阿里妈妈是标准的蓝海，通过中小网站的不断占领和加盟，阿里妈妈现在正在中小站长群里旋起一阵“新广告风潮”：不受联盟剥削，自己主导广告内容和广告形式，自订价格等特色都是由阿里妈妈为主导的。随着加盟网站数量和质量的不断提升，阿里妈妈只要聚集起足够多的网站，蓝海的效果就成功了。阿里妈妈和长尾理论的完好结合，深刻验证了长尾理论的中国式经验和走向。在经济转型的大背景下，“短头经济”向“长尾经济”的变迁势在必行。在中国互联网行业中，广大中小网站其实就是中国互联网经济的长尾，而对此群体的理解和把握将成为市场决胜的关键。阿里妈妈的推出，正是基于对长尾理论的深刻理解。互联网广告是块黄金蛋糕，长尾时代就是要依靠平台的草根性实现永续扩张。阿里妈妈的长尾运营理论必将对网络广告未来的发展起着启明灯的作用。

新媒体的人才巨大需求与培养的滞后

目前，中国数字媒体产业的发展和数字媒体技术的研发，远远满足不了市场的需求，数字媒体人才的短缺，更成为中国数字媒体产业发展的软肋。近期一项调查显示，广告人才已成为今年职场上的“领军人物”。每年20%的人才需求增长、30%的薪资增长，使相关专业的大学录取人数不断攀升。但仍有相当多的传媒机构，尤其是新媒体运营企业都在感叹，找不到合适的数字媒体人才。预计在未来3至5年内，中国数字媒体人才的缺口将达到60万人之多，而广告专业是媒体人才的最为主要来源之一，其人才缺口将会更大。

三、新媒体时代对广告人才培养标准提出新的要求

在新媒体时代，广告媒体形式和媒体经营管理理念的变化，以及由其引起广告市场和广告形式等的变化，促使学界对广告人才的培养标准也需要随之发生适应性变化。综合看来，在新媒体时代广告人才培养的标准要从加强多元知识背景打造、加强多元能力提高、加强多元的意识培养等方面进行深层次拓展和延伸。

多元知识背景打造

具有多元知识背景应当成为新媒体时代广告人才的基本要求，目前我国广告业界，具有经济类、法学类、社会类、科技类等专业背景，再加上广告专业教育，才是新媒体所需要的广告人才。所谓多元知识背景，并不是说对每个领域的知识多么精深，而是知识体系具有一定的广度和深度，对于媒体理念和技术发展有较强的敏感度。

加强多元能力提高

具有多元能力应当成为新媒体时代广告人才适应媒体快速革新并驾驭好新型广告媒体基本能力的要求。新媒体时代基本是一个草根英雄与资本大鳄联手博弈，同生共存的时代，同时也是二者互为犄角，独领风骚的时代。因此，新媒体时代的广告人才必须具有良好的思考能力，组织能力，执行能力；必须具有一种纵览全局的视野和开阔的视角，理性的思维习惯，迅速得出合乎时宜的判断；具有较好将判断转化成方案的具体化的能力，并能很好地执行。

加强多元的意识培养

具有多元的意识是新媒体时代广告人才一种基本的素养要求。全球化意识、风险意识、创新意识、人文意识，这四种意识是新媒体时代广告人才培养的关键所在。新媒体时代是全球所有国家和地区媒体生存与发展所面临的重大的机遇和严峻挑战，因此培养中必须强调全球化的意识，媒体经营的理念和媒体技术革新必须放在全球的视野去考虑；新媒体是机遇与挑战并存的时期，挑战的存在也预示着风险无处不在，在媒体发展过程中任何媒体无疑都要尽可能地规避风险，稳舵顺风，赢得下一个机遇，因此新媒体时代广告人才的风险意识是绝不能丢的；“创新是一个民族进步的灵魂，是国家兴旺发达的不竭动力”。创新能力绝不仅仅是一种智力特征，更是一种人才特征，一种精神状态，一种综合素质。新媒体更是一种创新的媒体，新的媒体技术、新的媒体经营理念可能就是媒体拔得下一个头筹的主要支撑点，或者至少是开启下一个巨大利润之门的金钥匙；人文意识不仅仅是服务的理念，更多地融合

在科技与人类的和谐，媒体技术产品不再是冰冷技术的融合体，而是像温情的小甜饼一样为人们所熟悉，媒体的服务不再仅仅是新闻信息恣意宣泄后的空洞，而是带来人性的关怀与悲悯，人文意识强烈与否或者就是新媒体时代在技术能力同等的条件下，哪个媒体黑马首得受众青睐的法宝。

四、新媒体时代广告人才培养基本目标的新变化

新媒体时代广告人才培养能够适应并服务好该时代广告业发展的需要，从该时期对广告人才培养标准三个方面新要求出发，同时紧密结合新媒体的特征和发展需要，笔者认为该时期广告人才的培养目标要更好适应时代要求做出新的变化，主要围绕培养研究型、实务型、经营型三个层次的广告人才。

据了解，目前关于新媒体的研究在全球范围内都属新课题，在国内，与IT技术相关的内容研究相对较多，而与广告等传媒产业和媒体运营相关的“实战型”研究还比较缺乏，相关人才更是新媒体研究、广告调查和运营机构的宠儿。因此，培养研究型广告人才是最核心、最关键的目标。

唯有实务型人才才能踏踏实实地推动广告业在新媒体时代进行应用层次的发展，作为实务型人才的新媒体广告人才不但要具备传统广告人的策划能力，而且要能从媒体受众的心理出发，用最合适的形式呈现信息。比如网络广告编辑人员要善于运用网页的版式、色块、标题，提高点击率；而手机广告设计制作人员就要善于用最精练的语言，形成最有冲击力的广告。

一名优秀的媒体经营管理人才必须是一位“传媒职业经理人”，发行人、总经理、总编辑、内容总监、发行总监、广告总监、生产总监、人力资源总监等均可称为“媒体职业经理人”。他不仅要具备“职业经理人”的经营管理头脑和才干，还要具备“职业广告人”的专业素养和职业道德；既能够在广告传媒产业领域从事专业性的经营管理，也要懂得从中国广告产业的特殊性出发去运营发展，实现传媒经济效益和社会效益的最大化。由于新媒体具有强烈的交互性、即时性、技术性、创新性等特点，对管理人才的技术理解能力、市场触角的敏锐度、商业模式的创新能力等提出了更高要求。

五、新媒体时代广告人才培养模式的两种方式

要想围绕新媒体时代广告人才培养标准的三个新要求，实现培养出研究型、实务型、经营型三个层次的广告人才的目标，必须对传统广告人才培养模式进行丰富和完善，采用两种模式培养：一是学界业界合作，即高校和广告传媒机构联手，高校出人，机构出实践基地；二是中外合作，即本土高校和国外高校的优势力量进行整合，培养人才。

作为广告人才主要培养模式，高等院校与广告媒体机构合作有丰富的经验积累，在新媒体时代到来之后，这种合作的人才培养模式需要更进一步的延伸和拓展，尤其要把媒体机构扩展到网络媒体运行机构，甚至于媒体的管理和研究机构，延伸到新媒体涉及的各个角落。2005年12月，同济大学传播与艺术学院与上海文广新闻传媒集团签约共建教学实践基地，成为本市专门培养新媒体人才的校企合作平台。2006年起，文广旗下4家新媒体公司每年提供50个实习岗位和相关科研课题、调查项目，供上海市5所高校传媒艺术学院学生实习参与。2007年2月，南开大学与日本索浪株式会社、数字好莱坞株式会社签署协议，合作开展数字媒体人才培养和技术研发。南开大学索浪数字媒体学院已于9月正式开学，同时招收了部分硕士研究生。2007年6月，同济大学媒体与设计学院与解放日报报业集团商议决定在人才培养和师资聘请方面进行合作。解放日报报业集团将派出一批知名记者、编辑进高

校课堂，通过专题讲授、案例教学、座谈讨论等方式进行教学改革；同济大学方面将派遣出各学科学生，通过参加项目、岗位实习等方式进行人才培养。以上做法是对第一种模式的具体探索，当然目前没看到该模式培养的眼前效果，但是长远看来，该模式比较适合国情需要，进一步完善后可以推广至全国广告院系。

中国目前的媒体技术和媒体经营思路基本是对欧美国家的不断引进和本土化，如何在本土化的过程中，培养出中国的特色，引领世界新媒体发展潮流，目前的阶段中中外学界和业界联合是比较可行的思路。2007 年 5 月，清华大学与德国汉堡传媒艺术与新媒体学院联手，开展面向数字奥运、培养中国广告业策略创意与高端设计人才的战略合作，意在培养符合国际标准的中国本土专业传媒设计与广告创意高端人才。该模式对于一般院校来说操作具有相当难度，可以作为一种用于广告人才某一方面能力提高性的培养的短训或延伸的一种主要模式和手段。

国内各院校对新媒体广告人才培养分别有各自的实现途径，重点大学广告学院纷纷以研讨班，研究生，博士生专业方向，积极探索开设新媒体专业进行人才培养；一般高校的广告学院系则调整广告专业人才培养计划和专业教学大纲，从专业方向、课程设置等方面入手，达到人才培养的目的。2007 年 2 月，南京大学金陵学院获批开设媒体融合专业（方向），并于 2007 年秋季开始招生，这是国内高校首次开设媒体融合专业。同时，职业类院校也在积极探索实践，2009 年 6 月，江西先锋软件职业技术学院国际互联网传媒分院、江西互联网科学研究院同时挂牌成立，这是全国第一个国际互联网传媒专业，第一所互联网科学研究院。

六、结论

新型广告人才培养成功与否关系到国内广告业界能否在激烈的国际广告竞争中拥有一席之地。当前，学界和业界分别从不同的角度加以关注，本文从新媒体时代广告人才培养标准新要求，培养目标变化，培养模式延伸等层面进行了思考，仅此抛砖引玉，期望引起对此更多的深入思考与研究。

【参考文献】

［1］中国互联网络信息中心（CNNIC）. 第 19、20、21、22、23、24 次中国互联网络发展状况统计报告［R］.

［2］蔡希杰等. 网络广告的核心特征、竞争优势及盈利模式分析［J］. 现代管理科学，2005（6）.

［3］马忠庚. 网络广告经营策略研究［J］. 山东经济战略研究，2005（4）.

【作者简介】

祝玉华，河南工业大学院长，教授，博士，硕士生导师，中国广告教育研究会常务理事，研究方向为广告教育教学及网络广告

张合斌，河南工业大学讲师，硕士，研究方向为网络媒体经营管理与网络广告。

经济欠发达地区高校广告学专业实践教学初探

王淑娟

【摘　要】由于受到经济等条件的限制，经济欠发达地区高校的广告专业实践教学，在实施过程中困难重重。这些高校应该结合自身特点，充分发挥自身的能量，采取一些力所能及的措施，并且积极利用外力，来推进自身实践教学的展开，实现广告学专业的持续健康发展。

【关键词】经济欠发达地区　广告学　实践教学　发展

一、引言

改革开放三十余年，也是中国广告业恢复发展的三十年，经济的复苏带来了广告业的繁荣，在中国广告业快速发展的背景下，我国广告高等教育呈现出高度繁荣的局面。从1983年厦门大学首开广告学专业到2009年，中国的广告教育已经走过了整整二十六年历程，短短的二十六年我国的广告学科从无到有，从一门新兴的边缘学科很快发展成为一门独立且有光明发展前景的系统学科。然而在广告教育兴盛发展的同时，一些薄弱环节依然存在，比如由于经济发展不平衡导致的广告教育的不平衡，以及在广告教育中应该引起足够重视的广告专业实践教学等。本文关注的就是经济欠发达地区高校的广告学专业实践教学。

二、何谓实践教学

所谓实践教学，是指培养学生实践能力的教学环节的总和，其目的主要是解决学生“怎么做”的问题。实践教学有两种层面的理解：其一是狭义的实践教学，特指实践教学课程，主要包括教学实验、课程设计（专项实践）、实习（教学实习、生产实习）和毕业设计（集中实践）等；其二是广义的实践教学，除了实践教学课程之外，还包括实践性较强的理论课程、专业竞赛、课外活动等。① 本文关注的对象是广义的实践教学。

广告学是一门应用性学科和技能性专业。各高校的广告学专业定位基本上是培养具备广告学专业理论与技能、宽广的文化与科学知识的广告高级专门人才，毕业生主要在新闻媒介、广告公司、市场调查及信息咨询业以及企事业单位从事广告经营管理、广告策划创意和设计制作、市场营销策划及市场调查分析工作。这样的定位决定了该专业培养的学生不仅要掌握广告专业系统的理论知识，更要具备进行广告实务的能力：能熟练地策划和实施广告活动，有效地创作出富有创意且有销售力的广告作品，能为服务对象选择既经济又实惠的广告媒体。很多用人单位在选择广告专业的毕业生时，很重视的一个要素就是学生在大学期间的作品。所以，在广告学理论教学的指引下，通过具体的广告实践活动，培养学生广告专业实践能力是一种不可或缺的有效教学方式。

高校的广告专业实践教学的形式是多样的，既可以通过试验、实训、实习和实务等方

① 徐卫华．广告专业实践教学的资源整合与体系重构［J］．中国成人教育，2008（2）：153-154.

式，也可以通过参加一些专业竞赛、组织一些课外活动的形式进行。总而言之，实践教学是高校广告学专业整体教学活动中的重要组成部分，是体现广告学应用性学科本质和特色的标志，也是实现广告学专业培养目标的关键和保证。

但是目前高校的广告专业实践教学的实际情况却不容乐观，据一项调查显示："关于在实习工作中是否能使广告专业的理论知识应用到实践中去这一问题，在所调查的广告专业的实习生中，基本不能和完全不能将专业理论应用到实践的学生占61.29%，基本能和完全能将专业理论应用到实践的学生占48.71%。看来，广告专业学生的专业应用能力有待提高，还有6成左右的学生尚不能很好地将课堂知识转化为实践操作，这说明在广告教学中实践环节应更加加强。"①

"在涉及广告专业实习生对自身专业素质状况的调查中，有64.52%的学生对自己理论和专业知识感到满意，这同上述六成学生不能很好地将理论应用于实践形成了对照，这更体现了现在广告教学中重知识灌输、轻知识应用的态势。因此，在广告教学这一环节上，学校应该着重对学生实务知识的教育，给学生提供更多的实践环节的训练。"②

加强广告学专业实践教学已经成为高校广告教育不得不面对的一个问题。而由于经济发展不平衡导致的相对滞后的欠发达地区的高校广告教育，在进行实践教学的过程中更是困难重重。

三、经济欠发达地区广告专业实践教学面临的困难

经济欠发达地区的高校在广告专业实践教学过程中，除了一些目前普遍存在于各高校广告教育中的共性问题和困难之外，还有一些鲜为人知的难处。

1. 经济欠发达地区缺乏广告业生存的优质土壤

广告是一个国家和地区经济发展的风向标，经济发展的程度某种意义上决定了当地广告公司的稀疏与质量，这也是上海、北京、广州三个城市为何能成为中国广告公司最集中的城市的原因。经济欠发达地区缺乏优秀有实力的正规广告公司，按照现代营销理念运行的优秀企业也比较少，这些地方的广告公司大多都是定位在设计、制作的家庭式作坊，业务来源基本靠人际关系，业务范围一般集中在横幅的制作、传单的印刷、海报的喷绘等。以淮阴师范学院所在的城市淮安为例，这个苏北小城大大小小的广告公司约有十几家，主营业务基本上都是设计制作。这种现实导致了这些地区的广告专业学生难找到理想的实习场所，即使有学生主动去找到这类广告公司兼职或实习，时间不长就会跑回来，特别是偏重理论型的非艺术学生，总会抱怨说学校学来的策划创意知识根本没有用武之地，倒不如去上个职校学几个作图软件更有用，严重打击了专业的学习积极性，久而久之，他们也就不愿意再出去实习了。

另一方面，由于按照现代营销理念运作的优秀企业的缺失，导致学校组织的一些实训和实务无法开展。仍以淮阴师范学院为例，我系也曾经努力开办一个模拟广告公司，并且通过学生自办的一本校内杂志为媒体，以期解决学生实践的缺乏，让他们提前熟练一下广告公司的规范和流程，当万事俱备的时候，出去负责客户的学生回来报告说，愿意做广告的都是街边的小店，他们只愿意登个打折信息之类的，没有企业愿意让我们做策划，创意也没有市场。这种尴尬的局面使得实训项目几度搁浅，无法顺利进行。直接的后果是学生的理论与广

---

① 方迎丰，程彬，张文正．我国广告专业实践教学实习状况的调查分析［J］．广告大观，2008（1）：106-111.

② 方迎丰，程彬，张文正．我国广告专业实践教学实习状况的调查分析［J］．广告大观，2008（1）：106-111.

告实践不能有机地及时地相结合，甚至一些人学了几年广告，都还不知道真正的广告公司是什么样的。

2. 经济欠发达地区缺少与外界沟通的机会

请学界专家和业界人士做报告也是广告专业实践教学的一种行之有效且深受学生欢迎的方式。而经济欠发达地区一般交通闭塞或者路途遥远，或者有的高校因为自身知名度和经济条件的限制，很多专家不愿意或者不方便到这种地方的高校做讲学，业界人士也极少光顾。这种“出不去，又请不进来”的局面导致了这些学校的广告专业的学生，远离跨国广告公司与国内大型广告公司，不能及时了解学界的动态，聆听业界的实战经验，与他们进行面对面的沟通。

3. 经济限制导致教学硬件的不足

广告学作为一个相对较新的专业，其地位往往不如传统学科那么受到重视，在一些经济欠发达的地区，开办广告学专业的高校由于思想上的不够重视和经济的限制，导致对广告学专业实验设备投入不足。而广告实践教学很多都需要用到机器设备：配置较高的计算机、图文编辑制作设备、广告摄影摄像器材等，这些专业器材花费往往不菲，在经济发达地区可能不算什么，而在经济欠发达地区，却是广告实践教学当中不易跨过的一道门槛。

4. 教师缺乏实践导致无法指导学生

殷娟娟老师在一项关于欠发达地区的广告教育调查中曾指出：“欠发达地区师资更加匮乏，师资队伍更加不稳定，专业水平有待提高。从师资结构来看，经济欠发达地区的高校广告专业教师，一部分是“半路出家”的文史哲或艺术类教师，另一部分是刚走出校门的广告学专业的新教师。前者有丰富的教学经验和人生阅历，但广告学的专业理论和相关理论知识薄弱。后者虽然有一定理论基础，但由于目前高校广告学专业重理论少实践的现状，青年教师缺乏广告的实战经验，加上教学经验不足，教学效果也不理想。”① 其次，由于一些高校的管理制度，也决定了不能聘请当地一些在业界的人士进行实践或试验课程的教授。这些情况也导致了广告专业实践教学的不理想。比如一些负责学生实践教学的年轻老师，由于自己就缺乏实践经验，在给学生教授一些实践性较强的课程时，比如《广告策划》、《广告案例研究》等，只能按照教材上的理论进行机械地讲解，自己都感到枯燥；另外在给学生做一些教学大纲规定的实训和实务时，也是摸着石头过河，不能作出有效的指导，导致广告专业的实践教学低效或基本无效。

四、整合各方资源提升广告专业实践教学的质量

经济欠发达地区高校的广告专业实践教学虽然目前有很多困难，但是如果想要实现专业的持续健康发展，还是要发挥自己的主动性，通过自身的努力，并积极利用外界的帮助来实现广告专业实践教学的不断提升。笔者认为可以在以下几个方面进行努力。

1. 加强校外校内实习基地建设

经济欠发达地区的高校，广告学专业所在院系应该积极主动地与当地或者周边发达地区

---

① 殷娟娟：经济欠发达地区高校广告教学与实践初探［EB/OL］．［2006-03-27］．http://www.liuhaiedu.com/showhsnews.asp?id=86.

的广告公司加强联系，本着双方互惠的原则，通过各种途径建设自己的专业实习基地，形成长期固定的合作关系。并且鼓励学生在平时利用课余时间做兼职，或者从大一开始，利用寒暑假，走到广告业发达的城市中去，走到广告公司中去，可以采用集体观摩学习，或者个人联系实习等方式，与广告公司进行近距离的接触，及时检验所学习的理论知识，调整学习结构。

为了解决学生实习基地缺少的问题，经济欠发达地区高校广告专业可以与校内相关专业整合人力物力和设备资源，成立公司性质的传播机构，如模拟广告公司。采用教师指导，学生自己经营、自己管理的形式，为校内的一些活动做策划创意，或者为当地的企业开展市场调查、广告设计、公关宣传等业务。比如河南大学广告学专业的学生就曾经成功创办了一个校内广告公司，把教学与实践紧密结合起来，既充分利用了前期投入的不菲专业设备，提高教学水平，又可以提高学生的参与热情和成就感，同时也为他们今后的就业提前进行了操练和积累。

2. 实行灵活多变的教学方式

改变现行的课堂实践教学模式。实践教学有很大一部分还是不能脱离课堂的，但是现行的教学模式都是课堂讲授加案例讨论。而增强大学生实践能力培养应该特别强调实践操作性，所以首先要改变“教师讲、学生听、满堂灌、照单收”的教育方法，释放学生的个性和参与的积极性。“除了案例教学法，还可采用活动教学法、讨论教学法、游戏教学法。力求把教师变成推动学生独立思考的助手，把教材变成学生焕发兴趣的工具，把课堂变成学生开发自我潜能的舞台。”① 通过具体广告案例的展示，引导学生去观摩，去评论，还可以通过情境设想，引导学生如果面临这样的任务，应该如何去思考、去策划、去创意。并且把学生自己的作品拿出来与已有的案例进行对比，分析出彼此之间的差距，以便改进或提高。在这个过程中，教师要尝试着做课堂的组织者而不是行为的实施者。教师根据实践训练的需要，有针对性地选择不同的案例，从不同的角度去引导学生，锻炼他们不同的技能和思考方式。

3. 广告教育团体建立帮扶机制

为了实现广告教育的相对平衡发展，广告教育团体和组织应该把目光投到经济欠发达地区的高校，帮助它们走出困境。在专业实践教学这一环节，可以建立帮扶机制，选择优秀的专家学者定期或不定期到这些高校进行讲学和指导，带给学生最新鲜的动态和资讯。

同时广告教育团体可以利用自身优势和资源，联系一些跨国广告公司或国内大型广告公司，打开它们的大门，有计划有目的地为经济欠发达地区高校的教师提供实践机会，并为学生假期和毕业实习提供机会。还可以请跨国广告公司或国内大型广告公司的从业人员到经济欠发达地区的高校开设讲座。

4. 鼓励专业教师从事广告实务

在很难请到广告业界人士进校指导的经济欠发达地区，专业教师作为广告专业校内实训和实践课程的主要指导者，应该增加自己的实践经验。一方面教师自己积极主动利用工作空余在校外广告公司做兼职，有条件的还可以自己开办广告公司，既为自己实现了创利，丰富了自己的实战经验，在实际教学中更加游刃有余，同时也为学生提供了一个实习的基地。另

---

① 黄璐．独立学院增强大学生实践能力培养创新型人才的探讨［EB/OL］．［2009-06-17］．http：//www.chinaqking.com/%D4%AD%B4%B4%D7%F7%C6%B7/2009/39667.html.

外一方面，作为院系，应该积极鼓励广告专业教师，特别是青年教师，积极投身广告实践活动，为他们提供一定的条件和便利。“鼓励教师带领学生利用专业知识与专业技能服务地方经济建设，通过企业的横向课题，参与企业实题化运作。”① 当然这都是建立在不影响本职工作，并且能有效促进本职工作的原则之上的。

5. 积极加强对外交流

加强对外交流沟通也是经济欠发达地区高校加强广告专业实践教学的有效途径。首先是加强专业教师的对外交流，通过送出去学习培训或者参加学术会议，积极参与同行间的交流，借鉴吸取先进地区院校的有效做法。其次，加强学生的对外交流，主要是鼓励他们利用各种信息渠道，参加广告竞赛，如比较有影响力的学院奖、金犊奖、大学生广告艺术节等，一年参加几个大赛，既可以保证学生不会闲着无聊，同时通过真枪实战的比拼，同发达地区的学生同台竞技，交流经验，发现不足，才能得到迅速提高。

结语

广告教育要实现平衡发展，离不开经济欠发达地区广告教育的发展；广告教育要实现有效的发展，离不开广告专业实践教学的发展。经济欠发达地区的高校广告专业实践教学，需要各方力量的关注和支持，相信在自我发展和外界帮扶的合力之下，这些地区的广告专业实践教学会有较大的改进和发展，在促进自身广告教学发展的同时，为中国的广告教育增添前进的动力。

【参考文献】

[1] 徐卫华．广告专业实践教学的资源整合与体系重构［J］．中国成人教育，2008（2）．

[2] 方迎丰，程彬，张文正．我国广告专业实践教学实习状况的调查分析［J］．广告大观，2008（1）．

[3] 陈瑛．广告专业多维度实践教学模式的探析［J］．湖北教育学院学报，2007（6）．

[4] 黄璐．独立学院增强大学生实践能力培养创新型人才的探讨［EB/OL］．［2009-06-17］．http：//www. chinaqking. com/%D4%AD%B4%B4%D7%F7%C6%B7/2009/39667. html.

[5] 殷娟娟．经济欠发达地区高校广告教学与实践初探［EB/OL］．［2006-03-27］．http：//www. liuhaiedu. com/showhsnews. asp？id=86.

【作者简介】

王淑娟，淮阴师范学院传媒学院讲师。

① 陈瑛．广告专业多维度实践教学模式的探析［J］．湖北教育学院学报，2007，24（6）：85-86.

图书在版编目(CIP)数据

中国媒体发展研究报告.2009年,广告卷/武汉大学媒体发展研究中心,武汉大学新闻与传播学院,武汉大学“新闻传播与媒介化社会”创新基地主办.—武汉:武汉大学出版社,2010.2
ISBN 978-7-307-07649-5

Ⅰ.中… Ⅱ.①武… ②武… ③武… Ⅲ.传播媒介—发展—研究报告—中国—2009 Ⅳ.G219.2

中国版本图书馆CIP数据核字(2010)第037851号

责任编辑:詹 蜜　　责任校对:黄添生　　版式设计:支 笛

出版发行:武汉大学出版社 (430072 武昌 珞珈山)
(电子邮件:cbs22@whu.edu.cn 网址:www.wdp.com.cn)
印刷:通山金地印务有限公司
开本:880×1230 1/16 印张:21.5 字数:602千字 插页:3
版次:2010年2月第1版 2010年2月第1次印刷
ISBN 978-7-307-07649-5/G·1551 定价:42.00元